本书列入

2017年国家社会科学基金重大委托项目

“十三五”国家重点图书出版规划项目

中华传统文化百部经典

后汉书（节选）

范晔 著
王承略 解读

国家图书馆出版社

图书在版编目（CIP）数据

后汉书：节选／（南朝宋）范晔著 ；王承略解读．— 北京：国家图书馆出版社，2022.12（2025.9 重印）
（中华传统文化百部经典）
ISBN 978-7-5013-7621-6

Ⅰ．①后… Ⅱ．①范… ②王… Ⅲ．①中国历史－东汉时代－纪传体 Ⅳ．① K234.204.2

中国版本图书馆 CIP 数据核字（2022）第 219771 号

国家图书馆出版社官方微信

书　　名	后汉书（节选）
著　　者	（南朝宋）范晔 著　王承略 解读
责任编辑	张爱芳　潘肖蔷
特约编辑	马庆洲　李玉莲
责任校对	刘鑫伟　汤红霞
封面设计	敬人设计工作室
出版发行	国家图书馆出版社（北京市西城区文津街 7 号　100034） 010－66114536　63802249　nlcpress@nlc.cn（邮购）
网　　址	http://www.nlcpress.com
印　　装	北京科信印刷有限公司
版次印次	2022 年 12 月第 1 版　2025 年 9 月第 2 次印刷
开　　本	710×1000　1/16
印　　张	32.5
字　　数	432 千字
书　　号	ISBN 978－7－5013－7621－6
定　　价	95.00 元（精装）

本册审订

瞿林东　　周天游　　汪桂海

中华传统文化百部经典

编纂办公室

张　洁　　梁葆莉　　徐　慧　　张毕晓　　马　超　　华鑫文

编纂缘起

文化是民族的血脉，是人民的精神家园。党的十八大以来，围绕传承发展中华优秀传统文化，习近平总书记发表了一系列重要讲话，深刻揭示出中华优秀传统文化的地位和作用，梳理概括了中华优秀传统文化的历史源流、思想精神和鲜明特质，集中阐明了我们党对待传统文化的立场态度，这是中华民族继往开来、实现伟大复兴的重要文化方略。2017 年初，中共中央办公厅、国务院办公厅印发《关于实施中华优秀传统文化传承发展工程的意见》，从国家战略层面对中华优秀传统文化传承发展工作作出部署。

我国古代留下浩如烟海的典籍，其中的精华是培育民族精神和时代精神的文化基础。激活经典，熔古铸今，是增强文化自觉和文化自信的重要途径。多年来，学术界潜心研究，钩沉发覆、辨伪存真、提炼精华，做了许多有益工作。编纂《中华传统文化百部经典》（简称《百部经典》），就是在汲取已有成果基础上，力求编出一套兼具思想性、学术性和大众性的读本，使之成为广泛认同、传之久远的范本。《百部经典》所选图书上起先秦，下至辛亥革命，包括哲学、文学、历史、艺术、科技等领域的重要典籍。萃取其精华，加以解读，旨在搭建传统典籍与大众之间的桥梁，激活中华优秀传统文化，用优秀传统文化滋养当代中国人的精神世界，提振当代中国人的文化自信。

这套书采取导读、原典、注释、点评相结合的编纂体例，寻求优秀传统文化与社会主义核心价值观之间的深度契合点；以当代眼光审视和解读古代典籍，启发读者从中汲取古人的智慧和历史的经验，借以育人、资政，更好地为今人所取、为今人所用；力求深入浅出、明白晓畅地介绍古代经典，让优秀传统文化贴近现实生活，融入课堂教育，走进人们心中，最大限度地发挥以文化人的作用。

《百部经典》的编纂是一项重大文化工程。在中宣部等部门的指导和大力支持下，国家图书馆做了大量组织工作，得到学术界的积极响应和参与。由专家组成的编纂委员会，职责是作出总体规划，选定书目，制订体例，掌握进度；并延请德高望重的大家耆宿担当顾问，聘请对各书有深入研究的学者承担注释和解读，邀请相关领域的知名专家负责审订。先后约有500位专家参与工作。在此，向他们表示由衷的谢意。

书中疏漏不当之处，诚请读者批评指正。

2017年9月21日

凡　例

一、《中华传统文化百部经典》的选书范围，上起先秦，下迄辛亥革命。选择在哲学、文学、历史、艺术、科技等各个领域具有重大思想价值、社会价值、历史价值和学术价值的一百部经典著作。

二、对于入选典籍，视具体情况确定节选或全录，并慎重选择底本。

三、对每部典籍，均设“导读”“注释”“点评”三个栏目加以诠释。导读居一书之首，主要介绍作者生平、成书过程、主要内容、历史地位、时代价值等，行文力求准确平实。注释部分解释字词、注明难字读音，串讲句子大意，务求简明扼要。点评包括篇末评和旁批两种形式。篇末评撮述原典要旨，标以“点评”，旁批萃取思想精华，印于书页一侧，力求要言不烦，雅俗共赏。

四、原文中的古今字、假借字一般不做改动，唯对异体字根据现行标准做适当转换。

五、每书附入相关善本书影，以期展现典籍的历史形态。

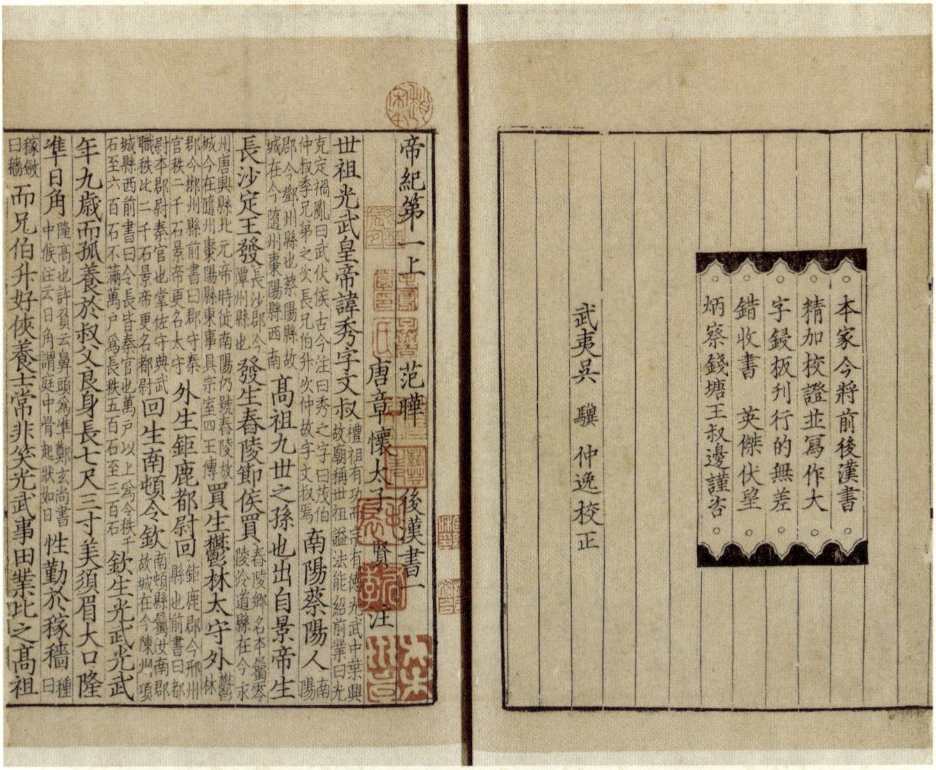

后汉书九十卷 （南朝宋）范晔撰 （唐）李贤注
后汉书志注补三十卷 （晋）司马彪撰 （南朝梁）刘昭注
宋王叔边刻本 国家图书馆藏

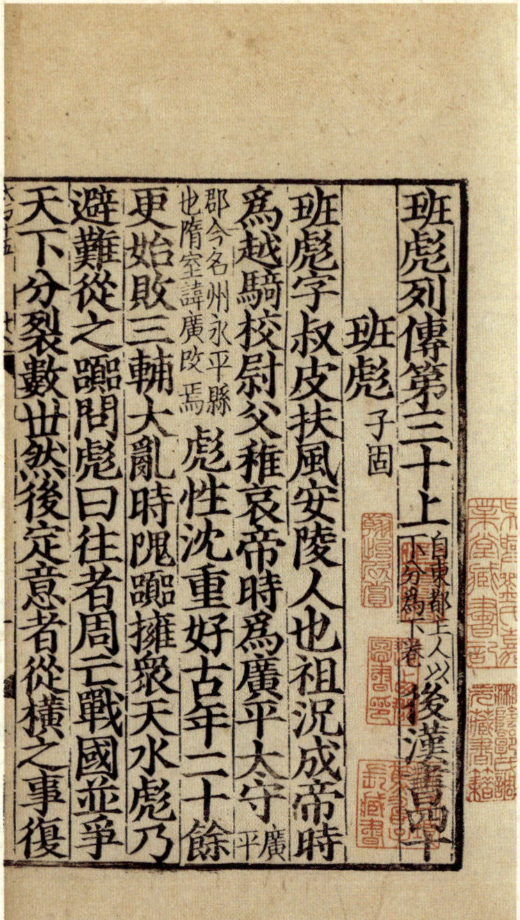

班彪列傳第三十上 自東都主人以下分爲下卷 後漢書四十

班彪 子固

班彪字叔皮扶風安陵人也祖況成帝時爲越騎校尉父稚哀帝時爲廣平太守 廣平郡今名州永平縣也隋室諱廣改焉 彪性沈重好古年二十餘更始敗三輔大亂時隗囂擁衆天水彪乃避難從之囂問彪曰往者周亡戰國並爭天下分裂數世然後定意者從横之事復

后汉书九十卷 （南朝宋）范晔撰 （唐）李贤注

后汉书志注补三十卷 （晋）司马彪撰 （南朝梁）刘昭注

宋白鹭洲书院刻本 国家图书馆藏

目　录

导　读

后汉书

纪

传

志

导读

《后汉书》作为“二十四史”之一，在中国文化史、史学史、经学史、文学史、思想史上具有崇高的地位，对后世产生了深远的影响，尤其在中国史学史上留下了浓墨重彩的一笔。《后汉书》的创作受到作者成长环境的影响，梳理范晔家学渊源及生平经历，方能知人论世，有利于从根本上把握《后汉书》的撰写。而结合时代背景，厘清《后汉书》的成书与版本流传情况，则有助于我们明晰文本的形成及其形态的演变，从而更好地把握其传播演变、吸收思想内容。在充分观照《后汉书》的内容及其开创性价值的基础上，重点发掘它的经世意义，以求能够汲古资治，裨益当下。

一、范晔家学与生平

范晔出身于书香门第、官宦世家，社会背景、成长环境及人生经历深刻影响了他的史书撰写。

（一）范晔的家学渊源

范氏家学，肇始自晋世，逮至蔚宗，乃集于大成。范晔“所作《后书》，虽曰上本诸家，杼轴予怀，将核而为论，则亦其先泽之所沾被，流风之所溉洽”[①]。范晔曾祖范汪，自小孤苦贫困，十三岁时服母丧，能竭尽礼仪，亲戚邻居都非常哀悯心疼他。其及长而好学，外祖家贫寒，无法供他读书，范汪于是在园中搭建草庐，布衣蔬食，燃薪抄书，既而博学多闻，善谈名理，有《祭典》三卷、《尚书大事》二十卷传世。范汪二十岁时来到京城，碰上苏峻作乱，辗转为温峤等所用，从此解褐出仕，参与军事，官至徐州、兖州刺史。

范晔祖父范宁为范汪次子，其少年笃学，多所通览。桓温死后，范宁始出任余杭令，在职六年，迁临淮太守，封阳遂乡侯，征拜中书侍郎。范宁在职为官期间，关心民瘼，敢于进谏，所论皆有益政道。范宁崇敬儒学，曾批评王弼、何晏以“虚浮相扇”，致使“儒雅日替”。又在县兴学校、养生徒，洁己修礼，崇学敦教，志士仁人都以他为楷模，数年之后，风化大行。等到免官居家时，其犹能勤于经学，终年不辍。范宁曾认为《春秋穀梁传》没有一个好的注本，于是沉思多年，成《春秋穀梁传集解》，其义精审，颇为后世所重，清代阮元在校刻《十三经注疏》时，对此书给予很高评价。

晔父范泰通率随性，不拘小节，历任太学博士、御史中丞、尚书、国子祭酒等职，“虽在公坐”，却能够做到“不异私室”，深受皇帝赏识。范泰在其奏疏中屡次提及《春秋》《易经》《尚书》，十分注重儒家经典的学习，重视教育的兴化作用。他博览篇籍，好作文章；奖掖后学，孜孜不倦，撰有《古今善言》二十四篇，并有文集流传于世。范晔所出继之堂伯弘之，亦是该明儒术的雅正好学之士。

范晔对自己的家学身世颇为自豪，他在《后汉书》中曾多次称引其先辈。李慈铭说:“蔚宗书中称引其先世之说凡三……皆以见其前人学识品概,非泛泛指称。”[②] 如在《郑玄传》中说:“王父豫章君每考先儒经训,而长于玄,常以为仲尼之门不能过也。及传授生徒,并专以郑氏家法云。”在《黄宪传》中说:“余曾祖穆侯以为宪隤然其处顺,渊乎其似道,浅深莫臻其分,清浊未议其方。若及门于孔氏,其殆庶乎!故尝著论云。”在《高凤传》中说:“先大夫宣侯尝以讲道余隙,寓乎逸士之篇。至《高文通传》,辍而有感,以为隐者也,因著其行事而论之曰……”戴蕃豫说:“曰曾祖穆侯,曰先大夫宣侯者,是又与子长之称太史公,孟坚之称先掾,同一风概,足明其家学之所自也。”[③] 自范汪始,至于范晔,范氏仕宦四代,书香传家。在宦学俱显的世族环境里,范晔一方面经历仕途沉浮,结下了与《后汉书》的机缘;另一方面耳濡目染,接受儒学的教养和熏陶,为创作体大思精的《后汉书》打下了才识基础。

白寿彝先生曾指出:“魏晋南北朝时期的地主阶级,在皇权地主之下居支配地位的是门阀地主……因此,在史学领域里,魏晋南北朝隋唐时期的撰述中反映门阀地主的要求和趣味,就颇为显著。”[④] 魏晋南北朝,特别是东晋南渡之后,失去祖居地的大量南下高门华阀,为了继续巩固自身地位与利益,非常积极从事后汉史实撰述,宣示出身不凡。所以有关史书、家传、别传、耆旧传纷纷面世。正是由于这样的社会背景,出身华阀,也就成了范晔撰写《后汉书》的重要原因,同时也是他自视甚高、率性而为、文风洒脱的重要原因。

(二)范晔的生平经历

1. 博涉经史与史学素养

范晔(398—446),字蔚宗,南朝宋顺阳(今河南淅川东)人。范晔是范泰第四子,自小过继给从伯弘之,袭封武兴县侯。他的出生具有传奇色彩。《宋书》说其“母如厕产之,额为砖所伤,故以砖为小字”,

他“长不满七尺，肥黑，秃眉须”。范晔看似平庸，实则才华横溢。《宋书》本传称他“少好学，博涉经史，善为文章，能隶书，晓音律”。刘义康叛乱时，“凡诸处分，符檄书疏”，皆是范晔“所造”。据《隋书·经籍志》等史书记载，范晔曾著《汉书缵》十八卷、集十五卷、录一卷,《百官阶次》一卷，以及若干诗赋等，但多亡佚。其曾写《和香方》讥刺朝臣，下狱之后作《狱中与诸甥侄书》展露史识。他是当时不可多得的文才学士。范氏世擅儒学、书香传代的家族传统陶冶了他的史学素养，而“博涉经史”的学习经历则奠定了他的著史根基。

2. 仕途风波与修史机缘

范晔十七岁时，“州辟主簿”，辞而不就，主动放弃仕进良机。入宋以后，他在彭城王刘义康手下任参军一职，后入补尚书外兵郎，出为荆州别驾从事史，旋即又被招为秘书丞。元嘉九年（432），范晔三十五岁，时彭城太妃去世，即将入葬，范晔却与友人通宵酣饮，并开北牖以听挽歌为乐，这种违背情理的做法惹怒刘义康，左迁宣城太守，“不得志，乃删众家《后汉书》为一家之作”。对于范晔而言，此次贬谪是其仕途上的一次重挫，但也成就了其与《后汉书》的一段因缘，他的《后汉书》正是在宣城太守令上开始撰写的。《南史·范晔传》称范晔“于屈伸荣辱之际，未尝不致意焉”即是就范晔因有郁结而撰《后汉书》之事所言。司马迁作《史记》尝云“西伯拘羑里，演《周易》；孔子厄陈蔡，作《春秋》；屈原放逐，著《离骚》；左丘失明，厥有《国语》；孙子膑脚，而论《兵法》；不韦迁蜀，世传《吕览》；韩非囚秦，《说难》《孤愤》；《诗》三百篇，大抵贤圣发愤之所为作也”，《后汉书》同样是范晔的发愤之作，其中倾注着他充沛的情感，灌注着他大量的心血。

3. 生性任情与著史憾事

范晔行为放任，蔑视礼法。元嘉十六年（439），范晔嫡母亡逝，“报之以疾，晔不时奔赴，及行，又携妓妾自随”，奔母丧而携妓妾，实在悖于礼俗，所以御史中丞想要弹劾处罚他，得文帝“爱其才，不罪也”，才侥幸逃过一劫。范晔恃才傲物、率性轻浮，甚至连皇帝的颜面也罔视不顾。宋文帝知其“善弹琵琶，能为新声”，欲闻之而“屡讽以微旨”，他却始终“伪若不晓”，不肯为皇帝弹奏。元嘉二十二年（445），徐湛之上表告密，“悉出檄书、选事及同恶人名、手墨翰迹”，称范晔等人“凶悖之甚，古今罕比”。宋文帝愤怒道：“晔素无行检，少负瑕衅，但以才艺可施，故收其所长，频加荣爵，遂参清显。而险利之性，有过溪壑，不识恩遇，犹怀怨愤。每存容养，冀能悛革，不谓同恶相济，狂悖至此。”（《宋书·范晔传》）范晔于是以“谋反罪”被捕入狱，其子蔼、遥、叔蕤同时遇害，《后汉书》的撰写也就此搁笔。关于范晔获罪之由，瞿林东先生说：“范晔之所以陷入元嘉二十二年事件，从客观上看，除最高统治集团内部存在固有的矛盾外，还有一些如孔熙先、谢综等这样的卑鄙小人对范晔使用的阴谋诡计，以致使范晔落入他们的政治陷阱，最终成为统治集团内部矛盾斗争的牺牲品。从主观上看，范晔在个性上存在明显的弱点，即恃才傲物、不拘小节、乏于律己，于是内心时而产生不平，时而产生怨气，在仕途上并不十分顺利，此种弱点正好为他人所利用，范晔对此是不能自辞其咎的。”⑤结合上述徐湛之、宋文帝“凶悖之甚，古今罕比”“素无行检，少负瑕衅”“险利之性，有过溪壑”等语，充分说明范晔中年获罪的人生悲剧与其狂直狷介的性格不无关系。就连范晔自己也曾自我评价说：“吾凡人短才，生长富贵，任情用己，有过不闻，与物无恒，喜怒违实，致使小人多怨，士类不归。”（《宋书·范晔传》）

范晔的成长环境与才学禀赋，铸就了他独特的史识与史才，为其撰写《后汉书》夯实了根基；而轻慢不羁的个性以及统治阶级内部的纷争，令他身陷囹圄，中断了史书撰写，《后汉书》遂成为“未完之篇”。

二、《后汉书》的成书、内容与版本

（一）《后汉书》的成书背景与史料来源

1.《后汉书》的成书背景

魏晋南北朝时期，史学发展迅猛，出现“一代之史，至数十家”（《隋书·经籍志》）的盛况。史书的种类也呈现出多元趋势。这一时期，史学家涌现，官方著史和私家撰史蔚然成风。魏晋南北朝的撰史风气充分展现了此时期史学的繁荣。

（1）史书数量的剧增

这一点通过比较《汉书·艺文志》和《隋书·经籍志》，即可显而易见。“艺文志”或“经籍志”是记录一代图书存藏情况的目录。《汉书·艺文志》撰成于1世纪末，它的史书著录于“《春秋》类”，共载有历史著述12种522篇，《隋书·经籍志》撰成于唐高宗显庆元年（656），著录史书817部，13264卷，若加上亡佚的，则达874部，16558卷[⑥]。这些书中，除了极少部分是东汉及隋朝人所撰，大部分都产生于魏晋南北朝时期。

（2）史书种类的丰富

史书从《春秋》的附属剥离开来，始于南朝梁代的阮孝绪。他认为“史家记传，倍于经典”，所以特地“分出众史”，别做著录。阮孝绪撰《七录》时，将史书分为12类，包括国史、注历、旧事、职官、仪典、法制、伪史、杂传、鬼神、土地、谱状、簿录。史学撰述内容的详细分目，表明史学家史学视野的不断开阔，本质上显露出其时史学著述大幅涌现的情形。其后，《隋书·经籍志》以四部分类，于史部则延续了《七录》的做法，将史书分为13类，基本确定了中国古代史书分类的原则和方法。史书发展成一个独立的部类，是史学发展的重要标志。《七录》和《隋书·经籍志》的做法都说明魏晋南北朝时史书种类的急剧增多，证明此时史学发展的繁荣。

（3）皇朝史撰述的兴盛

所谓皇朝史，简而言之，即记一代皇朝的历史。魏晋南北朝时期，变乱频仍，政权兴替匆匆，一代皇朝史的修撰必然呈现上升趋势。而于史书发展的角度看，《史记》开纪传体史书的先河，《汉书》启皇朝史撰述的先声，至于后世史家极为重视皇朝史撰写。这样，在历史发展及史学发展的双重推动力下，魏晋南北朝皇朝史的撰述便自觉兴盛起来。如两晋、南朝史家撰述的东汉史著作有薛莹《后汉记》、司马彪《续汉书》、华峤《汉后书》、谢沈《后汉书》、张莹《后汉南记》、袁山松《后汉书》、范晔《后汉书》、袁宏《后汉纪》、张璠《后汉纪》等；撰写的晋史著作有王隐《晋书》、虞预《晋书》、朱凤《晋书》、何法盛《晋中兴书》、谢灵运《晋书》、臧荣绪《晋书》、萧子云《晋书》、萧子显《晋史草》、郑忠《晋书》、沈约《晋书》、庾铣《东晋新书》、陆机《晋纪》、干宝《晋纪》、曹嘉之《晋纪》、习凿齿《汉晋春秋》、邓粲《晋纪》、孙盛《晋阳秋》、刘谦之《晋纪》、王韶之《晋纪》、徐广《晋纪》、檀道鸾《续晋阳秋》、郭季产《续晋纪》等，达22种之多。这些史书，虽然有的未完，有的亡佚，但魏晋南北朝能够跻身“皇朝史撰述的兴盛时代”是毫无疑问的。

（4）私家撰史蔚然成风

史书数量和种类的增多及皇朝史撰述的兴盛，与史学人才辈出、私人撰史蔚然成风关系密切。刘知幾《史通·史官建置》篇曾举其时史学家之要者：曹魏和西晋时期有华峤、陈寿、陆机、束晳，以及王隐、虞预、干宝、孙盛；刘宋时期有徐爰、苏宝生；梁朝有沈约、裴子野等。齐、梁两朝又设置修史学士，陈代因循，没有变革，也出现了像刘陟、谢昊、顾野王、许善心一类的史学家。刘氏以上所举皆为“史官”类史学家，他们具有官方认可的修史名分。但正如《隋书·经籍志》史部大序所说：“尸素之俦，盱衡延阁之上；立言之士，挥翰蓬茨之下。”皇朝的史官往往出现尸位素餐的情况，私家撰史便成了史学活动的重要方面。这一时期的私家撰史者，如东晋的袁宏，刘宋的范晔、何承天、裴松之、裴骃、何法盛，南齐的江淹、臧荣绪、檀道鸾，梁代的萧该、刘孝标、萧方、吴均、萧大圜、任昉、刘昭、王僧孺、萧子显，陈代的姚察、陆琼、许亨、何之元等皆致力于史学，他们虽没有史官之名，却得史官之实。普遍的撰史风气为范晔撰作《后汉书》提供了丰富的材料和巨大的动力，范晔凭借《后汉书》成为私家撰史的典型代表。

2.《后汉书》的史料来源

魏晋南北朝时期的史学发展及撰史风气，不仅给范晔创作《后汉书》带来精神层面的动力，亦为《后汉书》的撰著提供了史料来源。正如戴蕃豫先生所言："范书体大精思，嗣音马、班，其所资凭，良亦多矣。"[⑦]范晔正是在参考各家著作的基础上，自定体例，广搜材料，删繁补略，终成《后汉书》。从编纂时间看，东汉诸史可供范晔借鉴的主要有《东观汉记》、谢承书、薛莹书、司马彪书、华峤书、袁宏书、谢沈书、张莹书、袁山松书以及张璠书等十家。周天游先生认为"范晔对华《书》十分欣赏，在撰作《后汉书》时，除取材《东观汉记》外，《汉后书》成为其主要的蓝本"[⑧]，此试就《东观汉记》和华峤《汉后书》为例略做讨论。

首先，《东观汉记》是东汉人写的东汉史，其史实的丰富性和材料的正确性非他书可比。《后汉书》的撰述绕不开具有官史性质的《东观汉记》，这也是后来诸家东汉史的共同特征，范晔称引《东观汉记》内容时甚至径谓之为"本书"[⑨]。在著史体例上，范晔颇为重视"纪传体"的撰作方式。《隋书·魏澹传》说："范晔云：'《春秋》者，文既总略，好失事形，今之拟作，所以为短。纪传者，史、班之所变也，网罗一代，事义周悉，适之后学，此焉为优，故继而述之。'"《东观汉记》是纪传体史书，范晔《后汉书》同样也是纪传体；同时，就《后汉书》和《东观汉记》现存资料进行比较，可见二书在纪、传的编纂上存在着明显的内在一致性[⑩]。

范晔对华峤《汉后书》的参考，同样涉及体例和内容两个方面。体例上，如华峤《汉后书》将《汉书》《外戚传》改易为《皇后纪》，放置帝纪之后，这一点为范晔继承；在内容上，范晔对《汉后书》多有节略剪裁，如华峤的“论”颇为精绝，范书多有袭用，像《后汉书》的《班彪传·论》《袁安传·论》《皇甫嵩传·论》等，多出自华书。

此外，范晔对前代典籍的资取不仅仅局限于东汉史著，还包括一些杂传、杂著以及文人别集等等，如王充《论衡》、应劭《风俗通》之类。而荀彧、董卓以下十传及《东夷》《乌桓》《鲜卑》等传，又多因循陈寿的《三国志》[⑪]，但二者在记述策略上有所不同，记载内容亦往往各有偏重，我们在正文评点部分会结合具体实例进行讨论，此处暂不展开。

刘勰《文心雕龙·史传篇》指出：“至于后汉纪传，发源东观。袁、张所制，偏驳不伦；薛、谢之作，疏谬少信；若司马彪之详实，华峤之准当，则其冠也。”若此，范晔以《东观汉记》为蓝本而重点参考华峤《汉后书》的做法，则是颇见其史识的。范晔具有较高的史事整合能力，这也就是他在《狱中与诸甥侄书》中所自诩的：比之《汉书》，《后汉书》虽“博赡不可及之”，但“整理未必愧也”。《史通》以为“范晔博采众书，裁成汉典，观其所取，颇有奇功”，给予很高评价。

（二）《后汉书》的卷帙内容与编次体例

1.《后汉书》的卷帙内容

《后汉书》是继《史记》《汉书》《三国志》之后的又一部纪传体断代史书。《后汉书》所载的史事，始于光武帝刘秀起兵推翻王莽政权，终于汉献帝刘协禅位曹丕，著录了东汉近二百年的历史，包含《本纪》十卷、《列传》八十卷，凡九十卷。它上承《汉书》，下接《三国志》，具有很高的史学价值、文学价值，享有“前四史”之一的美誉，在中国史学史上占有重要的地位。

范晔《后汉书》本纪十卷，前九卷为帝纪部分，记载了十二位皇帝的本纪，包括《光武帝纪》《孝明帝纪》《孝章帝纪》《孝和孝殇帝纪》《孝安帝纪》《孝顺孝冲孝质帝纪》《孝桓帝纪》《孝灵帝纪》《孝献帝纪》。十二帝纪是《后汉书》的总纲领，也是东汉的编年史、大事记。第十卷为《皇后纪》，分为上下两卷。范晔设立《皇后纪》，共收录东汉一朝皇后十七人，反映了东汉主幼国艰、皇后垂帘听政的特殊时代政治背景。

《后汉书》卷一一至九〇是八十篇列传，记载了东汉比较重要的人物事迹，以及东汉时期中国境内少数民族和周边国家的有关情况。《后汉书》列传部分主要按时间先后顺序编次，但同时融入了“言行趣舍，各以类书”的排序方法。卷一一至一三，是两汉之际起义和割据的领袖人物；卷一四至二二，主要是光武时的宗室王侯和“中兴”二十八将；卷二三至五二的传首人物，主要都是明帝、章帝、和帝三朝人，其中多有合传或家传；卷五三至六三的传首人物主要是安帝、顺帝时人，也多有人物合传；卷六四至七五，主要都是桓帝、灵帝、献帝时人，其中特设《党锢列传》；卷七六至八四，主要是《循吏》《酷吏》《宦者》《儒林》《文苑》《独行》《方术》《逸民》《列女》等九个类传；卷八五至九〇是民族列传。

《后汉书》的纪、传主要包括序、正文、论、赞四个方面。而范晔在《狱中与诸甥侄书》中说：“纪传例为举其大略耳，诸细意甚多。”说明范晔所撰《后汉书》当有“例”之内容。刘昭在《后汉书注补志序》中云“序或未周”，既而又谓“序例所论，备精与夺”，证明《后汉书》的“序例”与“序”并非一事，且南朝梁时仍可见“序例”之内容。《后汉书·光武帝纪》“进屠唐子乡”，李贤注谓：“《例》曰：‘多所诛杀曰屠。’”又《光武帝纪》“务进柔良，退贪酷，各正厥事焉”，李贤注谓：“范晔《序例》云：‘帝纪略依《春秋》，唯孛彗、日食、地震书，余悉备于志。’”《孝安帝纪》“东平陆上言木连理”，李贤注谓：“《序例》曰：‘凡瑞应，自和帝以上，政事多美，近于有实，故书见于某处。自安帝以下，王道衰缺，容或虚饰，故书某处上言也。’”此或皆是《后汉书》“序例”之佚文。

2.《后汉书》的编次体例

在编次体例上，《后汉书》的列传具有严格的“类例”思想。按清人赵翼的分析，具体可以分为“以类相从”编次方法、“类叙”编次方法、时间先后编次方法以及“详简得宜”的叙述方法。

首先，“以类相从”编次方法。其包含两方面，第一，通例式，即设置《党锢列传》《循吏列传》《酷吏列传》《宦者列传》《儒林列传》《文苑列传》《独行列传》《方术列传》《逸民列传》《列女传》等专传。第二，不拘时代，根据人物生平的重要方面以类相从，例如东汉初的张纯与汉末的郑玄列入同一传，是因为二人皆“深于经学”，又如将班超和梁慬列入同一传，是因两人皆“立功绝域”。这实际是对史学家法的传承，就如同《史记》将老子与韩非子置诸一传、屈原与贾谊放在一传。

其次，“类叙”编次方法。这里的“类叙”，是指共同参与某事的一批人放在同一传。例如，《卓茂传》在传写卓茂的同时，还叙述了当时与卓茂一样不仕莽者 5 人：孔休、蔡勋、刘宣、龚胜、鲍宣；《来历传》则记载同时谏议废黜太子者 17 人：祋讽、刘玮、薛皓、闾邱弘、陈光、赵代、施延、朱伥、第五颉、曹成、李尤、张敬、龚调、孔显、徐崇、乐闱、郑安世。就历史叙述来说，这些人既不能各立一传，而其事又有传写价值，所以这种方法具有很大的必要性和优越性，其“在反映历史面貌方面，既避免了把历史事件看作孤立的行为，又避免了主次不分的偏颇；在历史编纂的层面上，既避免了烦冗，又避免了疏漏”[12]。

其三，时间先后编次方法。除了上述两类编次方法之外，《后汉书》的杂传基本遵循人物生活时间的先后顺序进行编排的原则。

其四，“详简得宜”的叙述方法。范书最大优点是对材料采择得当。范晔面对的文献材料内容驳杂，风格多样。面对浩繁的“后汉”史料和不同的体裁风格，在斟酌择取、驭繁就简方面，非学力深厚、治学精勤者不能为。赵翼认为《后汉书》“详简得宜，而无复出叠见者”，对《后汉书》的剪裁之功赞扬有加。所谓“详简得宜”即对涉及多人的同一件事进行合于情理的安排，放在其中一个人的传中，他人传记则不写或略写，从而避免同一事件复出叠见。如《吴汉传》写吴汉破公孙述之功，则《公孙述传》不复详载；又如袁绍诛杀了两千多个宦官，事情记载在《何进传》，则《袁绍传》不载。

王鸣盛《十七史商榷》评论范晔《后汉书》时说，“推详书法类次，信其悉合班书，则整理之间，弥见良工心苦”。又袁宏在《后汉纪·序》中说：“予尝读后汉书，烦秽杂乱，睡而不能竟也……前史阙略，多不次叙，错谬同异，谁使正之？经营八年，疲而不能定。”在诸家后汉书多已亡佚的情况下，范晔《后汉书》却得以流传至今，一个重要原因即是其书写体例的整严。

当然，尽管范晔在体例上曲尽精妙，但难免挂一漏万，清人赵翼在其《廿二史札记》中有“《后汉书》编次订正”条已经指出，此不赘述。

（三）《后汉书》的主要版本及通行本《后汉书》的形成

《后汉书》作为中华优秀典籍的重要组成部分，流传广泛而深远。从时间上看，自唐代而下，及至近现代，《后汉书》屡经刊刻，版本众多；从空间上看，《后汉书》不仅在国内流传广泛，而且早已远播海外，单就日本而言，其所藏即约有上千种[13]。以下简要谈谈《后汉书》的版本及当前通行本《后汉书》的形成。

1.《后汉书》的主要版本[14]

唐代以前，《后汉书》尚无刻本，凭手抄流传，讹、脱、衍、倒情况较多，今天我们已经难以得而观览。

宋代，随着雕版印刷业兴盛，《后汉书》有了刻本，写钞本退居次要位置。宋代比较重要的刻本有：（1）宋淳化本。宋淳化五年（994）刊刻于杭州，分为两种，一种为明初翻刻本，半叶十行。另一种为明正统年间翻刻本，曾藏于涵芬楼。现藏于台湾的仁寿本《后汉书》即以淳化本为底本精校他本刊刻而成。（2）宋景德本。（3）宋乾兴本。（4）宋景祐本，即仁宗景祐初余靖刊误本。（5）宋熙宁本，即仁宗嘉祐末，命刘攽等校，至神宗熙宁初成书奏上所用之本。（6）宋王叔边本。（7）宋白鹭洲书院本。（8）宋绍兴本。刊于高宗绍兴末年，讫于孝宗年间始成，元代赵孟頫有家藏本，明代王世贞、清初钱谦益皆为之跋。（9）宋黄善夫本。黄善夫名宗仁，字善夫，福建建安人，生活于宋光宗、宁宗时期，他在绍熙、庆元间曾组织校刻“三史”。其中，《后汉书》为宋庆元四年（1198）所刻，有潘祖荫跋。此本现藏于北京大学图书馆。（10）宋嘉定本。是本包括范晔《后汉书》九十卷、司马彪《续汉志》三十卷，民国十七年刘承幹嘉业堂用宋嘉定元年蔡琪一经堂本景刊。

其他不知刊于南宋何时的本子，以行计，大致有宋十行本、宋十六行本、宋二十行本。此外，宋刊元修本，现可知者六种：其一，残大字本《后汉书》，六册，南北宋旧印，配以元大德本，钱竹汀跋；其二，大德元统本《后汉书》，似为北宋本，元大德九年（1305）元统补刊；其三，《后汉书》一百二十卷，宋刊元修本，张月霄旧藏；其四，《后汉书》一百十五卷，宋刊本，全书一百二十卷，缺《帝纪》卷三至五、《志》一和二，是为仁宗时刊本，《列传》中又多元时补板；其五，《后汉书》残本十八卷，明代袁忠彻旧藏；其六，南宋监板元修本。

北宋本流传到现在的多为残本。绍兴本则是当前存有的比较完整的宋本。中华书局1965年出版的繁体竖排本《后汉书》即以绍兴本作为底本，认为“各本都误而绍兴本独不误的地方很多”。

元刊本主要包括两种：（1）元小字本，麻沙坊本，两汉并刊；（2）《后汉书》一百二十卷，是本有“大德九年十一月望日宁国路儒学云教授内刊”句。

明刊本有洪武本、正统本、嘉靖南监本、万历北监本、嘉靖十六年（1537）广东崇正书院本、万历二十四年（1596）啸树堂刻本、闽本（此本为两汉合刊本）、明重刊元大德宁国路儒学本一百三十卷、汪文盛刊本、钟人杰刊本（明钱唐钟人杰评本）、陈仁锡刊本（明长洲陈仁锡评本）、吴勉学刊本、毛晋汲古阁本（此本有二：一为明崇祯十六年刊本；一为崇祯十七年刊，清顺治补修本）。

清代以后的刊本主要包括：（1）武英殿附考证本。这里需要说明的是，自宋乾兴本以来，所有的刻本都是把《续汉志》附刻于《后汉书》纪、传之后的，明监本则将其置诸纪之后、传之前，统一编排卷目。武英殿本即按照明监本进行翻刻。（2）五局合刻本。（3）新会陈氏覆刻殿本。（4）席氏扫叶山房本，《书目答问》认为，此本与毛本相同。（5）同文书局景殿本。（6）图书集成本。（7）申报馆印本。（8）虚受堂《后汉书集解》本，王先谦乙卯刊刻，出自毛氏汲古阁。（9）涵芬楼景殿本。（10）开明书局景殿本。（11）中华书局仿宋聚珍本，在《四部备要》内，此本乃据殿本排印。（12）百衲本。所谓“百衲本”，即是用同一种书的不同板片拼印，或用同一种书的不同版本拼配而成的书本，如同百衲衣。百衲本《后汉书》是《百衲本二十四史》之一，所用底本为宋绍兴刻本配元覆宋本。

同时，韩国和日本亦有诸多《后汉书》藏本，例如有高丽本《后汉书》一百二十九卷，宋元嘉年印本（按：赵宋无元嘉年号）；有朝鲜刊活字本一百二十卷；有日本刊本八十九卷（残本）。元和宽永中古活字本，双边九行，行十七字，小字双行，有永源书房印记。

2. 当前通行本《后汉书》的形成

范晔《狱中与诸甥侄书》说：“年三十许政始有向耳。……既造《后汉》，转得统绪。详观古今著述及评论，殆少可意者。……欲遍作诸志，《前汉》所有者悉令备。”范晔编撰《后汉书》，原计划是仿效班固《汉书》而作十纪、十志、八十列传，合为百篇，但直至他涉嫌造反丧身狴犴时，仍有十志未成。《后汉书·皇后纪》李贤注引宋沈约《谢俨传》：“范晔所撰十志，一皆托俨搜撰，垂毕，遇晔败，悉蜡以覆车，……不复得。”此说或不可信⑮。

如前所述，在范晔之前，已经有诸家《后汉书》的存在，西晋司马彪的《续汉书》是其中一部。司马彪，字绍统，在晋武帝泰始年间（265—274）任秘书郎，后转秘书丞。司马彪以为，“汉氏中兴，讫于建安，忠臣义士亦以昭著，而时无良史，记述烦杂……安、顺以下，亡缺者多”，遂“讨论众书，缀其所闻，起于世祖，终于孝献，编年二百，录世十二，通综上下，旁贯庶事，为纪、志、传凡八十篇，号曰《续汉书》”（《晋书·司马彪传》）。司马彪的《续汉书》是一部完整的东汉史著作，后来纪、传部分散亡，仅存八志：律历志 3 篇，礼仪志 3 篇，祭祀志 3 篇，天文志 3 篇，五行志 6 篇，郡国志 5 篇，百官志 5 篇，舆服制 2 篇，凡 30 篇。就内容来看，百官、舆服二志，是《史记》《汉书》所没有的。但舆服志的撰写，东汉末年董巴、蔡邕已有创议，百官志则取资于皇家“故簿”。至于郡国志，谢承《后汉书》已立为志目，实由《汉书·地理志》而来。尽管如此，《续汉书》的八志（以下简称《续志》）还是被誉为“王教之要，国典之源，粲然略备，可得而知矣”⑯（《后汉书注补志序》）。刘知幾在《史通》中也认为《续志》“虽未尽善，而大较多实”（《史通·书志》）。到了南朝梁时，刘昭注《后汉书》发现范书无志，又因范氏曾褒美《续志》，于是将司马彪《续志》“分为三十卷，以合范书”，《后汉书》从而体例大备。但此时范晔的纪传与司马彪的《续志》仍然单独刊行，即早期的《后汉书》传本还没有《续志》。到了北宋真宗乾兴元年（1022），朝廷采纳孙奭的建议，将刘昭补注的《续志》三十卷同范书的纪传九十卷合刊，基本形成今天我们看到的一百二十卷本《后汉书》[17]。

关于《后汉书》的注解，《梁书·刘昭传》记载刘昭“集《后汉》同异，以注范晔书”，即刘昭不仅将司马彪《续汉书》的“八志”配以范晔《后汉书》，而且也是第一个给《后汉书》及《续志》作注解的人，后来，纪、传部分的注解亡佚了，现在仅存八篇《续志》的注了（其中天文志的下卷和五行志的第四卷亦皆亡佚）[18]。逮及唐代，章怀太子李贤召集诸儒对《后汉书》的纪、传进行了注解，相较刘昭注的侧重史实，李贤注训诂颇深，亦见功力。

虽然《史记》《汉书》也存在成于众手的问题，但是，它们主要都是家学的传承，即子承父业。而今本《后汉书》则不同，它成书于两个不同时代的两位作者之手，且范晔与司马彪又皆是私家修史，故在著录撰人时有必要作出一些说明。四库馆臣说：“于此三十卷（按即三十卷志）并题司马彪名，庶以祛流俗之讹。”瞿林东先生在《范晔评传》一书中谈到当前整理本《后汉书》的署名问题时也说：“现今印行的中华书局点校本‘二十四史’，对于《后汉书》的题款，在封面上、版权页上和目录上，均反映不出来司马彪《续汉书》志存在……建议中华书局重印《后汉书》时，当在封面上、扉页上、目录上和版权页上，以不同的方式注明‘《后汉书》纪、传，宋范晔撰，唐李贤等注；《续汉书》志，晋司马彪撰，梁刘昭注补’，以恢复历史真相，也避免后人的再度误解。”此言甚是。另外，当前一些删去李贤和刘昭之注解而又包含司马彪《续志》的《后汉书》读物，似也应该署作“刘宋范晔、晋司马彪撰”。此附司马彪《续志》与范晔《后汉书》合刊的过程图，以为便览：

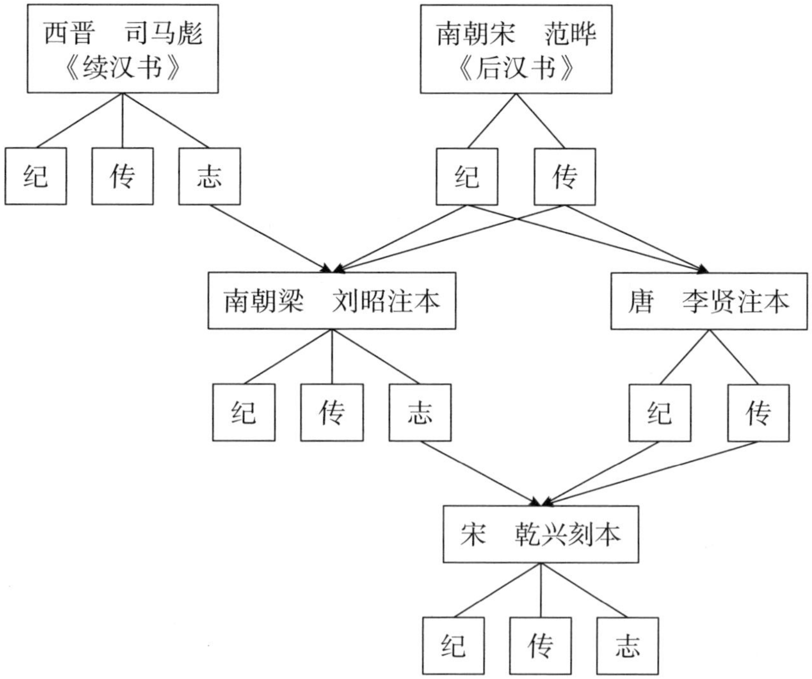

三、《后汉书》的撰述宗旨及其对史学传统的传承与创新

（一）“正一代得失”的撰述宗旨

司马迁在《报任安书》中提出“究天人之际，通古今之变，成一家之言”的撰史旨意，范晔在《狱中与诸甥侄书》中亦说“虽事不必多，且使见文得尽。又欲因事就卷内发论，以正一代得失”。清人王鸣盛认为：范书“贵德义，抑势利，进处士，黜奸雄，论儒学则深美康成，褒党锢则推崇李、杜，宰相多无述而特表逸民，公卿不见采而惟尊独行。”（《十七史商榷》卷六一）总而言之，范晔“正一代得失”的著史旨趣大致可从以下三方面予以探察。

1. 崇忠烈，表清廉

在《皇后纪》序中，范晔说“汉仍其谬，知患莫改”，表现出了一种怒其不争的愤恨之情。而对于东汉“贪孩童以久其政，抑明贤以专其威”的荒谬现象，范晔必然要记忠烈之抗情以正其失。如《袁安传》记载“安以天子幼弱，外戚擅权，每朝会进见，及与公卿言国家事，未尝不噫呜流涕。自天子及大臣皆恃赖之。四年春，薨，朝廷痛惜焉”，范晔评论说“袁公窦氏之间，乃情帝室，引义雅正，可谓王臣之烈”。范晔对于袁安忠烈品节的褒扬，主要是从其对抗外戚方面出发的。外戚干预政事，导致皇帝长期丧失权柄，而年幼的皇帝若想夺回权力就得依靠宦官，结果导致宦官的势力也不断膨胀。宦官之祸对于东汉来说是十分沉痛的，范晔在《宦者列传》序中说“君以此始，必以此终”，说明东汉皇帝凭借宦官从外戚手中夺回权力，最终也因过分依赖、放纵宦官而沦丧国统，走向灭亡。在《宦者列传》论中，范晔强调：“自古丧大业绝宗禋者，其所渐有由矣……《易》曰：‘履霜坚冰至。’云所从来久矣。今迹其所以，亦岂一朝一夕哉！”是说宦官的乱政是所渐有由的，指出防微杜渐的重要性与必要性。在《陈蕃列传》论中，范晔说“桓、灵之世，若陈蕃之徒，咸能树立风声，抗论惛俗……功虽不终，然其信义足以携持民心”，在和宦官的博弈中，党人虽然失败了，但这些忠烈之士所表现出来的崇高信义却能够鼓舞民心。

表清廉者，如《宣张二王杜郭吴承郑赵列传》中论宣秉、王良说：“宣秉、王良处位优重，而秉甘疏薄，良妻荷薪，可谓行过乎俭。然当世咨其清，人君高其节，岂非临之以诚哉！”又如《孔奋传》说，莽末天下未定，“士多不修节操”，但是孔奋在职四年，却“财产无所增”；其侍奉母亲又能谨慎小心，“奉养极求珍膳”，自己却带领妻子“同甘菜茹”。其后，孔奋当府丞，受到敬重，当上太守之后，“举郡莫不改操”，又政务明断“郡中称为清平”。可见，范晔褒扬清廉之士的最终落脚点其实也是指向“治世”的。所谓“汉世乱而不亡，百余年间，数公之力也”，忠烈、清廉之士是东汉乱而不亡的内驱动力。

总之，范晔在纪传部分对人物褒贬品评的一个重要标准，即是否有利于安定社稷、保障民生，这种情感态度表现了其对王权秩序的维护和对国计民生的关怀。“崇忠烈”“表清廉”是范晔有感东汉时势所作的思考，也是范晔“正一代得失”的重要体现。

2. 辟谶纬，戒虚俗

光武帝颇信谶纬，其从起兵到建国，颇为依赖谶纬的“政治预言”作用。自光武开东汉信谶之风后，东汉历代皇帝都对谶纬表现出十分暧昧的态度。可以说，东汉政权很大程度上是借助谶纬获得并延续其合法性的。然而，东汉信谶风气也产生出诸多隐患，谶纬成为野心势力觊觎权力的武器：冲帝时有九江盗贼自称“无上将军”；质帝时，有马勉自封“黄帝”、华孟自称“黑帝”；桓帝时，沛国戴异得黄金印，无文字，遂与广陵人龙尚等作符书，称“太上皇”……有鉴于此，范晔对图谶之事多有贬斥：“安、顺以后，风威稍薄，寇攘寖横，缘隙而生，剽人盗邑者不阕时月，假署皇王者益以十数，或托验神道，或矫妄冕服。”（《张法滕冯度杨列传》）又如在《祭遵传》中，范晔借张满和张丰之口说明谶纬之“虚”，“初，满祭祀天地，自云当王，既执，叹曰：‘谶文误我！’乃斩之，夷其妻子”。又“丰好方术，有道士言丰当为天子，以五彩囊裹石系丰肘，云石中有玉玺。丰信之，遂反。既执当斩，犹曰：‘肘石有玉玺。’遵为椎破之，丰乃知被诈，仰天叹曰：‘当死无所恨。’”。与“辟谶”相符，范晔崇实讳虚。如《陈寔传》论云：“汉自中世以下，阉竖擅恣，故俗遂以遁身矫絜放言为高。士有不谈此者，则芸夫牧竖已叫呼之矣。故时政弥惛，而其风愈往。唯陈先生进退之节，必可度也。据于德故物不犯，安于仁故不离群，行成乎身而道训天下，故凶邪不能以权夺，王公不能以贵骄，所以声教废于上，而风俗清乎下也。”范晔坚信“天下决无佛鬼”，也是他力避虚俗的一个重要方面。

3. 尊儒术，行教化

范晔出身于儒学世家，强调对儒术的遵守。《后汉书》首先指出东汉开国皇帝刘秀对儒学的重视，说“及光武中兴，爱好经术，未及下车，而先访儒雅，采求阙文，补缀漏逸”，自是，四方学士“莫不抱负坟策，云会京师”，如范升、陈元、郑兴、杜林、卫宏、刘昆、桓荣等人，接踵而集，又“立五经博士，各以家法教授”。《儒林传·论》说：

> 然所谈者仁义，所传者圣法也。故人识君臣父子之纲，家知违邪归正之路。
>
> 自桓、灵之间，君道秕僻，朝纲日陵，国隙屡启，自中智以下，靡不审其崩离；而权强之臣，息其窥盗之谋，豪俊之夫，屈于鄙生之议者，人诵先王言也，下畏逆顺势也。至如张温、皇甫嵩之徒，功定天下之半，声驰四海之表，俯仰顾眄，则天业可移，犹鞠躬昏主之下，狼狈折札之命，散成兵，就绳约，而无悔心。暨乎剥桡自极，人神数尽，然后群英乘其运，世德终其祚。迹衰敝之所由致，而能多历年所者，斯岂非学之效乎，故先师垂典文，褒励学者之功，笃矣切矣。不循《春秋》，至乃比于杀逆，其将有意乎！

范晔认为儒学培养了君臣伦理观念，而正是这种以“仁义”为根本的君臣理念，使刘姓国祚得以延长。范晔对儒学的强调，看重的是“斯学之效”，其推行儒学，是要发挥它的教化作用。在《独行列传》中，范晔集中描写的“独行”群体，也多具有儒家忠、孝、节、义、信等优良品质。

《后汉书》本就是范晔“不得志”之作，且其又主张“情志所托，故当以意为主，以文传意”。所以可以说，《后汉书》在某种程度上是范晔“宣情表志”的寄托。如此看来，范氏对于忠烈的褒扬、对谶纬的贬责以及对儒学的尊崇，目的就是要褒扬正直，斧正家国风气，安定社会民生，而这，正是他浸润在骨子里的儒者之思。范晔“正一代得失”的作史目的，反映了他强烈的社会责任感与历史责任感，彰显了他归本儒学的撰史思想。

（二）《后汉书》对纪传的传承与创新

上面我们谈到《后汉书》在撰写体例上，传承了“纪传体”的撰写方式，下面就纪传两个部分内容来简单介绍《后汉书》对史学传统的承继与弘扬。

1. 对“皇后纪”和“外戚传”的统合与革新

在范晔之前的几部重要史书中，《史记》设《吕太后本纪》和《外戚世家》，《汉书》设《高后纪》和《外戚传》，华峤《汉后书》创《皇后纪》，范晔设立《皇后纪》则是对前史《外戚传》和《皇后纪》的统合与创新。

《晋书·华峤传》说华峤作《汉后书》“以皇后配天作合，《前史》作《外戚传》，以继末编，非其义也，故易为《皇后纪》，以次帝纪”。可见，在范书之前成书的华峤《汉后书》中就已经开启了为皇后立纪的先例。但细绎其言，华峤“配天作合”的立纪宗旨，本质上是将皇后看作皇帝的附属，为她们立纪是为了凸显其帝王之妻的崇高地位与特殊身份。这与范晔设《皇后纪》的立意有着本质的不同。范晔以为，“自古虽主幼时艰，王家多衅，必委成冢宰，简求忠贤，未有专任妇人，断割重器。唯秦芈太后始摄政事，故穰侯权重于昭王，家富于嬴国。汉仍其谬，知患莫改。东京皇统屡绝，权归女主，外立者四帝，临朝者六后，莫不定策帷帟，委事父兄，贪孩童以久其政，抑明贤以专其威……终于陵夷大运，沦亡神宝”，所以“考列行迹，以为《皇后本纪》”。也就是说，范晔创作《皇后纪》是要体现东汉致败之由的，而不是为了突出皇后的尊贵身份，正如戴蕃豫所言：“东京一代，临朝者六后，外立者四帝，丝纶发其唇吻，国命系其掌握，改传为纪，合于史家之变也。”[19]

范晔又谓：“其以私恩追尊，非当时所奉者，则随它事附出。亲属别事，各依列传。其余无所见，则系之此纪，以缵西京《外戚》云尔。”此处“以缵西京《外戚》”，即接续班固《汉书·外戚传》。从“亲属别事，各依列传”及“其余无所见，则系之此纪，以缵西京《外戚》”两句可见，范晔作《皇后纪》，除了记录女主长期专权这一东汉特殊的政治现象之外，也是为了完整体现东汉的“外戚”情况。《后汉书》虽不设《外戚传》，却已将“外戚”群体融入《皇后纪》和诸列传中了。

就以上讨论来看，一方面，范晔作《皇后纪》虽然受到华峤《汉后书》的影响，但也仅仅是形式上的模仿，二者在立意上并不相同，即华峤着眼于夫妇关系，而范晔则侧重于政治方面；另一方面，范晔的《皇后纪》在内容上对《外戚传》是有所统摄的，所以，《后汉书》的《皇后纪》是范晔“革新”后的崭新篇章。

2. 对前代史书“类传”的继承与发展

《后汉书》采用“以类相从”的编次方法，著录了《党锢列传》《循吏列传》《酷吏列传》《宦者列传》《儒林列传》《文苑列传》《独行列传》《方术列传》《逸民列传》《列女传》十个重要类传。与《史记》《汉书》等前代史书相比，范晔《后汉书》所新增者为《党锢》《宦者》《文苑》《独行》《方术》《逸民》《列女》七个类传。这些类传大大丰富了《后汉书》的思想内容，多角度地描述了东汉一代的社会风貌。它们是范晔史学思想的深刻表露，展现了作者广阔的社会视野和敏锐的史家眼光。

东汉士风渐起，士大夫重气节，反奸佞，以天下为己任，面对宦官外戚专政，他们欲“诛权竖，安社稷，扶进君子之心”，清流集团振臂奋之，“使天下之士奋迅感概，波荡而从之”，其浩然之气，使世俗污流为之震荡。最后党人被镇压，造成历史上著名的“党锢之祸”。“党锢之祸”的始作俑者之一便是宦官。在东汉尤其明帝以后，宦官在政治格局中占有独特的地位，他们“享分土之封，超登宫卿之位”，以致“手握王爵，口含天宪”，制造社会黑暗，范晔评价他们“舞文巧态，作惠作威，凶家害国”。《后汉书》通过《党锢》《宦者》诸列传，深刻剖析了东汉尖锐的社会矛盾，详细描述了党锢、宦官、外戚三者之间的内部斗争，让人更真实地感知到东汉王朝的发展脉络。

《后汉书》为客观反映一代风貌，还对当时社会存在的特殊阶层进行了描写，如《独行》《方术》《逸民》诸列传。例如，东汉尤重谶纬方术，迷信怪诞之说风靡朝野，“士之赴趋时宜者，皆骋驰穿凿，争谈之也”。尽管范晔反对谶纬方术，认为“如或迂讹，实乖玄奥”，并误导世风，但为了客观地记录历史，范晔遂作《方术列传》，将各类品行各异、各有所长的奇人异士纳入其中，使得东汉一代的历史既真实可信又色彩斑斓。

《后汉书》注重对女性事迹的记述。女性在中国历史上闪烁着璀璨的光辉，《诗经》《尚书》对女德多有赞美，西汉末年刘向曾编撰《列女传》以褒扬贞正德高的女性。范晔作《后汉书》设《列女传》，开启了在正史中为女子立专传的先河。他认为“若夫贤妃助国君之政，哲妇隆家人之道，高士弘清淳之风，贞女亮明白之节”，而“世典咸漏焉”。范晔将这些“列女”与高士相比而褒扬之、嘉奖之，称赞她们“端操有踪，幽闲有容。区明风烈，昭我管彤”。《后汉书·列女传》中多有脍炙人口的名篇，如《乐羊子妻》《董祀妻》等。

（三）《后汉书》对“史论”的延续与开拓

史论，指作史者在史著中以一定的形式直接评论所记史事和人物的文字。史之有论，渊源甚早，《左传》即以“君子曰”“君子谓”等词语发表议论。其后，司马迁作《史记》有“太史公曰”，班固撰《汉书》有“赞曰”，刘珍等《东观汉记》有“序曰”……史论的形式愈加丰富，体制逐渐成熟，史论成为历史著述不可或缺的组成部分。范晔打破了《史记》有“论”无“赞”、《汉书》有“赞”无“论”的情况，于篇前置“序”，篇后设“论”“赞”的形式，发表史论。

《后汉书》有“序”26 篇，多见于宗室传、类传、民族传之前。刘知幾在《史通・序例》中说：“孔安国有云：序者，所以叙作者之意也。窃以《书》列典、谟，《诗》含比、兴，若不先叙其意，难以曲得其情。故每篇有序，敷畅厥义。”《后汉书》中的序主要即是范晔自述作史之意的。《后汉书》有“论”111 篇，全部以“论曰”的形式发端，主要设于纪传之后。《后汉书》中的“论”根据需要，或专论一人，或数人合论。所论之人往往牵连整个宗族后代，而非局限于传主。相比于“序”的钩玄提要、提纲挈领，“论”的部分更加注意抉隐探微、抒发精义。《后汉书》有“赞”90 篇，每卷一赞，均设于每卷之末。“赞”语部分的评论具有统摄全篇、画龙点睛的作用，皆为四字韵语。《后汉书》这种“论”后有“赞”的史评方式为后来的多部正史承袭，产生了重要影响。

对于自己的史论，范晔颇为自得。他在《狱中与诸甥侄书》中说自己“详观古今著述及评论”，认为“殆少可意者”，班固虽然“最有高名”，但“既任情无例，不可甲乙辨，后赞于理近无所得”。范晔认为自己所作传论“皆有精意深旨”，“至于《循吏》以下及六夷诸序论，笔势纵放，实天下之奇作。其中合者，往往不减《过秦篇》。尝共比方班氏所作，非但不愧之而已”。又说：“赞自是吾文之杰思，殆无一字空设，奇变不穷，同含异体，乃自不知所以称之。”清人赵翼评价范晔的史论说：“其论和熹后终身称制之非，而后崩后则朝政日乱，以见后之能理国。论隗嚣谓其晚节失计，不肯臣汉，而能得人死力，则亦必有过人者。论李通虽为光武佐命，而其初信谶记之言起兵，致其父及家族皆为王莽所诛，亦不可谓智”，认为此类皆“立论持平，褒贬允当，足见蔚宗之有学有识”（《廿二史札记》卷四“《后汉书》编次订正”）。《后汉书》序、论、赞俱备而又各有所司，其文字精当，内容丰富，见解卓越，首尾呼应，共同呈现了范晔的史学观念与撰史思想。

范晔的史论意旨精深，具有较为鲜明的指向性。首先，对“成败兴坏之理”进行了总结。范晔在《王刘张李彭卢列传・论》中说：“传称‘盛德必百世祀’，孔子曰‘宽则得众’。夫能得众心，则百世不忘矣。观更始之际，刘氏之遗恩余烈，英雄岂能抗之哉！然则知高祖、孝文之宽仁，结于人心深矣。”范晔论王莽、东汉之际的形势，得出“宽仁得众”及“结于人心”的重要认识，这于治国理政而言是非常正确的。又如在《宦者列传·序》中，范晔对宦官制度的发展变化及其影响进行了分析，并在“论”中认为“自古丧大业绝宗禋者，其所渐有由矣”，强调了防微杜渐的重要性与必要性。其他如《循吏》《酷吏》《儒林》等传的序、论，也都反映了范晔对国家治理与社稷盛衰的关注。其次，范晔的史论体现了他朴素的唯物主义倾向。范晔坚信“天下决无佛鬼”，他在《西域列传·论》中批评佛道神化“好大不经，奇谲无已”，“故通人多惑焉”。在《方术传·序》中说方术“斯道隐远，玄奥难原”，所以“圣人不语怪神，罕言性命”。其三，《后汉书》的史论对东汉士林精神进行了阐发与赞扬，溉养了后世士人的精神气骨。如《李杜列传·论》中评说李固：“据位持重，以争大义，确乎而不可夺。岂不知守节之触祸，耻夫覆折之伤任也。……至矣哉，社稷之心乎！”又如《朱乐何列传·论》说：“幸汉德未衰，大臣方忠，袁、任二公正色立朝，乐、何之徒抗议柱下，故能挟幼主之断，剿奸回之逼。不然，国家危矣！”应当说，范晔的史论既是《后汉书》的精华，同时也是十分重要的史学遗产。

四、《后汉书》的文学成就、历史价值与当代意义

范晔《后汉书》在诸家《后汉书》中属于晚出，最终却能成为流传至当下的为数不多的后汉史，一个重要原因就在于它集诸家之长，具有突出的文学价值。

（一）《后汉书》的文学成就

范晔虽然“耻作文士”，但《后汉书》的文学性却是很突出的。戴

蕃豫称“盖兼子长孟坚之博赡，咀华峤袁宏之菁英，有其长而无其短者厥为范氏乎？故其流风余韵，衣被辞人，非一代也”[20]。本节探讨《后汉书》的文学成就，拟从叙事艺术、人物描写和语言特色三个方面作一简要介绍。

1.《后汉书》的叙事艺术

《后汉书》列传人物关系往往比较复杂，事件头绪也颇为繁琐，范晔在叙事时善于抓住要害以及人物之间的内在联系，使得事件线索清晰明了。

首先，叙事好用“牵连法”[21]。所谓“牵连”，就是各传记不同人物之间存在着的贯通、勾连关系。“牵连法”主要见于《后汉书》中合传、类传、家传中。以家传为例，《史记》《汉书》几乎没有专门的家族列传，范晔基于东汉一朝多世家大族的社会性质而设家族列传，如《耿弇列传》《窦融列传》《马援列传》《梁统列传》《杨震列传》等等，都是以传主作传名而内容则述及家族后代。如《杨震列传》的“牵连法”是借“世代传学”实现的，其文谓杨震“少好学，受《欧阳尚书》于太常桓郁，明经博览，无不穷究”；谓杨震孙杨敷“笃志博闻，议者以为能世其家”；谓杨敷子杨众“亦传先业”；谓杨震子杨秉“少传父业，兼明《京氏易》，博通书传”；谓杨秉子杨赐“少传家学，笃志博闻”；谓杨赐子杨彪“少传家学”；该传结尾又总结道“自震至彪，四世太尉，德业相继”。如此，整个传记各人物之间的关系愈加紧密，全传主题更加鲜明，范晔设置家族传记的深层用意得到凸显。

其次，精心设计“文眼”。这一点李景星在《后汉书评议》中多有论及。《梁统传》云“统性刚毅而好法律”，李景星说“此句是通传之主，下列统所上之疏及对尚书之问，按切时势，洞陈法理，均属扼要之言”；《朱晖传》云“强直自遂，南阳朱季”，李景星说“《朱晖传》纯写其强直行径，如幼遇贼事，不答阴就事，赠婢事，给璧事，待遇张堪、陈揖事，再奏张林议国用等事，皆是强直作用”；《袁安传》云“安以天子幼弱，外戚擅权，每朝会进见，及与公卿言国家事，未尝不噫呜流涕。自天子及大臣皆恃赖之”，李景星说“只此数语，已将全传大旨括尽无余”；《陈蕃传》云“大丈夫处世，当埽除天下，安事一室乎！”《王允传》载郭林宗之言云“王生一日千里，王佐才也”，李景星说“只此二笔，已将两人终身断定，并将两传事迹各为提起”。范晔论史，情感态度往往表现得较为直接，“传眼”的存在，是范晔情感倾向的反映。

范晔叙史还擅长驾驭宏大场面，多通过人物传记揭示历史事件、时代变革。如《刘玄传》《刘盆子传》《皇甫嵩传》分别记述了汉代绿林、赤眉、黄巾三大轰轰烈烈的农民起义。又如《蔡邕传》说蔡邕的先祖为了躲避王莽之乱，选择隐居山中。而到了蔡邕，却无法主宰自己的人生，隐居避世不成，最终命丧囹圄。蔡邕与其先祖趋于生死两极的不同结局，展现的是代际转易的时局变化，反映了东汉末年政治环境的残酷。

2.《后汉书》的人物描写

《后汉书》的人物纪传文笔精当，简洁有力，范晔擅长提炼关键词语或描写重要事件以展现人物的突出特征。如《冯异传》写冯异“每所止舍，诸将并坐论功，异常独屏树下，军中号曰‘大树将军’”。范晔将“并坐论功”的“诸将”与“独屏树下”的冯异放置于同一画面中，对比甚为鲜明。“大树将军”更是寥寥几笔就勾勒出冯异不居功自傲的伟岸形象。又如《董宣传》写董宣惩杀了湖阳公主的奴仆，皇帝大怒，召见董宣，令小黄门持之，“使宣叩头谢主，宣不从，强使顿之，宣两手据地，终不肯俯”，短短数语就把董宣不畏强权的“强项令”形象诉诸纸上。再如范晔称吴汉“刚毅木讷近仁”，《吴汉传》即重点突出了他“坚韧刚毅”的性格特征：写他仅率领二十骑兵，就斩杀苗曾，征调了十郡突骑；围攻广乐时，在坠马伤膝、军心不稳的情况下，他临危不惧，椎牛飨士，力挽狂澜；在战况不利、众将惶惧失度之时，仍旧镇定自若，激扬士吏。

吴汉能够在“云台二十八将”中居于前列，正是凭借其质朴坚韧的秉性和勇冠三军的能力。其他如写马援“马革裹尸”的壮怀，写梁冀“跋扈将军”的姿态，无不深入人心。

范晔还善于运用对比手法以凸显人物特性，这种方式往往能够前后观照，突出人物、事件的兴衰之由。如在《光武帝纪》中，描写百姓对更始诸将及光武僚属的看法：“更始将北都洛阳，以光武行司隶校尉，使前整修宫府。于是置僚属，作文移，从事司察，一如旧章。时三辅吏士东迎更始，见诸将过，皆冠帻，而服妇人衣，诸于绣镼，莫不笑之，或有畏而走者。及见司隶僚属，皆欢喜不自胜。老吏或垂涕曰：‘不图今日复见汉官威仪！’由是识者皆属心焉。”三辅吏士见更始诸将是“莫不笑之，或有畏而走者”，而见到光武僚属“皆欢喜不自胜”，人心归附显而易见。这是属于同一篇中的对比。范晔还喜欢在不同篇目中就相似事件进行对比。如同样是面对将士贪图财物，《光武帝纪》篇写道：“时莽军到城下者且十万，光武几不得出。既至郾、定陵，悉发诸营兵，而诸将贪惜财货，欲分留守之。光武曰：‘今若破敌，珍琉万倍，大功可成；如为所败，首领无余，何财物之有！’众乃从。”《刘玄传》写道：“更始既至，居长乐宫，升前殿，郎吏以次列庭中。更始羞怍，俛首刮席不敢视。诸将后至者，更始问虏掠得几何，左右侍官皆宫省久吏，各惊相视。”光武帝从大义出发，晓以利害，劝诫军士不要贪吝钱财；刘玄帝位未稳，却满眼都是金钱与掠夺，以致惊讶宫廷故吏。在强烈的对比中，光武与刘玄孰优孰劣不言自明，光武称帝的必然性也在这种比较叙事中得到显现。

3.《后汉书》的语言特色

首先，《后汉书》的序、论赞具有很强的文学性，这种文学性具体则表现在语言的骈俪倾向上。史书论赞的骈偶化自司马迁、班固始已肇见端倪，至《后汉书》则更为系统化，如大量运用对偶句、赞语广泛用韵，同时更为注重情感抒发。正如刘师培所言："范蔚宗文甚疏朗，且解音律。其自序云：'性别宫商，识清浊。'沈约诸人多祖述其说。故其文之音节尤可研究。例如《后汉书·六夷传序》《党锢传序》《逸民传序》《宦者传序》诸篇，几无一句音节不谐，而其诸赞，诵之于口适与四言诗无异。"[22] 范书序、论对偶颇为工整，讲求声律谐和，堪称优美的骈文，而赞语则近似一篇篇韵味隽永的四言诗。

其次，谣谚、成语的载录也为《后汉书》增色不少。散体歌谣的使用，如《许慎传》称扬许慎淹贯群籍，有"《五经》无双许叔重"之句;《杨政传》赞美杨政善说经书，有"说经铿铿杨子行"之句;《冯豹传》夸耀冯豹德才高尚，有"道德彬彬冯仲文"之句;《党锢列传》称颂李膺、陈蕃、王畅的德行，有"天下模楷李元礼，不畏强御陈仲举，天下俊秀王叔茂"之句;《刘陶传》写吏民思刘陶而歌之云"邑然不乐，思我刘君。何时复来，安此下民";《廉范传》写百姓敬爱廉范而歌之云"廉叔度，来何暮？不禁火，民安作。平生无襦今五绔"。谣谚的运用能够直接指出人物的核心特征、点明事件的关键因素，起到以简驭繁的效果。在成语的载录上，现在我们熟知的"老当益壮""大树将军""马革裹尸""举案齐眉""不入虎穴，焉得虎子"等等，都是始见于或改造自《后汉书》中的成语。"《后汉书》语言富于变化，时而雅致，时而鄙俚，时而古拙，时而新奇；时而是讲经语、书面语，时而又是俏皮语、口头语，它给人的感觉忽而远，忽而近，灵动离奇，富于变幻"[23]，范晔把俚俗语和书面语相结合，造就了《后汉书》独特的语言魅力，极大地丰富了《后汉书》的语言宝库，具有很高的艺术价值。

文学表达提升了《后汉书》的可读性，增强了其作为史书的文学价值，这与班固在经学背景下撰成的《汉书》相比，可谓大异其趣。

（二）《后汉书》的历史价值

《后汉书》是当前我们研究东汉史的必备史料。它的历史价值体现在政治、经济、文化、文学、军事、科技、民族、士风、习俗、思想、艺术、制度等众多领域。以下就其在文献的保存、对边疆少数民族的记载以及对后世文学创作的影响等方面进行论说。

1. 文学史料的保存

范晔在《后汉书》里著录了很多时人的疏奏、文章、诗赋。如卷二八上《桓谭传》载其《陈时政疏》《言图谶疏》；卷二八下《冯衍传》载其《说廉丹》书、《说鲍永》书和《显志赋》；卷四〇《班固传》载其《两都赋》《明堂诗》《辟雍诗》《灵台诗》《宝鼎诗》《白雉诗》和《典引篇》；卷四九《王符传》载其《潜夫论》5 篇:《贵忠篇》《浮侈篇》《实贡篇》《爱日篇》《述赦篇》；卷四九《仲长统传》载其《乐志论》及《昌言》中的3 篇:《理乱篇》《损益篇》《法诫篇》；卷五二《崔寔传》载其《政论》1 篇；卷五九《张衡传》载其《客问》《上疏陈事》《请禁图谶疏》和《思玄赋》；卷六〇下《蔡邕传》载其《释诲》和《陈七事疏》；卷六一《左雄传》载其《陈政事疏》；卷六二《荀爽传》载其《对策书》；卷六二《荀悦传》载其《申鉴》；卷八〇上《文苑列传 · 杜笃传》载其《论都赋》；卷八〇下《文苑列传 · 刘梁传》载其《辩和同之论》；卷八〇下《文苑列传 · 边让传》载其《章华赋》等等。这些奏疏、文章为后人研究汉人别集和东汉历史，留下了珍贵的材料，《后汉书》所保存文献资料之丰富性由此可见一斑。

2. 边疆史地的记忆

《后汉书》中的民族史料一部分散见于诸帝纪、人物列传中，另一部分则集中于《东夷列传》《南蛮西南夷列传》《西羌传》《西域列传》《南匈奴列传》《乌桓鲜卑列传》等六类民族传记中。这些民族史材料对中国历史上边疆史地的神话传说、地理环境、物产风俗、民族歌谣、属地沿革等进行了较为全面的记载，为研究边疆史地的民族记忆提供了重要线索，对研究民族历史与文化具有不可忽视的价值。

方国瑜先生在谈到《后汉书》民族传所用材料时说："范晔著书，于《西南夷传》杂采众书，虽嫌错落，而保存资料，则为有益……然从史料观之，则较《前汉书》为胜。"[24] 此观点虽是就《西南夷传》发论，实际揭示了《后汉书》六类民族传记的共同特点。一方面，《后汉书》的民族传记材料是杂采众书的，这取决于《后汉书》广裒史、文的撰述背景；另一方面，《后汉书》所搜集的史料又往往为《史记》《汉书》所无，其价值的独特性也正在于此。例如关于"南蛮"和"西羌"，《史记》《汉书》皆无系统记载，范晔则作专传录之；《匈奴传》，《史记》和《汉书》皆有颇为详细的载录，范晔则作《南匈奴列传》而有所侧重，是以一"南"字体现匈奴内部的某种分化。

总之，范晔编纂的《后汉书》在继承司马迁、班固为周边少数民族作传的传统上，又有所发展。《后汉书》中的民族史料有利于考察边疆民族与东汉政府的关系，为研究我国多民族国家的形成提供了重要文献支持。同时，这些民族传记也为我们探究范晔的民族史观提供了观察视角。

3. 文史典故的源泉

范晔《后汉书》历来以叙事清晰、文笔生动、可读性强为后世学人雅士所称赞。六朝以来，许多著名学者的诗文中都大量采用《后汉书》中的典故，形成了独特的文学景观。如《冯异传》写光武帝玺书慰劳冯异，说："赤眉破平，士吏劳苦，始虽垂翅回溪，终能奋翼黾池，可谓失之东隅，收之桑榆。方论功赏，以答大勋。""失之东隅，收之桑榆"成为后世经典的成语。唐人刘禹锡《酬乐天咏老见示》诗即化用此句作"莫道桑榆晚，为霞尚满天"。《王霸传》记载："及光武为大司马，以霸为功曹令史，从度河北。宾客从霸者数十人，稍稍引去。光武谓霸曰：'颍川从我者皆逝，而子独留。努力！疾风知劲草。""疾风知劲草"比喻意志坚定，经得住考验，是光武帝称赞王霸之语。后来，唐太宗李世民作《赐萧瑀》诗即用“疾风知劲草，板荡识诚臣”句褒扬萧瑀。明末清初著名启蒙思想家顾炎武的诗作中，曾大量借用《后汉书》中的典故以表达壮志难酬的苦闷悲愤与忧国忧民的高尚情怀。清末谭嗣同在《狱中题壁》诗中说：“望门投止思张俭，忍死须臾待杜根。”张俭与杜根的典故分别出自《后汉书》的《张俭传》和《杜根传》，谭氏借以诉说自己为变法事业流血牺牲，死得其所。可以想见，一大批仁人君子正是受到《后汉书》的熏陶感染，从而书写了可歌可泣的人生篇章。宋代大文豪苏轼读《范滂传》就曾发出“轼若为滂，母许之否乎”的请求，立志做一个气节清高、为民立命的好官。《后汉书》中对于荩臣廉官正直不阿之气节的宣扬，鼓舞着一代代志士仁人。就这个层面来看，《后汉书》不仅仅是文史典故的泉源，更是安身立命的精神基石。

（三）《后汉书》的当代意义

阅读国学典籍，重在把握其内在魅力，汲取经典的当代价值。《后汉书》中的许多故事，于修身、治学、齐家、资政、经营都有较大的现实导向性，对于当今的生产与生活具有重要的启示意义。

1. 关于修身

在《史记考索》1996年版的后记中，作者朱邦薇谈到朱东润先生撰写《后汉书考索》的缘由时说，“有感于时事蜩螗，士风不振，因于范晔撰《后汉书》表彰‘仁人君子’之意多所抉发”[25]。宋文民先生在《后汉书考释》前言中提及徐复先生勉励自己研治《后汉书》之言：“研读《后汉书》，尤当留意学习书中人物之端方品藻，后汉端直之士如云，可为立身行事之鉴。”[26] 可以说，《后汉书》是当下我们修身处事的重要养分来源。如《独行列传》记载范式与张劭“鸡黍之交”的故事，告诉我们处事“言必信，行必果”。《宋弘传》说“贫贱之知不可忘，糟糠之妻不下堂”，告诫人们即便富贵了，也不能忘记自己在贫困之时结交的朋友，也不要抛弃患难与共的妻子。《王龚传》说“不求苟得，不为苟行”，是说不求取不应得到的东西，不去做不正当的行为。《冯衍传》说“正身直行，恬然肆志”，指出做人要有浩然正气，要心地坦然地为自己的志向奋斗。

2. 关于治学

治学首先需要吃苦耐劳的精神。《后汉书 · 张奂传》写张奂长子张芝“善草书，至今称传之”，李贤注说他尤好草书，只要是家里的衣服布帛，必定在上面写字然后再煮掉墨色；他在池边练习书法，池水都被染黑了。张芝后来成为历史上最早的“草圣”，他的书法作品“为世所宝，寸纸不遗”。其他如《何休传》《卢植传》《高凤传》《崔琦传》《包咸传》等中的夙夜匪懈、孜孜以求的好学故事无不让人叫绝。他们中的很多人后来都成为名震一时、令人景慕的大儒，凭借的正是这种力学不倦的精神。治学还要学会“知止”。《马融传》记载马融曾经打算为《左氏春秋》作注解，但是当他看到贾逵、郑众的注后，认为“贾君精深但不广博，郑君广博但不精深。一个精深，一个广博，我还能增加些什么呢”，于是转而撰著《三传异同说》，又抽出更多的时间训注了《论语》《诗》《易》《尚书》等书。《后汉书 · 文苑列传》记载王逸的儿子王延寿有杰出的文才，其年轻时候游玩鲁国，写了《鲁灵光殿赋》。后来蔡邕也以这个题目作赋，一时没有写完，等到见了王延寿所写的《鲁灵光殿赋》，对其非常惊奇、欣赏，于是停止了自己的《鲁灵光殿赋》创作。马融和蔡邕都是东汉的才学大家，“知其所止”是他们表现出来的共同的智慧，也正是懂得“知止”的道理，他们才能在更广阔的学术领域里做出斐然成就。“选择有时候比努力重要”，一定程度上说的就是“知止”的智慧。

3. 关于齐家

俗话说“家和万事兴”，《后汉书》中诸多关于“持家”的故事对当下有借鉴意义。《后汉书 · 独行列传》写缪彤年轻时家境贫寒，兄弟四人同舟共济。到了各自娶妻之后，妯娌们要求分家，并且有几次发生了口角之争。缪彤深怀愤慨，便独自掩门在屋中拍着胸脯说：“汝修身谨行，学圣人之法，将以齐整风俗，奈何不能正其家乎！”他的弟弟及弟媳听到这一席话后，均叩头致歉，此后全家又都和睦相处了。缪肜这句话强调了“齐家”的重要性，同时说明做事当严于律己，先正己，方能正人，这是治家治国和为人处世的关键。范晔在《后汉书》中特别强调良好家风的培养和传承。如《梁冀传》“论”中感叹梁冀的父亲梁商没有能够教导好梁冀，致使其跋扈至极，终被诛杀。《杨震传》则赞扬了杨震“使后世称为清白吏子孙，以此遗之，不亦厚乎”的品行，树立了良好的家风，所以子孙后代均登高位。《乐羊子妻》则记载了乐羊子的妻子相夫有道、持家有方、讲究操守，是中国古代贤惠淑德的女性的典型代表。

4. 关于资政

《后汉书》中褒赞了大量的勤政爱民者。如《循吏列传》中记卫飒“理恤民事，居官如家，其所施政，莫不合于物宜”；记王涣“曲尽情诈，压塞群疑，又能以谲数发擿奸伏”。范晔同时描写了一些小人物，他们虽然官职卑微，却节行高尚，颇值得称赞。如强项令董宣，虽官职卑微，却不畏权贵，坚持正义；又如孔奋，关心民生疾苦，为官清廉，不图私利。《后汉书》中记载了诸多关于识才用贤、恪尽职守的名言警句。如《张衡传》云“人各有能，因艺授任”，是说每个人有其自己的才能，要根据他的能力去授予职任；《张升传》云“君子仕不为己，职思其忧，岂以久近而异其度哉”，是说君子做官不为自己，常思考自己哪些地方没有尽职，怎么能以做官的时间长短而改变法度呢？

《后汉书》中的许多故事还具有教育意义。如《独行列传》中的《王烈传》，讲述了王烈采用“激励法”导人向善，从而将小偷从盗窃者转变为一个拾金不昧的人。又如《列女传》写程文矩妻虽身为后母，却视子如己出，用切实行动感化了子女。其他如《光武帝纪》等篇目所展现的智谋胆略，也可为现代管理学、人力资源学所借鉴，促进公司企业的发展，让中国现代企业管理者在西方理论之外，领略中国传统管理智慧无穷的魅力。

五、《后汉书》既有成果与本书编写说明

（一）《后汉书》既有研究成果

《后汉书》是范晔最重要的作品，也是其生命和情感的结晶。在内容上，范晔博采众家，删繁择要；在体例上，他继承前贤，多有创新。《后汉书》最终从多家东汉史书中脱颖而出，成为后汉一代之正史，传之不朽，范晔也因之成为伟大的史家，永远被后人铭记。历代以来，《后汉书》相关的研究成果迭出不穷，此或可稍稍弥补范晔著史未及全备而遭系狱的不幸与遗憾。

《后汉书》的整理与研究工作，以刘昭、李贤的注开其端绪。至宋代，刘攽奉命全面校理《后汉书》，有《东汉刊误》传世，此一成果对明、清学人治后汉历史产生了深远影响。明代，钟惺的《史怀》和沈国元的《二十一史论赞》等书掀起了对《后汉书》评点的热潮。而对《后汉书》进行全方位的关注和研究，则是伴随着清代朴学的兴盛而展开的。首先是订补后汉史实。如惠栋有《后汉书补注》、钱大昭有《后汉书辨疑》、周寿昌有《后汉书注补正》、王先谦有《后汉书集解》等等。前辈学人对《后汉书》的注补及研究，为我们更加深入发掘《后汉书》的价值提供了材料、视角、理路及方法。其次是补充后汉《艺文志》。周天游先生说："与其说是彪《志》依范《书》而得以传世，不如说范《书》凭彪《志》而近于完备。"[27]但是，司马彪的《志》也存在一个问题，即没有《艺文志》，致使一代典籍失载史册，颇令人遗憾。王承略、刘心明主编的《二十五史艺文经籍志考补萃编》以及《萃编续刊》是史志目录迄今为止规模最大的汇辑和整理，其中著录的后汉《艺文志》包括清钱大昭《补续汉书艺文志》、清顾櫰三《补后汉书艺文志》、清侯康《补后汉书艺文志》、清陶宪曾《侯康补后汉书艺文志补》、清姚振宗《后汉艺文志》、曾朴《补后汉书艺文志并考》等，可借此摸清东汉的学术家底。

其三，补《后汉书》之“表”方面，有清人钱大昭接续宋人熊方于此发力。此外，王鸣盛的《十七史商榷》、赵翼的《廿二史札记》、钱大昕的《廿二史考异》、刘咸炘《后汉书知意》、李景星《后汉书评议》以及诸多文人别集中的后汉资料等等，都是《后汉书》研究不可忽视的著作。

今人周天游先生的《八家后汉书辑注》为研究东汉史带来巨大便利，是钻研《后汉书》必不可少的案头书。而瞿林东等的《范晔评传》、宋文民的《后汉书考释》、钟书林的《〈后汉书〉文学初探》《范晔之人格与风格》、程方勇的《范晔及其史传文学》等亦对探察范氏其人其学启发不小。

（二）本书撰写凡例

第一，遵从《百部经典》凡例的总体安排和基本要求。本书内容包括导读、原典、注释、点评四个主要部分。原典注释为主体内容，文字校勘不是重点，也不单独出校，重要的异文在注释中予以酌情说明。

第二，选取近代以来通行的王先谦《后汉书集解》本为底本，以仁寿本、黄善夫本、绍兴本等刻本为参校本，同时借鉴中华书局整理本、卜宪群及周天游主持的《今注本二十四史·后汉书》等近人点校成果，并注意吸收国内外相关研究整理成果，细读精校，确保版本优良、文字准确。

第三，原文中的古今字、通假字，一律保留底本原貌。异体字中，不影响文义者径改为规范字形，不出校；影响文意理解者则保留原貌。

第四，原文避本朝讳、家讳、师讳者，不回改；影响文意者，不改字，在注释中说明；采用缺笔形式之避讳，补足笔画并在第一处注释中说明缺笔情况，以下则径改。

第五，对历史典故和疑难字词进行重点训释，尤其注重对书中言及的典章、制度、职官、天文、地理、年号等进行注解，并对难字加注读音。

第六，节录原典的重要篇章。今传本《后汉书》共一百二十卷，其中《本纪》十卷，《列传》八十卷。原书本无《志》的部分，南朝梁学者刘昭取晋司马彪《续汉书》中的八篇《志》，析为三十卷，补入书中。《志》

之内容虽然不是范晔亲笔，但其历史价值自不待言。且于今天看来，彪《志》与范晔《后汉书》纪传部分已经不可分割，故节选《百官志》和《舆服志》的“序”以作概观。

第七，原书相关篇章的选录，以《纪》《传》“本文”部分为主。范晔《后汉书》正文体例大致由序、本文、论、赞四部分组成。《后汉书》在体例上打破了《史记》有论无赞、《汉书》有赞无论的情况而两者兼备，具有开创意义。序、论、赞部分对于了解范晔学术思想、认识其时社会风貌都具有较为重要的价值，选本择要而录，并见其体例之一斑。

第八，选本所选取的篇目具有一定的代表性，能够反映作者的历史观念、作品的文学特色，特别是要能够反映此一时期的重要历史事件、杰出人物事迹、重大科技发明、时代民族风貌、文化思潮流派等。

第九，所选篇章皆按原书卷秩次序排列而有删节。凡琐事、奏章以及《列传》中载及的子孙、僚属、朋友等无关紧要之事，皆予删削。

第十，本书各部分均注意吸收前人相关研究成果，特别是20世纪以来的国内外研究论著。当前学界关于《后汉书》的研究多集中于文学研究、文献学研究、思想研究、比较研究、单篇《纪》《传》研究、类传研究、语言学研究、序论赞专题研究等领域，希望本书的写作能在充分汲取前人有关成果的基础上有所精进。

第十一，在基于原典、参考旧注的基础上，明确学术源流，力争在内容上有新意，文字表述上准确精当。节录原典时，若文字和标点在前人基础上有所改动或调整，加注释予以说明。导读、注释和点评要求有根有据，言之成理。相关内容尽量贯通古今，力求做到汲古为鉴，与时俱进，启发当下。

（三）本书选篇的依据和意义

第一，选取涉及重要历史人物、事件，对社会历史走向有重大影响者。例如，东汉王朝的建立是在推翻王莽政权的基础上进行的，《光武帝纪》对其时天下形势有较为直观的展现；再如《刘盆子传》，内容主要讲述赤眉起义，赤眉起义军在推翻西汉王朝和王莽政权中发挥着重要作用，有助于我们全面了解和把握西汉末年的时代政局。其他如刘玄、隗嚣、公孙述、董卓、袁绍等传均反映出政权交替之际的动荡时局，具有较高的史学价值，可借此窥见汉代历史发展进程之一隅。

第二，可反映当时社会共时面貌及历史特色者。例如，东汉的“党锢”之议，是东汉宦官势力、官僚势力和外戚势力围绕皇权而展开斗争的结果，是汉桓帝、汉灵帝时期的重大历史事件之一，“党人”是这个斗争的焦点和牺牲品，《党锢列传·序》及《李膺传》较为典型地展现了其时的“党锢之祸”。其他如《梁冀列传》，对当时东汉的外戚专权有清晰的呈现、《马融列传》《郑玄列传》对把握东汉经学主导下的学术生态有较大的影响，皆入选。

第三，要体现《后汉书》的创新之处，即选取具有代表性的篇目。《后汉书》因时而变，设立《皇后纪》，则选取《和熹邓皇后纪》以见一斑。对于其他类型化的传记如《循吏列传》《酷吏列传》《宦者列传》《儒林列传》《独行列传》《逸民列传》《列女传》等，皆择要而录。另有《文苑列传》《方术列传》，未选。

第四，选取故事性强、文笔较佳者，抑或含有历史趣味性等可读性较强，且文学水平较高者。例如，“隐逸”作为一种文化现象，历时久远，后汉一代同样不乏狂放不羁的隐逸者，范晔特撰《逸民列传》以记之。《严光列传》是当中极具代表性的一篇，展露出一个率真可爱、狂妄大胆的隐逸者形象，充满浓厚的文学趣味。此外，陈蕃、班超等列传以及一些纪传的序与论等无不精彩绝伦，皆择要选取。

第五，足以体现《后汉书》特色及范晔史学思想、民族观念、价值倾向者。如《马援列传》《班彪列传》《班固列传》《东夷列传·序》《西域列传·论》《南匈奴列传·论》以及《狱中与诸甥侄书》。以《狱中与诸甥侄书》为例，该篇既是作者关于《后汉书》之精义所在的自述，同时也是其对自己激昂悲怆人生的绝唱，具有自序性质，一定程度上能够体现作者的史学思想。此篇不是《后汉书》的“本体”部分，故以“附录”形式呈现。

其他入选的，是能够展现中国古代先进的科学技术、进步的思想文化以及包括与当今社会生活关系较大、足以资鉴者，如张衡、董宣、孔奋、王充、杨震等传；以及常为前贤名家引用或有口皆碑、脍炙人口者，如乐羊子妻、董祀妻、梁鸿传等。

最后，需要特别交代的是，在本书的撰写过程中，博士生林相助益良多，承担了大量的工作，谨此说明，并致谢意。

① 戴蕃豫:《范晔与其后汉书》，商务印书馆 1941 年版，第 5 页。
② （清）李慈铭著，由云龙辑:《越缦堂读书记》，上海书店出版社 2000 年版，第 237 页。
③ 戴蕃豫:《范晔与其后汉书》，第 7—8 页。
④ 白寿彝:《中国史学史》第一册，上海人民出版社 1986 年版，第 58 页。
⑤ 瞿林东:《范晔“谋反”新说——兼论沈约对范晔的评价》，《安徽史学》2006 年第 1 期，第 13 页。
⑥ 清人姚振宗《〈隋书·经籍志〉考证》统计的数量为 803 部，通计亡书 64 部，凡 867 部。
⑦ 戴蕃豫:《范晔与其后汉书》，第 9 页。
⑧ 周天游:《八家后汉书辑注·前言》，上海古籍出版社 2020 年版，第 3 页。
⑨《后汉书·孝明八王传》云:“孝明皇帝九子:贾贵人生章帝;阴贵人生梁节王畅;余七王本书不载母氏。”章怀注曰:“‘本书’谓《东观记》也。”
⑩ 参见:程方勇:《范晔及其史传文学》，中国社会科学出版社 2020 年版，第 91—97 页。
⑪ 参见:（清）王先谦:《后汉书集解·述略》。
⑫ 瞿林东、李珍:《范晔评传》，南京大学出版社 2006 年版，第 88 页。
⑬ 据日本中文古籍数据库统计。
⑭ 此部分参阅戴蕃豫:《范晔与其后汉书》，第 77—95 页。

⑮ 李贤注所说内容，今本《宋书》不载，无从查考。范晔在《狱中与诸甥侄书》中提及的《后汉书》撰作计划中，是包含“志”的，但他是否在遇祸前已经完成部分“志”的撰写工作不得尽知。考《后汉书》之纪传，时有“事在《百官志》”“语在《礼乐舆服志》”“事在《五行天文志》”之类的表述，《南齐书·檀超传》有“立十志:《律历》《礼乐》《天文》《五行》《郊祀》《刑法》《艺文》依班固……《百官》依范晔，合《州郡》”的话，又《南齐书·百官志》有“蔚宗选簿梗概”之言，戴蕃豫据以认为“范氏十《志》，其六可知也”(《范晔与其后汉书》第 20 页)。

⑯ 参见：瞿林东:《中国史学史教程》，高等教育出版社 2011 年版，第 66 页。

⑰ 司马彪的《续志》和范晔《后汉书》的纪传究竟合并于何时存在争议，如戴蕃豫即云“司马《续志》，合于范书，钱大昕氏《十驾斋养新录》以为始于北宋。今考梁刘昭注补《续志》自序（载明监本《后汉书》内）云，司马《续书》，总为八《志》，范煜（按即范晔）序例，颇褒其美，乃备前《志》，注以补之，分为三十卷，以合范史，是刘氏当时已合两书为一，故章怀即其本更为之注，《志》悉其旧，非至北宋始并合也”。(《范晔与其后汉书》第 25 页）

⑱ 刘昭为范晔《后汉书》纪、传所作的注，今已难以分辨；他为司马彪《续汉书》志所作的注流传至今，对后人的阅读和研究有很大的益处。(《范晔评传》第 97 页）

⑲ 戴蕃豫:《范晔与其后汉书》，第 19 页。

⑳ 戴蕃豫:《范晔与其后汉书》，第 54 页。

㉑ 参见：程方勇:《范晔及其史传文学》，中国社会科学出版社 2020 年版，第 157 页。

㉒ 刘师培:《刘师培讲中国中古文学史》，河海大学出版社 2019 年版，第 175—176 页。

㉓ 钟书林:《〈后汉书〉文学初探》，中国社会科学出版社 2010 年版，第 242 页。

㉔ 方国瑜:《云南史料目录概说》(上册)，中华书局 1984 年版，第 9 页。

㉕ 朱东润:《史记考索·后记》，华东师范大学出版社 1996 年版，第 420 页。

㉖ 宋文民:《后汉书考释·前言》，上海古籍出版社 1995 年版，第 2 页。

㉗ 周天游:《八家后汉书辑注·前言》，上海古籍出版社 2020 年版，第 4 页。

后汉书

纪

光武帝纪

本篇节选自《后汉书·光武帝纪》。《光武帝纪》是《后汉书》的首篇，记述了汉光武帝刘秀从起兵到称帝的过程。《谥法》云：“能绍前业曰光，克定祸乱曰武。”光、武二字浓缩了光武帝刘秀复兴汉室的丰功伟绩。

世祖光武皇帝讳秀[1]，字文叔，南阳蔡阳人[2]，高祖九世之孙也，出自景帝生长沙定王发。发生舂陵节侯买，买生郁林太守外，外生巨鹿都尉回，回生南顿令钦，钦生光武。光武年九岁而孤，养于叔父良。身长七尺三寸，美须眉，大口，隆准[3]，日角[4]。性勤于稼穑，而兄伯升好侠养士[5]，常非笑光武事田业，比之高祖兄仲[6]。王莽天凤中[7]，乃之长安，受《尚书》，略通大义。

以上简要介绍了光武皇帝刘秀的家世和早期经历。一方面，光武皇帝作为汉高祖刘邦的第九世孙，为他后来夺取政权提供了合法的身份基础；另一方面，“受《尚书》，略通大义”培养了光武帝的学识修养。结合光武帝建国后的治国主张，我们可以更加清晰地看到帝王学习经书并经世致用的气质与精神。

［注释］

[1] 世祖：刘秀死后的庙号。光武：刘秀死后的谥号。讳：名讳。 [2] 南阳：郡名。蔡阳：县名，在今湖北枣阳西南。 [3] 隆：高。准：鼻子。 [4] 日角：额头饱满，形状如日。 [5] 伯升：刘

缜（yǎn）的字。 [6] 高祖兄仲：汉高祖刘邦的二哥，名刘喜，能治产业。 [7] 天凤：王莽的第二个年号。

莽末，天下连岁灾蝗，寇盗锋起。地皇三年[1]，南阳荒饥，诸家宾客多为小盗。光武避吏新野[2]，因卖谷于宛[3]。宛人李通等以图谶说光武云[4]：“刘氏复起，李氏为辅。”光武初不敢当，然独念兄伯升素结轻客[5]，必举大事，且王莽败亡已兆，天下方乱，遂与定谋，于是乃市兵弩。十月，与李通从弟轶等起于宛，时年二十八。

以上描写了光武帝起兵的必然因素和偶然因素。图谶是谶纬的一种。所谓谶纬，即“诡为隐语，预决吉凶”，它具有极为丰富的政治隐喻性。西汉末年，谶纬已经形成一股社会思潮，作为一种隐语式的政治预言，它对东汉政权合法性的建构发挥着重要作用。

[注释]

[1] 地皇：王莽的第三个年号。 [2] 避吏：谓逃避狱吏的追捕。 [3] 宛：县名，属南阳郡，在今河南南阳市。 [4] 图谶：西汉后期以来流行的宣传符命占验的书。图，指《河图》，是神秘性质的画；谶（chèn），指谶言，是当时人认为颇具征验的预言。 [5] 轻客：剽悍轻死之徒。

十一月，有星孛于张[1]。光武遂将宾客还春陵。时伯升已会众起兵。初，诸家子弟恐惧，皆亡逃自匿，曰“伯升杀我”。及见光武绛衣大冠[2]，皆惊曰“谨厚者亦复为之”，乃稍自安。

伯升于是招新市、平林兵，与其帅王凤、陈牧西击长聚。光武初骑牛，杀新野尉乃得马[3]。进屠唐子乡，又杀湖阳尉。军中分财物不均，众恚恨[4]，欲反攻诸刘。光武敛宗人所得物，悉以与之，众乃悦。进拔棘阳，与王莽前队大夫甄阜、属正梁丘赐战于小长安[5]，汉军大败，还保棘阳。

［注释］

[1] 孛（bèi）：彗星。张：二十八宿之一，分野在周。彗星见于张，东南行至翼、轸，翼、轸分野在楚，预示楚地将有战乱。 [2] 绛衣：深红色的将军之服。绛，赤色，火红。光武依图谶，认为东汉行火德，色上赤，所以穿赤红战袍。大冠：武官之帽。 [3] 尉：县尉，负责一县治安。 [4] 恚（huì）：恼怒。 [5] 前队（suì）大夫：王莽设六队，以南阳郡为前队，为六队之一；每队设一大夫，职如太守；设一属正，职如都尉。

更始元年正月甲子朔[1]，汉军复与甄阜、梁丘赐战于沘水西[2]，大破之。斩阜、赐。伯升又破王莽纳言将军严尤、秩宗将军陈茂于淯阳[3]，进围宛城。二月辛巳，立刘圣公为天子[4]，以伯升为大司徒[5]，光武为太常偏将军[6]。三月，光武别与诸将徇昆阳、定陵、郾，皆下之[7]。多得牛、马、财物，谷数十万斛[8]，转以馈宛下。莽闻阜、赐死，汉帝立，大惧，遣大司徒王寻、大司空王邑将兵百万[9]，其甲士四十二万人，五月，到颍川，复与严尤、陈茂合。初，光武为舂陵侯家讼逋租于尤[10]，尤见而奇之。及是时，城中出降尤者言光武不取财物，但会兵计策。尤笑曰："是美须眉者邪？何为乃如是？"

借严尤之语，从侧面展现光武帝"成大事"者形象。

［注释］

[1] 更始：刘玄的年号。朔：每月的第一天。 [2] 沘（bǐ）水：泌水，在今河南泌阳县。 [3] 纳言将军：王莽新朝的官名。王莽改大司农为纳言，任此官而又带兵，故称纳言将军。秩宗：王莽改太常为秩宗。 [4] 刘圣公：更始帝刘玄，字圣公。 [5] 大司徒：西汉哀帝元寿二年改丞相为大司徒，东汉建武二十七年去大字，与司空、太尉合称三公。 [6] 太常偏将军：官名，应隶属于太常将军。 [7] 徇：夺取。昆阳：县名，在今河南叶县。定陵：县名，在今河南舞阳北。郾：县名，在今河南郾城。三县皆属颍川郡。 [8] 斛（hú）：十斗。 [9] 大司空：官名，汉成帝绥和元年改御史大夫为大司空，与大司徒、大司马并称三公。 [10] 舂陵侯：光武的叔父刘敞。讼：起诉，告状。逋（bū）租：欠租。

初，王莽征天下能为兵法者六十三家数百

人，并以为军吏；选练武卫，招募猛士，旌旗辎重，千里不绝。时有长人巨无霸，长一丈，大十围，以为垒尉[1]；又驱诸猛兽虎豹犀象之属，以助威武。自秦、汉出师之盛，未尝有也。光武将数千兵，徼之于阳关[2]。诸将见寻、邑兵盛，反走，驰入昆阳，皆惶怖，忧念妻孥[3]，欲散归诸城。光武议曰："今兵谷既少，而外寇强大，并力御之，功庶可立[4]；如欲分散，势无俱全。且宛城未拔，不能相救，昆阳即破[5]，一日之间，诸部亦灭矣。今不同心胆共举功名，反欲守妻子财物邪？"诸将怒曰："刘将军何敢如是！"光武笑而起。会候骑还[6]，言大兵且至城北，军陈数百里[7]，不见其后。诸将遽相谓曰[8]："更请刘将军计之。"光武复为图画成败。诸将忧迫，皆曰："诺。"时城中唯有八九千人，光武乃使成国上公王凤、廷尉大将军王常留守，夜自与骠骑大将军宗佻、五威将军李轶等十三骑[9]，出城南门，于外收兵。时莽军到城下者且十万，光武几不得出。既至郾、定陵，悉发诸营兵，而诸将贪惜财货，欲分留守之。光武曰："今若破敌，珍珤万倍[10]，大功可成；如为所败，首领无余[11]，何财物之有！”众乃从。

光武帝以生死财货之辨说服众人，显现宽广的格局与气度。

[注释]

[1] 垒尉：中垒校尉的缩称，主军队垒壁之事。 [2] 徼（yāo）：拦截。 [3] 妻孥（nú）：妻子和儿女。 [4] 庶：兴许。 [5] 即：若。 [6] 候骑：负责侦察和巡逻的骑兵。 [7] 陈：通“阵”。 [8] 遽（jù）：急忙。更：还。 [9] 成国上公：爵名。廷尉：九卿之一，掌刑狱。骠骑大将军：汉武帝时始置，位次丞相。五威将军：王莽始置，其衣服依五方之色，以威天下，李轶与光武起兵时，以此自号。 [10] 珤（bǎo）：古“宝”字。 [11] 首领：头颈。

严尤说王邑曰：“昆阳城小而坚，今假号者在宛[1]，亟进大兵，彼必奔走；宛败，昆阳自服。”邑曰：“吾昔以虎牙将军围翟义，坐不生得[2]，以见责让[3]。今将百万之众，遇城而不能下，何谓邪？”遂围之数十重，列营百数，云车十余丈[4]，瞰临城中，旗帜蔽野，埃尘连天，钲鼓之声闻数百里[5]。或为地道，冲輣橦城[6]。积弩乱发，矢下如雨，城中负户而汲[7]。王凤等乞降，不许。寻、邑自以为功在漏刻[8]，意气甚逸。夜有流星坠营中，昼有云如坏山，当营而陨，不及

《续汉书·天文志》：“昼有云气如坏山，堕军上，军人皆厌，所谓营头之星也。占曰：‘营头之所堕，其下覆军，流血三千里。’”

地尺而散，吏士皆厌服[9]。

[**注释**]

[1] 假号者：冒称天子名号的人，指刘玄。 [2] 坐：因为。 [3] 责让：责备。 [4] 云车：楼车，称“云”以言其高。 [5] 钲（zhēng）：铙，似铃，击之以节鼓声。 [6] 冲：橦车，冲锋陷阵用的战车。輣（péng）：楼车。橦（chōng）：本义是橦车，与“冲”义重复。 [7] 户：单扇门板。汲：从井中取水。 [8] 漏刻：漏滴一刻的时间相当于今十二分钟，形容时间短。 [9] 厌（yā）服：倾倒伏地。

六月己卯，光武遂与营部俱进，自将步骑千余，前去大军四五里而陈[1]。寻、邑亦遣兵数千合战。光武奔之，斩首数十级[2]。诸部喜曰：“刘将军平生见小敌怯，今见大敌勇，甚可怪也。且复居前，请助将军！”光武复进，寻、邑兵却，诸部共乘之，斩首数百千级。连胜，遂前。时伯升拔宛已三日，而光武尚未知。乃伪使持书报城中，云“宛下兵到”，而阳墯其书[3]。寻、邑得之，不憙[4]。诸将既经累捷，胆气益壮，无不一当百。光武乃与敢死者三千人，从城西水上冲其中坚[5]，寻、邑陈乱，乘锐崩之，遂杀

侧面烘托光武帝的英勇善战。

正面描写光武帝的足智多谋。

以上三段重点描写了“昆阳之战”。昆阳之战是中国历史上以少胜多的著名战例之一。牛运震《读史纠谬》云：“昆阳之战，极力摹写，与《项羽纪》巨鹿之战曲折淋漓，亦略相当。”王夫之在《读通鉴论》中评论说：“昆阳之战，光武威震天下，王业之兴肇此矣。”此战对光武成就帝业是至关重要的。

光武帝假装淡然，实际上仇恨的种子已经自此埋下。在《后汉书·刘縯传》中，范晔认为刘伯升的失败在于轻视敌人、疏忽危险。相比之下，光武则更能韬光养晦，伺时而动，正如史珥《后汉书勦说》所言：“勤稼卖谷，俱世祖巧于自

王寻。城中亦鼓噪而出，中外合势，震呼动天地，莽兵大溃，走者相腾践，奔殪百余里间[6]。会大雷风，屋瓦皆飞，雨下如注，滍川盛溢[7]，虎豹皆股战[8]，士卒争赴，溺死者以万数，水为不流。王邑、严尤、陈茂轻骑乘死人度水逃去。尽获其军实辎重，车甲珍宝，不可胜算，举之连月不尽[9]，或燔烧其余[10]。

[注释]

[1]陈：通“阵”。 [2]级：秦制，斩敌一头，赐爵一级，故称斩首为级。 [3]阳：通“佯”，假装。墯（duò）：同“堕”，坠落。 [4]憙（xǐ）：通“喜”。 [5]中坚：主将所在的中军，是全军的主力，战斗力最强，故名中坚。 [6]“走者相腾践”二句：指在逃奔过程中被己方的兵马践踏而死。腾践，奔驰践踏。殪（yì），死。 [7]滍（zhì）川：水名，即今河南鲁山、叶县境内的沙河。 [8]战：通“颤”，恐惧、发抖。 [9]举：取。 [10]燔（fán）：焚烧。

光武因复徇下颍阳[1]。会伯升为更始所害，光武自父城驰诣宛谢[2]。司徒官属迎吊光武[3]，光武难交私语，深引过而已。未尝自伐昆阳之功[4]，又不敢为伯升服丧，饮食言笑如平常。更始以是惭，拜光武为破虏大将军，封武信侯。

［注释］

[1] 颍阳：县名，属颍川郡，在今河南许昌与襄城之间。 [2] 父城：县名，属颍川郡，在今河南宝丰东。谢：谢罪。 [3] 吊：对有丧事的人表示哀悼和慰问。 [4] 伐：夸耀。

晦处。伯升后而有知，应自笑孰与仲多矣。”

九月庚戌，三辅豪杰共诛王莽[1]，传首诣宛。更始将北都洛阳，以光武行司隶校尉[2]，使前整修宫府。于是置僚属，作文移[3]，从事司察，一如旧章。时三辅吏士东迎更始，见诸将过，皆冠帻[4]，而服妇人衣，诸于绣镼[5]，莫不笑之，或有畏而走者。及见司隶僚属，皆欢喜不自胜。老吏或垂涕曰：“不图今日复见汉官威仪！”由是识者皆属心焉。

描写光武帝的威仪深得人心，本质上反映出百姓对于汉室的情感归属。

［注释］

[1] 三辅：京兆尹、左冯翊、右扶风。 [2] 行：代理。司隶校尉：官名，掌纠察京师百官，并察所辖河南尹、河内郡、河东郡、弘农郡、京兆尹、左冯翊、右扶风等七郡。 [3] 文移：文书，公文。 [4] 帻（zé）：又称覆髻，身份卑贱不冠者之所服。 [5] 诸于：妇人的大掖上衣。绣镼（jié）：绣花的半臂短衣。

及更始至洛阳，乃遣光武以破虏将军行大司马事[1]。十月，持节北度河[2]，镇慰州郡。所到部县[3]，辄见二千石、长吏、三老、官属[4]，下至佐史[5]，考察黜陟[6]，如州牧行部事[7]。辄平遣囚徒[8]，除王莽苛政，复汉官名。吏人喜悦，争持牛酒迎劳。

[**注释**]

[1] 大司马：官名，汉武帝罢太尉而置大司马，为高级武官，西汉末为三公之一。 [2] 持节：使臣出使，持符节以为凭证。 [3] 部县：所属各县。 [4] 二千石：汉代对郡守、诸侯国相的通称。郡守、诸侯国相的俸禄为二千石，故以为代称。长吏：县令、县长、县丞、县尉等吏秩较高的官员。三老：乡官，掌教化。 [5] 佐史：汉代地方官署内书佐和曹史的统称。 [6] 黜陟：降升。 [7] 州牧：官名。汉武帝时分全国为十三州，置刺史各一人，纠察郡国，秩六百石。汉成帝时改称州牧，位次九卿，秩二千石。刺史常于每年八月巡视所部，考核官吏政绩，称行部。 [8] 平遣：平反遣归。

进至邯郸，故赵缪王子林说光武曰[1]：“赤眉今在河东[2]，但决水灌之，百万之众可使为鱼。”光武不答，去之真定。林于是乃诈以卜者王郎为成帝子子舆，十二月，立郎为天子，都邯郸，遂遣使者降下郡国[3]。

［注释］

[1] 赵缪王：刘元，因杀奴婢，为大鸿胪所奏，谥曰缪，事见《汉书·景十三王传》。 [2] 赤眉：樊崇等领导的军队，恐与王莽的军队相混，皆以赤色染眉。 [3] 降下：使降服归顺。

二年正月，光武以王郎新盛，乃北徇蓟[1]。王郎移檄购光武十万户[2]，而故广阳王子刘接起兵蓟中以应郎[3]，城内扰乱，转相惊恐，言邯郸使者方到，二千石以下皆出迎。于是光武趣驾南辕[4]，晨夜不敢入城邑，舍食道旁[5]。至饶阳[6]，官属皆乏食。光武乃自称邯郸使者，入传舍[7]。传吏方进食，从者饥，争夺之。传吏疑其伪，乃椎鼓数十通[8]，绐言邯郸将军至[9]，官属皆失色。光武升车欲驰，既而惧不免，徐还坐，曰："请邯郸将军入。"久乃驾去。传中人遥语门者闭之。门长曰："天下讵可知[10]，而闭长者乎？"遂得南出。晨夜兼行，蒙犯霜雪，天时寒，面皆破裂。至呼沱河，无船，适遇冰合，得过，未毕数车而陷。进至下博城西[11]，遑惑不知所之[12]。有白衣老父在道旁，指曰："努力！信都郡为长安守[13]，去此八十里。"光武即驰赴之，信都太守

光武帝于危乱之时，急中生智，静观其变，伺机而逃。

任光开门出迎。世祖因发旁县，得四千人，先击堂阳、贳县[14]，皆降之。王莽和成卒正邳彤亦举郡降[15]。又昌城人刘植[16]，宋子人耿纯[17]，各率宗亲子弟，据其县邑，以奉光武。于是北降下曲阳[18]，众稍合，乐附者至有数万人。

［注释］

[1] 蓟：县名，属广阳国，在今北京。 [2] 移檄：发布文告晓示。购：悬赏缉捕。 [3] 广阳王：刘嘉，汉武帝五世孙。 [4] 趣驾：驾驭车马速行。趣，通"促"，急促。南辕：车向南走。 [5] 舍：宿营。 [6] 饶阳：县名，西汉时属涿郡，在今河北饶阳东北。 [7] 传（zhuàn）舍：供行人休息住宿的处所。 [8] 椎（chuí）：击。 [9] 绐（dài）：欺骗。 [10] 讵（jù）：岂。 [11] 下博：县名，西汉属信都国，在今河北深州市东南。 [12] 遑惑：疑惧，疑惑。之：往。 [13] 信都：西汉郡名，治所在今河北冀州市。 [14] 堂阳：县名，西汉属巨鹿郡，在今河北新河。贳（shì）县：县名，西汉属巨鹿郡，在今河北辛集市西南。 [15] 和成：王莽时分巨鹿为和成郡。卒正：职如太守。彤：原作"肜"，据绍兴本改。下同。 [16] 昌城：县名，西汉属信都国，在今河北冀州市西北。 [17] 宋子：县名，西汉属巨鹿郡，在今河北赵县东北。 [18] 下曲阳：县名，在今河北晋州市西。

复北击中山[1]，拔卢奴[2]。所过发奔命兵[3]，移檄边部，共击邯郸，郡县还复响应。南击新市、真定、元氏、防子[4]，皆下之，因入赵界[5]。

[注释]

[1] 中山：国名，治所在今河北定州。 [2] 卢奴：县名，属中山国，在今河北定州。 [3] 奔命：应急出战的部队。李贤注引《前书音义》："旧时郡国皆有材官、骑士，若有急难，权取骁勇者闻命奔赴，故谓之奔命。" [4] 新市：县名，属中山国，在今河北新乐市南。元氏：县名，属常山郡，在今河北元氏西北。防子：当作房子，县名，属常山郡，在今河北高邑西南。 [5] 赵：国名，北接常山郡。

时王郎大将李育屯柏人[1]，汉兵不知而进，前部偏将朱浮、邓禹为育所破，亡失辎重。光武在后闻之，收浮、禹散卒，与育战于郭门[2]，大破之，尽得其所获。育还保城，攻之不下，于是引兵拔广阿[3]。会上谷太守耿况、渔阳太守彭宠各遣其将吴汉、寇恂等将突骑来助击王郎[4]，更始亦遣尚书仆射谢躬讨郎[5]，光武因大飨士卒，遂东围巨鹿。王郎守将王饶坚守，月余不下。郎遣将倪宏、刘奉率数万人救巨鹿，光武逆战于南䜌[6]，斩首数千级。四月，进围邯郸，连战破之。五月甲辰，拔其城，诛王郎。收文书，得吏人与郎交关谤毁者数千章[7]。光武不省[8]，会诸将军烧之，曰：“令反侧子自安[9]。”

对于所收文书，光武帝既然不加察看，又如何得知其内容乃诽谤自己？必定是看了而不加追究，故意“会诸将军烧之”，以笼络人心。此足见光武帝的领军智慧。曹操破袁绍，亦焚书信，盖学光武。

［注释］

[1] 柏人：县名，属赵国，在今河北隆尧西。 [2] 郭门：柏人城城门。 [3] 广阿：县名，属巨鹿郡，在今河北隆尧东。 [4] 突骑：能冲锋陷阵的精锐骑兵。 [5] 尚书仆射（yè）：官名，尚书令的副手，掌文书启封，尚书令不在，则奏下众事。 [6] 逆：迎。南䜌（luán）：县名，属巨鹿郡，在今河北巨鹿北。 [7] 交关：勾结、串通。章：信件。 [8] 省（xǐng）：察看。 [9] 反侧子：反覆有二心的人。

更始遣侍御史持节立光武为萧王[1]，悉令罢兵诣行在所[2]。光武辞以河北未平，不就征。自是始贰于更始[3]。

光武与更始帝之间的嫌隙进一步加深。

［注释］

[1] 侍御史：官名，其执掌或给事殿中，或举劾非法，或督察郡县，或奉使外出执行指定任务。 [2] 行在所：简称行在，指天子所居住的地方。 [3] 贰：犹“别”。

是时，长安政乱，四方背叛。梁王刘永擅命睢阳[1]，公孙述称王巴蜀[2]，李宪自立为淮南王，秦丰自号楚黎王[3]，张步起琅邪[4]，董宪起东海[5]，延岑起汉中[6]，田戎起夷陵[7]，并置将帅，侵略郡县。又别号诸贼铜马、大彤、高湖、重连、铁胫、大抢、尤来、上江、青犊、五校、檀乡、五幡、五楼、富平、获索等[8]，各领部曲[9]，众合数百万人，所在寇掠。

［注释］

[1] 擅命：擅自发号施令，不听节制。睢阳：县名，属梁国，在今河南商丘。 [2] 巴蜀：巴郡、蜀郡。 [3] 楚黎：楚地的黎丘，东汉在南郡邔县，在今湖北宜城北。 [4] 琅邪：郡名，西汉时治所在东武，即今山东诸城市。 [5] 东海：郡名，治所在郯，即今山东郯城。 [6] 汉中：郡名，西汉时治所在西城，在今陕西安康。 [7] 夷陵：县名，属南郡，在今湖北宜昌。 [8] 铜马、大彤、高湖、重连、铁胫、大抢、尤来、上江、青犊、五校、檀乡、五幡、五楼、富平、获索：此为当时多支地方武装的称号，其中当以农民军为主。 [9] 部曲：军队的编制单位。《续汉书·百官志》曰："将军领军，皆有部曲。大将军营五部，部校尉一人，部下有曲，曲有军候一人。"

光武将击之，先遣吴汉北发十郡兵[1]。幽州牧苗曾不从，汉遂斩曾而发其众。秋，光武击铜马于鄡[2]，吴汉将突骑来会清阳[3]。贼数挑战，光武坚营自守；有出卤掠者[4]，辄击取之，绝其史珥《后汉书勦说》云："'受降'句忙中得闲，极生动有致。"

粮道。积月余日，贼食尽，夜遁去，追至馆陶[5]，大破之。受降未尽，而高湖、重连从东南来，与铜马余众合，光武复与大战于蒲阳[6]，悉破降之，封其渠帅为列侯[7]。降者犹不自安，光武知其意，敕令各归营勒兵[8]，乃自乘轻骑案行部陈[9]。降者更相语曰："萧王推赤心置人腹中[10]，安得不投死乎[11]！"由是皆服。悉将降人分配诸将，众遂数十万，故关西号光武为"铜马帝"。

［注释］

[1] 十郡：指幽州刺史部所辖十郡国，即勃海郡、涿郡、广阳国、上谷郡、渔阳郡、右北平郡、辽西郡、辽东郡、玄菟郡、乐浪郡。 [2] 鄡（qiāo）：县名，属巨鹿郡，在今河北辛集市东。 [3] 清阳：县名，属清河郡，在今河北清河县东南。 [4] 卤：通"掳"，劫掠。 [5] 馆陶：县名，属魏郡，在今河北馆陶。 [6] 蒲阳：山名，蒲水的发源地，在中山国曲逆县，在今河北满城西北。 [7] 渠：大。列侯：爵名，二十级的最高一级，本名彻侯，避汉武帝讳，改为通侯或列侯。 [8] 勒兵：治军，统率军队。 [9] 轻骑：单骑。案行：巡行，巡视。部陈：军伍行阵。陈，通"阵"。 [10] 赤心：赤诚的心。 [11] 投死：效死。

赤眉别帅与大肜、青犊十余万众在射犬[1]，光武进击，大破之，众皆散走。使吴汉、岑彭袭杀谢躬于邺[2]。青犊、赤眉贼入函谷关[3]，攻更始。光武乃遣邓禹率六裨将引兵而西[4]，以乘更始、赤眉之乱。时更始使大司马朱鲔、舞阴王李轶等屯洛阳[5]，光武亦令冯异守孟津以拒之[6]。

所谓“鹬蚌相争，渔翁得利”，此处可以见出光武帝的战争谋略。

［注释］

[1] 射犬：聚名，属河内郡野王县，在今河南沁阳东北。聚，比乡小的地方。 [2] 邺：县名，属魏郡，在今河北临漳西南。 [3] 函谷关：在弘农郡弘农县，在今河南灵宝东北弘农涧河畔王垛村。 [4] 裨（pí）将：副将。 [5] 舞阴：县名，属南阳郡，在今河南社旗东南。 [6] 孟津：津渡名，在今河南孟州市南。

建武元年春正月，平陵人方望立前孺子刘婴为天子[1]，更始遣丞相李松击斩之。光武北击尤来、大抢、五幡于元氏，追至右北平[2]，连破之。又战于顺水北[3]，乘胜轻进，反为所败。贼追急，短兵接[4]，光武自投高岸[5]，遇突骑王丰，下马授光武，光武抚其肩而上，顾笑谓耿弇曰：“几为虏嗤。”弇频射却贼，得免。士卒死者数千人，散兵归保范阳[6]。军中不见光武，或云已没，诸将不知所为。吴汉曰：“卿曹努力[7]！王兄子在南阳[8]，何忧无主？”众恐惧，数日乃定。贼虽战胜，而素慑大威，客主不相知，夜遂引去。大军复进至安次[9]，与战，破之，斩首三千余级。贼入渔阳[10]，乃遣吴汉率耿弇、陈俊、马武等十二将军追战于潞东[11]，及平谷[12]，大破灭之。

［注释］

[1] 平陵：汉昭帝陵，因以为县，属右扶风，在今陕西咸阳西北。刘婴：汉宣帝的玄孙，汉平帝死后，王莽改元居摄元年，立刘婴为皇太子，号孺子，始建国元年，王莽即位，废刘婴为定安公。 [2] 右北平：李贤注曰："《东观记》《续汉书》并无'右'字，此加'右'，误也。"北平，县名，属中山国，在今河北满城北。 [3] 顺水：水名，即徐水，流经北平。 [4] 短兵：刀剑。 [5] 投：跌落。 [6] 范阳：县名，属涿郡，在今河北易县东南。 [7] 曹：辈。 [8] 王兄子：指刘缤的儿子刘章和刘兴。 [9] 安次：县名，属勃海郡，在今河北廊坊安次区。 [10] 渔阳：郡名，治所在渔阳，在今北京密云区西南。 [11] 潞：水名，因水而设县。 [12] 平谷：县名，属渔阳郡，在今北京平谷区。

朱鲔遣讨难将军苏茂攻温[1]，冯异、寇恂与战，大破之，斩其将贾强[2]。于是诸将议上尊号[3]。马武先进曰："天下无主。如有圣人承敝而起[4]，虽仲尼为相，孙子为将，犹恐无能有益。反水不收，后悔无及。大王虽执谦退，奈宗庙社稷何！宜且还蓟即尊位，乃议征伐。今此谁贼，而驰骛击之乎[5]？”光武惊曰：“何将军出是言？可斩也！”武曰：“诸将尽然。”光武使出晓之[6]，乃引军还至蓟。夏四月，公孙述自称天子。

史珥《后汉书勦说》云：“马子张真明时势者！机括与董公说汉王缟素异而同。”

仁者，得人心。

［注释］

[1] 温：县名，属河内郡，在今河南温县西。 [2] 贾强：原作“贾疆”，据绍兴本改。下同。 [3] 尊号：尊崇皇帝的称号，指即帝位以后的称谓。 [4] 承敝：同承弊，承接衰世。 [5] “今此谁贼”二句：意指不即尊位，名号未正，则与贼无别，将指谁为贼而驰骋击之？ [6] 晓之：指晓谕各位将军。

光武从蓟还，过范阳，命收葬吏士。至中山，诸将复上奏曰：“汉遭王莽，宗庙废绝，豪杰愤怒，兆人涂炭[1]。王与伯升首举义兵，更始因其资以据帝位，而不能奉承大统[2]，败乱纪纲，盗贼日多，群生危蹙[3]。大王初征昆阳，王莽自溃；后拔邯郸，北州弭定[4]；参分天下而有其二[5]，跨州据土，带甲百万。言武力则莫之敢抗，论文德则无所与辞[6]。臣闻帝王不可以久旷[7]，天命不可以谦拒[8]，惟大王以社稷为计、万姓为心。”光武又不听。

光武帝“又不听”的深层原因，可能是他原本没有称王野心。《后汉书·李通传》说李通以“刘氏复兴”之谶语言于光武，光武“初殊不意，未敢当之”。又《后汉书·光烈阴皇后纪》记载，光武初到新野，听闻皇后很美，心生喜悦，后到长安，又看见执金吾（古代保卫京城的官员）的车骑盛大，因而发出感叹：“仕宦当作执金吾，娶妻当得阴丽华。”这和观秦始皇车骑而赞叹“大丈夫当如是也”

的刘邦相比，也可见出光武帝最初是缺乏称帝大志的。

［注释］

[1] 兆人：当作兆民，即万众。涂炭：烂泥和炭火。身陷烂泥和炭火，比喻灾难困苦。 [2] 大统：帝位。 [3] 危蹙（cù）：危迫。 [4] 弭（mǐ）定：平定。 [5] 参：同“三”。 [6] 无所与辟：即无与伦比。辟，通“譬”，比。 [7] 久旷：长期空缺。 [8] 谦拒：谦让推辞。

行到南平棘[1]，诸将复固请之。光武曰：“寇贼未平，四面受敌，何遽欲正号位乎？诸将且出。”耿纯进曰：“天下士大夫捐亲戚，弃土壤[2]，从大王于矢石之间者，其计固望其攀龙鳞，附凤翼[3]，以成其所志耳。今功业即定，天人亦应，而大王留时逆众[4]，不正号位，纯恐士大夫望绝计穷，则有去归之思，无为久自苦也。大众一散，难可复合。时不可留，众不可逆。”纯言甚诚切，光武深感，曰：“吾将思之。”

从“不听”到“吾将思之”，光武帝对于自立为帝一事，心理和态度发生了变化。

［注释］

[1] 南平棘：县名，属常山郡，在今河北赵县南。 [2] 土壤：指乡里。 [3] 攀龙鳞，附凤翼：比喻依附帝王建立功业。 [4] 留时逆众：拖延时日，违背众意。

行至鄗[1]，光武先在长安时同舍生彊华自关中奉《赤伏符》[2]，曰“刘秀发兵捕不道[3]，四夷云集龙斗野[4]，四七之际火为主[5]”。群臣因复奏曰：“受命之符，人应为大，万里合信[6]，不议同情[7]，周之白鱼[8]，曷足比焉？今上无天子，海内淆乱，符瑞之应，昭然著闻，宜答天神，以塞群望[9]。”光武于是命有司设坛场于鄗南千秋亭、五成陌[10]。

得到上天的支持，即具备了一统天下的合法性，称帝一事也便顺理成章。这里需要说明的是，作者范晔并不相信谶纬之说，他认为“天下决无佛鬼”，主张从“人”的角度看待历史发展进程。

以上为《光武帝纪》之上篇，讲述“开国”；此下为《光武帝纪》之下篇，讲述“治世”。

[**注释**]

[1] 鄗：县名，属常山郡，在今河北高邑。 [2]《赤伏符》：汉代流行的一种谶语。 [3] 不道：无道之人。 [4] 四夷云集龙斗野：指战事无处不在。四夷，四方各族。 [5] 四七之际：自汉高祖至刘秀二百八十年之时。火为主：火德当运为主宰。按五德始终之说，西汉为火德，王莽继西汉为土德，至刘秀时，恢复汉政权，则火德重新当运。 [6] 万里合信：远隔万里，而与符命相合。 [7] 不议同情：众人心思不谋而合。 [8] 周之白鱼：《尚书中候》曰：“武王伐纣，度孟津，中流白鱼跃入王舟，王俯取，鱼长三尺，目下有赤文成字，言纣可伐。”此被视为周兴灭纣的符瑞。 [9] 塞：当，与答意同。 [10] 坛场：积土为坛，平地为场，用以祭祀。千秋亭、五成陌：地名。汉制十里一亭，为基层治安单位。陌为东西的道路，五成陌指在千秋亭附近一条东西向的道路。

甲申[1]，幸章陵[2]。修园庙[3]，祠旧宅，观田庐[4]，置酒作乐，赏赐。时宗室诸母因酣悦，相与语曰："文叔少时谨信，与人不款曲[5]，唯直柔耳[6]。今乃能如此！"帝闻之，大笑曰："吾理天下，亦欲以柔道行之[7]。"乃悉为舂陵宗室起祠堂[8]。有五凤皇见于颍川之郏县[9]。十二月，至自章陵。

此段体现了光武帝以"柔道"治国的基本方略。建武二十七年，刘秀在诏令中引用《黄石公记》进一步阐发了"以柔治国"的思想。"'柔能制刚，弱能制强'，柔者德也，刚者贼也，弱者仁之助也，强者怨之归也。……苟非其时，不如息人。""柔道"思想适应了两汉之际复杂动荡的历史形势，在处理社会政治矛盾、促进经济恢复发展、整齐风俗教化等方面发挥了积极作用，对光武"中兴"乃至整个东汉王朝方针大策的确立产生了极其深远的影响。

[注释]

[1] 甲申：建武十七年冬十一月甲申。 [2] 章陵：南阳章陵县，在今湖北枣阳南。 [3] 园庙：帝陵建筑，主要包括寝园和庙园。 [4] 田庐：田间庐舍，亦指家乡。 [5] 款曲：殷勤酬应。 [6] 直柔：坦诚温和。 [7] 柔道：柔和安抚之道，后指光武帝治国的基本方略，是东汉政权建立和巩固的指导思想。 [8] 舂陵：县名，属南阳，光武改舂陵为章陵县。 [9] 凤皇：凤凰。颍川：郡名，今河南省禹州市。

初作寿陵[1]。将作大匠窦融上言园陵广袤[2]，无虑所用[3]。帝曰："古者帝王之葬，皆陶人瓦器，木车茅马，使后世之人不知其处。太宗识终始之义[4]，景帝能述遵孝道[5]，遭天下反覆[6]，而霸陵独完受其福[7]，岂不美哉！今所制地不过二三顷，无为山陵，陂池裁令流水而已[8]。”

西汉盛行厚葬，这从海昏侯墓出土的文物即可见一斑。厚葬造成了人力、物力的巨大浪费。光武帝即位之初便力改厚葬之风，这对于薄葬社会风气的形成具有重要的引导意义。

[注释]

[1] 寿陵：帝王生前所造的陵墓。称“寿”以寓长久，“陵”者，帝王坟墓之专名。 [2] 将作大匠：秦初设，称将作少府，西汉景帝改称为将作大匠，主要掌管宫室陵庙等土木之建造工作。广袤（mào）：宽广辽阔，《说文解字》“南北曰袤，东西曰广”。 [3] 无虑：不考虑。 [4] 太宗：汉文帝刘恒，庙号太宗，谥号孝文皇帝。 [5] 景帝：汉景帝刘启，谥号孝景皇帝。 [6] 反覆：变乱。 [7] 霸陵：汉文帝刘恒的陵墓，因靠近灞河而得名，亦作“灞陵”。 [8] 陂池：池塘沼泽，地表倾斜不平之貌，也作“陂陁”“陂陀”。裁：通“才”，仅仅。

二月戊戌，帝崩于南宫前殿，年六十二。遗诏曰：“朕无益百姓，皆如孝文皇帝制度，务从约省。刺史、二千石、长吏皆无离城郭，无遣吏及因邮奏[1]。”

[注释]

[1] 邮：传递文书的驿站。

初，帝在兵间久，厌武事，且知天下疲耗，思乐息肩[1]。自陇、蜀平后，非儆急[2]，未尝复言军旅。皇太子尝问攻战之事，帝曰：“昔卫灵

《论语·卫灵公》："卫灵公问陈于孔子。孔子对曰：俎豆之事，则尝闻之矣。军旅之事，未之学也。"

"退功臣而进文吏"是光武建立东汉政权后施行的一项重要政治措施，它使东汉政权在不到三十年的时间里，实现了由武官执政到文官执政的转变，既巩固了统治，也保全了功臣。这与明太祖建国后肆意诛杀开国大臣相比，不失为一种有效而仁慈之举。

《后汉书》之纪、传在体例上主要由序、正文、论、赞四部分组成，这种论赞兼备的体式，打破了《史记》有论无赞、《汉书》有赞无论的书写范式，具有开创性意义。

公问陈[3]，孔子不对，此非尔所及。"每旦视朝，日侧乃罢[4]。数引公卿、郎、将讲论经理[5]，夜分乃寐[6]。皇太子见帝勤劳不怠，承间谏曰[7]："陛下有禹、汤之明，而失黄、老养性之福[8]，愿颐爱精神[9]，优游自宁。"帝曰："我自乐此，不为疲也。"虽身济大业[10]，兢兢如不及，故能明慎政体，总揽权纲，量时度力，举无过事。退功臣而进文吏，戢弓矢而散马牛[11]，虽道未方古[12]，斯亦止戈之武焉。

[注释]

[1] 思乐：希望，乐意。息肩：生养休息。 [2] 儆：同"警"。[3] 陈：通"阵"。 [4] 侧：通"昃（zè）"，指太阳偏西之时。[5] 经理：经书的义理。 [6] 夜分：夜半。 [7] 承间：趁机会。间，空隙。 [8] 黄、老：黄帝、老子。 [9] 颐爱：保养爱护。 [10] 济：成就。 [11] 戢（jí）：止息。 [12] 方古：与古代圣贤相媲（pì）美。

赞曰：炎正中微[1]，大盗移国。九县飙回[2]，三精雾塞[3]。人厌淫诈，神思反德。光武诞命[4]，灵贶自甄[5]。沈几先物[6]，深略纬文[7]。寻、邑百万，貔虎为群[8]。长毂雷野[9]，高锋彗云。英威既振，新都自焚[10]。虔刘庸、代[11]，纷纭梁、赵[12]。三河未澄[13]，四关重扰[14]。神旌乃顾，递行天讨。金汤失险[15]，车书共道。灵庆既启，人谋咸赞[16]。明明庙谟[17]，赳赳雄断。於赫有命[18]，系隆我汉[19]。

四字排偶句的使用，使得文字更加激扬、情感更为充沛，增强了“赞叹”之势，体现了《后汉书》论赞部分的骈俪倾向。

［注释］

[1] 炎正：汉以火德王，故称炎正。中微：指至平帝而衰。[2] 九县：即九州。泛指天下。飙回：大动乱。 [3] 三精：日、月、星。 [4] 诞命：初生。 [5] 灵贶：指上文所提到的佳气、灵光之类。甄：明。 [6] 沈几：犹深谋，与“深略”意同。先物：指于事有先见之明。 [7] 深略纬文：指光武韬略过人，有经纬天地之才。 [8] 貔（pí）：猛兽名，豹属。 [9] 长毂：兵车。 [10] 新都：指王莽。王莽初封为新都侯。 [11] 虔刘：杀伐。庸、代：指公孙述称帝于庸，卢芳据代。 [12] 梁：指刘永。赵：指王郎。 [13] 三河：指河南、河内、河东。 [14] 四关：指关中东有函谷关，南有武关，西有散关，北有萧关。 [15] 金汤：金城与汤池。此言割据势力纵有金城汤池之险，亦不能改变覆亡之命运，最终天下统一，车同轨，书同文。 [16] “灵庆既启”二句：言既得到上天的护佑，又得人和之助。灵庆，指符谶。赞，助。 [17] 庙谟：朝廷对国事的谋算。 [18] 於（wū）赫：叹美辞。命：天命。 [19] 系：继承。隆：兴隆。

［点评］

汉光武帝刘秀的“中兴”，是东汉王朝的开始。《光武帝纪》比较客观地记述了光武帝一生的事迹，为读者把握朝代更替之际的社会面貌以及光武中兴的政治时局提供了历史依据。

这篇本纪依内容可分为上、下两部分，从两个方面展现了光武帝刘秀辉煌的一生。一是光复刘氏帝业，一统天下。在硝烟四起、风云动荡的时代，刘秀凭借英勇善战、过人智谋，逐步发展壮大，最终登上帝位，恢复汉家江山，建立了东汉王朝。二是励精图治，为政以仁。刘秀起于田亩，深知天下久经战乱，生民疲惫，主张休战养民，施行怀柔之治；同时又能研磨经书，穷究义理，勤劳不怠，最终迎来光武中兴的盛世局面。

作者在展现光武帝戎马天下、怀柔治国的过程中，特别强调儒学对于维护政治统治的作用。《光武帝纪》开篇即说光武帝虽然“勤于稼穑”、躬耕田亩，却能“受《尚书》，略通大义”，行文之中光武帝又数次称引孔子之语佐证自己的政治主张，及至文末又强调其“讲论经理，夜分乃寐”。事实上，光武帝在治国理政上确是奉行明经修行、以仁为治的儒家准则的。《后汉书·儒林传》说光武帝爱好经书，未及下车，却先访求儒雅，采求阙文，于是四方学士诸如范升、陈元、郑兴、杜林、卫宏、刘昆、桓荣之人，接续而至。其后章帝大会诸儒于白虎观，辩论五经同异等莫不受光武影响。总之，光武帝刘秀对明经修行、怀柔施治的重视从《光武帝纪》中即可肇见，而这深深影响了东汉一朝的历史发展。

纵观全篇，光武帝刘秀由躬耕草野到登上帝位，经历了由不愿称王到拥兵自立的历程，其中既有偶然因素，也有必然因素。首先，“汉室后人”的特殊身份，使得他具有政治上的号召力；其次，所谓人定胜天，光武帝刘秀的成功，最重要的还当归功于其自身的努力。他能在四方割据、群雄并起的艰难困境中崛起，正是因为他讲究战争谋略、持续艰苦奋斗。光武帝刘秀的一生为后世提供了极其丰富的政治参照和人生经验。

和熹邓皇后纪

和熹邓皇后讳绥[1]，太傅禹之孙也。父训，护羌校尉；母阴氏，光烈皇后从弟女也[2]。后年五岁，太傅夫人爱之，自为翦发。夫人年高目冥[3]，误伤后额，忍痛不言。左右见者怪而问之，后曰：“非不痛也，太夫人哀怜为断发[4]，难伤老人意，故忍之耳。”六岁能《史书》[5]，十二通《诗》《论语》。诸兄每读经传，辄下意难问[6]。志在典籍，不问居家之事。母常非之，曰：“汝不习女工以供衣服[7]，乃更务学，宁当举博士邪？”后重违母言[8]，昼修妇业，暮诵经典，家人号曰“诸生[9]”。父训异之，事无大小，辄与详议。

本篇节选自《后汉书·皇后纪》。史书设《皇后纪》虽然为华峤《汉后书》首创，但华峤主要着眼于夫妇关系，范晔则侧重于政治方面。范晔所设《皇后纪》在立意上与华峤有着根本的不同，从此一层面来看，《后汉书》的《皇后纪》是具有开创性意义的。《和熹邓皇后纪》展现了一个孝悌仁慈、执政清明、诚信恭敬、爱民如子、勤俭节约的皇后形象。

蔡邕曰：“《谥法》，有功安人曰熹。”

以上写邓皇后自小尊爱长者，勤于诗书，非一般女流之辈。“志在典籍”的向学之心奠定了其日后临朝听政的才识基础。

[注释]

[1] 邓皇后（81—121）：东汉和帝皇后，名绥，南阳新野（今河南新野南）人，殇帝、安帝在位时临朝听政。 [2] 光烈皇后（5—64）：东汉光武帝皇后，阴氏，字丽华，南阳新野人。更始元年（23），刘秀纳之为妻，刘秀称帝后，封为贵人。建武十七年（41），郭皇后废，立为后。明帝即位，尊为皇太后。 [3] 冥：同“瞑”，指眼睛昏花。 [4] 太夫人：列侯之妻称夫人，列侯死，子复为列侯，方可称太夫人。哀怜：怜惜，疼爱。 [5]《史书》：李贤注曰：“《史书》，周宣王太史籀所作大篆十五篇也。《前书》曰‘教学童之书’也。” [6] 下意：犹虚心。 [7] 女工：女子所做的纺织、刺绣、缝纫等事。 [8] 重：难。 [9] 诸生：儒生。

永元四年，当以选入，会训卒，后昼夜号泣，终三年不食盐菜，憔悴毁容，亲人不识之。

七年，后复与诸家子俱选入宫[1]。后长七尺二寸，姿颜姝丽[2]，绝异于众，左右皆惊。八年冬，入掖庭为贵人[3]，时年十六。恭肃小心，动有法度。承事阴后，夙夜战兢[4]。接抚同列，常克己以下之，虽宫人隶役，皆加恩借[5]。帝深嘉爱焉[6]。及后有疾，特令后母兄弟入视医药[7]，不限以日数。后言于帝曰：“宫禁至重，而使外舍久在内省[8]，上令陛下有幸私之讥，下使贱妾获不知足之谤。上下交损，诚不愿也。”

帝曰："人皆以数入为荣，贵人反以为忧，深自抑损，诚难及也。"每有宴会，诸姬贵人竞自修整，簪珥光采，袿裳鲜明[9]，而后独著素，装服无饰。其衣有与阴后同色者，即时解易。若并时进见，则不敢正坐离立[10]，行则偻身自卑[11]。帝每有所问，常逡巡后对，不敢先阴后言。帝知后劳心曲体[12]，叹曰："修德之劳，乃如是乎！"后阴后渐疏，每当御见，辄辞以疾。时帝数失皇子，后忧继嗣不广[13]，恒垂涕叹息[14]，数选进才人[15]，以博帝意。

以上写邓皇后重礼仪，顾大局，识大体。邓皇后的外在言行衣着、内在精神涵养，都熠熠生辉，与众不同。

［注释］

[1]诸家子：被选入宫的人。 [2]姝（shū）：美好。 [3]掖庭：宫中旁舍，妃嫔居住的地方。贵人：古代皇帝妃子的称号。位次皇后，汉光武帝始置，历代多沿用，但位尊卑不一。 [4]战兢：小心谨慎的样子。 [5]恩借：谓帝、后给予的恩惠和宽容。《资治通鉴》胡三省注谓"既有以恩之，又假借以辞色"。 [6]爱：原缺，据绍兴本补。 [7]视：原作"亲"，据绍兴本改。 [8]外舍：外戚。内省：宫中。 [9]簪珥光采，袿裳鲜明：形容妃嫔妆容鲜亮、穿着华丽。李贤注曰："《说文》曰：'簪（zān），笄也。珥（ěr），瑱也，以玉充耳。'《释名》曰：'妇人上服曰袿（guī）。'" [10]离立：并排站立。离，并。 [11]偻（lóu）身自卑：躬身自谦。偻，曲背。 [12]劳心曲体：苦费心思，委曲求全。 [13]后忧继嗣

不广：原缺，据绍兴本补。 [14] 恒：经常。 [15] 才人：宫中女官名，多为嫔妃的称号。

史珥《后汉书勦说》云："'不知所为'四字，画出失意妇人光景。"此段通过与阴后进行对比，凸显了邓皇后的高尚德行。

阴后见后德称日盛，不知所为，遂造祝诅，欲以为害。帝尝寝病危甚，阴后密言："我得意，不令邓氏复有遗类[1]！"后闻，乃对左右流涕言曰："我竭诚尽心以事皇后，竟不为所祐，而当获罪于天。妇人虽无从死之义，然周公身请武王之命[2]，越姬心誓必死之分[3]，上以报帝之恩，中以解宗族之祸，下不令阴氏有人豕之讥[4]。"即欲饮药，宫人赵玉者固禁之，因诈言属有使来[5]，上疾已愈。后信以为然，乃止。明日，帝果瘳[6]。

[注释]

[1] 遗类：活着的人。 [2] 周公身请武王之命：周武王曾生病，周公旦为之请命于大王、王季、文王，如果武王有什么不测，他愿意以身代之。事见《尚书·金縢》。 [3] 越姬：楚昭王之姬，越王勾践之女。昭王燕游，越姬从，谓姬曰："乐乎？"对曰："乐则乐矣，而不可久也。"王曰："愿与子生死若此。"姬曰："君王乐游，要妾以死，不敢闻命。"后王病，有赤云夹日如飞鸟。王问周太史。史曰："是害王身，请移于将相。"王曰："将相于孤，犹股肱也。"不听。姬曰："大哉君王之德。妾请从王死矣。昔日

游乐，是以不敢听命，今君王复礼，国人为君王死，何况妾乎？妾愿先驱狐狸于地下。昔日口虽不言，心许之矣。妾闻信者不负其心。”遂自杀。故曰“心誓”。事见《列女传》。 [4] 人豕：汉高帝刘邦爱幸戚夫人。帝崩，太后吕雉断戚夫人手足，去眼熏耳，使居鞠室中，称作“人豕”。 [5] 属（zhǔ）：连续不断。 [6] 瘳（chōu）：病愈。

十四年夏，阴后以巫蛊事废[1]，后请救不能得，帝便属意焉[2]。后愈称笃疾，深自闭绝。会有司奏建长秋宫，帝曰：“皇后之尊，与朕同体，承宗庙，母天下，岂易哉！唯邓贵人德冠后庭，乃可当之。”至冬，立为皇后。辞让者三，然后即位。手书表谢，深陈德薄，不足以充小君之选[3]。是时，方国贡献[4]，竞求珍丽之物，自后即位，悉令禁绝，岁时但供纸墨而已。帝每欲官爵邓氏，后辄哀请谦让，故兄骘终帝世不过虎贲中郎[5]。

邓皇后自即后位之初便有抑制外戚势力膨胀的想法。

[注释]

[1] 巫蛊：巫师使用邪术加害于人。巫蛊事，是东汉政治上的一件重要事件。 [2] 属意：归心。 [3] 小君：周代称诸侯之妻为小君。此指皇后，为邓皇后自谦之辞。 [4] 方国：四方诸侯国。 [5] 骘：邓骘，字昭伯，邓禹之孙。虎贲中郎：职官名。汉置，

掌管护卫皇室。

元兴元年[1]，帝崩，长子平原王有疾，而诸皇子夭殁，前后十数，后生者辄隐秘养于人间。殇帝生始百日[2]，后乃迎立之。尊后为皇太后，太后临朝。

[注释]

[1] 元兴：和帝年号。元兴元年即公元 105 年。 [2] 殇帝：和帝少子刘隆。

是时新遭大忧[1]，法禁未设。宫中亡大珠一箧[2]，太后念，欲考问，必有不辜[3]。乃亲阅宫人，观察颜色，即时首服[4]。又和帝幸人吉成，御者共枉吉成以巫蛊事[5]，遂下掖庭考讯，辞证明白。太后以先帝左右，待之有恩，平日尚无恶言，今反若此，不合人情，更自呼见实核，果御者所为。莫不叹服，以为圣明。常以鬼神难征，淫祀无福[6]，乃诏有司罢诸祠官不合典礼者[7]。又诏除建武以来诸犯妖恶，及马、窦家属所被禁锢者，皆复之为平人[8]。减太官、导官、尚

邓皇后断案，既讲求证据，又能够结合人情事理，故能不失之武断。这对当下的诉讼审理有一定的启迪意义。

方、内者服御珍膳靡丽难成之物[9]，自非供陵庙，稻粱米不得导择[10]，朝夕一肉饭而已。旧太官汤官经用岁且二万万[11]，太后敕止，日杀省珍费[12]，自是裁数千万。及郡国所贡，皆减其过半。悉斥卖上林鹰犬[13]。其蜀、汉扣器九带佩刀[14]，并不复调。止画工三十九种。又御府、尚方、织室锦绣、冰纨、绮縠、金银、珠玉、犀象、玳瑁、雕镂玩弄之物[15]，皆绝不作。离宫别馆储峙米糒薪炭[16]，悉令省之。又诏诸园贵人，其宫人有宗室同族若羸老不任使者，令园监实核上名，自御北宫增喜观阅问之，恣其去留，即日免遣者五六百人。

以上从"亲阅官人"、革新礼制和节省用度等方面描写邓皇后在汉和帝去世后的政治作为。

[注释]

[1] 大忧：指和帝去世。 [2] 亡：丢失。箧：小箱子。 [3] 不辜：指无罪之人。 [4] 首服：犹言坦白服罪。 [5] 御者：侍从。 [6] 淫祀：不合礼制的祭祀，妄滥之祭。 [7] 祠官：掌管祭祀、寺庙的官。 [8] 复：免罪。平人：平民，普通人。人，即"民"。 [9] "减太官"句：李贤注曰："《汉官仪》曰：'大官，主膳羞也。'《前书音义》曰：'导官，主导择米以供祭祀。尚方，掌工作刀剑诸物及刻玉为器。'《汉官仪》曰：'内者，主帷帐。'并署名也。"服御，指服饰车马器用之类。珍膳，珍贵的食物。 [10] 导择：精选稻米。 [11] 经：常。 [12] 杀省：减省。 [13] 斥卖：卖

出，卖掉。 [14]“其蜀、汉”句：李贤注曰：“蜀，蜀郡也。汉，广汉郡也。二郡主作供进之器，元帝时贡禹上书‘蜀、广汉主金银器，各用五百万’是也。扣，音口，以金银缘器也。” [15]御府：帝王的府库。尚方：为宫廷制办和掌管所用器物的官署。冰纨（wán）：白色细绢。绮縠（hú）：有花纹的缯和绉纱。犀象：犀角和象牙制品。玳瑁：龟类动物，此指其甲壳制成的装饰品。 [16]储峙：蓄积。糒（bèi）：干饭。

以上写邓皇后节约用度。王夫之在《读通鉴论》中说：“后之得贤名者，小物之俭约、小节之退让而已，此里妇之炫其修谨者也。”

及殇帝崩，太后定策立安帝[1]，犹临朝政。以连遭大忧，百姓苦役，殇帝康陵方中秘藏[2]，及诸工作[3]，事事减约，十分居一。

[注释]

[1]定策：亦作“定册”。古时尊立天子，书其事于简策，以告宗庙，因称大臣等谋立天子为“定策”。 [2]方中：陵墓中。秘藏：指随葬之物。 [3]工作：犹工程。

诏告司隶校尉、河南尹、南阳太守曰：“每览前代外戚宾客，假借威权，轻薄謥詷[1]，至有浊乱奉公，为人患苦。咎在执法怠懈，不辄行其罚故也。今车骑将军骘等虽怀敬顺之志，而宗门广大，姻戚不少，宾客奸猾，多干禁宪[2]。其明加检敕[3]，勿相容护。”自是亲属犯罪，无所假贷[4]。太后愍阴氏之罪废[5]，赦其徙者归乡，敕还资财五百余万。永初元年[6]，爵号太夫人为新野君，万户供汤沐邑[7]。

以上进一步写邓皇后采取措施，预防外戚恃权乱政。

［注释］

[1]谢调（còng dòng）：匆遽。形容说话急促，内容夸诞。 [2]干：犯。禁宪：规定禁例的法典。 [3]检敕：检查整饬。 [4]假贷：宽宥。 [5]愍（mǐn）：同“悯”，怜悯。 [6]永初：安帝年号。永初元年即公元107年。 [7]万户供汤沐邑：李贤注曰：“汤沐者，取其赋税以供汤沐之具也。”

二年夏，京师旱，亲幸洛阳寺录冤狱[1]。有囚实不杀人而被考自诬，羸困舆见[2]，畏吏不敢言，将去，举头若欲自诉。太后察视觉之，即呼还问状，具得枉实，即时收洛阳令下狱抵罪。行未还宫，澍雨大降[3]。

以上写邓皇后明察秋毫，肃清冤狱。此举在一定程度上缓解了社会矛盾。

［注释］

[1]寺：官署。录冤狱：审查冤案。 [2]羸（léi）困：疲惫，瘦弱困乏。 [3]澍（shù）雨：及时雨。

三年秋，太后体不安，左右忧惶，祷请祝辞，愿得代命。太后闻之，即谴怒，切敕掖庭令以下[1]，但使谢过祈福，不得妄生不祥之言。旧事，岁终当飨遣卫士[2]，大傩逐疫[3]。太后以阴阳不和，军旅数兴，诏飨会勿设戏作乐，减逐疫侲子之半[4]，悉罢象橐驼之属[5]。丰年复故。太后自入宫掖，从曹大家受经书[6]，兼天文、算数。昼省王政，夜则诵读，而患其谬误，惧乖典章[7]，乃博选诸儒刘珍等及博士、议郎、四府掾史五十余人[8]，诣东观雠校传记[9]。事毕奏御，赐葛布各有差。又诏中官近臣于东观受读经传，以教授宫人，左右习诵，朝夕济济[10]。及新野君薨，太后自侍疾病，至乎终尽，忧哀毁损，事加于常。赠以长公主赤绶、东园秘器、玉衣绣衾[11]，又赐布三万匹，钱三千万。骘等遂固让钱布不受。使司空持节护丧事，仪比东海恭王[12]，谥曰敬君。太后谅暗既终[13]，久旱，太后比三日幸洛阳，录囚徒，理出死罪三十六人，耐罪八十人[14]，其余减罪死右趾已下至司寇[15]。

汉代曾多次对文献进行校雠与整理，这项工作对于典籍的传承、文脉的赓续具有重要意义。邓皇后博选诸儒“诣东观雠校传记”，兼具思想、学术与文化等多个层面的价值。“诏中官近臣于东观受读经传，以教授宫人”的做法，说明邓皇后对经书“教化作用”有着深刻体认，这与光武帝重视儒学对政治统治的效用是一脉相承的。

[注释]

[1] 切敕：严令。掖庭令：《续汉书·百官志三》：“掖庭令一人，六百石。本注曰：宦者。掌后宫贵人采女事。” [2] 岁终当飨遣卫

士：李贤注曰："旧事，卫士得代归者，上亲飨焉。"飨，以酒食款待。 [3] 大傩（nuó）：古代的一种风俗，迎神以驱逐疫鬼。傩礼一年数次，大傩在腊日前举行。 [4] 侲（zhèn）子：逐疫的童子。《续汉书·礼仪志中》曰："大傩，选中黄门子弟，年十岁以上，十二以下，百二十人为侲子。皆赤帻皂制，执大鞉。"鞉（táo），有柄的鼓。 [5] 悉罢象橐驼之属：全部取消大象、骆驼之类的动物。橐驼，骆驼。 [6] 曹大家（gū）：即班昭。东汉安陵人，字惠姬，亦名姬。班彪之女，博学多才，曾续《汉书》。帝数召入宫，令皇后、诸贵人师事之，号"大家"。因是曹世叔之妻，故称"曹大家"。 [7] 乖：违背，不协调。 [8] 刘珍：字秋孙，一名宝，南阳蔡阳人。《后汉书》有传。四府：东汉以太尉、司徒、司空、大将军（或太傅）府为四府。 [9] 东观：东汉洛阳宫中的一所宫殿，是当时官方藏书修史之地。雠（chóu）校：校勘，校对。 [10] 济济：众多貌。 [11] 长公主：皇帝的姐妹称长公主。东园：署名，属少府，主做凶器。秘器：棺材。汉制，大臣死，皇帝赐东园秘器。 [12] 东海恭王：东汉开国太子刘强，是光武帝刘秀长子，其母被废两年后主动辞让太子之位，获封东海王。 [13] 谅暗：居丧之庐。 [14] 耐罪：古代剃去鬓须的刑罚。耐，同"耏"。 [15] 右趾：谓砍掉右足，汉代酷刑之一。司寇：汉代刑罚名，罚往边地戍守防敌。司，通"伺"。"久旱"至"司寇"，原缺，据绍兴本补。

七年正月，初入太庙[1]，斋七日，赐公卿百僚各有差[2]。庚戌，谒宗庙，率命妇群妾相礼仪[3]，与皇帝交献亲荐[4]，成礼而还。因下诏曰："凡供荐新味，多非其节，或郁养强孰[5]，或穿

史珥《后汉书勦说》云："交献乃帝与后事，太后于帝为母而亦行之，黩矣。"

汉代的反季节栽培技术已经较为成熟，但对于此项颇为进步的技术，汉人多持“不时不食”观念以进行批驳。从“凡所省二十三种”一语可以得知，汉代主张“不时不食”，在一定程度上是基于现实利益的考量。这种节省财力物力的理性主义倾向，对当今的反季节生产具有指导意义。

掘萌牙，味无所至而夭折生长，岂所以顺时育物乎！传曰：‘非其时不食[6]。’自今当奉祠陵庙及给御者，皆须时乃上。”凡所省二十三种。

［注释］

[1] 太庙：封建皇帝为祭拜祖先而营建的庙宇。 [2] 赐：原作“至”，据绍兴本改。 [3]“率命妇”句：李贤注曰：“相，助也。《仪礼》曰：‘命夫者，男子之为大夫也。命妇者，大夫之妻也。’” [4] 交献：李贤注曰：“周礼，宗庙祭之日，旦，王服衮冕（古代帝王的礼服和礼冠）而入，立于阼（大堂前东面的台阶）；后服副袆（古代王后的祭服），从王而入。王以圭瓒（古代祭祀用的玉制酒勺）酌郁鬯（古代祭祀用的酒）以献尸（古代代表死者受祭的活人），次后以璋瓒酌郁鬯以献尸，此谓交献也。卒事凡九献焉。” [5] 郁养强孰：物非其时，尚未成熟，造土屋于地下生火，使土壤温度升高，郁而养之，强迫植物早于季节成熟。孰，通“熟”。 [6] 非其时不食：李贤注曰：“《论语》曰：‘不时不食。’言非其时物则不食之。《前书》邵信臣曰：‘不时之物，有伤于人，不宜以奉供养。’”

自太后临朝，水旱十载，四夷外侵，盗贼内起。每闻人饥，或达旦不寐，而躬自减彻，以救灾厄[1]，故天下复平，岁还丰穰[2]。

［注释］

[1] 灾厄（è）：灾难。 [2] 穰（ráng）：庄稼丰收。

六年，太后诏征和帝弟济北、河间王子男女年五岁以上四十余人[1]，又邓氏近亲子孙三十余人，并为开邸第[2]，教学经书，躬自监试。尚幼者，使置师保[3]，朝夕入宫，抚循诏导[4]，恩爱甚渥[5]。乃诏从兄河南尹豹、越骑校尉康等曰："吾所以引纳群子，置之学官者，实以方今承百王之敝，时俗浅薄，巧伪滋生，五经衰缺，不有化导，将遂陵迟[6]，故欲褒崇圣道，以匡失俗。传不云乎：'饱食终日，无所用心，难矣哉[7]！'今末世贵戚食禄之家，温衣美饭，乘坚驱良[8]，而面墙术学[9]，不识臧否[10]，斯故祸败所从来也。永平中，四姓小侯皆令入学，所以矫俗厉薄，反之忠孝。先公既以武功书之竹帛[11]，兼以文德教化子孙，故能束修[12]，不触罗网。诚令儿曹上述祖考休烈[13]，下念诏书本意，则足矣。其勉之哉！"

《和熹邓皇后纪》为我们展现的是一个勤政忧民的帝后形象，特别是邓后为邓氏近亲开邸第教学而躬自试之，史多称之以为美谈。

［注释］

[1] 济北：章帝子刘寿。河间王：章帝子刘开。 [2] 邸：舍。[3] 师保：古时担任教导之官，有师，有保，统称师保。 [4] 诏：李贤注曰："诏，告也。" [5] 渥：浓厚。 [6] 陵迟：衰颓，衰落。[7]"饱食终日"三句：李贤注曰："《论语》孔子言也。言人终日

饱食，不措心于道义。难矣哉，言终无远大也。” [8] 坚：谓好车。良：谓良马。 [9] 面墙术学：李贤注：“《尚书》曰‘弗学墙面’也。”言正墙面而立，无所见。 [10] 臧否：善恶，得失。 [11] 先公：谓邓禹。 [12] 束修：约束修整。 [13] 述：遵循；继承。休烈：盛美的事业。

永宁二年二月，寝病渐笃，乃乘辇于前殿，见侍中、尚书，因北至太子新所缮宫。还，大赦天下，赐诸园贵人、王、主、群僚钱布各有差。诏曰：“朕以无德，托母天下，而薄祐不天[1]，早离大忧[2]。延平之际，海内无主，元元厄运[3]，危于累卵[4]。勤勤苦心，不敢以万乘为乐[5]，上欲不欺天愧先帝，下不违人负宿心，诚在济度百姓，以安刘氏。自谓感彻天地，当蒙福祚，而丧祸内外[6]，伤痛不绝。顷以废病沈滞[7]，久不侍祠，自力上原陵[8]，加欬逆唾血[9]，遂至不解。存亡大分[10]，无可奈何。公卿百官，其勉尽忠恪，以辅朝廷。”三月崩。在位二十年，年四十一。合葬顺陵[11]。

［注释］

[1] 薄祐：缺少神明的佑助，犹不幸。不天：不为上天保佑。

[2] 离：同“罹”，遭遇。 [3] 元元：谓百姓。厄运：不幸的遭遇。亦指遭遇不幸。 [4] 危于累卵：李贤注引《说苑》曰：“晋灵公骄奢，造九层之台，国困人贫，耻功不成。令曰：‘左右谏者斩也。’荀息乃求见。公曰：‘谏邪？’息曰：‘不敢。臣能累十二博棋，加九鸡子其上。’公曰：‘危哉。’息曰：‘复有危于此者。公为九层之台，男女不得耕织，社稷一灭，君何所望！’君曰：‘寡人之过。’乃坏台焉。” [5] 万乘：万辆兵车。古时一车四马为一乘。又代指天子。此处指临朝听政。 [6] 丧祸内外：李贤注曰：“内外谓新野君薨及和、殇二帝崩也。” [7] 废病：谓卧病不起。沈：同“沉”。 [8] 原陵：陵名。东汉光武帝刘秀之陵。 [9] 欬（kài）逆：咳喘气逆。 [10] 大分：大限，寿数。 [11] 顺陵：陵名。东汉和帝刘肇之陵。

论曰：邓后称制终身[1]，号令自出，术谢前政之良，身阙明辟之义[2]，至使嗣主侧目[3]，敛衽于虚器[4]，直生怀懑[5]，悬书于象魏[6]。借之仪者，殆其惑哉[7]！然而建光之后，王柄有归，遂乃名贤戮辱，便孽党进，衰斁之来，兹焉有征[8]。故知持权引谤，所幸者非己；焦心恤患，自强者唯国[9]。是以班母一说，阖门辞事；爱侄微愆，髡剔谢罪[10]。将杜根逢诛，未值其诚乎！但蹊田之牛，夺之已甚。

李景星《后汉书评议》说：“论和熹邓后之称制而多恕辞者，一以见开国贻谋之不善，一以见嗣主即位之无能也。”

李贤注引《左传》之言，说：“《左传》申叔时曰：‘牵牛以蹊人之田而夺之牛，牵牛以蹊者信有罪矣，而夺之牛，罚已重矣。’此喻杜根。上书虽曰有罪，太后杀之为过甚也。”所谓“罚必当罪”，轻罚重罚都是不当的。

[注释]

[1]称制：代行皇帝的职权。 [2]“术谢”二句：谓邓皇后的政术与周公只是摄政相比，还差得很远，她的做法缺乏应该把权力还给皇帝的道理。阙，通“缺”。辟，君主。 [3]侧目：不敢正视的样子。 [4]敛衽：提起衣襟夹于带间，表示敬意。虚器：没有实权的皇帝。 [5]直生：指杜根等上书，请太后还政。 [6]象魏：古代天子、诸侯宫门外的一对高大建筑，多用于宣示教令。 [7]“借之仪者”二句：假借皇帝的威仪，这种行为近于可疑。 [8]“然而建光之后”六句：然而建光年之后，帝王的政权虽然归还给了安帝，却又有名臣贤官遭到侮辱、屠戮，近幸小臣结党营私，王朝衰败的到来，从邓太后称制时就有了征兆。斁（dù），败坏。征，征兆。 [9]“故知持权引谤”四句：因此知道，邓后把持朝政，招致众人的讥谤，并不是为了她自身的幸运；她焦心忧患，奋发自强只是为了国家。 [10]“是以班母一说”四句：经过班昭的解说，邓后就答应了邓骘辞官的请求；邓后宠爱的侄子邓凤犯了微小的过错，其父邓骘就剃去邓凤的头发以示谢罪。髡（kūn），古代一种剃去头发的刑罚。

[点评]

邓皇后作为东汉开国功勋邓禹的孙女、和帝的皇后，自小勤奋好学，知书识礼，在钩心斗角的宫闱中谨慎周旋，博得和帝好感，被立为皇后。和帝逝世后，邓皇后与邓骘定策禁中，拥立幼主，前后专权十余年。邓氏执政期间，关心民瘼，崇尚节俭，严明法纪，倡导经学。她提拔出身卑微的人，推崇温和的政治，广布宽容的教化，拯救国家于羸弱困顿之中。邓氏为汉室做出了相当功绩，赢得了“兴灭国，继绝世”的赞誉，这也是范晔在“论”中多宽恕之辞的主要原因。但不可否认的是，邓皇后“贪孩童以久其政”的做法，开启了东汉以后数朝女主贪权、外戚干政的不良风气，这足以破坏国家的执政根基，东汉王朝也由此走向衰落。

皇后干预政治是东汉突出的政治现象。两汉时期的帝后干政，肇端于西汉初年的吕后。但吕后虽临朝称制八年之久，却尚未造成大的社会动乱。及至东汉，“主幼时艰，王家多衅”，“皇统屡绝，权归女主”。东汉一朝凡十三位皇帝，仅从宫外迎立的就有四位；皇后临朝称制者包括窦、邓、阎、梁、窦、何等，多达六位。在皇帝年幼、根基未稳的背景下，皇后联合自己的父兄，长期压制贤明，把持政权。皇后干预政治直接导致了外戚专权、宦官乱国，加速了东汉灭亡。范晔为皇后立纪符契史实，同时也是对《史记》《汉书》“帝王之纪”撰写体例的传承与发扬。

东汉皇后干预政治有其偶然性与必然性。东汉多女主临朝听政，是从战国以来，女权觉醒过程的产物。从巴寡妇清、芈后、华阳夫人到吕雉、王太后；从司马迁立《吕太后本纪》、班固立《高后纪》到华峤设《皇后纪》，范晔立《皇后纪》并设《列女传》，留下了鲜明的时代烙印。

传

刘玄列传

本篇节选自《后汉书·刘玄刘盆子列传》。《刘玄传》写更始帝刘玄凭借新市军和平林军等各路义军的拥护登上帝位，但他本人并不能担此重任。他嫉贤妒能，杀害伯升；贪图享受，宠信奸佞；笼络人心，滥封官爵；目光短浅，治国无方，致使政事纷乱，众叛亲离，不仅把国家拱手让人，自己的性命也未能保住。

刘玄字圣公，光武族兄也[1]。弟为人所杀[2]，圣公结客欲报之。客犯法，圣公避吏于平林[3]。吏系圣公父子张。圣公诈死，使人持丧归舂陵[4]，吏乃出子张[5]，圣公因自逃匿。

[注释]

[1] 族兄：《尔雅》曰："族父之子相谓为族昆弟。" [2] 弟为人所杀：《续汉书》曰："王莽时诸刘抑废，为郡县所侵。蔡阳国釜亭候长醉詢更始父子张，子张怒，刺杀亭长。后十余岁，亭长子报杀更始弟骞。" [3] 平林：地名，属南阳郡，在今湖北随州。 [4] 持丧：运棺柩。 [5] 出：释放。

王莽末，南方饥馑，人庶群入野泽，掘凫茈而食之[1]，更相侵夺。新市人王匡、王凤为平理诤讼[2]，遂推为渠帅[3]，众数百人。于是诸亡命马武、王常、成丹等往从之；共攻离乡聚[4]，藏于绿林中[5]，数月间至七八千人。地皇二年，荆州牧某发奔命二万人攻之[6]，匡等相率迎击于云杜[7]，大破牧军，杀数千人，尽获辎重，遂攻拔竟陵[8]。转击云杜、安陆[9]，多略妇女，还入绿林中，至有五万余口，州郡不能制。

以上写绿林起义军的崛起。后来多以“绿林”泛指结伙聚集山林之间反抗政府或抢劫财物的有组织集团。

[注释]

[1] 凫茈：荸荠。 [2] 新市：地名，又称南新市，属江夏郡，在今湖北京山县城东北。诤：通“争”。 [3] 渠：大。 [4] 离乡聚：地名，属新市。比乡小的地方称为聚。 [5] 绿林：山名，在今湖北当阳东北。 [6] 某：史阙其名。 [7] 云杜：县名，属江夏郡，在今湖北京山。 [8] 竟陵：县名，属江夏郡，在今湖北潜江西北。 [9] 安陆：县名，属江夏郡，在今湖北云梦。

三年，大疾疫，死者且半，乃各分散引去。王常、成丹西入南郡，号下江兵；王匡、王凤、马武及其支党朱鲔、张印等北入南阳，号新市兵，皆自称将军。七月，匡等进攻随[1]，未能下。平林人陈牧、廖湛复聚众千余人[2]，号平林兵，以应之。圣公因往从牧等，为其军安集掾[3]。

[注释]

[1] 随：县名，属南阳郡，在今湖北随州。 [2] 平林：地名，属南阳郡，在今湖北随州。 [3] 安集掾：李贤注曰“欲其安集军众，故权以为官名”。

《后汉书·齐武王縯传》说：“新市、平林将帅乐放纵，惮伯升威明而贪圣公懦弱，先共定策立之。”对众人立更始为天子的原因进行了说明，而此处不作申说，即体现了《后汉书》“详简得宜，而无复出叠见”的书写体例。

更始帝既无理政才能，又无政治胆魄，上不得台面。其随意分封官爵，必将破坏官僚体系的内在稳定性。

诛杀伯升激化了更始与刘秀之间的矛盾。

是时，光武及兄伯升亦起舂陵，与诸部合兵而进。四年正月，破王莽前队大夫甄阜、属正梁丘赐，斩之，号圣公为更始将军。众虽多而无所统一，诸将遂共议立更始为天子。二月辛巳，设坛场于淯水上沙中，陈兵大会。更始即帝位，南面立，朝群臣。素懦弱，羞愧流汗，举手不能言。于是大赦天下，建元曰更始元年。悉拜置诸将，以族父良为国三老，王匡为定国上公，王凤成国上公，朱鲔大司马，伯升大司徒，陈牧大司空，余皆九卿、将军。五月，伯升拔宛。六月，更始入都宛城，尽封宗室及诸将，为列侯者百余人。

更始忌伯升威名，遂诛之，以光禄勋刘赐为大司徒。前钟武侯刘望起兵，略有汝南。时王莽纳言将军严尤、秩宗将军陈茂既败于昆阳，往归之。八月，望遂自立为天子，以尤为大司马，茂为丞相。王莽使太师王匡、国将哀章守洛阳。更始遣定国上公王匡攻洛阳，西屏大将军申屠建、丞相司直李松攻武关[1]，三辅震动。是时海内豪杰翕然响应[2]，皆杀其牧守，自称将军，用汉年号，以待诏命，旬月之间，遍于天下。

[注释]

[1]武关：地名，属弘农郡，在今陕西商南南。 [2]翕（xī）然：迅疾貌。

长安中起兵攻未央宫。九月，东海人公宾就斩王莽于渐台[1]，收玺绶，传首诣宛。

以上写更始政权的建立及起义军林立的历史形势。更始政权的建立是各路反莽力量博弈的结果，其适应了反莽复汉斗争的现实需要。

[注释]

[1]公宾：复姓。渐台：太液池中台，为水所渐润，故以为名。

刘咸炘《后汉书知意》云：“书长安宫室之完，足见更始得之之易，而其宴安无远志，可决矣。”

初，王莽败，唯未央宫被焚而已，其余宫馆一无所毁。宫女数千，备列后庭，自钟鼓、帷帐、舆辇、器服、太仓、武库、官府、市里，不改于旧。更始既至，居长乐宫，升前殿，郎吏以次列庭中。更始羞怍，俛首刮席不敢视[1]。诸将后至更始虽被立为帝王，却难改地痞习气，以致惊讶众臣，滑稽至极。

者，更始问虏掠得几何，左右侍官皆宫省久吏[2]，各惊相视。

［注释］

[1] 俛：同“俯”。刮：摩。　[2] 宫省久吏：宫中的故吏。

《尚书·酒诰》曰：“有正有事，无彝酒。越庶国，饮惟祀，德将无醉。”

更始纳赵萌女为夫人，有宠，遂委政于萌，日夜与妇人饮讌后庭[1]。群臣欲言事，辄醉不能见，时不得已，乃令侍中坐帷内与语。诸将识非更始声，出皆怨曰：“成败未可知，遽自纵放若此！”韩夫人尤嗜酒，每侍饮[2]，见常侍奏事，辄怒曰：“帝方对我饮，正用此时持事来乎！”起，抵破书案[3]。赵萌专权，威福自己。郎吏有说萌放纵者，更始怒，拔剑击之。自是无复敢言。萌私忿侍中，引下斩之，更始救请，不从[4]。时李轶、朱鲔擅命山东，王匡、张卬横暴三辅。其所授官爵者，皆群小贾竖[5]，或有膳夫庖人，多著绣面衣、锦袴、襜褕[6]、诸于，骂詈道中。长安为之语曰：“灶下养[7]，中郎将。烂羊胃，骑都尉。烂羊头，关内侯。”

王夫之《读通鉴论》云：“更始所任为大臣者，类皆群盗之长，贪长安之富盛而藉口于复高帝之旧业。”民间谣谚生动地反映了更始政权的任官乱象。

［注释］

[1] 谯：同“宴”，乐。　[2] 饮：原作“宴”，据绍兴本改。　[3] 抵：击。　[4]“萌私忿侍中”四句：《东观汉记》曰：“赵萌以私事捽侍中。侍中曰：‘陛下救我。’更始言：‘大司马纵之。’萌曰：‘臣不受诏。’遂斩之。”可见更始帝王的“有名无实”。　[5] 贾竖：商人。　[6] 襜（chān）褕：短衣。　[7] 养：炊烹的人。

军帅将军豫章李淑上书谏曰[1]：“方今贼寇始诛，王化未行[2]，百官有司宜慎其任。夫三公上应台宿，九卿下括河海[3]，故天工人其代之[4]。陛下定业，虽因下江、平林之势，斯盖临时济用，不可施之既安。宜厘改制度[5]，更延英俊[6]，因才授爵，以匡王国。今公卿大位莫非戎陈[7]，尚书显官皆出庸伍[8]，资亭长、贼捕之用[9]，而当辅佐纲维之任[10]。唯名与器[11]，圣人所重。今以所重加非其人，望其毗益万分[12]，兴化致理[13]，譬犹缘木求鱼，升山采珠[14]。海内望此，有以窥度汉祚。臣非有憎疾以求进也，但为陛下惜此举厝[15]。败材伤锦[16]，所宜至虑。惟割既往谬妄之失，思隆周文济济之美[17]。”更始怒，系淑诏狱[18]。自是关中离心，四方怨叛。

李淑上书批评更始帝用人不当，因此获罪。

诸将出征，各自专置牧守，州郡交错，不知所从。十二月，赤眉西入关。

以上写更始执政的纷乱情形以及由此引发的军民离叛局面。

［注释］

[1] 军帅将军：宋人刘攽《东汉书刊误》认为“帅”当作“师”，是时多置军师，《邓禹传》亦有“军师将军”。 [2] 王化：天子的教化。 [3]“夫三公”二句：意谓三公上与三台星相应，九卿囊括地上的河海，即是说官员各掌其事、各司其职。三公，西汉时指司马、司徒、司空。台宿，指三台星。九卿，汉时指太常、光禄勋、卫尉、太仆、廷尉、大鸿胪、宗正、大司农、少府。 [4]天工人其代之：是说上天的事由人代而行之。 [5]厘改：更改。 [6] 英俊：才智杰出的人。 [7] 戎陈：兵戎行阵。陈，通“阵”。 [8] 庸伍：才识平庸之辈。 [9] 资：凭借。 [10] 纲维：总纲和四维，比喻法度。 [11] 名与器：名号与车服仪制。封建社会用以别尊卑贵贱的等级。语本《左传·成公二年》：“唯器与名，不可以假人。” [12] 毗益：辅助；助益。万分（fèn）：各种各样的职分或名分。 [13] 兴化：振兴教化。致理：犹“致治”。 [14] 譬犹缘木求鱼，升山采珠：就像缘木求鱼、升山采珠一样。表示方向或方法不对，导致事与愿违、劳而无功。 [15] 举厝：即举措。厝，通“措”。 [16] 败材伤锦：比喻用非其人，伤害国家。败材，语出《孟子·梁惠王下》。伤锦，语出《左传·襄公三十一年》。 [17] 周文：周文王。济济：众多。美：美德。 [18] 诏狱：奉诏令关押犯人的牢狱。

时王匡、张印守河东，为邓禹所破，还奔长

安。印与诸将议曰："赤眉近在郑、华阴间，旦莫且至[1]。今独有长安，见灭不久，不如勒兵掠城中以自富，转攻所在，东归南阳，收宛王等兵。事若不集[2]，复入湖池中为盗耳。"申屠建、廖湛等皆以为然，共入说更始。更始怒不应，莫敢复言。及赤眉立刘盆子，更始使王匡、陈牧、成丹、赵萌屯新丰[3]，李松军掫[4]，以拒之。

[注释]

[1] 郑：县名，属京兆尹，在今陕西渭南市华州区。华阴：县名，属京兆尹，在今陕西华阴。莫：通"暮"。 [2] 不集：不成。 [3] 新丰：县名，属京兆尹，在今陕西临潼东北。 [4] 掫：掫城，在新丰县内，在今陕西临潼北。

张印、廖湛、胡殷、申屠建等与御史大夫隗嚣合谋，欲以立秋日貙膢时共劫更始[1]，俱成前计。侍中刘能卿知其谋，以告之。更始托病不出，召张印等。印等皆入，将悉诛之，惟隗嚣不至。更始狐疑，使印等四人且待于外庐。印与湛、殷疑有变，遂突出，独申屠建在，更始斩之。印与湛、殷遂勒兵掠东西市。昏时，烧门入，战于宫中，更始大败。

更始失道寡助。

明旦，将妻子车骑百余，东奔赵萌于新丰。

[**注释**]

[1] 貙（chū）膢：立秋祭名。貙，兽。膢，祭名。古以立秋日祭兽，王者亦此日出猎，用祭宗庙，称貙膢之祭。

更始复疑王匡、陈牧、成丹与张卬等同谋，乃并召入。牧、丹先至，即斩之。王匡惧，将兵入长安，与张卬等合。李松还从更始，与赵萌共攻匡、卬于城内。连战月余，匡等败走，更始徙居长信宫。赤眉至高陵[1]，匡等迎降之，遂共连兵而进。更始城守，使李松出战，败，死者二千余人，赤眉生得松。时松弟汎为城门校尉[2]，赤眉使使谓之曰："开城门，活汝兄。"汎即开门。九月，赤眉入城。更始单骑走，从厨城门出[3]，诸妇女从后连呼曰："陛下，当下谢城[4]！"更始即下拜，复上马去。

以上写更始政权人心涣散，逐渐溃败。

[**注释**]

[1] 高陵：县名，属左冯翊，在今陕西高陵。 [2] 汎：原作"汛"，据绍兴本改。下同。 [3] 厨城门：长安故城北面之中门。 [4] 谢：拜谢。

初，侍中刘恭以赤眉立其弟盆子，自系诏狱；闻更始败，乃出，步从至高陵，止传舍。右辅都尉严本恐失更始为赤眉所诛，将兵在外，号为屯卫而实囚之。赤眉下书曰："圣公降者，封长沙王。过二十日，勿受。"更始遣刘恭请降，赤眉使其将谢禄往受之。十月，更始遂随禄肉袒诣长乐宫，上玺绶于盆子。赤眉坐更始，置庭中，将杀之。刘恭、谢禄为请，不能得，遂引更始出。刘恭追呼曰："臣诚力极[1]，请得先死。"拔剑欲自刎，赤眉帅樊崇等遽共救止之，乃赦更始，封为畏威侯。刘恭复为固请，竟得封长沙王。更始常依谢禄居，刘恭亦拥护之。

王夫之《读通鉴论》云："为名而有所推奉者，其志不坚；人为名而尊己者，其立不固。项梁之立怀王，新市、平林之立更始是已……更始不思其反，受其推戴而尸乎其位，名岂足以终系天下而戢桀骜者私利之心乎？……更始终恃诸将而无与捍赤眉之锋。徇不坚之志，立不固之基，疑之信之，无往而非召祸之门。"

[**注释**]

[1] 臣诚力极：我确实尽了最大的力了。

三辅苦赤眉暴虐，皆怜更始，而张卬等以为虑，谓禄曰："今诸营长多欲篡圣公者，一旦失之，合兵攻公，自灭之道也[1]。"于是禄使从兵与更始共牧马于郊下，因令缢杀之。刘恭夜往收臧其尸。光武闻而伤焉，诏大司徒邓禹葬之于霸陵。

［注释］

[1]“今诸营长”四句：《后汉纪》卷三曰：“赤眉贪其财物，因大放兵虏掠，因纵火烧宫室。三王谓谢禄曰：‘三辅营家多欲得更始者，一朝失之，必合兵攻赤眉，不如杀之也。’”篡，夺取。时三辅战乱，人们为求自保，建立许多营垒，各拥兵护卫，故称诸营长。

论曰：周武王观兵孟津，退而还师，以为纣未可伐，斯时有未至者也[1]。汉起，驱轻黠乌合之众[2]，不当天下万分之一，而旌旃之所㧑及[3]，书文之所通被[4]，莫不折戈顿颡[5]，争受职命。非唯汉人余思[6]，固亦几运之会也[7]。夫为权首[8]，鲜或不及。陈、项且犹未兴[9]，况庸庸者乎！

［注释］

[1]“周武王”四句：周武王即位，太公望为师，周公旦为辅，召公、毕公之徒左右王师，东观兵孟津，时诸侯不期而会者八百，皆曰：“纣可伐矣。”武王曰：“女未知天命，未可也。”乃还师。 [2]轻黠：指轻锐桀黠。乌合：如乌鸟之群合。 [3]旌旃：旌旗。㧑：通“麾”，指挥。 [4]“书文”句：文书到达之地。 [5]折戈：倒戈。顿颡：叩首。 [6]余思：指思念前人前事。 [7]几运：时机气运。 [8]权首：首事者、肇事者。 [9]陈、项：陈胜、项羽。

以上写更始政亡人息。

“夫为权首，鲜或不及”与《汉书·吴王刘濞传》赞语“毋为权首，将受其咎”意思相近，是说首先发难的人，很少有祸不及身的。就客观事实而言，有一定的道理，但从历史经验来看，没有敢为人先的精神，又怎能取得突破与成功？司马迁评价陈胜说：“陈胜虽已死，其所置遣侯王将相竟亡秦，由涉首事也。”就充分肯定了陈胜的首义之功。

刘咸炘《后汉书知意》云：“但以‘庸庸’二字尽之，而详言其兴乃逢时，伯升所谓‘首兵唱号，鲜有能遂’，即此论所本。何焯驳之曰：

[点评]

本篇以刘玄为线索，记述了绿林等起义军的建立、发展及覆亡的过程。起义军顺应时势而起，迅速发展壮大，但占领长安之后，不思进取，享乐腐化，各行其是，而又缺乏政治管理经验，社会始终处于混乱状态，最后被赤眉军消灭。这一过程展现了东汉初年瞬息万变的动荡时局，同时说明起义军本身所带有的狭隘性自一开始就决定了终将覆灭的结局。

刘玄既然被立为更始帝，其在后汉历史中到底应该置于什么样的位置，曾有过激烈争论。《后汉书·张衡传》中记载张衡上奏疏，认为“更始居位，人无异望，光武初为其将，然后即真，宜以更始之号建于光武之初”。唐刘知幾赞同张衡之言，其谓“更始升坛改元，寒暑三易。世祖称臣北面，诚节不亏。既而兵败长安，祚归高邑，兄亡弟及，历数相承”，又云“更始中兴汉室，光武所臣，虽事业不成，而历数终在。班、范二史皆以刘玄为目，不其慢乎”(《史通》)。刘咸炘从“光武立庙”和“诸刘之起”两个方面论证不该立纪：“光武立庙，遥承哀帝，不承更始……诸刘之起者多矣，与陈、项、儋、豹无异，力强而德胜者得之，何统系之可言乎？”(《后汉书知意》)。现考东汉史相关著述，不论是带有官史性质的《东观汉记》，还是后来的“八家《后汉书》”(仅就周天游《八家后汉书辑注》所见)著作，都没有将刘玄放置“帝纪”的做法。这说明一众史家基于史学视角，多不主张为刘玄立纪，而范晔撰《后汉书》也赞同这一看法。清人钱大昕在论及《后汉书·刘玄传》时曾言：“范史登诸‘汉诸刘共起诛莽，以顺讨逆，岂商、周可比？使止因几运，则不必归刘氏矣。’此说甚迂。汉之得中兴，自以人心思之，宗族强盛，在诸刘当时，则亦陈胜、项籍之意耳。”

传首，篇中称字而不名，准以史法，最为得中。”（《潜研堂文集》）于此细微处可见范晔的史识与史法。

本篇节选自《后汉书·刘玄刘盆子列传》。《刘盆子传》讲述了刘盆子从被拥上帝位到被光武帝征服的短暂帝王生涯，全景式地呈现了赤眉军从发展壮大到走向灭亡的过程。

刘盆子列传

刘盆子者，太山式人[1]，城阳景王章之后也[2]。祖父宪，元帝时封为式侯，父萌嗣。王莽篡位，国除，因为式人焉。

[注释]

[1] 太山：本作泰山，范晔避家讳改。式：县名，属太山郡，建武中废。 [2] 城阳景王章：高祖孙朱虚侯刘章。

天凤元年，琅邪海曲有吕母者[1]，子为县吏，犯小罪，宰论杀之。吕母怨宰，密聚客，规以报仇。母家素丰，赀产数百万，乃益酿醇酒，买刀剑衣服。少年来酤者，皆赊与之，视其乏者，辄假衣裳，不问多少。数年，财用稍尽，少年欲相与偿之。吕母垂泣曰：“所以厚诸君者，非欲求利，徒以县宰不道，枉杀吾子，欲为报怨耳。诸君宁肯哀之乎？”少年壮其意，又素受恩，皆许诺。其中勇士自号猛虎，遂相聚得数十百人，因与吕母入海中，招合亡命，众至数千。吕母自称将军，引兵还攻破海曲，执县宰。诸吏叩头为宰请。母曰："吾子犯小罪，不当死，而为宰所杀。杀人当死，又何请乎？"遂斩之，以其首祭子冢，复还海中。

传首详述吕母起兵之事，以呼应下文"时吕母病死，其众分入赤眉、青犊、铜马中"，为叙述"赤眉起义"增添声色，此愈见《后汉书》的文学特色。故史珥《后汉书勦说》云："此传全藉吕母生色，缴明其众，文法甚密，亦见当时未能收揽扑灭，贻害不细也。"

[注释]

[1] 海曲：县名，在今山东日照西。

后数岁，琅邪人樊崇起兵于莒[1]，众百余人，转入太山，自号三老。时青、徐大饥，寇贼蜂起，群盗以崇勇猛，皆附之，一岁间至万余人。崇同郡人逄安[2]，东海人徐宣、谢禄、杨音，各起兵，合数万人，复引从崇。共还攻莒，不能下，转掠至姑幕[3]，因击王莽探汤侯田况[4]，大破之，杀万余人，遂北入青州，所过虏掠。还至太山，留屯南城[5]。初，崇等以困穷为寇，无攻城徇地之计[6]。众既寖盛[7]，乃相与为约：杀人者死，伤人者偿创。以言辞为约束，无文书、旌旗、部曲、号令。其中最尊者号三老，次从事，次卒史，泛

"无攻城徇地之计"说明赤眉军起义有一定的偶然性。"以言辞为约束，无文书、旌旗、部曲、号令"的松散体制预示着赤眉军必将失败的结局。

吕祖谦《后汉书详节》引刘攽的话说："三老、从事、卒史，皆是汉小吏名，或乡官也。赤眉之起，不知自名官府，取耳目所熟者为称呼，故有此号。"

以上写赤眉军成立的过程以及"赤眉"的由来。

相称曰巨人[8]。王莽遣平均公廉丹、太师王匡击之。崇等欲战，恐其众与莽兵乱，乃皆朱其眉以相识别，由是号曰赤眉。赤眉遂大破丹、匡军，杀万余人，追至无盐[9]，廉丹战死，王匡走。崇又引其兵十余万，复还围莒，数月。或说崇曰："莒，父母之国，奈何攻之？"乃解去。时吕母病死，其众分入赤眉、青犊、铜马中。赤眉遂寇东海，与王莽沂平大尹战[10]，败，死者数千人，乃引去，掠楚、沛、汝南、颍川[11]，还入陈留，攻拔鲁城[12]，转至濮阳[13]。

［注释］

[1] 莒：县名，属城阳国，在今山东莒县。 [2] 逄（páng）：今通行作"逢"。 [3] 姑幕：县名，属琅邪郡，在今山东安丘南。 [4] 探汤：北海郡益县，王莽改名，在今山东寿光东南。 [5] 南城：县名，属东海郡，在今山东费县西南，亦作南成。 [6] 徇：夺取。 [7] 寖：同"浸"，渐。 [8] 卒史、巨人：原作"卒吏""臣人"，参考中华书局整理本改。下同。 [9] 无盐：县名，属东平国，在今山东汶上西北。 [10] 沂平大尹：王莽改东海郡曰沂平，以郡守为大尹。 [11] 楚：封国名，治所在彭城，在今江苏徐州。 [12] 鲁城：鲁县城，属鲁国，在今山东曲阜。 [13] 濮阳：县名，属东郡，在今河南濮阳。

会更始都洛阳，遣使降崇。崇等闻汉室复兴，即留其兵，自将渠帅二十余人，随使者至洛阳降更始，皆封为列侯。崇等既未有国邑，而留众稍有离叛，乃遂亡归其营，将兵入颍川，分其众为二部，崇与逢安为一部，徐宣、谢禄、杨音为一部。崇、安攻拔长社[1]，南击宛，斩县令；而宣、禄等亦拔阳翟[2]，引之梁[3]，击杀河南太守。赤眉众虽数战胜，而疲敝厌兵，皆日夜愁泣，思欲东归。崇等计议，虑众东向必散，不如西攻长安。更始二年冬，崇、安自武关，宣等从陆浑关[4]，两道俱入。三年正月，俱至弘农，与更始诸将连战克胜，众遂大集。乃分万人为一营，凡三十营，营置三老、从事各一人。进至华阴。

史珥《后汉书勦说》云："观此，则崇等亦非乐祸者。唯更始不能安辑，遂使方阳得进立宗室，挟义诛伐之谋。盆子立而更始大事去矣。"

以上写赤眉军攻城略地，发展壮大。

［注释］

[1] 长社：县名，属颍川郡，在今河南长葛东北。 [2] 阳翟：县名，属颍川郡，在今河南禹州市。 [3] 梁：县名，属河南郡，在今河南临汝西。 [4] 陆浑关：在弘农郡陆浑县，在今河南宜阳东南。

军中常有齐巫鼓舞祠城阳景王[1]，以求福杨树达《积微居读书记》云："此因尊崇景王而求立其孙，非因盆子为景王之后而祠景王也……汉时民间祀景王极盛矣。"

助。巫狂言景王大怒，曰："当为县官[2]，何故为贼？"有笑巫者辄病，军中惊动。时方望弟阳怨更始杀其兄，乃逆说崇等曰[3]："更始荒乱，政令不行，故使将军得至于此。今将军拥百万之众，西向帝城，而无称号，名为群贼，不可以久。不如立宗室，挟义诛伐。以此号令，谁敢不服？"崇等以为然，而巫言益甚，前及郑，乃相与议曰："今迫近长安，而鬼神如此，当求刘氏共尊立之。"六月，遂立盆子为帝，自号建世元年。

[**注释**]

[1] 城阳景王：指刘章。刘章定诸吕，安社稷，故郡国多为立祠。 [2] 县官：天子。 [3] 逆：迎。

史珥《后汉书勦说》云："一军之中，景王后至七十余人，则诸侯宗室之多可想，斯亦大封同姓之明效。"

初，赤眉过式，掠盆子及二兄恭、茂，皆在军中。恭少习《尚书》，略通大义。及随崇等降更始，即封为式侯。以明经数言事，拜侍中，从更始在长安。盆子与茂留军中，属右校卒史刘侠卿，主刍牧牛，号曰牛吏。及崇等欲立帝，求军中景王后者，得七十余人，唯盆子与茂及前西安侯刘孝最为近属。崇等议曰："闻古天子将兵称上将军。"乃书札为符曰"上将军"，又以两空札置笥中[1]，遂于郑北设坛场，祠城阳景王。诸三老、从事皆大会陛下，列盆子等三人居中立，以年次探札。盆子最幼，后探得符，诸将乃皆称臣拜。盆子时年十五，被发徒跣，敝衣赭汗[2]，见众拜，恐畏欲啼。茂谓曰："善藏符。"盆子即啮折弃之，复还依侠卿。侠卿为制绛单衣、半头赤帻、直綦履[3]，乘轩车大马，赤屏泥[4]，绛襜络[5]，而犹从牧儿遨。

刘盆子被立为帝具有"戏剧性"。

以上交代了刘盆子被立为皇帝的前因后果。

［注释］

[1] 札：简。笥：箧。 [2]"被发"二句：披发赤脚，身着破衣，面红流汗。赭（zhě），面赤。 [3] 半头赤帻：小儿头箍。刘盆子继承汉统，色尚赤，故做赤帻。直綦履：直刺花纹以做装饰的鞋。綦，花纹。 [4] 赤屏泥：用缇油布做的车前挡泥的物件。 [5] 襜：车帷。车上施帷以屏蔽，交络以为饰。李贤注引《续汉志》曰："王公列侯安车，加交络帷裳。"

崇虽起勇力而为众所宗，然不知书数[1]。徐宣故县狱吏，能通《易经》。遂共推宣为丞相、崇御史大夫、逄安左大司马、谢禄右大司马，自杨音以下皆为列卿。军及高陵，与更始叛将张卬等连和，遂攻东都门[2]，入长安城，更始来降。

众人以"故县狱吏，能通《易经》"从而推举徐宣为丞相，一定程度上说明东汉一代对于经书术数的重要性具有普遍认知。

[注释]

[1] 书数：指经书、数术等学问。 [2] 东都门：《三辅黄图》曰："宣平门，长安城东面北头第一门也，其外郭门名东都门。"

盆子居长乐宫，诸将日会论功，争言欢呼[1]，拔剑击柱，不能相一。三辅郡县营长遣使贡献，兵士辄剽夺之[2]。又数虏暴吏民[3]，百姓保壁[4]，由是皆复固守。至腊日，崇等乃设乐大会，盆子坐正殿，中黄门持兵在后，公卿皆列坐殿上。酒未行，其中一人出刀笔书谒欲贺[5]，其余不知书者起往请之，各各屯聚，更相背向。大司农杨音按剑骂曰："诸卿皆老佣也！今日设君臣之礼，反更殽乱，儿戏尚不如此，皆可格杀！"更相辩斗，而兵众遂各逾宫斩关[6]，入掠酒肉，互相杀伤。卫尉诸葛稚闻之，勒兵入，格杀百余人，乃定。盆子惶恐，日夜啼泣，独与中黄门共卧起，唯得上观阁而不闻外事。

史珥《后汉书勦说》云："高祖时，诸将饮酒争功亦复尔尔。开国规模，不可独为盆子嗤点，但惜人难绳武耳。"

以上写刘盆子政权管理混乱，好大喜功，匪气难改。

[注释]

[1] 欢：喧哗。 [2] 剽：劫。 [3] 虏暴：掳掠侵暴。 [4] 保壁：城堡壁垒。 [5] 刀笔：汉代记事书于简册，谬误者以刀削而除之，曰刀笔。谒：名帖。 [6] 逾宫斩关：越过宫墙，砍断门闩。

时掖庭中宫女犹有数百千人，自更始败后，幽闭殿内[1]，掘庭中芦菔根，捕池鱼而食之，死者因相埋于宫中。有故祠甘泉乐人[2]，尚共击鼓歌舞，衣服鲜明，见盆子叩头言饥。盆子使中黄门禀之米，人数斗。后盆子去，皆饿死不出。

史珥《后汉书勦说》云："此何时也，而掖庭止于饥困，是赤眉虽暴，犹不失为节制之兵。迨董卓以后，而矢及君屋者，率以宫闱为淫薮。呜呼！治不古若，而乱每过于古，又乌知所底止哉！""乐人之乐，而不忧人之忧，亡国之臣类然。第甘饿死不出，尚恐抱惭乐人耳。"

［注释］

[1] 内：原作"门"，据绍兴本改。 [2] 甘泉乐人：李贤注云："甘泉宫有祭祀之所。乐人谓掌祭天之乐者也。"

刘恭见赤眉众乱，知其必败，自恐兄弟俱祸，密教盆子归玺绶，习为辞让之言。建武二年正月朔，崇等大会，刘恭先曰："诸君共立恭弟为帝，德诚深厚。立且一年，肴乱日甚[1]，诚不足以相成，恐死而无所益，愿得退为庶人，更求贤知[2]，唯诸君省察。"崇等谢曰："此皆崇等罪也。"恭复固请。或曰："此宁式侯事邪[3]！"恭惶恐起去。盆子乃下床解玺绶，叩头曰："今设置县官而为贼如故。吏人贡献，辄见剽劫，流闻四方，莫不怨恨，不复信向。此皆立非其人所致，愿乞骸骨，避贤圣。必欲杀盆子以塞责者[4]，无所离史珥《后汉书勷说》云：“何民心易感欤？于此见先泽入人之深。史氏细写，深惜盆子负此舆情也。”

死。诚冀诸君肯哀怜之耳！”因涕泣嘘唏。崇等及会者数百人，莫不哀怜之，乃皆避席顿首曰：“臣无状，负陛下。请自今已后，不敢复放纵。”因共抱持盆子，带以玺绶。盆子号呼不得已。既罢出，各闭营自守，三辅翕然，称天子聪明。百姓争还长安，市里且满。

以上写刘盆子虽被立为帝，却身不由己，成为政治傀儡。

［注释］

[1]肴：通“淆”。[2]更求贤知：另求贤智之人登帝位。[3]此宁式侯事邪：刘恭封式侯。言天子是大家所立，非刘恭所能干预。[4]塞责：尽责。离：避。

后二十余日[1]，赤眉贪财物，复出大掠。城中粮食尽，遂收载珍宝，因大纵火烧宫室，引兵而西。过祠南郊，车甲兵马最为猛盛，众号百万。盆子乘王车，驾三马[2]，从数百骑。乃自南山转掠城邑，与更始将军严春战于郿[3]，破春，杀之，遂入安定、北地。至阳城、番须中[4]，逢大雪，坑谷皆满，士多冻死，乃复还，发掘诸陵，取其宝货，遂污辱吕后尸。凡贼所发，有玉匣殓者率皆如生[5]，故赤眉得多行淫秽。大司徒邓禹

史珥《后汉书勷说》云：“身后之祸，视‘人彘’更惨。”

时在长安，遣兵击之于郁夷[6]，反为所败，禹乃出之云阳[7]。九月，赤眉复入长安，止桂宫。

赤眉军匪性难移。

［注释］

[1] 后：原作“得”，参考中华书局点校本改。 [2] 驾三马：李贤注引《续汉志》曰：“王车，朱班轮，青盖，左右骓，驾三马。” [3] 郿：县名，属右扶风，在今陕西眉县东。 [4] 阳城、番须：在今甘肃陇县西北。 [5] 玉匣：李贤注引《汉仪注》曰：“自腰以下，以玉为札，长尺，广二寸半，为匣，下至足，缀以黄金缕，谓之为玉匣。” [6] 郁夷：县名，属右扶风，在今陕西宝鸡东。 [7] 云阳：县名，属左冯翊，在今陕西淳化西北。

时汉中贼延岑出散关[1]，屯杜陵[2]，逢安将十余万人击之。邓禹以逢安精兵在外，唯盆子与羸弱居城中，乃自往攻之。会谢禄救至，夜战槁街中[3]，禹兵败走。延岑及更始将军李宝合兵数万人，与逢安战于杜陵。岑等大败，死者万余人，宝遂降安，而延岑收散卒走。宝乃密使人谓岑曰：“子努力还战，吾当于内反之，表里合势[4]，可大破也。”岑即还挑战，安等空营击之，宝从后悉拔赤眉旌帜，更立己幡旗。安等战疲还营，见旗帜皆白，大惊乱走，自投川谷，死者十余万，逢安与数千人脱归长安。时三辅大饥，人相食，城郭皆空，白骨蔽野，遗人往往聚为营保[5]，各坚守不下。赤眉虏掠无所得，十二月，乃引而东归，众尚二十余万，随道复散。

以上写赤眉军主力溃败。

［注释］

[1] 散关：地名，在今陕西宝鸡西南。 [2] 杜陵：县名，属京兆尹，在今西安东南。 [3] 槁街：在长安城中。 [4] 表里合势：内外夹攻。 [5] 遗人：活着的人。营保：即前面提到的保壁。

光武乃遣破奸将军侯进等屯新安[1]，建威大将军耿弇等屯宜阳[2]，分为二道，以要其还路[3]。敕诸将曰："贼若东走，可引宜阳兵会新安；贼若南走，可引新安兵会宜阳。"明年正月，邓禹自河北度，击赤眉于湖[4]，禹复败走，赤眉遂出关南向。征西大将军冯异破之于崤底[5]。帝闻，乃自将幸宜阳，盛兵以邀其走路[6]。

赤眉军不敌光武，既而投降。

［注释］

[1] 新安：县名，属弘农郡，在今河南渑池东。 [2] 宜阳：县名，属弘农郡，在今河南宜阳西。 [3] 要：通"徼"（yāo），拦截。 [4] 湖：县名，西汉属京兆尹，在今河南灵宝西故县。 [5] 崤底：即崤坂，在今河南洛宁西北。 [6] 邀：通"徼"。

赤眉忽遇大军，惊震不知所为，乃遣刘恭乞降，曰："盆子将百万众降，陛下何以待之？"帝曰："待汝以不死耳。"樊崇乃将盆子及丞相徐宣以下三十余人肉袒降。上所得传国玺绶，更始七尺宝剑及玉璧各一。积兵甲宜阳城西，与熊耳山齐[1]。

王夫之《读通鉴论》云："盆子者，愚而为人立者也。愚且贱而欲干天位也，可诛；非其志而听命于人也，可宥。待以不死而授之散秩以养之，义正而仁亦裕矣。所尤难者，光武决于一言，而更无委曲之辞以诱之，明白洞达，与天下昭刑赏之正，故曰：大哉王言，体天无私而为之子也。"

［**注释**］

[1] 熊耳山：山名，在宜阳西。

其夏，樊崇、逢安谋反，诛死。杨音在长安时，遇赵王良有恩，赐爵关内侯，与徐宣俱归乡里，卒于家。刘恭为更始报杀谢禄，自系狱[1]，赦不诛。帝怜盆子，赏赐甚厚，以为赵王郎中。后病失明，赐荥阳均输官地，以为列肆，使食其税终身[2]。

［**注释**］

[1] 自系狱：自己投案。 [2]"赐荥阳均输官地"三句：王莽时行均输法，在大都市设均输官，占有一些土地，故称均输官地。以为列肆，意指把这些地划为市区。在市区做买卖，要征税，称为市税。均输：李贤注引桓宽《盐铁论》说："郡国诸侯各以其方

物贡输往来，物多苦恶，不偿其费，故郡国置输官以相绍运，故曰均输。”

［点评］

刘盆子是城阳景王刘章的后代，本可顺袭祖上爵位的他却沦落军营刍草放牛。在起义军发展壮大之时，他又凭借皇室近属的血统和运气的眷顾，被赤眉军立为皇帝。然而刘盆子年幼无知，既无远大抱负，又无理政能力，朝政混乱，身不由己，仅仅两年后便为光武帝征服，苟全余生。由《刘盆子传》，我们可以从宏观视角察见赤眉军兴起与衰落的过程。虽然他们也曾有过雄厚的群众基础和号称百万大军的强大队伍，但是起义军内部矛盾突出，贪图金银财物，缺乏收复与治理天下的战略与雄心，最终断送大好时机，落下“流寇”骂名。

刘玄同刘盆子被范晔并列放置于《后汉书》“列传第一”，其原因或即在于二人既有“皇室血统”，又都曾在战乱情况下被立为联合起义军的首领。但他们虽然拥有皇族血脉，却没有像光武帝刘秀一样的胆识、智谋，最终只能以“政治傀儡”的身份被载入“列传”。《刘玄刘盆子列传》中叙刘玄、刘盆子之事，处处与《光武帝纪》遥相对比。如《刘玄传》说：“更始即帝位，南面立，朝群臣。素懦弱，羞愧流汗，举手不能言。”《刘盆子传》说：“诸将乃皆称臣拜。盆子时年十五，被发徒跣，敝衣赭汗，见众拜，恐畏欲啼。”与《光武帝纪》所云“固辞再三”“建元大赦”者异。《刘玄传》说：“日夜与妇人饮讌后庭。群臣欲言事，辄醉不能见。”《刘盆子传》说：“诸将日会论功，争言欢呼，拔剑击柱，不能相一。”与《光武帝纪》所云“在上不骄，高而不危；制节谨度，满而不溢”者异。《刘玄传》说：“自是关中离心，四方怨叛。”《刘盆子传》说：“时三辅大饥，人相食，城郭皆空，白骨蔽野，遗人往往聚为营保，各坚守不下。”与《光武帝纪》所云“由是识者皆属心焉”“吏人喜悦，争持牛酒迎劳”者异。所以，将《刘玄刘盆子列传》与《光武帝纪》对读，既可见光武称帝之可能性与必然性，又可见范晔择取、安排史料的用心精妙与苦心孤诣。

隗嚣列传

本篇节选自《后汉书·隗嚣公孙述列传》。本文讲述了隗嚣由起兵到败亡的过程，呈现了王莽末、东汉初的社会割据局势。

隗嚣字季孟，天水成纪人也[1]。少仕州郡。王莽国师刘歆引嚣为士[2]。歆死，嚣归乡里[3]。季父崔[4]，素豪侠，能得众。闻更始立而莽兵连败，于是乃与兄义及上邽人杨广、冀人周宗谋起兵应汉[5]。嚣止之曰：“夫兵，凶事也[6]。宗族何辜[7]！”崔不听，遂聚众数千人，攻平襄[8]，杀莽镇戎大尹[9]，崔、广等以为举事宜立主以一众心[10]，咸谓嚣素有名，好经书，遂共推为上将军。嚣辞让不得已，曰：“诸父众贤不量小子[11]。必隗嚣好读经书，颇有名望，得到众人拥护推举。

能用嚣言者，乃敢从命[12]。”众皆曰“诺”。

[注释]

[1] 成纪：县名，在今甘肃通渭东。 [2]“王莽国师”句：王莽置国师，位上公，士为属官。莽置九卿，分属三公，每一卿置大夫三人。每一大夫置元士三人。 [3] 歆死，嚣归乡里：《汉书·王莽传》地皇四年：“遣七公干士隗嚣等七十二人，分下赦令晓谕云。嚣等既出，因逃亡矣。” [4] 季父：为年龄最小的叔。古称弟兄的排行为伯、仲、叔、季。 [5] 上邽（guī）：县名，属陇西郡，在今甘肃天水。 [6] 夫兵，凶事也：《老子》三十一章：“夫兵者，不祥之器。” [7] 辜：罪过。 [8] 平襄：县名，属天水郡，在今甘肃通渭西。 [9] 王莽改天水郡为镇戎郡，改太守为大尹。据《汉书·王莽传》，大尹名李育。 [10] 举事：指发动武装起义。一：统一。 [11] 不量：犹言不嫌弃，看得起。 [12] 乃：才。

嚣既立，遣使聘请平陵人方望，以为军师。望至，说嚣曰：“足下欲承天顺民，辅汉而起，今立者乃在南阳[1]，王莽尚据长安[2]，虽欲以汉为名，其实无所受命，将何以见信于众乎？宜急立高庙[3]，称臣奉祠，所谓‘神道设教’[4]，求助人神者也。且礼有损益，质文无常。削地开兆[5]，茅茨土阶[6]，以致其肃敬。虽未备物，神明其舍诸[7]？”嚣从其言，遂立庙邑东，祀高祖、太宗、世宗。嚣等皆称臣执事，史奉璧而告[8]。祝毕，有司穿坎于庭[9]，牵马操刀，奉盘错鍉[10]，遂割牲而盟。曰："凡我同盟三十一将，十有六姓，允承天道，兴辅刘宗。如怀奸虑，明神殛之[11]。高祖、文皇、武皇，俾坠厥命[12]，厥宗受兵，族类灭亡。"有司奉血鍉进，护军举手揖诸将军曰："鍉不濡血，歃不入口[13]，是欺神明也，厥罚如盟。"既而薶血加书[14]，一如古礼。事毕，移檄告郡国[15]。

刘咸炘《后汉书知意》云："载嚣起时盟词、檄词，见其初起正大有规模，论所谓'有以识其风'也。"

以上写隗嚣起兵自立之缘由。

［注释］

[1] 今立者乃在南阳：更始即位于宛，宛属南阳郡。 [2] 据：占据。 [3] 高庙：汉高祖刘邦的宗庙。 [4] 神道设教：原指圣人顺应自然之势，利用神圣的道德施行教化，以感化万物，教诲众人。后指以鬼神祸福相因之理，教化世人。语出《周易·观卦》："圣人以神道设教，而天下服矣。" [5] 削地开兆：除地以开兆域。削，割裂。兆，兆域，墓地四周的疆界，亦称"墓地"。 [6] 茅茨：茅草盖的屋顶，亦指茅屋。 [7] 诸："之乎"的合音。 [8] 史：祝史。璧：用以祭祀的玉器。 [9] 穿坎：挖坑。《周礼·司盟》："掌盟载之法。"郑玄注曰："载，盟辞也。盟者书其辞于策，杀牲取血，坎其牲，加书于上而薶之。" [10] 盘：器皿，盟时用以装牛耳。错：置。鍉（dī）：即"匙"字。歃血时用来舀取血的勺子。 [11] 殛：诛。 [12] 俾：使。厥：代词，他的，他们的。 [13] 濡（rú）：沾湿。歃（shà）：口含牛血而誓。 [14] 薶：

同“埋”。 [15] 移檄：发布公文告示。

以上写隗嚣攻城略地，所向披靡。

嚣乃勒兵十万[1]，击杀雍州牧陈庆。将攻安定。安定大尹王向，莽从弟平阿侯谭之子也，威风独能行其邦内[2]，属县皆无叛者。嚣乃移书于向，喻以天命，反覆诲示，终不从。于是进兵虏之，以徇百姓[3]，然后行戮，安定悉降。而长安中亦起兵诛王莽。嚣遂分遣诸将徇陇西、武都、金城、武威、张掖、酒泉、敦煌[4]，皆下之。

[注释]

[1] 勒：统率。 [2] 威风：使人敬畏的声势气派。 [3] 徇(xùn)：对众宣示。 [4] 徇：夺取。

刘咸炘《后汉书知意》云：“详录方望、王遵诸书，见嚣变易初志，为人所觉，所以败也。”

更始二年，遣使征嚣及崔、义等[1]。嚣将行，方望以为更始未可知，固止之[2]，嚣不听。望以书辞谢而去。……嚣等遂至长安，更始以为右将军，崔、义皆即旧号。其冬，崔、义谋欲叛归，嚣惧并祸，即以事告之，崔、义诛死。更始感嚣忠，以为御史大夫。

[**注释**]

[1] 崔：隗崔。义：隗义。　[2] 固：坚决。

明年夏，赤眉入关，三辅扰乱。流闻光武即位河北[1]，嚣即说更始归政于光武叔父国三老良，更始不听。诸将欲劫更始东归，嚣亦与通谋。事发觉，更始使使者召嚣，嚣称疾不入，因会客王遵、周宗等勒兵自守。更始使执金吾邓晔将兵围嚣，嚣闭门拒守；至昏时，遂溃围，与数十骑夜斩平城门关[2]，亡归天水。复招聚其众，据故地，自称西州上将军[3]。及更始败，三辅耆老士大夫皆奔归嚣[4]。

[**注释**]

[1] 流闻：传闻。[2] 平城门：长安城南面西头门。[3] 西州：指凉州。　[4] 耆老：六十曰耆，七十曰老，指六七十岁的老人。

嚣素谦恭爱士，倾身引接为布衣交[1]。以前王莽平河大尹长安谷恭为掌野大夫[2]，平陵范逡为师友，赵秉、苏衡、郑兴为祭酒[3]，申屠刚、杜林为持书[4]，杨广、王遵、周宗及平襄人行巡、阿阳人王捷、长陵人王元为大将军[5]，杜陵、金丹之属为宾客。由此名震西州，闻于山东。

以上写隗嚣礼贤下士，知人善任，威名远震，贤能归附。

［注释］

[1] 倾身：身体前倾，指对人谦卑恭逊。布衣交：贫贱之交。[2] 平河：王莽改清河为平河。 [3] 祭酒：学宫的长官。 [4] 持书：李贤注曰："即持书侍御史，秩六百石。" [5] 阿阳：县名，属天水郡，在今甘肃静宁。

建武二年，大司徒邓禹西击赤眉，屯云阳[1]。禹裨将冯愔引兵叛禹，西向天水，嚣迎击，破之于高平[2]，尽获辎重[3]。于是禹承制遣使持节命嚣为西州大将军，得专制凉州、朔方事。及赤眉去长安，欲西上陇，嚣遣将军杨广迎击，破之，又追败之于乌氏、泾阳间[4]。

［注释］

[1] 屯：驻扎。云阳：县名，属左冯翊，在今陕西淳化西北。 [2] 高平：县名，属安定郡，在今宁夏固原。 [3] 辎重：古代军事用语，指运输部队携带的军械、粮草、被服等物资。 [4] 泾阳：县名，属安定郡，在今甘肃平凉西北。

嚣既有功于汉，又受邓禹爵，署其腹心[1]，议者多劝通使京师。三年，嚣乃上书诣阙。光武素闻其风声，报以殊礼，言称字，用敌国之仪[2]，所以慰藉之良厚[3]。时陈仓人吕鲔拥众数万，与公孙述通，寇三辅。嚣复遣兵佐征西大将军冯异击之[4]，走鲔，遣使上状。帝报以手书[5]……自是恩礼愈笃。

[注释]

[1] 署：署理，引申为充当。腹心：极亲切可信之人。　[2] 用敌国之仪：用平等国家的礼节。　[3] 慰：安慰。藉：李贤注："荐也。"良：确实，实在。　[4] 佐：辅佐。　[5] 手书：亲笔信。汉诏令皆皇帝亲制文。

王夫之《读通鉴论》云："光武报隗嚣书，称字以与颉颃，用敌国礼，失御嚣之道矣，是以失嚣。……名义者，嚣所素奉之名也，待以敌国而置之名义之外以相笼络，嚣且谓更始之始尊我而终忌我，今犹是也，奚以委身而相信哉？"

以上写隗嚣协助光武帝平定叛乱，获得光武帝的礼遇。

其后公孙述数出兵汉中，遣使以大司空扶安王印绶授嚣。嚣自以与述敌国[1]，耻为所臣，乃斩其使，出兵击之，连破述军，以故蜀兵不复北出。时关中将帅数上书，言蜀可击之状，帝以示嚣，因使讨蜀，以效其信[2]。嚣乃遣长史上书，盛言三辅单弱[3]，刘文伯在边[4]，未宜谋蜀。帝知嚣欲持两端[5]，不愿天下统一，于是稍黜其礼[6]，正君臣之仪。

隗嚣有称帝之心，不希望天下统一。所以他既不愿意称臣于公孙述，又不想听从光武帝的命令攻打公孙述。

［注释］

[1]敌国：相匹敌之国。 [2]效：检验。信：信实。 [3]盛言：极言。 [4]刘文伯：卢芳，字君期，原名刘文伯，假称自己是汉武帝的曾孙，在三水起兵，依附当地的少数民族割据一方，后被汉军击败逃入匈奴。 [5]两端：指态度摇摆不定。 [6]黜：贬降，废除。

会公孙述遣兵寇南郡[1]，乃诏嚣当从天水伐蜀，因此欲以溃其心腹。嚣复上言："白水险阻，栈阁绝败[2]。"又多设支阂[3]。帝知其终不为用，叵欲讨之[4]。遂西幸长安，遣建威大将军耿弇等七将军从陇道伐蜀，先使来歙奉玺书喻旨。嚣疑惧，即勒兵，使王元据陇坻，伐木塞道，谋欲杀歙。歙得亡归。诸将与嚣战，大败，各引退。嚣因使王元、行巡侵三辅，征西大将军冯异、征虏将军祭遵等击破之。嚣乃上疏谢。……嚣知帝审其诈[5]，遂遣使称臣于公孙述。

隗嚣前面既然不愿意向公孙述称臣，此处又摧眉折腰甘愿称臣，看似前后矛盾，实际上是危机情况下的权宜之计，以继续保持多方割据的形势，等待成就霸业时机的到来。《后汉书·申屠刚传》载申屠刚谏嚣附述事，可参看。

［注释］

[1]寇：侵略。 [2]"嚣复上言"二句：袁宏《后汉纪》记载颇为详细："乃复上书盛言蜀道危险，栈阁败绝，丈尺之地，则不得通。述性严酷，上下相患，须其罪恶孰著，大呼响应之势也。"白水，县名，属广汉郡，有白水关，在今四川广元北。栈阁，指

在绝壁上开凿的栈道和用木材撑架的阁道。 [3] 多设支阂：意指提出种种借口来搪塞光武之命。支阂，障碍。 [4] 叵（pǒ）：遂，便。 [5] 审：知道，知悉。

帝因令来歙以书招王遵，遵乃与家属东诣京师，拜为大中大夫，封向义侯。遵字子春，霸陵人也。父为上郡太守。遵少豪侠，有才辩，虽与嚣举兵，而常有归汉意。曾于天水私于来歙曰："吾所以戮力不避矢石者[1]，岂要爵禄哉[2]！徒以人思旧主，先君蒙汉厚恩，思效万分耳[3]。"又数劝嚣遣子入侍，前后辞谏切甚，嚣不从，故去焉。

[**注释**]

[1] 戮力：通力合作。 [2] 要（yāo）：求取。 [3] 万分：指万分之一，犹言极微小。

遵知嚣必败灭，而与牛邯旧故，知其有归义意[1]，以书喻之曰："遵与隗王歃盟为汉，自经历虎口，践履死地，已十数矣。于时周洛以西无所统壹，故为王策，欲东收关中，北取上郡，进以奉天人之用，退以惩外夷之乱。数年之间，冀

光武帝因势利导招降了王遵，王遵又劝降了牛邯，致使隗嚣兵众瓦解，纷纷投降。

圣汉复存，当挈河陇奉旧都以归本朝。生民以来[2]，臣人之势，未有便于此时者也[3]。而王之将吏，群居穴处之徒[4]，人人抵掌[5]，欲为不善之计。遵与孺卿日夜所争[6]，害几及身者[7]，岂一事哉！前计抑绝[8]，后策不从，所以吟啸扼腕[9]，垂涕登车。幸蒙封拜，得延论议[10]，每及西州之事，未尝敢忘孺卿之言。今车驾大众，已在道路，吴、耿骁将，云集四境，而孺卿以奔离之卒[11]，拒要阨[12]，当军冲[13]，视其形势何如哉？夫智者睹危思变，贤者泥而不滓[14]，是以功名终申，策画复得。故夷吾束缚而相齐[15]，黥布杖剑以归汉[16]，去愚就义，功名并著。今孺卿当成败之际，遇严兵之锋[17]，可为怖栗[18]。宜断之心胸[19]，参之有识[20]。”邯得书，沈吟十余日，乃谢士众[21]，归命洛阳，拜为太中大夫。于是嚣大将十三人，属县十六，众十余万，皆降。

王夫之《读通鉴论》云：“嚣之所以不终事汉者，惩于更始之败而葸以失之也。以身托人而何容易哉？则固不容不慎，慎而过焉，遂成乎葸，于是而毁家存汉之心不能固守而成乎逆。”

[注释]

[1]归义：指回到正义的道路上来。 [2]生民：人民。 [3]便：合适，有利。 [4]群居穴处：指原始社会居民的生活方式，这里借指见识短浅。 [5]抵掌：击掌；鼓掌。 [6]孺卿：牛邯字孺

卿。[7] 几：几乎。[8] 抑绝：遏止，断绝。[9] 吟啸扼腕：握着自己的手腕哀声长叹，表示愤怒和惋惜之情。[10] 得延论议：受到邀请参加论议。[11] 奔离：奔波而离心。[12] 要阸：亦作"要厄""要扼"，指事物的关键、要害。[13] 军冲：指军事要冲。[14] 泥而不滓（zǐ）：谓处于污泥之中而不染。语出《史记·屈原列传》："皭然泥而不滓者也。" [15] 夷吾束缚而相齐：夷吾曾束缚从鲁，后归齐，相齐桓公。夷吾即管仲。事详《史记·管晏列传》。[16] 黥布杖剑以归汉：黥布本为项羽部将，后听随何之言，杀楚使者，间行归汉。黥布，即英布。事详《史记·黥布列传》。[17] 严兵：精兵。[18] 怖栗：害怕得发抖。[19] 断：判断。[20] 参：参考。[21] 谢：辞别。

九年春，嚣病且饿，出城餐糗糒[1]，恚愤而死[2]。王元、周宗立嚣少子纯为王。明年，来歙、耿弇、盖延等攻破落门，周宗、行巡、苟宇、赵恢等将纯降。宗、恢及诸隗分徙京师以东，纯与巡、宇徙弘农。唯王元留为蜀将。及辅威将军臧宫破延岑，元举众诣宫降[3]。

［注释］

[1] 糗糒（qiǔ bèi）：干粮。[2] 恚（huì）愤：愤怒。[3] 元举众诣宫降：王元也带着手下到臧宫那里投降。诣，到，来到。

论曰：隗嚣援旗纠族[1]，假制明神[2]，迹夫创图首事，有以识其风矣[3]。终于孤立一隅，介于大国[4]，陇坻虽隘，非有百二之势[5]，区区两郡[6]，以御堂堂之锋[7]，至使穷庙策，竭征徭，身殁众解，然后定之。则知其道有足怀者，所以栖有四方之桀，士至投死绝亢而不悔者矣[8]。夫功全则誉显，业谢则衅生，回成丧而为其议者，或未闻焉[9]。若嚣命会符运，敌非天力，虽坐论西伯，岂多嗤乎[10]？

李景星《后汉书评议》说："传中摹绘，一一如画，正见其如游釜之鱼，虽依违片刻，终归于糜烂也。论以西伯为比，直是嗤笑之辞，岂诚然哉！"牛运震《读史纠谬》云："嚣，群雄中之无识者，比之赤眉、王朗稍胜耳，遽拟西伯，殊太夸誉矣。"

［注释］

[1] 援：引，树立。糺（jiū）：同"纠"，收。　[2] 假制明神：隗嚣曾立汉高祖、文帝、武帝等庙而祭之，提出"兴辅刘宗"的口号。　[3]"迹夫创图首事"二句：考其起事时的作为，可以见其气派，与众不同。迹，考察。图，计划，图谋。识，认识，了解。风，风尚。　[4] 介于大国：语出《左传·襄公九年》："天祸郑国，使介居二大国之间。"当时隗嚣居于陇上，东边被刘秀威迫，南边被公孙述裹挟。　[5] 百二之势：《汉书·高帝纪下》田肯贺高祖曰："秦，形胜之国也。带河阻山，县隔千里，持戟百万，秦得百二焉。"颜师古注引苏林曰："百二，得百中之二，二万人也。秦地险固，二万人足当诸侯百万人也。"　[6] 区区两郡：指陇西、天水二郡。上文云安定、北地等郡亦为嚣所据。　[7] 堂堂之锋：指光武亲征，名正言顺之军。堂堂，军阵严整强盛的样子。　[8] 绝亢：隗嚣大将王捷守戎丘，誓死不降汉军，自刎而死。亢，通"吭"，喉咙。　[9]"夫功全则誉显"四句：成功则声誉显赫，失

败则罪过加身，能不以成败而论者，未闻其人。谢、丧，均指失败。 [10]“若嚣命会符运”四句：若隗嚣命合天意，不遇光武为敌，则可与周文王相媲美，难道会被人耻笑吗？天力，指光武。西伯，周文王。嗤，讥笑。

［点评］

隗嚣是东汉名士，受到王莽国师刘歆的赏识。他性情豪爽，礼贤下士，颇得众人拥护，于王莽末年被推选为上将军，成为西北势力的首领。他先后投奔更始帝及公孙述，与光武帝分庭抗礼，企图长期割据一方，最终却失利悲愤而死。李景星《后汉书评议》总结隗嚣行事“忽止众人之起兵，忽从众命而自立，忽应更始之征，忽违更始而去，忽为汉击贼，忽拒汉讨蜀，忽上书诣阙，忽假辞不朝，忽遣子入侍，忽称臣邻封”，如此游移不定，必然难成大事。《隗嚣传》既呈现了其时动荡不安的社会局面，又反映了隗嚣没有认清人心思治、天下一统的历史发展形势，其仅凭陇坻一隅之地，不足以成就不朽功绩。隗嚣的命运既表明其首鼠两端、患得患失的性格缺陷终将难成勋业，同时也昭示着动乱时代割据势力的一般归宿。

公孙述列传

本篇节选自《后汉书·隗嚣公孙述列传》。李景星《后汉书评议》云，隗嚣与公孙述在其时割据势力中，都处于偏远地区，被光武帝平定的时间最晚。又二人起兵之初，都假借辅助汉室之名，故范晔将隗嚣与公孙述合为一传。

公孙述字子阳，扶风茂陵人也。哀帝时，以

父任为郎[1]，后父仁为河南都尉[2]，而述补清水长[3]。仁以述年少，遣门下掾随之官[4]，月余，掾辞归，白仁曰："述非待教者也。"后太守以其能，使兼摄五县[5]，政事修理[6]，奸盗不发，郡中谓有鬼神[7]。王莽天凤中，为导江卒正，居临邛[8]，复有能名。

[**注释**]

[1] 任：保任。据《东观汉记》记载："成帝末，述父仁为侍御史，任为太子舍人，稍加秩为郎焉。" [2] 河南都尉：河南郡都尉。都尉掌一郡之兵，禁捕盗贼，秩比二千石。 [3] 补：官有缺位，选员补充。清水：县名，属天水郡，在今甘肃清水。 [4] 门下掾：州郡有属官，皆自辟除，常居门下，故以为号。 [5] 兼摄：兼管。 [6] 修理：谓治理得好，处理政务合宜。 [7] 郡中谓有鬼神：指公孙述能明察。据《续汉书》记载："公孙述补清水长，太守以其能，使兼治五县。政事循理，奸盗不发，郡中谓有神明。" [8] 为导江卒正，居临邛：王莽改蜀郡曰导江，改太守曰卒正。临邛，在今四川邛崃。

及更始立，豪杰各起其县以应汉，南阳人宗成自称"虎牙将军"，入略汉中。又商人王岑亦起兵于雒县[1]，自称"定汉将军"，杀王莽庸部牧以应成[2]，众合数万人。述闻之，遣使迎成等。

成等至成都，虏掠暴横。述意恶之，召县中豪杰谓曰："天下同苦新室，思刘氏久矣，故闻汉将军到，驰迎道路。今百姓无辜而妇子系获[3]，室屋烧燔[4]，此寇贼，非义兵也。吾欲保郡自守，以待真主。诸卿欲并力者即留[5]，不欲者便去。"豪杰皆叩头曰："愿效死。"述于是使人诈称汉使者自东方来，假述辅汉将军、蜀郡太守兼益州牧印绶[6]。乃选精兵千余人，西击成等。比至成都，众数千人，遂攻成，大破之。成将垣副杀成，以其众降。

[注释]

[1] 商：县名，属弘农郡，在今陕西丹凤。雒县：属广汉郡，在今四川广汉。 [2] 庸部：王莽时改益州叫庸部。 [3] 系获：系累虏获。 [4] 燔（fán）：焚烧。 [5] 并力：同心合力。 [6] 假：代理；授予。

二年秋，更始遣柱功侯李宝、益州刺史张忠，将兵万余人徇蜀、汉。述恃其地险众附，有自立志，乃使其弟恢于绵竹击宝、忠[1]，大破走之。由是威震益部。功曹李熊说述曰[2]："方今

从"欲保郡自守，以待真主"到"恃其地险众附，有自立志"，公孙述的称王野心逐渐显露。

四海波荡，匹夫横议[3]。将军割据千里，地什汤武[4]，若奋威德以投天隙[5]，霸王之业成矣。宜改名号，以镇百姓。”述曰：“吾亦虑之，公言起我意。”于是自立为蜀王，都成都。

以上写公孙述贤能有才及起兵缘由。

［注释］

[1] 绵竹：县名，属广汉郡，在今四川绵竹东南。 [2] 功曹：官名，郡佐吏，掌管考查登记功劳。 [3] 横议：肆意发表言论。 [4] 地什汤武：拥有的土地是汤武的十倍。 [5] 投天隙：乘时应变的意思。天隙，天时之间隙，指可乘之机。

蜀地肥饶，兵力精强，远方士庶多往归之，邛、笮君长皆来贡献[1]。李熊复说述曰：“今山东饥馑，人庶相食[2]；兵所屠灭，城邑丘墟。蜀地沃野千里，土壤膏腴，果实所生，无谷而饱。女工之业[3]，覆衣天下。名材竹干，器械之饶，不可胜用，又有鱼盐铜银之利，浮水转漕之便。北据汉中，杜褒、斜之险[4]；东守巴郡，拒扞关之口[5]；地方数千里，战士不下百万。见利则出兵而略地，无利则坚守而力农。东下汉水以窥秦地，南顺江流以震荆、扬。所谓用天因地[6]，成功之资。今君王之声，闻于天下，而名号未定，志士狐疑，宜即大位，使远人有所依归。”述曰：“帝王有命，吾何足以当之？”熊曰：“天命无常，百姓与能[7]。能者当之，王何疑焉！”述梦有人语之曰：“八厶子系[8]，十二为期。”觉，谓其妻曰：“虽贵而祚短[9]，若何？”妻对曰：“朝闻道，夕死尚可[10]，况十二乎！”会有龙出其府殿中，夜有光耀，述以为符瑞[11]，因刻其掌，文曰“公孙帝”。建武元年四月，遂自立为天子，号成家[12]。色尚白[13]。建元曰龙兴元年。以李熊为大司徒，以其弟光为大司马，恢为大司空。改益州为司隶校尉，蜀郡为成都尹[14]。

短短数语，便将蜀地“割据要害”之情状摹写殆尽。

蜀地“白帝城”即得名于公孙述。刘备临终前有“白帝托孤”之事，大诗人李白也有“朝辞白帝彩云间”的名句，而这闻名天下的白帝城就得名于公孙述。据说公孙述占据蜀地后，见城中有口白鹤井，井中常升起白色雾气，其形状宛如游龙，直冲九霄，言必称谶的公孙述故弄玄虚，认为这是“白龙出井”，预示着他能够登基成龙，于是自立为白帝，称城为白帝城。“白帝城”位于现在的重庆市奉节县。

公孙述占据天时地利，于是自立为天子，定都成都。

[注释]

[1] 邛（qióng）、笮（zuó）：皆西南夷国。君长：君主；部落的首领。 [2] 人庶：老百姓。 [3] 女工：旧指女子所从事的刺绣、编织等手工劳动及其制成品。 [4] 杜：堵塞；杜绝。褒、斜：汉中谷名。南谷名褒，北谷名斜，首尾七百里。 [5] 扞（hàn）关：关名，在巴郡鱼复县，即今重庆奉节县。 [6] 因：依靠；凭借。 [7] 与：助。 [8] 八厶（sī）：即“公”字。子系：即“孙”字。 [9] 祚：福气；帝位。 [10] 朝闻道，夕死尚可：《论语·里仁》篇，子曰：“朝闻道，夕死可矣。” [11] 符瑞：吉祥的征兆。多指帝王受命的征兆。 [12] 成家：犹汉家、汉室、新室。施

之勉《后汉书集解补》云："以起成都，故号成家。""成"为国号。 [13] 色尚白：《华阳国志》卷五曰："以莽尚黄，乃服色尚白，自以兴西方，为金行也。" [14]"改益州为司隶校尉"二句：汉以京师为司隶校尉部，置京兆尹，为公孙述所效仿。

"妄引谶记"四字说明公孙述随便引用图谶为自己正名的荒唐与滑稽。

是时，述废铜钱，置铁官钱[1]，百姓货币不行[2]。蜀中童谣言曰："黄牛白腹，五铢当复。"好事者窃言王莽称"黄"，述自号"白"，五铢钱，汉货也，言天下当并还刘氏。述亦好为符命鬼神瑞应之事[3]，妄引谶记[4]。以为孔子作《春秋》，为赤制而断十二公[5]，明汉至平帝十二代[6]，历数尽也，一姓不得再受命[7]。又引《录运法》曰："废昌帝，立公孙。"《括地象》曰："帝轩辕受命，公孙氏握。"《援神契》曰："西太守，乙卯金。"谓西方太守而乙绝卯金也[8]。五德之运[9]，黄承赤而白继黄，金据西方为白德，而代王氏，得其正序。又自言手文有奇，及得龙兴之瑞。数移书中国[10]，冀以感动众心。帝患之，乃与述书曰："图谶言'公孙'，即宣帝也。代汉者当涂高，君岂高之身邪？乃复以掌文为瑞，王莽何足效乎[11]！君非吾贼臣乱子，仓卒时人皆欲为君事耳，何足数也[12]。君日月已逝[13]，妻子弱小，当早为定计，可以无忧。天下神器，不可力争，宜留三思。”署曰“公孙皇帝”。述不答。

［注释］

[1] 置铁官钱：置铁官以铸钱。 [2] 不行：不流通；没用。 [3] 符命：上天赐给人君祥瑞的凭证。瑞应：上天赐给人君祥瑞，以与人君的德行相适应。 [4] 谶记：预言未来事象的文字和图录。 [5] 为赤制：《尚书考灵耀》：“孔子为赤制，故作《春秋》。” [6] 十二代：汉十一帝，言十二代者，并数吕后。 [7] 一姓不得再受命：《国语・周语》叔向曰：“一姓不再兴。”《逸周书》卷九王子晋曰：“自太昊以下至于尧舜禹，未有一姓而再有天下者。”《尚书帝命验》曰：“自三皇以下，天命未去飨善，使一姓不再命。” [8]《录运法》与《括地象》：均为《河图》篇目。《援神契》：属《孝经》纬。“谓西方太守”句：公孙述言西方太守，能轧绝卯金。乙，轧。卯金，即刘字。 [9] 五德：古代阴阳家把金、木、水、火、土五行看成五德，认为历代王朝各代表一德，按照五行相克或相生的顺序，交互更替，周而复始。 [10] 中国：指中原地区。 [11] 王莽何足效乎：王莽诈以铁契、石龟、文圭、玄印等为符瑞，何足仿效。 [12] 何足数也：数，李贤释为责备，马叙伦读为算，犹今言不算数。 [13] 君日月已逝：指年事已高。

明年，隗嚣称臣于述。述骑都尉平陵人荆邯见东方渐平，兵且西向，说述曰：“兵者，帝王之大器，古今所不能废也。昔秦失其守，豪杰并

何焯《义门读书记》云：“邯策之晚矣。此在李育未败之时，可以耀武广境耳。”

起，汉祖无前人之迹[1]，立锥之地，起于行阵之中[2]，躬自奋击，兵破身困者数矣。然军败复合，创愈复战。何则？前死而成功，逾于却就于灭亡也。隗嚣遭遇运会[3]，割有雍州，兵强士附，威加山东。遇更始政乱，复失天下，众庶引领，四方瓦解。嚣不及此时推危乘胜，以争天命，而退欲为西伯之事，尊师章句[4]，宾友处士[5]，偃武息戈，卑辞事汉[6]，喟然自以文王复出也[7]。令汉帝释关陇之忧，专精东伐，四分天下而有其三；使西州豪杰咸居心于山东，发间使[8]，招携贰[9]，则五分而有其四；若举兵天水，必至沮溃，天水既定，则九分而有其八。陛下以梁州之地，内奉万乘，外给三军，百姓愁困，不堪上命，将有王氏自溃之变[10]。臣之愚计，以为宜及天下之望未绝，豪杰尚可招诱，急以此时发国内精兵，令田戎据江陵[11]，临江南之会，倚巫山之固，筑垒坚守，传檄吴、楚，长沙以南必随风而靡[12]。令延岑出汉中，定三辅，天水、陇西拱手自服。如此，海内震摇，冀有大利。”述以问群臣。博士吴柱曰：“昔武王伐殷，先观兵孟津，八百诸

史珥《后汉书勦说》云：“荆邯言成败，明于指掌，摹写隗氏尤隽。不识子阳何以坐失于前，刘季玉又蹈覆辙于后也。”

侯不期同辞，然犹还师以待天命。未闻无左右之助，而欲出师千里之外，以广封疆者也。”邯曰：“今东帝无尺土之柄[13]，驱乌合之众，跨马陷敌，所向辄平。不亟乘时与之分功[14]，而坐谈武王之说，是效隗嚣欲为西伯也。”述然邯言，欲悉发北军屯士及山东客兵，使延岑、田戎分出两道，与汉中诸将合兵并势。蜀人及其弟光以为不宜空国千里之外，决成败于一举，固争之，述乃止。延岑、田戎亦数请兵立功，终疑不听。

“用人不疑”“任人唯贤”是一个优秀领导者的重要能力。此处“终疑不听”及下文“述性苛细，察于小事”“述不听”“唯公孙氏得任事”数语，展露出公孙述在领军、用人方面缺乏远大格局，人心涣散在所难免。

［注释］

[1]“汉祖”二句：言汉高祖起自布衣，无前人之业可承。[2]行阵：军队行列；军队。[3]运会：时势。[4]章句：指儒者郑兴等。[5]处士：指方望等。[6]卑辞：言辞谦恭。[7]文王：原作“为武王”，据王先谦《后汉书集解》校语及绍兴本改。[8]间使：指来歙、马援等。[9]携贰：指王遵、郑兴、杜林、牛邯等，相继而归光武。[10]王氏：指王莽。[11]江陵：县名，属南郡，在今湖北荆州。[12]随风而靡：顺风倒下。比喻没有主见。[13]东帝：指光武。[14]亟：急切。

述性苛细[1]，察于小事。敢诛杀而不见大体[2]，好改易郡县官名。然少为郎，习汉家制度，出入法驾[3]，銮旗旄骑[4]，陈置陛戟[5]，然后辇出房闼[6]。又立其两子为王，食犍为、广汉各数县[7]。群臣多谏，以为成败未可知，戎士暴露，而遽王皇子，示无大志，伤战士心。述不听。唯公孙氏得任事，由此大臣皆怨。

[**注释**]

[1] 苛细：苛求细枝末节。 [2] 大体：原则。 [3] 法驾：皇帝的车驾。由六匹马驾驭，属车达三十六乘。 [4] 銮：古代帝王车驾上的銮铃，亦作帝王车驾的代称。旄骑：又称旄头，披发骑兵，用作仪仗队的先驱。 [5] 陛戟（bì jǐ）：谓持戟侍卫于殿阶两侧。 [6] 辇（niǎn）：古代用人拉着走的车子，后多指天子或王室坐的车子。房闼：宫闱。 [7] 犍为（qián wéi）：地名，在今四川乐山地区。

八年，帝使诸将攻隗嚣，述遣李育将万余人救嚣。嚣败，并没其军，蜀地闻之恐动。述惧，欲安众心。成都郭外有秦时旧仓，述改名白帝仓，自王莽以来常空。述即诈使人言白帝仓出谷如山陵，百姓空市里往观之。述乃大会群臣，问曰：“白帝仓竟出谷乎？”皆对言“无”。述曰：“讹言不可信，道隗王破者复如此矣。”俄而嚣将王元降，述以为将军。明年，使元与领军环安拒河池[1]，又遣田戎及大司徒任满、南郡太守程泛将兵下江关，破威虏将军冯骏等，拔巫及夷陵、夷道[2]，因据荆门[3]。

［注释］

[1] 河池：县名，属武都郡，在今甘肃徽县。 [2] 巫：巫县，属南郡，在今重庆巫山。夷陵、夷道：均为县名，属南郡，夷陵在今湖北宜昌，夷道在今湖北宜都。 [3] 荆门：山名，在夷陵县江南。

十一年，征南大将军岑彭攻之，满等大败，述将王政斩满首降于彭。田戎走保江州[1]。城邑皆开门降。彭遂长驱至武阳[2]。帝乃与述书，陈言祸福，以明丹青之信[3]。述省书叹息[4]，以示所亲太常常少、光禄勋张隆。隆、少皆劝降。述曰：“废兴，命也。岂有降天子哉！”左右莫敢复言。中郎将来歙急攻王元、环安，安使刺客杀歙；述复令刺杀岑彭。

以上写公孙述格局狭隘，不听劝谏，执迷不悟，决不投降。

［注释］

[1] 江州：县名，属巴郡，在今重庆。 [2] 武阳：县名，属犍为郡，在今四川彭山。 [3] 丹青：《说文》曰：“丹，巴越之赤

石也。”《说文》曰：“青，东方色也，木生火，从生丹。丹青之信，言必然。”段玉裁注：“俗言信若丹青，谓其相生之理，有必然也。”《文选》曹子建《王仲宣诔》李善注：“丹、青，二色名，言不渝也。” [4] 省：看；阅览。

十二年，述弟恢及子壻史兴，并为大司马吴汉、辅威将军臧宫所破，战死。自是将帅恐惧，日夜离叛，述虽诛灭其家，犹不能禁。帝必欲降之，乃下诏喻述曰：“往年诏书比下[1]，开示恩信，勿以来歙、岑彭受害自疑。今以时自诣[2]，则家族完全[3]；若迷惑不喻，委肉虎口，痛哉奈何！将帅疲倦，吏士思归，不乐久相屯守，诏书手记[4]，不可数得[5]，朕不食言。”述终无降意。九月，吴汉又破斩其大司徒谢丰、执金吾袁吉，汉兵遂守成都。述谓延岑曰：“事当奈何？”岑曰：“男儿当死中求生，可坐穷乎[6]！财物易聚耳，不宜有爱[7]。”述乃悉散金帛，募敢死士五千余人，以配岑于市桥[8]，伪建旗帜，鸣鼓挑战，而潜遣奇兵出吴汉军后，袭击破汉。汉墯水，缘马尾得出[9]。十一月，臧宫军至咸门[10]。述视占书，云“虏死城下”，大喜，谓汉等当之。

乃自将数万人攻汉，使延岑拒宫。大战，岑三合三胜。自旦及日中，军士不得食，并疲，汉因令壮士突之，述兵大乱，被刺洞胸，堕马。左右舆入城。述以兵属延岑[11]，其夜死。明旦，岑降吴汉。乃夷述妻子[12]，尽灭公孙氏，并族延岑[13]。遂放兵大掠，焚述宫室。帝闻之怒，以谴汉。又让汉副将刘尚曰[14]："城降三日，吏人从服[15]，孩儿老母，口以万数，一旦放兵纵火，闻之可为酸鼻！尚宗室子孙，尝更吏职[16]，何忍行此？仰视天，俯视地，观放麑、啜羹[17]，二者孰仁？良失斩将吊人之义也[18]！"

王夫之《读通鉴论》云："述之初据蜀也，犹未称帝，威亦未淫也。察其割据之雄心，虑相污陷，夫岂无自全之术哉？乃因循于田里家室之中，事至而无余地，居危乱之邦，无道以远害，畏溺而先自投于渊，介于石而见几者若此乎？"

吴汉的不义之举与光武帝的仁义之心形成鲜明对比。

［**注释**］

[1] 比：频。 [2] 以时自诣：及时亲自来降。 [3] 完全：保全。 [4] 诏书手记：亲笔写的诏书。 [5] 数：多次。 [6] 穷：穷困。 [7] 爱：吝惜。 [8] 市桥：李冰造七桥，上应七星，其中之冲星桥，即市桥。李贤注引李膺《益州记》曰："冲星桥，旧市桥也，在今成都县西南四里。" [9] 缘：抓住。 [10] 咸门：成都城北二门之西门。 [11] 属：通"嘱"，嘱托，托付。 [12] 夷：诛灭；铲平。 [13] 族：灭族。 [14] 让：责备。刘尚：《东观汉记》作刘禹。 [15] 人：当作民，避讳改。 [16] 更：经历，做过。 [17] 放麑（ní）：典出《韩非子·说林上》："孟孙猎得麑，使秦西巴持之归，其母随之而啼。秦西巴弗忍而与之。孟孙归，

至而求麑。答曰：‘余弗忍而与其母。’孟孙大怒，逐之。居三月，复召以为其子傅。其御曰：‘曩将罪之，今召以为子傅，何也？’孟孙曰：‘夫不忍麑，又且忍吾子乎？’故曰巧诈不如拙诚。乐羊以有功见疑，秦西巴以有罪益信。”麑，小鹿。啜（chuò）羹：典出《战国策·魏策一》：“乐羊为魏将而攻中山。其子在中山，中山之君烹其子而遗之羹，乐羊坐于幕下而啜之，尽一杯。文侯谓睹师赞曰：‘乐羊以我之故，食其子之肉。’赞对曰：‘其子之肉尚食之，其谁不食！’乐羊既罢中山，文侯赏其功而疑其心。”又见《战国策·中山策》《韩非子·说林上》。　[18] 人：当作民。

初，常少、张隆劝述降，不从，并以忧死。帝下诏追赠少为太常，隆为光禄勋，以礼改葬之。其忠节志义之士，并蒙旌显[1]。程乌、李育以有才干，皆擢用之。于是西土咸悦，莫不归心焉[2]。

[注释]

[1] 旌：表彰。显：显耀。　[2] 归心：归附的意愿。

论曰：昔赵佗自王番禺[1]，公孙亦窃帝蜀汉，推其无他功能而至于后亡者，将以地边处远，非王化之所先乎？述虽为汉吏，无所冯资[2]，徒以文俗自憙[3]，遂能集其志计[4]。道未足而意有余，不能因隙立功[5]，以会时变，方乃坐饰边幅[6]，以高深自安，昔吴起所以惭魏侯也[7]。及其谢臣属[8]，审废兴之命，与夫泥首衔玉者异日谈也[9]。

赞曰：公孙习吏[10]，隗王得士。汉命已还，二隅方跱[11]。天数有违[12]，江山难恃[13]。

所谓“以文俗自憙”，所谓“道未足而意有余”，所谓“坐饰边幅，以高深自安”，范晔三言两语将公孙述致败之由囊括已尽。

［注释］

[1] 赵佗：真定人，因汉初天下未定，自立为南越王。番禺：县名，属南海郡，在今广州。 [2] 冯：通“凭”，凭借。 [3] 文俗：谓拘守礼法而安于习俗。憙：同“喜”。 [4] 集：成。志计：心计；谋划。 [5] 隙：机会；空子。 [6] 坐饰边幅：意指讲究排场，如上文所云“出入法驾，銮旗旄骑，陈置陛戟，然后辇出房闼”即是。 [7] “昔吴起”句：《史记·孙子吴起列传》：“魏武侯浮西河而下，中流，顾而谓吴起曰：‘美哉乎山河之固，此魏国之宝也。’起对曰：‘在德不在险。’” [8] 谢臣属：指拒绝常少、张隆提出的降汉建议。 [9] 泥首衔玉：干宝《晋纪》曰：“吴王孙皓，将其子瑾等，泥首面缚降王濬。”《左传·僖公六年》载许僖公降楚成王曰：“蔡穆侯将许僖公以见楚子于武城，许男面缚衔璧，大夫衰绖，士舆榇。”异日谈：谓不可同日而语。 [10] 习吏：熟习吏事。 [11] 跱：留止、伫立。 [12] 天数：天命，天运。 [13] 恃：持有；依赖。

［点评］

王莽末年，天下纷乱，群雄竞起，公孙述亦拥兵自立，号为“白帝”。但公孙述不能顺应时局的变化，好大喜功，不听劝谏，执迷不悟，终至覆灭。他之所以是最后被灭亡的割据势力，也仅是借助巴蜀险阻的地势，其实无所凭资。正如李景星《后汉书评议》所言："曰'述恃其地险众附，有自立志'。曰'述以为符瑞，因刻其掌文'，曰'大作营垒'云云，曰'述亦好为符命鬼神瑞应之事，妄引谶记'云云，曰'述性苛细，察于小事'云云，曰'述欲安众心，成都郭外有秦时旧仓，述改名白帝仓'云云，曰'述乃悉散金帛，募敢死士'云云，曰'述视占书，虏死城下'云云……所行如此，不亡何待？"而公孙述认为废兴乃命中注定，世上无投降之天子，并最终战死，亦可谓不乏骨气。

本篇节选自《后汉书·邓寇列传》。《邓禹传》叙述邓禹在起义军林立的动荡局面下，做出坚决拥护刘秀的智举，表现出超凡的识人之能。邓禹的功绩在于运筹帷幄、献计献策、荐举贤能，为光武征伐天下指明了一条成功的道路，从而得到光武的信赖与褒奖。

邓禹列传

邓禹字仲华，南阳新野人也。年十三，能诵《诗》，受业长安。时光武亦游学京师，禹年虽幼，而见光武知非常人，遂相亲附[1]。数年归家。及汉兵起，更始立，豪杰多荐举禹，禹不肯从。及闻光武安集河北[2]，即杖策北渡[3]，追及于邺。光武见之甚欢，谓曰："我得专封拜，生远来，宁欲仕乎？"禹曰："不愿也。"光武曰："即如是[4]，何欲为？"禹曰："但愿明公威德加于四海，禹得效其尺寸[5]，垂功名于竹帛耳。"

光武笑，因留宿闲语[6]。禹进说曰："更始虽都关西，今山东未安，赤眉、青犊之属[7]，动以万数，三辅假号[8]，往往群聚。更始既未有所挫，而不自听断[9]，诸将皆庸人屈起[10]，志在财币，争用威力，朝夕自快而已，非有忠良明智，深虑远图，欲尊主安民者也。四方分崩离析，形势可见。明公虽建藩辅之功[11]，犹恐无所成立。于今之计，莫如延揽英雄，务悦民心，立高祖之业，救万民之命。以公而虑天下，不足定也。"光武大悦，因令左右号禹曰邓将军。常宿止于中[12]，与定计议。

李景星《后汉书评议》云："初见光武进说一段，天下大势指画了然。在当时为先握要著，在文法为力争上游，是通传之最出色处。"

[注释]

[1] 亲附：亲近归附。 [2] 安集：安定辑睦。 [3] 杖策：执鞭，指驱马而行。 [4] 即：如果。 [5] 尺寸：形容力量微薄。 [6] 闲语：私语。 [7] 青犊：新莽末年河北地区一支较为强大的农民起义军。 [8] 假号：古时称起事者自立的名号。亦用以称起事者。 [9] 听断：听取陈述，审察事理，而作决断。 [10] 屈：通"崛"。 [11] 藩辅：屏障辅佐。 [12] 中：宫中，指宫禁之内。

及王郎起兵，光武自蓟至信都，使禹发奔命[1]，得数千人，令自将之，别攻拔乐阳[2]。从至广阿[3]，光武舍城楼上[4]，披舆地图[5]，指示禹曰："天下郡国如是，今始乃得其一。子前言以吾虑天下不足定，何也？"禹曰："方今海内殽乱[6]，人思明君，犹赤子之慕慈母。古之兴者，在德薄厚，不以大小。"光武悦。时任使诸将[7]，多访于禹，禹每有所举者，皆当其才[8]，光武以为知人。使别将骑，与盖延等击铜马于清阳[9]。延等先至，战不利，还保城，为贼所围。禹遂进与战，破之，生获其大将。从光武追贼至蒲阳[10]，连大克获[11]，北州略定。

自古以来就是以德得天下，而不是纯粹凭借势力的大小强弱。《后汉书·鲁恭传》说"以德胜人者昌，以力胜人者亡"，正是此意。

史珥《后汉书勦说》云："《仲华传》连次'光武笑''光武大悦''光武悦''光武以为知人'，见其投合处非诸臣所及，故规模最大、功最高而为'云台'之冠也。"

[**注释**]

[1] 奔命：汉时郡国皆有材官、骑士，若有急难，权取骁勇者闻命奔赴，故谓之奔命。 [2] 乐阳：县名，属常山郡，在今河北石家庄西北。 [3] 广阿：县名，属巨鹿郡，在今河北隆尧东。 [4] 舍（shè）：居住。 [5] 披：打开；翻开。舆地图：《史记·三王世家》索隐曰："天地有覆载之德，故谓天为盖，谓地为舆，故地图称舆地图。" [6] 殽乱：错杂混乱。 [7] 任使：差遣，委用。 [8] 禹每有所举者，皆当其才：以吴汉为大将军，寇恂为河内太守，皆邓禹所举。 [9] 清阳：县名，属清河郡，在今河北清河县东南。 [10] 蒲阳：山名，蒲水的发源地，在中山国曲逆县，在今河北满城西北。 [11] 克获：谓战胜并有所掳获。

及赤眉西入关，更始使定国上公王匡、襄邑王成丹、抗威将军刘均及诸将，分据河东、弘农以拒之。赤眉众大集，王匡等莫能当[1]。光武筹赤眉必破长安，欲乘衅并关中[2]，而方自事山东，未知所寄[3]，以禹沈深有大度[4]，故授以西讨之略。乃拜为前将军，持节，中分麾下精兵二万人，遣西入关，令自选偏裨以下可与俱者[5]。于是以韩歆为军师，李文、李春、程虑为祭酒，冯愔为积弩将军，樊崇为骁骑将军，宗歆为车骑将军，邓寻为建威将军，耿䜣为赤眉将军，左于为军师将军，引而西。

史珥《后汉书勦说》云："叙法高老，直逼龙门。"

［注释］

[1] 当：阻挡，抵抗。 [2] 乘衅（xìn）：趁其争端。 [3] 寄：寄托，委托。 [4] 沈深：沉着稳重。 [5] 偏裨：偏将，裨将。将佐的通称。

建武元年正月，禹自箕关将入河东[1]，河东都尉守关不开，禹攻十日，破之，获辎重千余乘。进围安邑[2]，数月未能下。更始大将军樊参将数万人，度大阳欲攻禹[3]，禹遣诸将逆击于解南[4]，大破之，斩参首。于是王匡、成丹、刘均等合军十余万，复共击禹，禹军不利，樊崇战死。会日暮，战罢，军师韩歆及诸将见兵势已摧[5]，皆劝禹夜去，禹不听。明日癸亥，匡等以六甲穷日不出[6]，禹因得更理兵勒众[7]。明旦，匡悉军出攻禹，禹令军中无得妄动；既至营下，因传发诸将鼓而并进，大破之。匡等皆弃军亡走，禹率轻骑急追，获刘均及河东太守杨宝、持节中郎将弭强，皆斩之，收得节六，印绶五百，兵器不可胜数，遂定河东。承制拜李文为河东太守，悉更置属县令长以镇抚之。是月，光武即位于鄗[8]，使使者持节拜禹为大司徒。策曰："制诏前将军禹[9]：深执忠孝，与朕谋谟帷幄，决胜千里。孔子曰：'自吾有回，门人日亲[10]。'斩将破军，平定山西，功效尤著。百姓不亲，五品不训，汝作司徒，敬敷五教，五教在宽[11]。今遣奉车都尉授印绶，封为酂侯，食邑万户。敬之哉！"禹时年二十四。

史珥《后汉书勦说》云："高密取胜虽多，此战独为出色。"

杨树达《积微居读书记》云："高祖封萧何为酂侯，初食邑八千户，后益二千户，合为万户。光武此封，以萧何拟禹也。"

［**注释**］

[1] 箕关：关名，在河东郡垣县，在今山西王屋山南。 [2] 安邑：县名，属河东郡，在今山西夏县西北。 [3] 大阳：县名，属

河东郡，在今山西平陆西。 [4] 逆击：犹迎击。解：县名，属河东郡，在今山西临猗西南。 [5] 摧：挫败。 [6] 穷日：癸亥为干支纪日的最后一天，故曰穷日。 [7] 理：当作“治”，李贤注书时避讳改。 [8] 鄗：县名，属常山郡，在今河北高邑。 [9] 制诏：诏令。 [10] “孔子曰”二句：语出《史记·仲尼弟子列传》：“回年二十九，发尽白，蚤死。孔子哭之恸，曰：‘自吾有回，门人益亲。’” [11] “百姓不亲”五句：语出《尚书·尧典》：“帝曰：‘契，百姓不亲，五品不逊，汝作司徒，敬敷五教，在宽。’”

遂渡汾阴河，入夏阳[1]。更始中郎将左辅都尉公乘歙[2]，引其众十万，与左冯翊兵共拒禹于衙[3]，禹复破走之，而赤眉遂入长安。是时三辅连覆败，赤眉所过残贼，百姓不知所归。闻禹乘胜独克而师行有纪，皆望风相携负以迎军，降者日以千数，众号百万。禹所止辄停车住节[4]，以劳来之[5]，父老童稚，垂发戴白[6]，满其车下，莫不感悦，于是名震关西。帝嘉之，数赐书褒美。

［注释］

[1] 夏阳：县名，属左冯翊，在今陕西韩城南。 [2] 左辅：左冯翊。 [3] 衙：县名，属左冯翊，在今陕西白水北。 [4] 住节：驻节。谓军队统帅于行军中暂驻。 [5] 劳来：劝勉，慰问。 [6] 垂发：指童幼。戴白：指老者。

杨树达《积微居读书记》曰："《王丹传》云；'禹西征关中，军粮乏，丹率宗族上麦二千斛，禹表丹领左冯翊。'与此文可以互证。"

诸将豪杰皆劝禹径攻长安。禹曰："不然。今吾众虽多，能战者少，前无可仰之积[1]，后无转馈之资[2]。赤眉新拔长安，财富充实，锋锐未可当也。夫盗贼群居，无终日之计，财谷虽多，变故万端，宁能坚守者也？上郡、北地、安定三郡，土广人稀，饶谷多畜，吾且休兵北道[3]，就粮养士，以观其弊，乃可图也。"于是引军北至栒邑[4]。禹所到，击破赤眉别将诸营保[5]，郡邑皆开门归附。西河太守宗育遣子奉檄降，禹遣诣京师[6]。

[注释]

[1]"禹曰"四句：《王丹传》曰："前将军邓禹西征关中，军粮乏，丹率宗族上麦二千斛。禹表丹领左冯翊。"与此文可互证。仰，恃。积，积蓄。 [2]转馈：输送。资：资材。 [3]休兵：停战。 [4]栒邑：县名，属右扶风，在今陕西旬邑东北。 [5]保：通"堡"。 [6]京师：指洛阳。

帝以关中未定，而禹久不进兵，下敕曰："司徒，尧也；亡贼[1]，桀也。长安吏人[2]，遑遑无所依归[3]。宜以时进讨，镇慰西京[4]，系百姓之心[5]。"禹犹执前意，乃分遣将军别攻上郡诸县，更征兵引谷，归至大要[6]。遣冯愔、宗歆守栒邑。二人争权相攻，愔遂杀歆，因反击禹，禹遣使以闻帝。帝问使人："愔所亲爱为谁？"对曰："护军黄防。"帝度愔、防不能久和，势必相忤[7]，因报禹曰："缚冯愔者，必黄防也。"乃遣尚书宗广持节降之。后月余，防果执愔，将其众归罪。更始诸将王匡、胡殷等皆诣广降，与共东归。至安邑，道欲亡[8]，广悉斩之。愔至洛阳，赦不诛。

［注释］

[1] 亡贼：指赤眉军。 [2] 人：当作"民"，李贤注书时改。 [3] 遑遑：惊惧不安的样子。 [4] 西京：指长安。 [5] 系：维系；拉拢。 [6] 大要：县名，属北地郡，在今甘肃宁县。 [7] 忤：抵触，不服从。 [8] 亡：逃跑。

二年春，遣使者更封禹为梁侯，食四县。时赤眉西走扶风，禹乃南至长安，军昆明池，大飨士卒[1]。率诸将斋戒，择吉日，修礼谒祠高庙[2]，收十一帝神主，遣使奉诣洛阳，因循行园陵[3]，为置吏士奉守焉。禹引兵与延岑战于蓝田[4]，不克，复就谷云阳[5]。汉中王刘嘉诣禹降。嘉相李

王夫之《读通鉴论》云："赤眉之弃长安，西走安定，非邓禹之力能驱之也。食尽而旁掠，固不以安定为终焉之计而必返乎长安。邓禹不乘其有可溃之势，蹑其后以蹙之，而入长安晏坐以待其归，河决痈溃，容可御乎？于是退之云阳，士气已馁，而还攻之于坚城之下，其败宜矣。故善用兵者，知时而已。赤眉食尽，引兵东归，时异乎昔，则唯扼之于险而可制其死命。禹乃违光武之令，就关内而与争，何昔之怯而今之忿也？"

宝倨慢无礼[6]，禹斩之。宝弟收宝部曲击禹[7]，杀将军耿䜣。自冯愔反后，禹威稍损，又乏食，归附者离散。而赤眉复还入长安，禹与战，败走，至高陵[8]，军士饥饿者，皆食枣菜。帝乃征禹还，敕曰："赤眉无谷，自当来东，吾折捶笞之[9]，非诸将忧也。无得复妄进兵。"禹惭于受任而功不遂，数以饥卒徼战[10]，辄不利。三年春，与车骑将军邓弘击赤眉，遂为所败，众皆死散。事在《冯异传》。独与二十四骑还诣宜阳[11]，谢上大司徒、梁侯印绶[12]。有诏归侯印绶。数月，拜右将军。

［注释］

[1]飨：用酒食慰劳。 [2]修礼：遵循礼仪。 [3]循行：巡视；巡行。 [4]蓝田：县名，属京兆尹，在今陕西蓝田西。 [5]云阳：县名，属左冯翊，在今陕西淳化西北。 [6]倨慢：傲慢。 [7]部曲：古代军队编制的单位。也泛指军队。 [8]高陵：县名，属左冯翊，在今陕西高陵。 [9]折捶：亦作"折箠"。折断策马的棍子。谓用短杖即可制敌，比喻轻易制敌取胜。 [10]徼(jiǎo)战：截击。 [11]宜阳：县名，属弘农郡，在今河南宜阳西。 [12]谢：谢罪。

十三年，天下平定，诸功臣皆增户邑，定封禹为高密侯，食高密、昌安、夷安、淳于四县[1]。帝以禹功高，封弟宽为明亲侯。其后左右将军官罢[2]，以特进奉朝请[3]。禹内文明，笃行淳备，事母至孝。天下既定，常欲远名势。有子十三人，各使守一艺[4]。修整闺门[5]，教养子孙，皆可以为后世法。资用国邑，不修产利[6]。帝益重之。中元元年，复行司徒事。从东巡狩，封岱宗。显宗即位，以禹先帝元功，拜为太傅，进见东向[7]，甚见尊宠。居岁余，寝疾，帝数自临问，以子男二人为郎。永平元年，年五十七薨，谥曰元侯。

杨树达《积微居读书记》云："'笃行'，《北堂书钞》五十二引华峤《后汉书》作'德行'。"

李景星《后汉书评议》云："'帝以禹功高'数语，又从光武一面用加倍写法，而禹之身分功勋俱出。"

[注释]

[1] 高密：在今山东高密西。昌安：在今山东安丘东南。夷安：在今山东高密。淳于：在今山东安丘东北。 [2] 左右将军官罢：《续汉书·百官志》曰："前后左右杂号将军众多，皆主征伐，事讫皆罢。"《贾复传》曰："复知帝欲偃干戈，修文德，不欲功臣拥众京师，乃与高密侯邓禹并剽甲兵，敦儒学。帝深然之，遂罢左右将军。" [3] 特进：《汉官仪》曰："诸侯功德优盛，朝廷所敬者，位特进，在三公下。其次朝侯，在九卿下。其次侍祠侯，其次下土小国侯，以肺腑亲公主子孙，奉坟墓于京师，亦随时朝见，是为限诸侯也。" [4] 一艺：一经。 [5] 修整闺门：《后汉纪》曰："禹

事寡嫂，尽礼敬。” [6] 产利：产业。 [7] 进见东向：人臣本当北面，尊宠之，故令东向。

论曰：夫变通之世，君臣相择[1]，斯最作事谋始之几也[2]。邓公赢粮徒步[3]，触纷乱而赴光武，可谓识所从会矣[4]，于是中分麾下之军，以临山西之隙[5]，至使关河响动，怀赴如归。功虽不遂[6]，而道亦弘矣！及其威损栒邑，兵散宜阳，褫龙章于终朝[7]，就侯服以卒岁，荣悴交而下无二色[8]，进退用而上无猜情，使君臣之美，后世莫窥其间，不亦君子之致为乎！

王鸣盛《十七史商榷》云：“蔚宗此论，不甚贬禹，而亦深许光武，最为平允。”刘咸炘《后汉书知意》亦曰：“论中明特取禹者，以其善怀来，不专恃战斗之功，善处君臣，不争功而启隙，诸功臣所不及。”

［注释］

[1] 君臣相择：语本《孔子家语》：“君择臣而任之，臣亦择君而事之。” [2] 作事谋始：语出《周易·讼卦》：“君子以作事谋始。”意谓做一事，必须先考虑如何起步。几：苗头，预兆。 [3] 赢粮：担粮。 [4] 会：机会，时机。 [5] 隙：空地，空子。 [6] 遂：成功，实现。 [7] 褫（chǐ）：剥夺。龙章：画或绣龙之服。 [8] 悴（cuì）：忧伤；衰弱。

［点评］

光武帝刘秀在建立东汉政权的过程中，麾下陆续聚集了能力最强、功劳最大的二十八人，号称“云台二十八将”，邓禹则位列其首，被视为“功高第一”。邓禹虽然未能展现出强劲的军事战斗才能，但其在刘秀建立大一统帝王之业过程中发挥的“定鼎之功”却是宏大而深远的：与刘秀促膝商谈，高屋建瓴地指出“延揽英雄，务悦民心，立高祖之业，救万民之命”，此其一；以“古之兴者，在德薄厚，不以大小”解答光武“天下郡国如是，今乃始得其一”的困惑，此其二；又“每有所举者，皆当其才”，解决了光武的用人之急，此其三。在起义军林立的动荡世态下，邓禹能够看清人心思汉的发展局势，并认识到刘秀续写刘氏江山的可能性与巨大潜力，他坚决追随刘秀并帮助其成就帝业，最终实现了自己“垂功名于竹帛”的人生理想。心怀“不欲仕”而“得效其尺寸”的邓禹，在天下安定之后，依然能够居安思危、远离名势，可谓做到了善始善终。李澄宇《读后汉书蠡述》说：“禹不事更始而杖策北渡，说光武立高祖之业，能择君也；光武知禹深沉有大度，中分麾下精兵二万，遣西入关，能择臣也。”邓禹的忠君事主和光武帝对他自始至终的信任，成就了一段明君贤臣的历史佳话。

本篇节选自《后汉书·邓寇列传》。《寇恂传》重点讲述了寇恂在追随刘秀之后所显露的宰相气度以及发挥的重要作用。

寇恂列传

寇恂字子翼，上谷昌平人也[1]，世为著姓[2]。恂初为郡功曹[3]，太守耿况甚重之。王莽败，更始立，使使者徇郡国[4]，曰“先降者复爵位”。恂从耿况迎使者于界上，况上印绶，使者纳之[5]，一宿无还意[6]。恂勒兵入见使者，就请之。使者不与，曰：“天王使者[7]，功曹欲胁之邪？”恂曰：“非敢胁使君[8]，窃伤计之不详也。今天下初定，国信未宣[9]，使君建节衔命[10]，以临四方，郡国莫不延颈倾耳，望风归命[11]。今始至上谷而先堕大信[12]，沮向化之心[13]，生离畔之隙[14]，将复何以号令它郡乎？且耿府君在上谷，久为吏人所亲[15]，今易之，得贤则造次未安[16]，不贤则祇生乱[17]。为使君计，莫若复之以安百姓。”使者不应，恂叱左右以使者命召况。况至，恂进取印绶带况。使者不得已，乃承制诏之，况受而归。

从寇恂为耿况解围的细节可以见出寇恂的智勇。

[**注释**]

[1] 昌平：在今北京。 [2] 著姓：有声望的族姓。 [3] 功曹：官名，郡佐吏，掌管考查登记功劳。 [4] 徇：抚徇。 [5] 纳：接收，接受。 [6] 还意：归还之意。 [7] 天王：此处是对更始帝的尊称。 [8] 使君：尊称使者为君。 [9] 国信未宣：国家的威信尚未确立。宣，显示，确立。 [10] 建节：执持符节。古代使臣受命，必建节以为凭信。衔命：接受使命。 [11] 望风：观

察风势，引申为顺着时势。[12] 堕：古同“隳”，毁坏。[13] 沮：破坏，败坏。向化：归服。[14] 畔：通“叛”。[15] 人：当作“民”。[16] 造次：仓促。[17] 祇：只。

及王郎起，遣将徇上谷，急况发兵。恂与门下掾闵业共说况曰：“邯郸拔起[1]，难可信向[2]。昔王莽时，所难独有刘伯升耳[3]。今闻大司马刘公[4]，伯升母弟，尊贤下士，士多归之，可攀附也。”况曰：“邯郸方盛，力不能独拒，如何？”恂对曰：“今上谷完实[5]，控弦万骑[6]，举大郡之资，可以详择去就[7]。恂请东约渔阳，齐心合众，邯郸不足图也。”况然之，乃遣恂到渔阳，结谋彭宠。恂还，至昌平，袭击邯郸使者，杀之，夺其军，遂与况子弇等俱南及光武于广阿[8]。拜恂为偏将军，号承义侯，从破群贼。数与邓禹谋议，禹奇之，因奉牛酒共交欢。

劝说耿况追随光武，颇有远见，亦从侧面展现出光武深得人心。

[注释]

[1] 拔：猝，疾。[2] 信：信用。向：归附。[3] 难：仇怨，仇恨。[4] 刘公：刘秀。此时，更始帝刘玄派遣刘秀以破虏将军行大司马事。[5] 完实：殷实，富足。[6] 控弦：拉弓，持弓。

借指士兵。[7]详：仔细考虑。[8]及：追上，赶上。广阿：县名，属巨鹿郡，在今河北隆尧东。

光武南定河内，而更始大司马朱鲔等盛兵据洛阳[1]，又并州未安，光武难其守[2]，问于邓禹曰："诸将谁可使守河内者？"禹曰："昔高祖任萧何于关中，无复西顾之忧，所以得专精山东，终成大业。今河内带河为固，户口殷实，北通上党，南迫洛阳。寇恂文武备足，有牧人御众之才[3]，非此子莫可使也。"乃拜恂河内太守，行大将军事。光武谓恂曰："河内完富，吾将因是而起。昔高祖留萧何镇关中，吾今委公以河内，坚守转运，给足军粮，率厉士马[4]，防遏它兵[5]，勿令北度而已。"光武于是复北征燕、代。恂移书属县，讲兵肄射[6]，伐淇园之竹[7]，为矢百余万，养马二千匹，收租四百万斛[8]，转以给军。

李澄宇《读后汉书蠡述》云："邓禹荐寇恂守河内，其功不减取关中。而寇恂不惟上比萧何辅高祖，且远效蔺相如让廉颇。邓禹诚知人哉。"

[注释]

[1]盛兵：结集重兵。[2]难其守：为太守的人选感到为难。[3]牧：管理。御：统治，驾驭。[4]率：统率。厉：激励。[5]防遏（è）：防备遏止。[6]讲：讲习，训练。兵：军

事。肄：练习。 [7] 淇园：园名，因淇水而得名，在今河南淇县。 [8] 斛（hú）：中国古代量器名，亦是容量单位，一斛本为十斗，后来改为五斗。

朱鲔闻光武北而河内孤，使讨难将军苏茂、副将贾强将兵三万余人，度巩河攻温[1]。檄书至，恂即勒军驰出，并移告属县，发兵会于温下。军吏皆谏曰："今洛阳兵度河，前后不绝，宜待众军毕集，乃可出也。"恂曰："温，郡之藩蔽[2]，失温则郡不可守。"遂驰赴之。旦日合战，而偏将军冯异遣救及诸县兵适至[3]，士马四集，幡旗蔽野。恂乃令士卒乘城鼓噪[4]，大呼言曰："刘公兵到！"苏茂军闻之，陈动[5]，恂因奔击，大破之，追至洛阳，遂斩贾强。茂兵自投河死者数千，生获万余人。恂与冯异过河而还。自是洛阳震恐，城门昼闭。时光武传闻朱鲔破河内，有顷，恂檄至，大喜曰："吾知寇子翼可任也！"诸将军贺[6]，因上尊号，于是即位。

寇恂守卫河内是光武中兴的重要根基。李景星《后汉书评议》说："曰'诸将谁可使守河内者'，曰'今河内带河为固，户口殷实'，曰'乃拜恂河内太守，行大将军事'，曰'河内完富，吾将因是而起'，曰'吾今委公以河内'，曰'朱鲔闻光武北而河内孤'，曰'光武传闻朱鲔破河内'，曰"河内未可离也'。反正摹绘，不遗余力。"

［注释］

[1] 巩河：即五社津，在今河南巩义市北。温：县名，属河内郡，在今河南温县。 [2] 藩蔽：屏障。 [3] 遣救：所派遣的救兵。

[4] 乘城鼓噪：登城擂鼓呼叫。 [5] 陈：通“阵”。 [6] 诸将军贺：《后汉书集解》云：“何焯曰：军误，疑作毕。”施之勉《后汉书集解补》曰：“《史记淮阴侯列传》‘诸将效首虏毕贺’，《汉书》作‘皆贺’。‘诸将毕贺’者，‘诸将皆贺’也。何说是。”

时军食急乏，恂以辇车骊驾转输[1]，前后不绝，尚书升斗以禀百官[2]。帝数策书劳问恂，同门生茂陵董崇说恂曰[3]：“上新即位，四方未定，而君侯以此时据大郡，内得人心，外破苏茂，威震邻敌，功名发闻，此谗人侧目怨祸之时也[4]。昔萧何守关中，悟鲍生之言而高祖悦[5]。今君所将，皆宗族昆弟也，无乃当以前人为镜戒[6]。”恂然其言，称疾不视事。帝将攻洛阳，先至河内，恂求从军。帝曰：“河内未可离也。”数固请，不听，乃遣兄子寇张、姊子谷崇将突骑愿为军锋[7]。帝善之，皆以为偏将军。

刘咸炘《后汉书知意》引王闿运的话说：“光武不宜疑恂，崇说亦自可用，然观其以微罪免，则间隙有由矣。”后颍川盗起，光武欲令恂平之，恂请光武亲往，而已后从，贼降，竟不拜郡，殆亦惩前事。光武御将严，多防忌，诸功臣传多见此意，彭宠、邓奉、庞萌、宗恪所以反也。

[注释]

[1] 辇车：人拉的车。骊驾：并驾。 [2] 升斗：容量单位。十合为升，十升为斗。比喻数量微薄。禀：给予谷物。 [3] 同门生：同师受业者。犹今之同学。 [4] 侧目：戒惧，怨恨。 [5] 悟鲍生之言而高祖悦：《汉书·萧何传》：“汉三年，与项羽相拒京、索间，上数使使劳苦丞相。鲍生谓何曰：‘今王暴衣露盖，数劳苦君

者，有疑君心。为君计，莫若遣君子孙昆弟能胜兵者悉诣军所，上益信君。’于是何从其计，汉王大悦。” [6] 镜戒：借鉴过去的事做教训。也泛指可作教训的事物。 [7] 突骑：能冲锋陷阵的精锐骑兵。

建武二年，恂坐系考上书者免[1]。是时，颍川人严终、赵敦聚众万余，与密人贾期连兵为寇。恂免数月，复拜颍川太守，与破奸将军侯进俱击之。数月，斩期首，郡中悉平定。封恂雍奴侯[2]，邑万户。

何焯《义门读书记》云：“恂守河内，不过二年，遽以文法罢免，光武未为能尽人之器用也。”

［注释］

[1] 系考：拘囚拷问。免：罢官。 [2] 雍奴：县名，属渔阳郡，在今天津。

执金吾贾复在汝南，部将杀人于颍川，恂捕得系狱。时尚草创[1]，军营犯法，率多相容[2]，恂乃戮之于市。复以为耻[3]。还过颍川，谓左右曰：“吾与寇恂并列将帅，而今为其所陷，大丈夫岂有怀侵怨而不决之者乎[4]？今见恂，必手剑之！”恂知其谋，不欲与相见。谷崇曰：“崇，将也，得带剑侍侧。卒有变[5]，足以相当。”恂曰：

邓、寇以蔺相如自比，深明家国大义，不计较个人恩怨，所以能成就大业。

“不然。昔蔺相如不畏秦王而屈于廉颇者，为国也[6]。区区之赵，尚有此义，吾安可以忘之乎？”乃敕属县盛供具[7]，储酒醪[8]，执金吾军入界，一人皆兼二人之馔[9]。恂乃出迎于道，称疾而还。贾复勒兵欲追之，而吏士皆醉，遂过去。恂遣谷崇以状闻，帝乃征恂。恂至引见，时复先在坐，欲起相避。帝曰：“天下未定，两虎安得私斗？今日朕分之[10]。”于是并坐极欢，遂共车同出，结友而去。

[注释]

[1] 草创：开始创立，开始创办。　[2] 率：大概，大略。容：宽容。　[3] 耻：耻辱。　[4] 侵怨：受他人侵害而产生的仇怨。　[5] 卒：同“猝”，突然。　[6]“昔蔺相如”二句：《史记·廉颇蔺相如列传》载，秦王与赵王饮于渑池，蔺相如挫秦王，归国，拜为上卿，位在廉颇之上。廉颇恨，欲辱之。相如出，望见廉颇，辄引车避匿。舍人以为羞，请辞去，相如曰：“强秦之所以不敢加兵于赵者，徒以吾两人在也。今两虎共斗，其势不俱全。吾所以为此者，以先国家之急而后私仇也。”　[7] 盛：盛列，准备充足。供具：陈设酒食的器具。　[8] 醪（láo）：浊酒；醇酒。　[9] 馔：美食。　[10] 分：和解。

恂归颍川。三年，遣使者即拜为汝南太

守[1]，又使骠骑将军杜茂将兵助恂讨盗贼。盗贼清净[2]，郡中无事。恂素好学，乃修乡校，教生徒，聘能为《左氏春秋》者，亲受学焉。七年，代朱浮为执金吾。明年，从车驾击隗嚣，而颍川盗贼群起，帝乃引军还，谓恂曰："颍川迫近京师，当以时定[3]。惟念独卿能平之耳，从九卿复出[4]，以忧国可知也。"恂对曰："颍川剽轻[5]，闻陛下远逾阻险，有事陇、蜀[6]，故狂狡乘间相诖误耳[7]。如闻乘舆南向，贼必惶怖归死[8]。臣愿执锐前驱。"即日车驾南征，恂从至颍川，盗贼悉降，而竟不拜郡。百姓遮道曰："愿从陛下复借寇君一年[9]。"乃留恂长社[10]，镇抚吏人，受纳余降。

史珥《后汉书勦说》云："兴学于戎马倥偬之际，两汉将相无此宏规。至所得秩奉，厚施朋友，曰'吾因士大夫以致此，其可独享之乎'，厥义知者尤罕。"

［注释］

[1] 即：就。 [2] 清净：肃清。 [3] 以时：按时。 [4] 九卿：《太平御览》卷二二八引《释名》曰："汉置十二卿：一曰太常，二曰太仆，三曰卫尉，四曰光禄，五曰宗正，六曰执金吾，七曰大司农，八曰少府，九曰大鸿胪，十曰廷尉，十一曰大长秋，十二曰将作大匠。"韦昭辨曰："汉正卿九：一曰太常，二曰光禄勋，三曰卫尉，四曰太仆，五曰廷尉，六曰鸿胪，七曰宗正，八曰司农，九曰少府，是为九卿。"十二卿皆中二千石，可通称九

卿。 [5]剽（piāo）轻：强悍轻捷。 [6]有事：出征。 [7]狡：猾。乘间：趁机。诖（guà）误：贻误。 [8]归死：接受死刑。 [9]复借：恂前为颍川太守，故曰“复借”。 [10]长社：县名，属颍川郡，在今河南长葛东。

初，隗嚣将安定高峻，拥兵万人，据高平第一[1]，帝使待诏马援招降峻[2]，由是河西道开。中郎将来歙承制拜峻通路将军，封关内侯，后属大司马吴汉，共围嚣于冀[3]。及汉军退，峻亡归故营，复助嚣拒陇阺。及嚣死，峻据高平，畏诛坚守。建威大将军耿弇率太中大夫窦士、武威太守梁统等围之，一岁不拔。十年，帝入关，将自征之，恂时从驾，谏曰：“长安道里居中[4]，应接近便，安定、陇西必怀震惧，此从容一处可以制四方也。今士马疲倦，方履险阻，非万乘之固，前年颍川，可为至戒。”帝不从。进军及汧[5]，峻犹不下，帝议遣使降之，乃谓恂曰：“卿前止吾此举，今为吾行也。若峻不即降，引耿弇等五营击之。”恂奉玺书至第一，峻遣军师皇甫文出谒，辞礼不屈[6]。恂怒，将诛文。诸将谏曰：“高峻精兵万人，率多强弩，西遮陇道，连年不下。

今欲降之而反戮其使，无乃不可乎[7]？”恂不应，遂斩之。遣其副归告峻曰[8]：“军师无礼，已戮之矣。欲降，急降；不欲，固守。”峻惶恐，即日开城门降。诸将皆贺，因曰：“敢问杀其使而降其城，何也？”恂曰：“皇甫文，峻之腹心，其所取计者也。今来，辞意不屈，必无降心。全之则文得其计，杀之则峻亡其胆，是以降耳。”诸将皆曰：“非所及也。”遂传峻还洛阳。

寇恂斩杀高峻军师皇甫文，除掉心腹之患，促使高峻投降。

［注释］

[1] 高平：县名，属安定郡，在今宁夏固原东。《续汉书·郡国志》曰：“高平有第一城。” [2] 待诏：官名。汉代征士未有正官者，均待诏公车，其特异者待诏金马门，备顾问，后遂以待诏为官名。 [3] 冀：县名，属天水郡，在今甘肃天水西北。 [4] 长安道里居中：从洛阳至高平，长安为中。 [5] 汧（qiān）：县名，属右扶风，在今陕西陇县。 [6] 辞礼：言辞和礼节。 [7] 无乃：大概，恐怕。表揣测。 [8] 副：副使。

恂经明行修[1]，名重朝廷，所得秩奉，厚施朋友、故人及从吏士。常曰：“吾因士大夫以致此，其可独享之乎[2]！”时人归其长者[3]，以为有宰相器[4]。十二年卒，谥曰威侯。

［注释］

[1] 明：通达。修：美好。　[2] 其：副词，用法同“岂”。[3] 归：称。长者：年长而有德行的人。　[4] 器：才干，才能。

论曰：传称“喜怒以类者鲜矣”[1]。夫喜而不比[2]，怒而思难者，其唯君子乎！子曰：“伯夷、叔齐，不念旧恶，怨是用希[3]。”于寇公而见之矣。

［注释］

[1] “传称”句：《左传·宣公十七年》：“范武子将老，召文子曰：‘燮乎！吾闻之，喜怒以类者鲜，易者实多。《诗》曰：‘君子如怒，乱庶遄沮。君子如祉，乱庶遄已。’君子之喜怒，以已乱也。弗已者，必益之。”传，指《左传》。类，法。喜怒合乎礼法者少。　[2] 比：勾结。　[3] “子曰”三句：《论语·公冶长》篇之文。是用，犹用是，因此。希，少。

［点评］

寇恂名列“中兴二十八将”，他明习经术，德行高尚，一生戎马，不乏智勇，是一位文武双全式的人物。寇恂深计远虑，劝服耿况归顺光武；镇守河内，巩固后方，支援前线；顾全大局，以廉颇蔺相如之比化解与贾复的个人恩怨；当机立断，扫平西进拦路虎高峻。范晔借众人之口，全方位地展现了寇恂的“宰相器”：第一，“文武备足，有牧人御众之才”从邓禹的视角赞扬了寇恂的文韬武略；第二，“愿从陛下复借寇君一年”从颍川百姓的视角传达其与民众不可分离的情谊；第三，“吾知寇子翼可任也”从光武帝的视角称颂寇恂可堪重任；第四，“其可独享之乎”“所得秩奉，厚施朋友、故人及从吏士”则以语言和行动描写直接呈现寇恂博爱的情怀与宽广的胸襟。李景星《后汉书评议》云：“光武之有邓禹，犹高帝之有张良也；其有寇恂，犹高帝之有萧何也。”范晔将邓禹与寇恂合为一传，指明了二人在光武帝建立帝业过程中的重大功绩。

冯异列传

冯异字公孙，颍川父城人也[1]。好读书，通《左氏春秋》《孙子兵法》。汉兵起，异以郡掾监五县[2]，与父城长苗萌共城守，为王莽拒汉。光武略地颍川，攻父城不下，屯兵巾车乡[3]。异间出行属县[4]，为汉兵所执。时异从兄孝及同郡丁綝、吕晏，并从光武，因共荐异，得召见。异曰：“异一夫之用，不足为强弱。有老母在城中，愿归据五城，以效功报德[5]。”光武曰：“善。”异归，谓苗萌曰：“今诸将皆壮士屈起[6]，多暴横，

本篇节选自《后汉书·冯岑贾列传》，因冯异、岑彭、贾复俱以战功著，故合传。《冯异传》讲述了冯异骁勇善战的戎马生涯，塑造了一个谦逊不伐、忠心事主的战将形象。

冯异作为王莽旧臣，被抓获后仅凭同乡举荐就获得释放，使得光武帝宽怀大度的形象赫然屹立在眼前。

独有刘将军所到不虏掠。观其言语举止，非庸人也，可以归身。”苗萌曰：“死生同命，敬从子计。”光武南还宛，更始诸将攻父城者前后十余辈[7]，异坚守不下；及光武为司隶校尉，道经父城，异等即开门奉牛酒迎。光武署异为主簿，苗萌为从事。异因荐邑子铫期、叔寿、段建、左隆等，光武皆以为掾史，从至洛阳。更始数欲遣光武徇河北，诸将皆以为不可。是时，左丞相曹竟子诩为尚书，父子用事，异劝光武厚结纳之[8]。及度河北，诩有力焉。

[注释]

[1] 父城：在今河南平顶山西北。 [2] 掾（yuàn）：即掾吏，历代官府属官的通称。监：督察。 [3] 巾车乡：乡名，在父城界。 [4] 间出：乘隙私出。行：巡视。 [5] 效功：效劳，立功。 [6] 屈：通“崛”。 [7] 辈：若军发车，百辆为辈。 [8] 厚：深深地，重重地。结纳：结交。

自伯升之败[1]，光武不敢显其悲戚，每独居，辄不御酒肉[2]，枕席有涕泣处。异独叩头宽譬哀情[3]。光武止之曰：“卿勿妄言。”异复因间进说曰[4]：“天下同苦王氏，思汉久矣。今更始诸将从横暴虐[5]，所至虏掠，百姓失望，无所依戴[6]。今公专命方面[7]，施行恩德。夫有桀、纣之乱，乃见汤、武之功；人久饥渴，易为充饱[8]。宜急分遣官属，循行郡县，理冤结，布惠泽。”光武纳之。至邯郸，遣异与铫期乘传抚循属县[9]，录囚徒[10]，存鳏寡[11]，亡命自诣者除其罪，阴条二千石长吏同心及不附者上之[12]。

史珥《后汉书勦说》云：“公孙进言即用公孙所荐之人为副，真得王者因材授任之法。”

[注释]

[1] 伯升之败：即指伯升被刘玄所杀一事。 [2] 御：进。 [3] 宽譬：宽慰劝解。 [4] 间：私下，暗地。 [5] 从：通“纵”。 [6] 依戴：归附拥戴。 [7] 专命：专权。 [8] 人久饥渴，易为充饱：典出《孟子·公孙丑上》“饥者易为食，渴者易为饮”。意指凋残之后，易流德泽。 [9] 乘传（zhuàn）：乘坐驿车。抚循：安抚。 [10] 录：审查。 [11] 存：慰问。 [12] 阴：暗地。条：条陈。

及王郎起，光武自蓟东南驰，晨夜草舍[1]，至饶阳无蒌亭[2]。时天寒烈，众皆饥疲，异上豆粥。明旦，光武谓诸将曰：“昨得公孙豆粥，饥寒俱解。”及至南宫[3]，遇大风雨，光武引车入道傍空舍，异抱薪，邓禹爇火[4]，光武对灶燎衣[5]。异复进麦饭菟肩[6]。因复度虖沱河至信

李澄宇《读后汉书蠡述》云：“冯异进豆粥，进麦饭，以忠爱得君心；引车避道，独屏树下，以谦退得诸将心，皆无足异。所异者，光武徇河北时，异说以遣官行县，理冤结，布惠泽，使百姓识所依戴也。此以得民心为得天下之本也，非武将所易知也。”

都[7]，使异别收河间兵。还，拜偏将军。从破王郎，封应侯。

以上写冯异对光武帝恪尽职守，忠心耿耿。

[注释]

[1] 舍：止息。 [2] 饶阳：县名，西汉时属涿郡，在今河北饶阳东北。无蒌亭：在饶阳县北。 [3] 南宫：县名，属信都国，在今河北南宫。 [4] 爇（ruò）：燃。 [5] 燎：烘烤。 [6] 菟（tù）：通“兔”。肩：腿根部。 [7] 虖（hū）沱河：发源于山西省繁峙县。

异为人谦退不伐[1]，行与诸将相逢，辄引车避道。进止皆有表识[2]，军中号为整齐[3]。每所止舍，诸将并坐论功，异常独屏树下[4]，军中号曰“大树将军”。及破邯郸，乃更部分诸将，各有配隶[5]。军士皆言愿属大树将军，光武以此多之[6]。别击破铁胫于北平[7]，又降匈奴于林阘顿王[8]，因从平河北。

成语“大树将军”出处。后多指不居功自傲的将领。

此段描写冯异为人谦逊、领军有方，深得兵士信赖及光武重视。

[注释]

[1]谦退：谦恭退让。伐：夸耀。 [2]表识（zhì）：标记。 [3]整齐：有秩序。 [4]屏：蔽。 [5]配隶：隶属。 [6]多：重视。 [7]北平：县名，属中山国，在今河北满城北。 [8]阘顿（tà duì）：匈奴王号。

时更始遣舞阴王李轶、廪丘王田立、大司马朱鲔、白虎公陈侨将兵号三十万，与河南太守武勃共守洛阳。光武将北徇燕、赵，以魏郡、河内独不逢兵[1]，而城邑完全，仓廪实，乃拜寇恂为河内太守，异为孟津将军，统二郡军河上，与恂合势，以拒朱鲔等。

［注释］

[1] 逢兵：指遭遇战争。

异乃遗李轶书曰[1]："愚闻明镜所以照形，往事所以知今[2]。……苟令长安尚可扶助[3]，延期岁月，疏不间亲[4]，远不踰近[5]，季文岂能居一隅哉[6]？今长安坏乱，赤眉临郊，王侯搆难，大臣乖离[7]，纲纪已绝，四方分崩，异姓并起，是故萧王跋涉霜雪，经营河北[8]。方今英俊云集，百姓风靡，虽邠岐慕周[9]，不足以踰。季文诚能觉悟成败，亟定大计[10]，论功古人，转祸为福，在此时矣。如猛将长驱，严兵围城，虽有悔恨，亦无及已。"

顾炎武《日知录》："言季文于更始为亲近之臣，当在朝秉政，岂得居此一隅。"

[注释]

[1] 遗（wèi）：送交；交付。 [2] “愚闻明镜”二句：《大戴礼记·保傅》曰：“明镜者，所以察形也。往古者，所以知今也。” [3] 长安：指更始皇帝。 [4] 疏不间亲：谓关系疏远者不介入关系亲近者之间的事。 [5] 踰：中华书局所据本作“逾”。 [6] 季文：李轶字。冯异言即便更始可以辅佐，但更始与季文关系逐渐疏远，还会让你继续做你的舞阴王吗？ [7] 王侯搆难，大臣乖离：时李轶、朱鲔擅命山东，王匡、张卬横暴三辅，所谓搆难乖离者当指此。搆难，结仇交战。搆，中华书局所据本作“构”。 [8] 经营：规划治理。 [9] 邠（bīn）岐慕周：《史记·周本纪》载，古公亶父修后稷之业，积德行义，国人皆戴之。戎翟攻之，不忍战其民，乃与其私属去邠，止于岐下。邠人举国扶老携弱，尽复归古公于岐山之下。 [10] 亟：急。

初，轶与光武首结谋约，加相亲爱，及更始立，反共陷伯升。虽知长安已危，欲降又不自安。乃报异书曰：“轶本与萧王首谋造汉，结死生之约，同荣枯之计。今轶守洛阳，将军镇孟津，俱据机轴[1]，千载一会，思成断金[2]。唯深达萧王，愿进愚策，以佐国安人。”轶自通书之后，不复与异争锋，故异因此得北攻天井关[3]，拔上党两城，又南下河南成皋已东十三县，及诸屯聚，皆平之，降者十余万。武勃将万余人攻诸畔者[4]，异引军度河，与勃战于士乡下[5]，大破斩勃，获首五千余级，轶又闭门不救。异见其信效[6]，具以奏闻。光武故宣露轶书[7]，令朱鲔知之。鲔怒，遂使人刺杀轶。由是城中乖离[8]，多有降者。鲔乃遣讨难将军苏茂将数万人攻温[9]，鲔自将数万人攻平阴以缀异[10]。异遣校尉护军将兵，与寇恂合击茂，破之。异因度河击鲔，鲔走；异追至洛阳，环城一匝而归[11]。

史珥《后汉书勦说》云："李轶负伯升，此则公孙负轶。"此处光武"故宣露轶书"之举与《光武帝纪》篇"收文书，得吏人与郎交关谤毁者数千章。光武不省，会诸将军烧之，曰：'令反侧子自安'"有异曲同工之妙，于此可见光武的战争谋略。

［注释］

[1] 机：弩牙。轴：车轴。机与轴都是关键部位，比喻二人所据皆要地。 [2] 思成断金：意指欲结同心。《周易·系辞》曰："二人同心，其利断金。" [3] 天井关：在上党郡高都县，在今山西晋城南太行山。 [4] 畔：通"叛"。 [5] 士乡：聚名，在河南郡洛阳县，在今河南偃师西。 [6] 信效：谓守信用并见诸行动而收到实效。 [7] 故：故意。 [8] 乖离：抵触；背离。 [9] 温：县名，属河内郡，在今河南温县。 [10] 平阴：县名，属河南郡，在今河南孟津北。缀：连缀，牵制。 [11] 一匝：一周。

以上写冯异有辩才，劝降了更始大将李轶，并配合光武帝离间了敌人。

移檄上状[1]，诸将皆入贺，并劝光武即帝位。光武乃召异诣鄗[2]，问四方动静。异曰："三王反畔[3]，更始败亡，天下无主，宗庙之忧，在于大王。宜从众议，上为社稷，下为百姓。"光武曰：

"我昨夜梦乘赤龙上天，觉悟[4]，心中动悸[5]。"异因下席再拜贺曰："此天命发于精神。心中动悸，大王重慎之性也。"异遂与诸将定议上尊号。

[注释]

[1] 移檄：古代官方文书移和檄的并称。多用于征召、晓谕和声讨。上状：向上报告。状，陈述。 [2] 鄗：县名，属常山郡，在今河北高邑。 [3] 三王：指淮阳王张卬、穰王廖湛、随王胡殷。 [4] 觉悟：睡醒。 [5] 动悸：谓感情受触动而心跳加快。

建武二年春，定封异阳夏侯[1]。引击阳翟贼严终、赵根[2]，破之。诏异归家上冢，使太中大夫赍牛、酒[3]，令二百里内太守、都尉已下及宗族会焉。时赤眉、延岑暴乱三辅，郡县大姓各拥兵众，大司徒邓禹不能定，乃遣异代禹讨之。车驾送至河南，赐以乘舆七尺具剑[4]。敕异曰："三辅遭王莽、更始之乱，重以赤眉、延岑之酷，元元涂炭[5]，无所依诉。今之征伐，非必略地屠城，要在平定安集之耳。诸将非不健斗，然好虏掠。卿本能御吏士，念自修敕[6]，无为郡县所苦。"异顿首受命，引而西，所至皆布威信。弘农群盗

李澄宇《读后汉书蠡述》云："光武敕异有曰：'今之征伐，非必略地屠城，要在平定安集之耳。'与宋太祖诫曹彬语盖相类。"

称将军者十余辈，皆率众降异。

［注释］

[1] 定封：确定封地，爵位。阳夏：县名，属淮阳国，在今河南太康。 [2] 阳翟：地名，在今河南禹州。 [3] 赍（jī）：送与。 [4] 具剑：以宝玉装饰的剑。 [5] 元元：百姓。 [6] 修敕：谨慎不逾矩。

异与赤眉遇于华阴[1]，相拒六十余日，战数十合，降其将刘始、王宣等五千余人。三年春，遣使者即拜异为征西大将军。会邓禹率车骑将军邓弘等引归，与异相遇，禹、弘要异共攻赤眉[2]。异曰："异与贼相拒且数十日，虽屡获雄将，余众尚多，可稍以恩信倾诱[3]，难卒用兵破也。上今使诸将屯黾池要其东[4]，而异击其西，一举取之，此万成计也[5]。"禹、弘不从。弘遂大战移日，赤眉阳败，弃辎重走。车皆载土，以豆覆其上，兵士饥，争取之。赤眉引还击弘，弘军溃乱。异与禹合兵救之，赤眉小却[6]。异以士卒饥倦，可且休，禹不听，复战，大为所败，死伤者三千余人。禹得脱归宜阳[7]。异弃马步走上回溪阪[8]，与麾下数人归营。复坚壁，收其散卒，招集诸营保数万人[9]，与贼约期会战。使壮士变服与赤眉同，伏于道侧。旦日，赤眉使万人攻异前部，异裁出兵以救之[10]。贼见势弱，遂悉众攻异，异乃纵兵大战。日昃[11]，贼气衰，伏兵卒起，衣服相乱，赤眉不复识别，众遂惊溃。追击，大破于崤底[12]，降男女八万人。余众尚十余万，东走宜阳降。玺书劳异曰："赤眉破平，士吏劳苦，始虽垂翅回溪，终能奋翼黾池[13]，可谓失之东隅[14]，收之桑榆[15]。方论功赏，以答大勋。"

成语"失之东隅，收之桑榆"出自此处。指早晨丢失了，傍晚得到了。后比喻一开始或暂时在某一方面失利，但最终得到了补偿。

以上通过与大将军邓禹、邓弘的比较，凸显了冯异的英勇善战与高超的战争谋略。

[注释]

[1] 华阴：县名，属弘农郡，在今陕西华阴。 [2] 要：约。 [3] 倾：使顺从、归附。 [4] 黾池：县名，属弘农郡，在今河南渑池。要：通"徼"（yāo），拦截。 [5] 万成：犹万全。 [6] 小却：指稍稍后退。 [7] 宜阳：县名，属弘农郡，在今河南宜阳西。 [8] 回溪阪（bǎn）：俗名回阬，在河南洛宁县东北。 [9] 营保：营垒。保，通"堡"。 [10] 裁：少。 [11] 日昃：太阳偏西。 [12] 崤底：在弘农郡黾池县，在今河南洛宁北。 [13]"始虽垂翅"二句：以鸟作比，先在回溪失利，后在黾池胜利。 [14] 东隅：即禺中，食时之后、午时之前的一段时间。 [15] 桑榆：太阳西落之时。既以鸟作比，复以时作比。

时赤眉虽降，众寇犹盛……异且战且行，屯军上林苑中。延岑既破赤眉，自称武安王，拜置牧守，欲据关中，引张邯、任良共攻异。异击破之，斩首千余级，诸营保守附岑者皆来降归异[1]。岑走攻析[2]，异遣复汉将军邓晔、辅汉将军于匡要击岑[3]，大破之，降其将苏臣等八千余人。岑遂自武关走南阳[4]。时百姓饥饿，人相食，黄金一斤易豆五升[5]。道路隔断，委输不至[6]，军士悉以果实为粮。诏拜南阳赵匡为右扶风，将兵助异，并送缣谷[7]，军中皆称万岁。异兵食渐盛，乃稍诛击豪杰不从令者，褒赏降附有功劳者，悉遣其渠帅诣京师，散其众归本业。威行关中，唯吕鲔、张邯、蒋震遣使降蜀，其余悉平。

[注释]

[1] 守：防守。附：归附。 [2] 析：县名，属弘农郡，在今河南西峡。 [3] 要击：拦腰截击。 [4] 武关：地名，属弘农郡，在今陕西商南南。 [5] 易：交换。 [6] 委输：转运。 [7] 缣：双丝的细绢。

明年，公孙述遣将程焉，将数万人就吕鲔出

屯陈仓。异与赵匡迎击，大破之，焉退走汉川[1]。异追战于箕谷[2]，复破之，还击破吕鲔，营保降者甚众。其后蜀复数遣将间出，异辄摧挫之。怀来百姓[3]，申理枉结，出入三岁，上林成都[4]。

以上写冯异平定群寇，怀柔百姓，人心归附。

[**注释**]

[1] 汉川：汉水。 [2] 箕谷：地名，在汉中郡褒中县，在今陕西汉中西北。 [3] 怀来：招徕。 [4] 上林成都：上林苑成为都邑。

异自以久在外，不自安，上书思慕阙廷[1]，愿亲帷幄[2]，帝不许。后人有章言异专制关中，斩长安令，威权至重，百姓归心，号为“咸阳王”。帝使以章示异[3]。异惶惧，上书谢[4]……诏报曰：“将军之于国家，义为君臣，恩犹父子。何嫌何疑，而有惧意？”

[**注释**]

[1] 阙廷：朝廷；亦借指京城。 [2] 帷幄：宫中的帷幕，借指宫廷。 [3]《东观汉记》曰：“使者宋嵩西上，因以章示异。” [4] 谢：谢罪。

六年春，异朝京师。引见，帝谓公卿曰：“是我起兵时主簿也。为吾披荆棘，定关中。”既罢，使中黄门赐以珍宝、衣服、钱帛。诏曰：“仓卒无蒌亭豆粥，虖沱河麦饭，厚意久不报。”异稽首谢曰：“臣闻管仲谓桓公曰：‘愿君无忘射钩，臣无忘槛车。’齐国赖之[1]。臣今亦愿国家无忘河北之难，小臣不敢忘巾车之恩[2]。”后数引宴见，定议图蜀，留十余日，令异妻子随异还西。

以上写冯异凭借出众口才与耿耿忠心，赢得光武帝信任，消除君臣嫌隙。

［注释］

[1]“异稽首谢曰”四句：《史记·齐太公世家》载，齐襄公无道，群弟恐遭祸，纠奔鲁，管仲、召忽傅之；小白奔莒，鲍叔傅之。无知杀襄公自立，雍林人袭杀无知，告齐大夫另立新君。齐大夫召小白于莒，鲁亦发兵送公子纠。管仲将兵遮莒道，射中小白带钩，小白佯死，驰行至齐，齐人立之，是为桓公。发兵拒鲁，鲁兵败走。鲁惧齐，遂杀公子纠。召忽自杀，管仲请囚。鲍叔牙称管仲之能，桓公遂赦之并任以政，遂成霸业。槛车，囚车。 [2] 巾车之恩：冯异在巾车乡被俘后投效光武。

夏，遣诸将上陇，为隗嚣所败，乃诏异军栒邑[1]。未至，隗嚣乘胜使其将王元、行巡将二万余人下陇，因分遣巡取栒邑。异即驰兵，欲先据之。诸将皆曰：“虏兵盛而新乘胜[2]，不可与争，宜止军便地[3]，徐思方略[4]。”异曰：“虏兵临境，忸忕小利[5]，遂欲深入。若得栒邑，三辅动摇，是吾忧也。夫‘攻者不足，守者有余’。今先据城，以逸待劳，非所以争也。”潜往闭城，偃旗鼓。行巡不知，驰赴之。异乘其不意，卒击鼓建旗而出。巡军惊乱奔走，追击数十里，大破之。祭遵亦破王元于汧。于是北地诸豪长耿定等，悉畔隗嚣降。异上书言状，不敢自伐。诸将或欲分其功，帝患之。乃下玺书曰：“……征西功若丘山，犹自以为不足。孟之反奔而殿[6]，亦何异哉？今遣太中大夫赐征西吏士死伤者医药、棺殓[7]，大司马已下亲吊死问疾[8]，以崇谦让。”于是使异进军义渠[9]，并领北地太守事。

［注释］

[1]栒（xún）邑：县名，属右扶风，在今陕西旬邑东北。[2]虏兵：对敌兵的蔑称。[3]便地：有利的地方。[4]徐：慢慢。[5]忸忕（niǔ shì）：惯习。指惯习前事而复为之。[6]孟之反奔而殿：《论语·雍也》篇孔子曰：“孟之反不伐，奔而殿，将入门，策其马，曰：‘非敢后也，马不进也。’”孟之反，鲁大夫。鲁与齐战，鲁师败，之反殿后，是有掩护全军撤退之功。将入鲁国国门，乃言非敢断后，实因马行不快，是则谦虚而不自夸其

功。 [7] 殓：入殓，给死者穿着入棺。字亦作"敛"。 [8] 吊死问疾：吊唁死者，慰问病者。喻关心人民疾苦。 [9] 义渠：道名，属北地郡，在今甘肃宁县西北。

青山胡率万余人降异[1]。异又击卢芳将贾览、匈奴薁鞬日逐王，破之。上郡、安定皆降，异复领安定太守事。九年春，祭遵卒，诏异守征虏将军，并将其营。及隗嚣死，其将王元、周宗等复立嚣子纯，犹总兵据冀[2]，公孙述遣将赵匡等救之，帝复令异行天水太守事。攻匡等且一年[3]，皆斩之。诸将共攻冀，不能拔，欲且还休兵[4]，异固持不动，常为众军锋。明年夏，与诸将攻落门[5]，未拔，病发，薨于军，谥曰节侯。

李景星《后汉书评议》云："冯异前招李轶，渐收河南，后破赤眉，遂定关中。守栒邑而夺隗嚣之气，镇北地而固中外之防。功业之盛，千载一时，故传中叙次特为郑重。"

以上继续写冯异在平复隗嚣、匈奴之乱中发挥的重要作用。

［注释］

[1] 青山：在北地郡参繺县，在今甘肃环县西南。 [2] 总兵：统率军队。冀：县名，属天水郡，在今甘肃天水西北。 [3] 且：将近。 [4] 且：暂且。休：犹"弛"。 [5] 落门：聚名，在天水郡冀州市，在今甘肃武山东。

［点评］

冯异，"中兴二十八将"之一。冯异初被汉军俘获，得到释放后能够遵守诺言、回报光武，说明其言而有信、行而必果；在行军途中，悉心照料光武饮食起居，说明其恪尽职守、忠心侍主；与同僚相处谦让不伐，有“大树将军”之美名，说明其不骄不躁、品行高尚；代替邓禹战胜赤眉，说明其英勇善战、锐不可当；不居功自傲，得以善终，说明其明哲韬晦、智勇双全。光武诏冯异，有“义为君臣，恩犹父子”之言，堪称推心置腹；冯异谢帝，有“愿国家无忘河北之难，小臣不敢忘巾车之恩”二语，可谓披肝沥胆。光武与冯异君臣相得之状，昭然可见。

范晔在“论”中认为“中兴将帅立功名者众矣，唯岑彭、冯异建方面之号，自函谷以西，方城以南，两将之功，实为大焉”，赞扬了冯异平定一方的功勋；又说“若冯、贾之不伐，岑公之义信，乃足以感三军而怀敌人，故能克成远业，终全其庆也”，对冯异不矜功自伐的谦虚姿态亦给予了高度肯定。

本篇节选自《后汉书·窦融列传》。《窦融传》写窦融追随光武，击败隗嚣，君臣交美之事。

窦融列传

窦融，字周公，扶风平陵人也。七世祖广国[1]，孝文皇后之弟[2]，封章武侯。融高祖父，宣帝时以吏二千石自常山徙焉[3]。融早孤。王莽居摄中，为强弩将军司马，东击翟义[4]，还攻槐里，以军功封建武男。女弟为大司空王邑小妻[5]。

家长安中，出入贵戚，连结闾里豪杰[6]，以任侠为名[7]；然事母兄，养弱弟，内修行义。王莽末，青、徐贼起，太师王匡请融为助军[8]，与共东征。

［注释］

[1] 广国：字少君，清河郡观津县（今河北武邑县）人，汉文帝窦皇后之弟，德才兼备，后封章武侯。 [2] 孝文皇后：汉文帝窦皇后。详见《汉书·外戚列传》。 [3] 焉：于之，兼词，到某地去。 [4] 翟义：字文仲，汝南上蔡（今河南新蔡县）人，丞相翟方进之子，后起兵讨伐王莽，兵败，为王莽所杀。详见《汉书·翟方进传》。 [5] 女弟：妹妹。王邑：王莽从弟，任大司空，在昆阳之战中大败，最终被杀。小妻：小妾。 [6] 闾（lǘ）里：乡里。 [7] 任侠：仗义敢为，打抱不平。 [8] 助军：汉朝军中官制名，掌参议军事。

及汉兵起，融复从王邑败于昆阳下，归长安。汉兵长驱入关[1]，王邑荐融，拜为波水将军，赐黄金千斤，引兵至新丰。莽败，融以军降更始大司马赵萌[2]，萌以为校尉，甚重之，荐融为巨鹿太守。

［注释］

[1] 关：函谷关。 [2] 赵萌：棘阳人。刘玄纳萌女为夫人，萌得独专大权。《后汉书·刘玄列传》：“赵萌专权，威福自己。”

融见更始新立，东方尚扰，不欲出关，而高祖父尝为张掖太守，从祖父为护羌校尉[1]，从弟亦为武威太守[2]，累世在河西，知其土俗，独谓兄弟曰："天下安危未可知，河西殷富，带河为固，张掖属国精兵万骑，一旦缓急，杜绝河津[3]，足以自守，此遗种处也[4]。"兄弟皆然之。融于是日往守萌，辞让巨鹿，图出河西。萌为言更始，乃得为张掖属国都尉。融大喜，即将家属而西。既到，抚结雄杰，怀辑羌虏[5]，甚得其欢心，河西翕然归之[6]。

以上写窦融到达河西之后，结交豪杰，怀柔羌虏，河西之民都有归顺之意。

[注释]

[1]从祖父：祖父的兄弟。一家中次于至亲的叫从。 [2]从弟：堂弟。 [3]河津：黄河渡口。 [4]遗种：保全宗族种族。 [5]怀辑：怀集笼络。 [6]翕（xī）然：一致。

是时酒泉太守梁统、金城太守库钧、张掖都尉史苞、酒泉都尉竺曾、敦煌都尉辛肜，并州郡英俊，融皆与为厚善。及更始败，融与梁统等计议曰："今天下扰乱，未知所归。河西斗绝在羌胡中，不同心戮力则不能自守[1]；权钧力齐[2]，复无以相率。当推一人为大将军，共全五郡，观时变动。”议既定，而各谦让，咸以融世任河西为吏，人所敬向，乃推融行河西五郡大将军事。是时武威太守马期、张掖太守任仲并孤立无党，乃共移书告示之[3]，二人即解印绶去。于是以梁统为武威太守，史苞为张掖太守，竺曾为酒泉太守，辛肜为敦煌太守，库钧为金城太守。融居属国，领都尉职如故，置从事监察五郡。河西民俗质朴，而融等政亦宽和，上下相亲，晏然富殖。修兵马，习战射，明烽燧之警[4]，羌胡犯塞，融辄自将与诸郡相救，皆如符要[5]，每辄自破之。其后匈奴惩乂[6]，稀复侵寇，而保塞羌胡皆震服亲附，安定、北地、上郡流人避凶饥者，归之不绝。

更始政权崩坏后，窦融等组织建立河西五郡联合政权，以摆脱隗嚣的支配。

以上写窦融等成立的河西政权，为政宽和，修习武事，边民多所归附。

[注释]

[1] 戮力：齐心协力。 [2] 权钧力齐：权势、力量旗鼓相当。 [3] 移书：官府文书的一种，用于平行官署之间。著名的移书有刘歆的《移让太常博士书》。 [4] 烽燧（suì）：烽火。古代边防的警报信号。白天放烟告警叫“烽”，夜间举火告警叫“燧”。 [5] 符要（yào）：以符檄文书为约定的凭证。 [6] 惩乂（yì）：又作“惩艾”，指惩前毖后，从失败、打击中接受教训。

融等遥闻光武即位，而心欲东向，以河西隔远，未能自通。时隗嚣先称建武年号，融等从受正朔[1]，嚣皆假其将军印绶[2]。嚣外顺人望，内怀异心，使辩士张玄游说河西曰："更始事业已成，寻复亡灭，此一姓不再兴之效。今即有所主，便相系属，一旦拘制，自令失柄，后有危殆，虽悔无及。今豪杰竞逐，雌雄未决，当各据其土宇[3]，与陇、蜀合从，高可为六国，下不失尉佗[4]。"融等于是召豪杰及诸太守计议，其中智者皆曰："汉承尧运[5]，历数延长[6]。今皇帝姓号见于图书，自前世博物道术之士谷子云、夏贺良等[7]，建明汉有再受命之符，言之久矣，故刘子骏改易名字[8]，冀应其占。及莽末，道士西门君惠言刘秀当为天子，遂谋立子骏。事觉被杀，出谓百姓观者曰：'刘秀真汝主也。'皆近事暴著[9]，智者所共见也。除言天命，且以人事论之：今称帝者数人，而洛阳土地最广，甲兵最强，号令最明。观符命而察人事[10]，它姓殆未能当也。"诸郡太守各有宾客，或同或异。融小心精详，遂决策东向。五年夏，遣长史刘钧奉书献马。

李景星《后汉书评议》说："窦融所处地位，与隗嚣、公孙述略同。嚣与述身败名裂，而融独躬被尊荣，家称鼎盛，在诸功臣中无能出其右者，则以嚣与述不能识机，而融能识机故也。"

[**注释**]

[1] 受正（zhēng）朔：接受帝王新颁的历法。表示归顺新政权的统治。正朔，一年的第一天，农历正月初一。正，每年的第一月；朔，每月的第一天。古代改朝换代需要重定正朔。 [2] 假：授予，给予。 [3] 土宇：土地。四方上下曰宇。 [4] 尉佗：即赵佗。秦真定人。原为秦朝将领，在秦末天下大乱时，赵佗割据岭南，建立南越国。详见《史记·南越传》。 [5] 汉承尧运：《左传·昭公二十九年》记载：尧既衰，其后有刘累，学驯龙之术，事孔甲为御龙氏。其后世代相传，历春秋、战国，汉高祖刘邦便是刘累的后代，故称“汉承尧运”。这是在古代神学思想影响下，崇古以宣扬汉政权的神圣性和合理性的表现。 [6] 历数：天道，具体指王朝兴替的次序。 [7] 谷子云：谷永，博学经书，详见《汉书·谷永杜邺传》。夏贺良：勃海人，汉代官员。上言：“汉历中衰，当更受命。”详见《汉书·哀帝纪》。 [8] 刘子骏：刘歆字子骏，刘歆于汉哀帝建平元年改名为秀，改字为颖叔。 [9] 暴著（bào zhù）：明显。 [10] 符命：古人将一些自然征兆当作君王受命于天的征兆。

……帝见钧欢甚，礼飨毕，乃遣令还，赐融玺书……因授融为凉州牧。玺书既至，河西咸惊，以为天子明见万里之外，网罗张立之情。融即复遣钧上书曰：“臣融窃伏自惟[1]，幸得托先后末属，蒙恩为外戚，累世二千石。至臣之身，复备列位，假历将帅[2]，守持一隅。以委质则易为辞[3]，以纳忠则易为力。书不足以深达至诚，故遣刘钧口陈肝胆。自以底里上露[4]，长无纤介[5]。而玺书盛称蜀、汉二主[6]，三分鼎足之权，任嚣、尉佗之谋，窃自痛伤。臣融虽无识，犹知利害之际，顺逆之分。岂可背真旧之主[7]，事奸伪之人；废忠贞之节，为倾覆之事；弃已成之基，求无冀之利。此三者虽问狂夫，犹知去就，而臣独何以用心！谨遣同产弟友诣阙[8]，口陈区区[9]。”友至高平，会嚣反叛，道绝，驰还，遣司马席封间行通书[10]。帝复遣席封赐融、友书，所以尉藉之甚备。

[**注释**]

[1] 窃伏：谦辞。表示地位卑微。 [2] 假历：称正式任命以前，自号或代理的官职。 [3] 委质：弯曲身体，向君主献礼。质，身体。 [4] 底里上露：无所隐瞒，显露无余。 [5] 纤介：细小微弱。介，通“芥”。 [6] 蜀、汉二主：指公孙述、隗嚣。隗嚣以“兴汉”为名起兵，故此时仍称之为汉。 [7] 真旧之主：刘秀。刘氏王朝是旧主，刘秀被认为是复兴汉朝的真命天子，故称真旧之主。 [8] 诣（yì）阙：前往皇帝住处。 [9] 区区：思念之心。 [10] 间行：秘密行动。

融既深知帝意，乃与隗嚣书责让之曰：“伏惟将军国富政修，士兵怀附。亲遇厄会之际[1]，国家不利之时，守节不回，承事本朝，后遣伯春委身于国[2]，无疑之诚，于斯有效。融等所以欣服高义，愿从役于将军者，良为此也。而忿悁之间[3]，改节易图，君臣分争，上下接兵。委成功，造难就，去从议[4]，为横谋[5]，百年累之，一朝毁之，岂不惜乎！殆执事者贪功建谋，以至于此，融窃痛之！当今西州地势局迫，人兵离散，易以辅人，难以自建。计若失路不反，闻道犹迷，不南合子阳，则北入文伯耳。夫负虚交而易强御[6]，恃远救而轻近敌，未见其利也。融闻智者不危众以举事，仁者不违义以要功。今以小敌大，于众何如？弃子徼功[7]，于义何如？且初事本朝，稽首北面，忠臣节也。及遣伯春，垂涕相送，慈父恩也。俄而背之，谓吏士何？忍而弃之，谓留子何[8]？自起兵以来，转相攻击，城郭皆为丘墟，生人转于沟壑。今其存者，非锋刃之余，则流亡之孤。迄今伤痍之耻未愈[9]，哭泣之声尚闻。幸赖天运少还，而大将军复重于难[10]，是使积痾

上文“玺书既至，河西咸惊”与此处“融既深知帝意，乃与隗嚣书责让之”，体现了窦融与光武帝君臣相知之美。

李景星《后汉书评议》说：“其尤得力者，则为融让隗嚣书，句句为嚣谋，却句句露出己之本谋。”

不得遂瘳[11]，幼孤将复流离，其为悲痛，尤足愍伤，言之可为酸鼻！庸人且犹不忍，况仁者乎？融闻为忠甚易，得宜实难。忧人大过，以德取怨，知且以言获罪也。区区所献，唯将军省焉。”嚣不纳。融乃与五郡太守共砥厉兵马[12]，上疏请师期。

［注释］

[1] 厄会：厄运。　[2] 伯春：隗恂的表字，隗嚣长子。　[3] 忿悁（fèn yuān）：愤怒怨恨。　[4] 去从：因洛阳在崤山以东，此指背弃与崤山以东光武帝的联系。　[5] 为横：联合公孙述、卢芳攻打光武帝。　[6] 虚交：隗嚣与公孙述、卢芳的联合。　[7] 徼功："徼"通"邀"，此处指邀功。　[8] 留子：现在之子，指伯春。警告隗嚣若背叛光武，伯春将被杀掉。　[9] 耻：绍兴本作"体"。[10] 复重于难：再次制造祸患。　[11] 积痾（kē）：重病。痾，疾病。　[12] 砥厉兵马：准备作战兵器。砥厉，磨刀石，将兵器打磨得更为锋利。

秋，隗嚣发兵寇安定，帝将自西征之，先戒融期[1]。会遇雨，道断，且嚣兵已退，乃止。融至姑臧，被诏罢归。融恐大兵遂久不出，乃上书曰："隗嚣闻车驾当西，臣融东下，士众骚动，计且不战。嚣将高峻之属皆欲逢迎大军，后闻兵罢，峻等复疑。嚣扬言东方有变，西州豪杰遂复附从。嚣又引公孙述将，令守突门。臣融孤弱，介在其间，虽承威灵，宜速救助。国家当其前，臣融促其后，缓急迭用，首尾相资[2]，嚣势排迮[3]，不得进退，此必破也。若兵不早进，久生持疑，则外长寇仇，内示困弱，复令谗邪得有因缘，臣窃忧之。惟陛下哀怜！”帝深美之。

以上写窦融动之以情，晓之利害，劝说光武早日进军隗嚣，展现了其势必破嚣的决心。

［注释］

[1] 戒：命令。 [2] 首尾相资：攻首则尾应，攻打尾则首应。[3] 排迮（zé）：困难窘迫。

融以兄弟并受爵位，久专方面[1]，惧不自安，数上书求代[2]。诏报曰：“吾与将军如左右手耳，数执谦退，何不晓人意？勉循士民，无擅离部曲[3]。”

［注释］

[1] 方面：掌握一方军政大权。 [2] 求代：改朝换代。 [3] 部曲：古代军队编制。

及陇、蜀平，诏融与五郡太守奏事京师，官属宾客相随，驾乘千余两，马牛羊被野。融到，诣洛阳城门，上凉州牧、张掖属国都尉、安丰侯印绶，诏遣使者还侯印绶。引见，就诸侯位，赏赐恩宠，倾动京师。数月，拜为冀州牧，十余日，又迁大司空。融自以非旧臣，一旦入朝，在功臣之右[1]，每召会进见，容貌辞气卑恭已甚，帝以此愈亲厚之。融小心，久不自安，数辞让爵位，因侍中金迁口达至诚[2]。又上疏曰："臣融年五十三。有子年十五，质性顽钝。臣融朝夕教导以经艺，不得令观天文，见谶记。诚欲令恭肃畏事，恂恂循道，不愿其有才能，何况乃当传以连城广土[3]，享故诸侯王国哉？"因复请间求见[4]，帝不许。后朝罢，逡巡席后，帝知欲有让，遂使左右传出。它日会见，迎诏融曰："日者知公欲让职还土[5]，故命公暑热且自便。今相见，宜论它事，勿得复言。"融不敢重陈请。

以上写窦融谦逊辞让，不愿受爵，显露出远宠避祸的人生智慧。

［注释］

[1] 右：汉代以右为尊。 [2] 金迁：金安上的曾孙，汉哀帝

时担任尚书令。 [3] 乃当：又将。 [4] 请间：请求在空隙之时说事，不欲公开讨论。 [5] 日者：往日。还土：还于故土。

二十年，大司徒戴涉坐所举人盗金下狱，帝以三公参职，不得已乃策免融。明年，加位特进。二十三年，代阴兴行卫尉事[1]，特进如故，又兼领将作大匠。弟友为城门校尉，兄弟并典禁兵。融复乞骸骨[2]，辄赐钱帛[3]，太官致珍奇。及友卒，帝愍融年衰，遣中常侍、中谒者即其卧内强进酒食[4]。

以上写窦融在恢复封爵后，再次乞求告老还乡。光武帝却愈加怜悯重视他。

［注释］

[1] 阴兴：字君陵，南阳郡新野县（今河南新野）人。东汉初年将领、外戚，光烈皇后阴丽华同母弟。 [2] 乞骸骨：使骸骨得以归葬故乡，古代官吏请求告老还乡的一种说法。 [3] 辄：总是。 [4] 强：勉强。

融长子穆，尚内黄公主[1]，代友为城门校尉。穆子勋，尚东海恭王彊女泚阳公主[2]，友子固，亦尚光武女涅阳公主。显宗即位[3]，以融从兄子林为护羌校尉。窦氏一公[4]，两侯[5]，三公主，四二千石[6]，皆相与并时[7]。自祖及孙，官府邸第相望京邑，奴婢以千数，于亲戚、功臣中莫与为比。

窦氏家族位高权重，成为东汉的豪门望族。

［注释］

[1] 尚：娶帝王之女为妻。 [2] 东海恭王：王彊，光武帝子，母亲为郭皇后。 [3] 显宗：汉明帝刘庄，光武帝第四子，东汉第二位皇帝。 [4] 一公：指窦融任大司空。 [5] 两侯：指窦融为安丰侯，窦友为显亲侯。 [6] 四二千石：窦氏一族中有任门尉、城门校尉、护羌校尉、中郎将，此四种官职均秩二千石。 [7] 皆：绍兴本无。

论曰：窦融始以豪侠为名，拔起风尘之中[1]，以投天隙[2]。遂蝉蜕王侯之尊[3]，终膺卿相之位，此则徼功趣势之士也[4]。及其爵位崇满，至乃放远权宠，恂恂似若不能已者[5]，又何智也！尝独详味此子之风度，虽经国之术无足多谈，而进退之礼良可言矣。

刘咸炘《后汉书知意》说：“论以融为徼功趣势之士，与马援同，此乃蔚宗卓识，非苛刻也。”

［注释］

[1] 拔：卒也，突然。 [2] 天隙：天之间隙，比喻绝妙难得的时机。 [3] 蝉蜕王侯之尊：《说文解字》称“蝉蜕，所解皮也”。此处借蝉蜕比喻窦融去微至贵的变化。 [4] 趣（qū）势：趋炎附势。“趣”通“趋”。 [5] 恂恂（xún）：小心谨慎之貌。

王先谦《后汉书集解》说：“言融之心实欲去权贵，以帝不纳，故常恂恂恭顺，似若不得已然者也。”

［点评］

《窦融传》主要描写了窦融善于把握时机以及其小心谨慎、谦恭逊让的性格特点，全传的内容也紧紧围绕这两点铺叙开来。对时机的把握，如更始新立之时，窦融对其兄弟说“天下安危未可知”；等到更始失败，窦融与梁统计议说“今天下扰乱，未知所归”；窦融“遥闻”光武帝即位时，则“心欲东向”；当诸郡太守犹疑不决时，“融小心精详，遂决策东向”；窦融得知光武帝有攻打隗嚣的深意时，“乃与隗嚣书责让之”。小心谨慎、谦约辞让处，如说“融恐大兵遂久不出，乃上书”；如说“融以兄弟并受爵位，久专方面，惧不自安，数上书求代”；如说“融自以非旧臣，一旦入朝，在功臣之右，每召会进见，容貌辞气卑恭已甚”；如说“融小心，久不自安，数辞让爵位”；又如说“融复乞骸骨”等等。范晔撰写《后汉书》，擅长在行文中埋下线索，找到这些线索也就能快速熟悉全文，把握要义。

本篇传文末节在谈到窦氏一族权势时，说“窦氏一公，两侯，三公主，四二千石，皆相与并时”，这在亲戚、功臣中没有可与之比肩者。其实，东汉政权正是在地方豪强大族支持下诞生的政权，东汉也成为门阀制度萌芽的时代。东汉初，马、窦、邓、梁四大家族世代婚姻帝室，如东汉明帝的马皇后，是功臣马援的女儿；章帝的窦皇后，是功臣窦融的曾孙女；和帝的邓皇后，是功臣邓禹的孙女；顺帝的梁皇后，是功臣梁统的后代。这四大家族集功臣与外戚于一身，又屡有女主临朝听政，权倾朝野。东汉的皇帝也特别重视与功臣、大族联姻，这是其拉拢豪强势力，奠定或巩固自己皇权统治的必要政治手段。而正是在这种双向需求中，东汉的外戚专权才变得积重难返，最终危及统治。

本篇节选自《后汉书·马援列传》。《马援传》讲述了伏波将军马援驰骋沙场的戎马生涯。马援少即有大志，长大后南征北战，立下赫赫战功，直至病死军中，实现了他“男儿要当死于边野，以马革裹尸还葬”的远大抱负。

马援列传

马援字文渊，扶风茂陵人也。其先赵奢为赵将，号曰马服君[1]，子孙因为氏。武帝时，以吏二千石自邯郸徙焉。曾祖父通[2]，以功封重合侯，坐兄何罗反，被诛，故援再世不显[3]。援三兄况、余、员，并有才能，王莽时皆为二千石。

［注释］

[1] 马服君：《史记·赵世家》赵惠文王二十九年：“秦、韩相攻，而围阏与。赵使赵奢将，击秦，大破秦军阏与下，赐号为马服君。” [2] 通：原称莽通，“莽”与“马”古音同。莽通在武帝征和二年为侍郎，是年太子刘据为江充所谮，杀充，起兵京师，兵败自杀。莽通捕杀太子部将如侯，因平叛有功，封重合侯。三年后，武帝获知太子之冤，诛江充宗族党羽，莽通之兄莽何罗与充友善，惧祸及身，遂反。 [3] 再世不显：指祖、父不得为显任。

援年十二而孤，少有大志，诸兄奇之。尝受《齐诗》[1]，意不能守章句[2]，乃辞况，欲就边郡田牧[3]。况曰："汝大才，当晚成。良工不示人以朴[4]，且从所好[5]。"会况卒，援行服期年[6]，不离墓所；敬事寡嫂，不冠不入庐[7]。后为郡督邮[8]，送囚至司命府[9]，囚有重罪，援哀而纵之，遂亡命北地。遇赦，因留牧畜，宾客多归附者，遂役属数百家[10]。转游陇、汉间[11]，常谓宾客曰："丈夫为志，穷当益坚，老当益壮。"因处田牧，至有牛、马、羊数千头，谷数万斛。既而叹曰："凡殖货财产，贵其能施赈也，否则守钱虏耳。"乃尽散以班昆弟故旧[12]，身衣羊裘皮绔[13]。

成语"老当益壮"亦出自此处，意思是说年纪虽老而志气更旺盛，干劲更足。唐代王勃《滕王阁序》有"老当益壮，宁移白首之心？穷且益坚，不坠青云之志"之句。

以世家子弟而就边郡田牧，役属宾客，分财亲故，此其自命奇也。（李景星《后汉书评议》）

[注释]

[1]《齐诗》：汉代今文三家《诗》学之一，西汉初辕固所传，立博士官。 [2]章句：汉代注书体式之一，以分析章旨、句读为主，故称章句。 [3]田牧：农业和牧业。指从事农牧生产。 [4]良工：技艺高超的工匠。朴：本义为未经雕琢之木，然亦通包玉石而言，后造璞字，以专指未经雕琢之玉石。 [5]且从所好：且随你所愿而为之。 [6]行服期年：服丧一年。 [7]庐：舍。 [8]督邮：官名，汉代一郡一般分东、西、南、北、中五部，每部设督邮一人，掌督察县、乡，兼司狱讼、捕亡等事。 [9]司命：王莽置司命官，上公已下皆纠察。 [10]役属：谓使隶属于己而役使之。 [11]陇、汉：指陇上诸郡与汉中郡。 [12]班：分与。 [13]绔：同"裤"。

王莽末，四方兵起，莽从弟卫将军林广招雄俊，乃辟援及同县原涉为掾，荐之于莽。莽以涉为镇戎大尹，援为新成大尹[1]。及莽败，援兄员时为增山连率[2]，与援俱去郡，复避地凉州。世祖即位，员先诣洛阳，帝遣员复郡，卒于官。援因留西州，隗嚣甚敬重之，以援为绥德将军，与决筹策。

从隗嚣对马援的敬重，亦可见马援是不可多得的将才。

[注释]

[1] 镇戎、新成：王莽改天水为镇戎，改太守而无爵者为大尹。改汉中为新成。 [2] 增山连率：王莽改上郡为增山，改太守而有伯爵者为连率。

建武四年冬，嚣使援奉书洛阳。援至，引见于宣德殿。世祖迎笑谓援曰："卿遨游二帝间[1]，今见卿，使人大惭[2]。"援顿首辞谢，因曰："当今之世，非独君择臣也，臣亦择君矣。臣与公孙述同县，少相善。臣前至蜀，述陛戟而后进臣[3]。臣今远来，陛下何知非刺客奸人，而简易若是？"帝复笑曰："卿非刺客，顾说客耳[4]。"援曰："天下反复，盗名字者不可胜数[5]。今见陛下，恢廓大度，同符高祖，乃知帝王自有真也。”帝甚壮之。援从南幸黎丘，转至东海。及还，以为待诏，使太中大夫来歙持节送援西归陇右。

光武有识人之明，马援亦不乏识君之心。此处通过马援的视角，交代了其谒见公孙述与光武帝时受到的不同待遇，从侧面说明公孙述致败之由，同时为下文马援弃隗嚣、投光武埋下伏笔。

［注释］

[1] 二帝：光武谓己与公孙述。　[2] 大惭：谦言，恐不如公孙述接待之隆重。　[3] 陛戟：武士持戟护卫殿下。　[4] 顾：只是。　[5] 盗名字者：指窃居皇帝名号的人。

隗嚣与援共卧起，问以东方流言及京师得失。援说嚣曰：“前到朝廷，上引见数十，每接讌语，自夕至旦，才明勇略，非人敌也。且开心见诚，无所隐伏，阔达多大节，略与高帝同。经学博览，政事文辩[1]，前世无比。”嚣曰：“卿谓何如高帝？”援曰：“不如也。高帝无可无不可[2]；今上好吏事，动如节度[3]，又不喜饮酒。”嚣意不怿[4]，曰：“如卿言，反复胜邪[5]？”然雅信援[6]，故遂遣长子恂入质。援因将家属随恂归洛阳。居数月而无它职任。援以三辅地旷土沃，而所将宾客猥多[7]，乃上书求屯田上林苑中，帝许之。

李澄宇《读后汉书蠡述》云：“马援僻处西州，于东未详，故为嚣使蜀，欲有所观，既见井蛙，乃劝嚣专意东方。而光武恢廓大度，适惬择君始愿，故说嚣事汉，且将家属随恂归洛，略不犹豫也。光武不遽委以重任者，盖恐援或尚为嚣耳。”

[注释]

[1] 文辩：能文善辩。 [2] 无可无不可：《论语·微子》篇孔子自言己与逸民伯夷、叔齐、虞仲、夷逸、朱张、柳下惠、少连之别曰："我则异于是，无可无不可。"邢昺疏："孔子言，我之所行，则与此逸民异，亦不必进，亦不必退，唯义所在，故曰无可无不可也。" [3] 如：从。 [4] 不怿：不悦；不欢愉。 [5] 反复胜邪：反而胜过高祖。 [6] 雅：素。 [7] 猥：众。

会隗嚣用王元计，意更狐疑，援数以书记责譬于嚣[1]。嚣怨援背己，得书增怒，其后遂发兵拒汉。援乃上疏……帝乃召援计事，援具言谋画。因使援将突骑五千，往来游说嚣将高峻、任禹之属，下及羌豪，为陈祸福，以离嚣支党。

先投隗嚣，力陈祸福；后归光武，高参计画，此其为人谋奇也。（李景星《后汉书评议》）

[注释]

[1] 援数以书记责譬于嚣：马援数次在书信中用责备的口气晓谕隗嚣。

八年，帝自西征嚣，至漆[1]，诸将多以王师之重，不宜远入险阻，计冘豫未决[2]。会召援，夜至，帝大喜，引入，具以群议质之[3]。援因说隗嚣将帅有土崩之势，兵进有必破之状。又于帝前聚米为山谷，指画形势，开示众军所从道径往来，分析曲折，昭然可晓。帝曰："虏在吾目中矣。"明旦，遂进军至第一[4]，嚣众大溃。

李澄宇《读后汉书蠡述》云："援于帝前聚米为山谷，指画形势，开示众军，所从道径往来，于是帝曰'虏在吾目中矣'。盖古时交通不便，印刷未兴，测制军用地图甚难，故以米代图，乃能分析曲折，昭然可晓也。"

[注释]

[1] 漆：县名，属右扶风，在今陕西彬市。　[2] 冘（yóu）豫：即犹豫。冘，通"由"。由，通"犹"。　[3] 质：使评定。　[4] 第一：城名，属安定郡高平县。

九年，拜为太中大夫，副来歙监诸将平凉州。自王莽末，西羌寇边，遂入居塞内，金城属县多为虏有。来歙奏言陇西侵残，非马援莫能定。十一年夏，玺书拜援陇西太守。援乃发步骑三千人，击破先零羌于临洮[1]，斩首数百级，获马、牛、羊万余头。守塞诸羌八千余人诣援降。诸种有数万，屯聚寇钞[2]，拒浩亹隘[3]。援与扬武将军马成击之。羌因将其妻子辎重移阻于允谷[4]，援乃潜行间道，掩赴其营。羌大惊溃[5]，复远徙唐翼谷中[6]，援复追讨之。羌引精兵聚北山上，援陈军向山，而分遣数百骑绕袭其后，乘夜放火，击鼓叫噪，虏遂大溃，凡斩首千余级。援以兵少，不得穷追，收其谷粮畜产而还。援中矢贯胫[7]，帝以玺书劳之，赐牛、羊数千头，援尽班诸宾客[8]。

［注释］

[1] 临洮：县名，属陇西郡，在今甘肃岷县。 [2] 寇钞：攻劫掠夺。 [3] 浩亹（gè mén）：县名，属金城郡，在今甘肃永登西南。 [4] 允谷（qiān yá）：县名，属金城郡，在今兰州西。 [5] 惊溃：惊慌败逃。 [6] 唐翼谷：峡谷名，在今青海乐都一带。 [7] 中矢：中箭。 [8] 班：给予。

是时，朝臣以金城破羌之西[1]，塗远多寇[2]，议欲弃之。援上言："破羌以西，城多完牢，易可依固。其田土肥壤，灌溉流通。如令羌在湟中[3]，则为害不休，不可弃也。"帝然之，于是诏武威太守，令悉还金城客民。归者三千余口，使各反旧邑。援奏为置长吏，缮城郭[4]，起坞候[5]，开导水田，劝以耕牧，郡中乐业。又遣羌豪杨封譬说塞外羌[6]，皆来和亲。又武都氐人背公孙述来降者，援皆上复其侯王君长[7]，赐印绶，帝悉从之。乃罢马成军。

［注释］

[1] 破羌：县名，在今青海民和西北。 [2] 塗，通"途"。 [3] 湟：水名，即西宁河，黄河支流。湟水流域称湟中，在金城郡

临羌、安夷县，在今青海省湟源、西宁、乐都一带。 [4] 缮：修整。 [5] 坞：小城。候：亭候，伺候望敌之所。 [6] 譬说：晓谕，劝说。 [7] 复其侯王君长：塞外各侯王君长，王莽时皆贬其位号，故援皆奏复之。

十三年，武都参狼羌与塞外诸种为寇，杀长吏。援将四千余人击之，至氐道县[1]，羌在山上，援军据便地，夺其水草，不与战，羌遂穷困，豪帅数十万户亡出塞，诸种万余人悉降，于是陇右清静[2]。

以上三段写马援平陇西之事。

[注释]

[1] 氐道：县名，属陇西郡，在今甘肃礼县西北。 [2] 陇右：古地区名，泛指陇山以西地区。古代以西为右，故名。约今甘肃六盘山以西、黄河以东一带。

又交阯女子徵侧及女弟徵贰反[1]，攻没其郡，九真、日南、合浦蛮夷皆应之，寇略岭外六十余城，侧自立为王。于是玺书拜援伏波将军，以扶乐侯刘隆为副[2]，督楼船将军段志等南击交阯。军至合浦而志病卒，诏援并将其兵。遂缘海而进，随山刊道千余里[3]。十八年春，军至浪泊上[4]，与贼战，破之，斩首数千级，降者万余人。援追徵侧等至禁溪[5]，数败之，贼遂散走。明年正月，斩徵侧、徵贰，传首洛阳。封援为新息侯[6]，食邑三千户。援乃击牛釃酒[7]，劳飨军士。从容谓官属曰："吾从弟少游常哀吾慷慨多大志，曰：'士生一世，但取衣食裁足[8]，乘下泽车[9]，御款段马[10]，为郡掾吏，守坟墓，乡里称善人，斯可矣。致求盈余[11]，但自苦耳。'当吾在浪泊、西里间，虏未灭之时，下潦上雾，毒气重蒸，仰视飞鸢跕跕堕水中[12]，卧念少游平生时语[13]，何可得也！今赖士大夫之力，被蒙大恩，猥先诸君纡佩金紫[14]，且喜且惭。"吏士皆伏称万岁。

[注释]

[1] 徵侧：李贤注曰："徵侧者，麊泠县雒将之女也，嫁为朱鸢人诗索妻，甚雄勇。交阯太守苏定以法绳之，侧怨怒，故反。"《水经注》卷三七引《交州外域记》曰："朱鸢雒将子名诗，索麊泠雒将女名徵侧为妻，侧为人有胆勇，将诗起贼，攻破州郡，服诸雒将，皆属，徵侧为王，治麊泠县，复交趾、九真二郡民二岁调赋。后汉遣伏波将军马援将兵讨侧，诗走入金溪究，三岁乃得。"据《水经注》，知李贤注云"嫁为朱鸢人诗索妻"非是。　[2] 扶

乐侯：据《刘隆传》作扶乐乡侯。扶乐乡，在淮阳国扶沟县，后为陈国之县，在今河南太康西。 [3] 刊道：除木为道。 [4] 浪泊：《水经注》卷三七：叶榆河“过交趾麊泠县北，分为五水，络交趾郡中，至东界，复合为三水，东入海。”“北二水，左水东北径望海县南，建武十九年，马援征侧置。又东径龙渊县北，又东合南水，水自麊泠县东，径封溪县北。又东径浪泊，马援以其地高，自西里进屯此。” [5] 禁溪：李贤注曰：“交阯郡麊泠县有金溪穴，相传音讹，谓之禁溪。”据上文引《水经注》，金溪穴当作“金溪究”，其地在今越南河内西北。 [6] 新息：县名，属汝南郡，在今河南息县。 [7] 酾（shī）酒：滤酒。 [8] 裁：通“才”。 [9] 下泽车：便于在沼泽地行走的短毂车。 [10] 款段：马行迟缓的样子。 [11] 致求：求取。 [12] 跕跕（diē diē）：下坠的样子。 [13] 平生：《论语·宪问》“不忘平生之言”，孔安国注：“平生，犹少时。” [14] 猥：犹辱、承，谦辞。纡佩：系佩。金紫：金印紫绶。

援将楼船大小二千余艘，战士二万余人，击九真贼徵侧余党都羊等，自无功至居风[1]，斩获五千余人，峤南悉平[2]。援奏言西于县户有三万二千[3]，远界去庭千余里[4]，请分为封溪、望海二县，许之。援所过辄为郡县治城郭，穿渠灌溉，以利其民。条奏越律与汉律驳者十余事[5]，与越人申明旧制以约束之，自后骆越奉行马将军故事[6]。二十年秋，振旅还京师[7]，

马援不仅荡平寇乱，还帮助郡县治理城郭，为岭南地区的经济发展与文化交流做出了重要贡献。马援逝世后，岭南地区形成了独特的“伏波文化”信仰。

军吏经瘴疫死者十四五。赐援兵车一乘，朝见位次九卿。

［注释］

[1] 无功、居风：皆县名，属九真郡，在今越南境内。 [2] 峤南：岭南。 [3] 西于：属交趾郡，在今越南河内北。 [4] 庭：县庭。 [5] 驳：乖舛。 [6] 骆越：李贤注曰："骆者，越别名。"《交州外域记》称雒田、雒民、雒王、雒侯、雒将，雒与"骆"同。 [7] 振旅：整队班师；整顿部队。

以上两段写马援平徵侧之事。

成语"马革裹尸"出自此处。指在战场上战死后，用马的皮革把尸体包裹起来。形容将士英勇作战，为国捐躯。南宋词人辛弃疾《满江红·汉水东流》有"马革裹尸当自誓，蛾眉伐性休重说"之句。

曰"穷当益坚，老当益壮"，曰"死于边野，马革裹尸"，此其持论奇也。（李景星《后汉书评议》）

初，援军还，将至，故人多迎劳之。平陵人孟冀，名有计谋，于坐贺援。援谓之曰："吾望子有善言，反同众人邪？昔伏波将军路博德开置七郡[1]，裁封数百户；今我微劳，猥飨大县[2]，功薄赏厚，何以能长久乎？先生奚用相济[3]？"冀曰："愚不及。"援曰："方今匈奴、乌桓尚扰北边，欲自请击之。男儿要当死于边野，以马革裹尸还葬耳，何能卧床上在儿女子手中邪？"冀曰："谅为烈士[4]，当如此矣。"

［注释］

[1] "昔伏波将军"句：《汉书·武帝纪》元鼎五年："遣伏波将军路博德出桂阳，下湟水；楼船将军杨仆出豫章，下浈水；归义越

侯严为戈船将军，出零陵，下离水；甲为下濑将军，下苍梧。皆将罪人，江淮以南楼船十万人。越驰义侯遗别将巴蜀罪人，发夜郎兵，下牂柯江，咸会番禺。”元鼎六年：“遂定越地，以为南海、苍梧、郁林、合浦、交阯、九真、日南、珠厓、儋耳郡。”此言七郡，“七”当是“九”字之误。 [2] 猥飨：滥享。 [3] 奚用：何以；用什么。 [4] 谅：诚，确。

二十四年，武威将军刘尚击武陵五溪蛮夷，深入，军没，援因复请行[1]。时年六十二，帝愍其老[2]，未许之。援自请曰：“臣尚能被甲上马。”帝令试之。援据鞍顾盼[3]，以示可用。帝笑曰：“矍铄哉是翁也[4]！”遂遣援率中郎将马武、耿舒、刘匡、孙永等，将十二郡募士及弛刑四万余人征五溪。援夜与送者诀，谓友人谒者杜愔曰：“吾受厚恩，年迫余日索[5]，常恐不得死国事。今获所愿，甘心瞑目，但畏长者家儿或在左右[6]，或与从事[7]，殊难得调，介介独恶是耳[8]。”明年春，军至临乡[9]，遇贼攻县，援迎击，破之，斩获二千余人，皆散走入竹林中。

西破诸羌，南平交阯，镇三辅地而使之不惊，击五溪蛮而迄于垂成，此其立功奇也。（李景星《后汉书评议》）

［注释］

[1] 五溪蛮：李贤注引郦道元《水经注》云：“武陵有五溪，

谓雄溪、樠溪、西溪、潕溪、辰溪，悉是蛮夷所居，故谓五溪蛮。”援因复请行：《光武纪》建武二十四年：“秋七月，武陵蛮寇临沅，遣谒者李嵩、中山太守马成讨蛮，不克，于是伏波将军马援率四将军讨之。” [2] 愍：悯惜。 [3] 顾：还视。 [4] 矍铄：勇健貌。 [5] 年迫余日索：意指年事已高，来日无多。索，尽。 [6] 长者家儿：指权要子弟梁松、窦固等，在帝左右。 [7] 与从事：指马武、耿舒等，皆宿将，故云殊难得调。 [8] 介介：犹耿耿。 [9] 临乡：在武陵郡，建武二十六年改为沅南县，在今湖南桃源。

初，军次下隽[1]，有两道可入，从壶头则路近而水崄[2]，从充则涂夷而运远[3]，帝初以为疑。及军至，耿舒欲从充道，援以为弃日费粮，不如进壶头，搤其喉咽[4]，充贼自破。以事上之，帝从援策。三月，进营壶头。贼乘高守隘[5]，水疾，船不得上。会暑甚，士卒多疫死，援亦中病，遂困，乃穿岸为室，以避炎气。贼每升险鼓噪，援辄曳足以观之[6]，左右哀其壮意，莫不为之流涕。耿舒与兄好畤侯弇书曰：“前舒上书当先击充，粮虽难运而兵马得用，军人数万争欲先奋。今壶头竟不得进，大众怫郁行死[7]，诚可痛惜。前到临乡，贼无故自致，若夜击之，即可殄灭[8]。伏波类西域贾胡，到一处辄止[9]，以是失利。今果疾疫，皆如舒言。”弇得书，奏之。帝乃使虎贲中郎将梁松乘驿责问援，因代监军。会援病卒，松宿怀不平，遂因事陷之[10]。帝大怒，追收援新息侯印绶。

李景星《后汉书评议》说“建勋生前，蒙谤身后；以轻财始，以诬赃终”，一语道破马援的人生悲剧。

[**注释**]

[1] 下隽：县名，属长沙国，在今湖北通城。 [2] 壶头：山名，在武陵郡沅陵县，在今湖南沅陵东北。 [3] 充：县名，属武陵郡，在今湖南桑植。涂夷：道路平坦。涂，通“途”。 [4] 搤：通“扼”。 [5] 隘：险要的地方。 [6] 曳足：拖脚。 [7] 怫郁：愤懑。行：将。 [8] 殄灭：消灭；灭绝。 [9] “伏波”二句：言似商胡，所至之处辄停留。 [10] 陷：陷害；诬陷。

初，援在交阯，常饵薏苡实[1]，用能轻身省欲，以胜瘴气。南方薏苡实大，援欲以为种，军还，载之一车。时人以为南土珍怪，权贵皆望之。援时方有宠，故莫以闻。及卒后，有上书谮之者，以为前所载还，皆明珠文犀[2]。马武与於陵侯侯昱等皆以章言其状，帝益怒。援妻孥惶惧，不敢以丧还旧茔[3]，裁买城西数亩地槁葬而已[4]。宾客故人莫敢吊会。严与援妻子草索相连，诣阙请罪。帝乃出松书以示之，方知所坐，上书诉冤，

成语“薏苡明珠”出自此处。薏米被进谗的人说成了明珠，比喻遭到诽谤，蒙受冤屈。

李澄宇《读后汉书蠡述》云："马援老不肯息，志在报国，而卒有'壶头'之困、'薏苡'之祸，岂亦所谓画蛇不得添足耶？"

前后六上，辞甚哀切，然后得葬。

［注释］

[1] 饵：服食；吃。薏苡：李贤注引《神农本草经》曰："薏苡味甘，微寒，主风湿痹下气，除筋骨邪气，久服轻身益气。" [2] 文犀：有纹理的犀角。 [3] 丧：人的遗体。旧茔：先人的坟地。[4] 裁：通"才"。槁葬：草草埋葬。以不归旧茔，权且埋葬，故称槁葬。

论曰：马援腾声三辅[1]，遨游二帝，及定节立谋[2]，以干时主[3]，将怀负鼎之愿[4]，盖为千载之遇焉。然其戒人之祸，智矣，而不能自免于谗隙。岂功名之际，理固然乎[5]？夫利不在身，以之谋事则智；虑不私己，以之断义必厉[6]。诚能回观物之智而为反身之察[7]，若施之于人则能恕，自鉴其情亦明矣[8]。

李澄宇《读后汉书蠡述》云："论谓其戒人之祸智，而不能自免于谗隙，诚恸之也。而光武待援寡恩，抑可疚已。"

［注释］

[1] 腾声：扬名。 [2] 定节：定策。 [3] 干：求见。时主：光武帝。 [4] 负鼎之愿：传说伊尹善烹调，曾背着鼎去求见商汤，后被大用，尊为阿衡。这里指马援有伊尹的大志。鼎，烹具。[5] 固然：本来如此。 [6] 厉：严肃，果断。 [7] 智：《老子》云"知人者智"，认识别人（观物）是智。 [8] 明：《老子》云"自知者明"，认识自己（自鉴）是明。

赞曰：伏波好功，爰自冀、陇[1]。南静骆越，西屠烧种[2]。徂年已流[3]，壮情方勇。明德既升[4]，家祚以兴[5]。廖乏三趣，防遂骄陵。

［注释］

[1] 爰：于，从。 [2] 屠：平定。烧种：烧当羌。 [3] 徂年：过往岁月。 [4] 既升：既立，即皇帝位。 [5] 家祚：家运。

［点评］

马援是东汉著名将领、开国功臣，他的一生充满传奇色彩。马援初怀“凡殖货财产，贵其能施赈”之思，尽散家财，不做“守钱虏”；后择明主而仕，离开隗嚣，投靠光武，把握住了自己的人生方向；帮助光武打败隗嚣、平定陇西、击溃交阯，立下汗马功劳；年过六旬，仍“恐不得死国事”，主动请命出征，最后病死疆场。马援的行迹生动地诠释了他“丈夫为志，穷当益坚，老当益壮”的人生信条，实现了自己“马革裹尸”的宏伟抱负。他的豪情壮怀，激励了后代无数仁人志士为国家和民族的存亡鞠躬尽瘁、死而后已。

范晔赞扬马援“徂年已流，壮情方勇”，但对其“不能自免于谗隙”表示惋惜。牛运震《读史纠谬》指出：“援之遘谗，时命之故，于援何咎？古来忠而被谤，信而见疑者何限？岂尽可以‘不能自免’尤之邪！”由此看，范晔“诚能回观物之智而为反身之察，若施之于人则能恕，自鉴其情亦明矣”的说法近乎求全责备了。

本篇节选自《后汉书·郭杜孔张廉王苏羊贾陆列传》。李景星《后汉书评议》说:“郭伋、杜诗、孔奋、张堪、廉范、王堂、苏章、羊续、贾琮、陆康皆当时牧守刺史中之最贤者,故合传。”孔奋少年时从刘歆学习《左传》,颇得刘氏赏识。后遭王莽之乱,与家人避于河西。建武五年,守姑臧长。主政四年,清正廉洁,仁爱公正,受到百姓爱戴。他自己生活节俭,对待母亲则孝顺严谨。后升任太守,依旧保持操行,使得民心向善。

史珥《后汉书勦说》云:“君鱼清洁为人所笑,乃真清洁。”

孔奋列传

孔奋字君鱼,扶风茂陵人也[1]。曾祖霸,元帝时为侍中。奋少从刘歆受《春秋左氏传》,歆称之,谓门人曰:“吾已从君鱼受道矣[2]。”

[注释]

[1] 扶风茂陵:今陕西西安西北。 [2] 吾已从君鱼受道矣:李贤注曰:“言君鱼之道已过于己矣。”《孔丛子》卷下《左氏传义诂序》曰:“君鱼少从刘子骏受《春秋左氏传》,其于讲业最明,精究其义,子骏自以才学不若也。其或访经传于子骏,辄曰:‘幸问孔君鱼,吾已还从之谘道矣。’由是大以《春秋》见称当世。”

遭王莽乱,奋与老母幼弟避兵河西。建武五年,河西大将军窦融请奋署议曹掾[1],守姑臧长[2]。八年,赐爵关内侯[3]。时天下扰乱,唯河西独安,而姑臧称为富邑,通货羌胡,市日四合[4],每居县者,不盈数月辄至丰积[5]。奋在职四年,财产无所增。事母孝谨,虽为俭约,奉养极求珍膳[6]。躬率妻子[7],同甘菜茹[8]。时天下未定,士多不修节操,而奋力行清洁,为众人所笑,或以为身处脂膏,不能以自润[9],徒益苦辛耳。奋既立节，治贵仁平[10]，太守梁统深相敬待，不以官属礼之[11]，常迎于大门，引入见母。

以上讲述孔奋做人勤俭节约、孝顺细心，做官清正廉洁、仁爱平和。

[注释]

[1] 署：署理、代理，暂任或试充官职。 [2] 守：犹摄，暂时署理职务，多指官阶低而署理较高的官职。姑臧：县名，属武威郡，在今甘肃武威。 [3] 赐爵关内侯：《太平御览》卷二六七引《东观汉记》曰："七年，诏书以为奋在姑臧治有绝迹，赐爵关内侯。" [4] 市日四合：李贤注曰："古者为市，一日三合。《周礼》曰：'大市日侧而市，百族为主。朝市朝时而市，商贾为主。夕市夕时而市，贩夫贩妇为主。'今既人货殷繁，故一日四合也。" [5] "不盈数月"句：《艺文类聚》卷五〇引司马彪《续汉书》曰："每前长居官数月辄致赀产。"盈，满。 [6] 珍膳：珍贵的食物。 [7] 躬率：亲自率领。 [8] 菜茹：菜蔬。 [9]"或以为"二句：《艺文类聚》卷八二引《东观汉记》："或谓奋曰：'置脂膏中亦不能自润。'"脂膏，比喻富裕或富庶之地。 [10] 仁平：仁爱公正。 [11] 不以官属礼之：不按对待下属的礼节对待他。

陇蜀既平，河西守令咸被征召，财货连毂[1]，弥竟川泽[2]。唯奋无资，单车就路[3]。姑臧吏民及羌胡更相谓曰："孔君清廉仁贤，举县蒙恩[4]，如何今去，不共报德！"遂相赋敛牛马器物千万以上[5]，追送数百里。奋谢之而已，一无所受。

史珥《后汉书勦说》云："如此赠遗，视财货连毂者，孰富孰贫？知一无所受者，真乃受大者不取小也。"

以上进一步描写孔奋的清正廉洁，受人爱戴。

既至京师，除武都郡丞[6]。

［注释］

[1] 连毂（gǔ）：一车接一车，言车辆众多。毂，车轮中心的圆木，此处借指车。 [2] 弥竟：遍布。 [3] 就路：指上路。 [4] 举：全。 [5] 赋敛：征收，聚集。 [6] 除：任命官职。

时陇西余贼隗茂等夜攻府舍，残杀郡守，贼畏奋追急，乃执其妻子，欲以为质[1]。奋年已五十，唯有一子，终不顾望[2]，遂穷力讨之。吏民感义，莫不倍用命焉[3]。郡多氐人[4]，便习山谷[5]，其大豪齐钟留者，为群氐所信向。奋乃率厉钟留等令要遮钞击[6]，共为表里[7]。贼窘惧逼急，乃推奋妻子以置军前，冀当退却[8]，而击之愈厉，遂禽灭茂等[9]，奋妻子亦为所杀。世祖下诏褒美，拜为武都太守。

以上写孔奋舍小家为大家的崇高品行。

［注释］

[1] 质：人质。 [2] 顾望：顾虑。 [3] 倍：加倍。用命：效命。 [4] 氐人：我国历史上的一个农耕少数民族。武都即白马氐之地，故云“郡多氐人”。 [5] 便习：熟习。 [6] 要（yāo）遮：拦截。钞击：攻击。 [7] 共为表里：相互呼应，里应外合。 [8] 冀：希望。 [9] 禽：通“擒”。

奋自为府丞，已见敬重，及拜太守，举郡莫不改操[1]。为政明断，甄善疾非[2]，见有美德，爱之如亲，其无行者，忿之若仇，郡中称为清平。

从善如流，疾恶如仇。

[注释]

[1]改操：改变节操或操行，言全郡人皆向善。 [2]甄：彰明，表彰。疾：厌恶，痛恨。

[点评]

孔奋是东汉初年廉洁官吏的典型代表，也是一个全力为公的正直官吏的典型代表，更是一个为国为民的典型代表。本文篇幅虽然不长，但道尽孔奋在做人、为官两个方面的高尚情操，具有“表贤能、劝后世”的资政功能，即使在今天来看依然具有很强的现实意义。

梁冀列传

本篇节选自《后汉书·梁统列传》。梁冀家族是东汉王朝专权时间最长、危害最大的外戚。梁冀不学无术，残暴放纵，肆意敛财，草菅人命，凶恶至极。梁冀一反其父梁商的“虚己进贤”，犯下的罪行罄竹难书，最终被桓帝与大臣合力剿杀，整个家族都不得善终。

冀字伯卓。为人鸢肩豺目[1]，洞精矘眄[2]，口吟舌言[3]，裁能书计[4]。少为贵戚，逸游自恣。性嗜酒，能挽满、弹棋、格五、六博、蹴鞠、意钱之戏[5]，又好臂鹰走狗[6]，骋马斗鸡。初为黄门侍郎，转侍中、虎贲中郎将，越骑、步兵校尉，开篇即指出梁冀纨绔富家子的丑恶嘴脸。史珥《后汉书勦说》云："数语中，曲尽无赖子弟本领。精神在'嗜'字、'能'字、'又好'字。'意钱'字法亦雅。"

执金吾。

［注释］

[1] 鸢肩：两肩上耸。豺目：两目上竖。　[2] 洞精：即通视，眼睛的一种生理缺陷。瞠眄（tǎng miǎn）：眼神直视貌。　[3] 口吟舌言：说话含糊不清。　[4] 裁：通"才"，仅仅。书计：文字与筹算。　[5] 挽满：拉满强弓。弹棋：古代博戏之一。李贤注引《艺经》曰："弹棋，两人对局，白黑棋各六枚，先列棋相当，更先弹之。其局以石为之。"格五：古代博戏名，棋类。六博：古代一种掷采下棋的比赛游戏。蹴鞠：古代的一种足球运动。意钱：一种赌博游戏。李贤注引何承天《纂文》："诡亿，一曰射意，一曰射数，皆摊钱也。"　[6] 臂鹰走狗：臂上架着鹰，地上驱赶着猎犬。

永和元年，拜河南尹。冀居职暴恣[1]，多非法，父商所亲客洛阳令吕放，颇与商言及冀之短，商以让冀[2]，冀即遣人于道刺杀放。而恐商知之，乃推疑于放之怨仇，请以放弟禹为洛阳令，使捕之，尽灭其宗亲、宾客百余人[3]。

［注释］

[1] 暴恣：凶暴恣肆。　[2] 让：责备，谴责。　[3]"请以放弟禹"三句：《资治通鉴》卷五二胡三省注："冀请于商，以放弟为令，谓必急于捕贼，而阴使禹灭其兄之宗亲宾客，以快己忿耳。"

商薨未及葬，顺帝乃拜冀为大将军，弟侍中不疑为河南尹。及帝崩，冲帝始在襁褓[1]，太后临朝，诏冀与太傅赵峻、太尉李固参录尚书事[2]。冀虽辞不肯当，而侈暴滋甚。冲帝又崩，冀立质帝。帝少而聪慧，知冀骄横，尝朝群臣，目冀曰："此跋扈将军也[3]。"冀闻，深恶之，遂令左右进鸩加煮饼，帝即日崩。复立桓帝，而枉害李固及前太尉杜乔，海内嗟惧[4]。语在《李固传》。建和元年，益封冀万三千户，增大将军府举高第茂才，官属倍于三公[5]。又封不疑为颍阳侯，不疑弟蒙西平侯，冀子胤襄邑侯，各万户。和平元年[6]，重增封冀万户，并前所袭合三万户。

杨树达《积微居读书记》云："冀为大将军，受南阳太守高赐重赂，为移檄李固，见《固传》。"

外戚可以随意废立帝王，足见其专权之甚。

［注释］

[1] 襁褓：背负婴儿用的宽带和包裹婴儿的被子。 [2] 参录：参与总领。 [3] 跋扈：骄横，强暴。 [4] 嗟惧：叹息震恐。 [5]"增大将军"二句：增加荐举人才的数量，又增加官属的人数，以示特权。 [6] 和平元年：公元 150 年。和平，汉桓帝刘志年号。

其四方调发，岁时贡献，皆先输上第于冀[1]，乘舆乃其次焉[2]。吏人赍货求官请罪者[3]，道路相望。冀又遣客出塞，交通外国[4]，广求异物。因行道路，发取伎女御者，而使人复乘势横暴，妻略妇女[5]，殴击吏卒，所在怨毒[6]。

［注释］

[1] 输：送给，运送。上第：上等。　[2] 乘舆：指皇帝。蔡邕《独断》曰："天子至尊，不敢渫渎言之，故托之于乘舆。乘犹载也，舆犹车也。天子以天下为家，不以京师宫室为常处，则当乘车舆以行天下，故群臣托乘舆以言之。或谓之车驾。"　[3] 赍：送。请罪：请求脱罪。　[4] 交通：结交，勾结。　[5] 妻略妇女：《资治通鉴》卷五三胡三省注："妻者，私他人之妇女若己妻然。不以道取之曰略。"　[6] 怨毒：怨恨。

冀乃大起第舍，而寿亦对街为宅[1]，殚极土木[2]，互相夸竞[3]。堂寝皆有阴阳奥室[4]，连房洞户[5]。柱壁雕镂，加以铜漆。窗牖皆有绮疏青琐[6]，图以云气仙灵。台阁周通，更相临望；飞梁石蹬[7]，陵跨水道。金玉珠玑，异方珍怪，充积臧室[8]。远致汗血名马[9]。又广开园囿，采土筑山，十里九坂[10]，以象二崤[11]，深林绝涧，有若自然，奇禽驯兽，飞走其间。冀、寿共乘辇车[12]，张羽盖，饰以金银，游观第内，多从倡

《艺文类聚》引张璠《汉纪》云："梁冀聚土筑山，十里九坂，以象二崤，穷极工巧，积金玉明珠，充牣其中。"

伎，鸣钟吹管，酣讴竞路[13]。或连继日夜，以骋娱恣。客到门不得通，皆请谢门者[14]，门者累千金。又多拓林苑，禁同王家，西至弘农，东界荥阳，南极鲁阳，北达河、淇[15]，包含山薮，远带丘荒[16]，周旋封域，殆将千里。又起菟苑于河南城西，经亘数十里，发属县卒徒，缮修楼观，数年乃成。移檄所在，调发生菟，刻其毛以为识，人有犯者，罪至刑死。尝有西域贾胡，不知禁忌，误杀一菟，转相告言，坐死者十余人。冀二弟尝私遣人出猎上党，冀闻而捕其宾客，一时杀三十余人，无生还者。冀又起别第于城西，以纳奸亡[17]。或取良人[18]，悉为奴婢，至数千人，名曰“自卖人”。

［注释］

[1] 寿：即孙寿，梁冀之妻。寿色美，性妒忌，冀甚宠惮之。桓帝定计诛灭梁氏，寿与梁冀自杀。 [2] 殚：竭尽。 [3] 夸竞：夸耀争竞。 [4] 奥室：深室。 [5] 洞：通。 [6] 绮疏：雕刻成空心花纹的窗户。青琐：装饰门窗的青色连环花纹。 [7] 石蹬：石台阶。 [8] 臧室：收藏室。 [9] 汗血名马：《史记·大宛列传》：“多善马，马汗血，其先天马子也。” [10] 坂（bǎn）：山坡，斜坡。 [11] 二崤：即崤山，因崤山分为东崤、西崤，故称，在今

河南省洛宁县西北。[12] 辇车：用人挽拉的车。[13] 酣讴：尽兴高歌。[14] 请谢：有所请求而谢之以礼物。[15] 河、淇：黄河、淇水。[16] 包含山薮，远带丘荒：《后汉纪》卷二〇曰："诸有山薮丘荒，皆树旗，大题云：民不得犯。" [17] 奸亡：奸民及亡命者。[18] 良人：清白人家的女子。

正所谓"将欲废之，必固兴之；将欲夺之，必固与之"。

元嘉元年，帝以冀有援立之功[1]，欲崇殊典，乃大会公卿，共议其礼。于是有司奏冀入朝不趋，剑履上殿，谒赞不名[2]，礼仪比萧何；悉以定陶、阳成余户增封为四县[3]，比邓禹[4]；赏赐金钱、奴婢、采帛、车马、衣服、甲第，比霍光，以殊元勋。每朝会，与三公绝席[5]。十日一入，平尚书事[6]。宣布天下，为万世法。冀犹以所奏礼薄，意不悦。专擅威柄，凶恣日积[7]，机事大小，莫不谘决之[8]。宫卫近侍，并所亲树[9]。禁省起居，纤微必知。百官迁召，皆先到冀门笺檄谢恩[10]，然后敢诣尚书。

［注释］

[1] 援立：扶立，指扶立帝后及太子。[2]"剑履上殿"二句：言上朝时可不解剑，不脱履，以示殊荣。谒赞：谒见赞拜。《史记·萧相国世家》："赐带剑履上殿，入朝不趋。" [3] 悉以定陶、阳成余户增封为四县：李贤注曰："冀初封襄邑，袭封乘氏，

更以定陶、成阳，足四县。”《资治通鉴》胡三省注：“余谓‘阳成’当作‘成阳’，与定陶、乘氏，皆属济阴郡。” [4] 比邓禹：邓禹封四县，故曰“比邓禹”。 [5] 绝席：不同席。独坐一席，以示尊显。 [6] 平：平议。 [7] 凶恣：凶暴恣肆。 [8] 谘：同“咨”。 [9] 树：置。 [10] 笺檄：犹笺记，给上级官员的书札。

时郎中汝南袁著，年十九，见冀凶纵，不胜其愤，乃诣阙上书……书得奏御，冀闻而密遣掩捕。著乃变易姓名，后托病伪死，结蒲为人，市棺殡送。冀廉问知其诈[1]，阴求得，笞杀之，隐蔽其事。学生桂阳刘常，当世名儒，素善于著，冀召补令史以辱之[2]。时太原郝絜、胡武，皆危言高论[3]，与著友善。先是，絜等连名奏记三府，荐海内高士，而不诣冀，冀追怒之，又疑为著党，敕中都官移檄捕前奏记者并杀之，遂诛武家，死者六十余人。絜初逃亡，知不得免，因舆榇奏书冀门[4]。书入，仰药而死，家乃得全。及冀诛，有诏以礼祀著等。冀诸忍忌[5]，皆此类也。

何焯《义门读书记》云：“危行言逊，东汉君子皆不能孙言自免。”

［注释］

[1] 廉：察。 [2] 令史：秩百石，故以为辱。《北堂书钞》卷

四五引《三辅决录》云："丁邯选为郎，托疾不就。诏问实病否？曰：'实不病，耻以孝廉为令史职耳。'世祖怒杖之数十。" [3] 危：高。 [4] 舆榇（chèn）：用车载棺以随，表示决死或有罪当死。榇，棺材。 [5] 忍忌：残忍忌恨。

永兴二年，封不疑子马为颍阴侯，胤子桃为城父侯。冀一门前后七封侯，三皇后，六贵人，二大将军，夫人、女食邑称君者七人，尚公主者三人，其余卿、将、尹、校五十七人。在位二十余年，穷极满盛，威行内外，百寮侧目[1]，莫敢违命，天子恭己而不得有所亲豫[2]。帝既不平之。延熹二年，太史令陈授因小黄门徐璜，陈灾异日食之变，咎在大将军，冀闻之，讽洛阳令收考授，死于狱，帝由此发怒。

［注释］

[1] 侧目：不敢从正面看，形容畏惧。 [2] 天子恭己：言恭己南面而已，政事无所预也。亲豫：亲自参与。

初，掖庭人邓香妻宣生女猛，香卒，宣更适梁纪[1]。梁纪者，冀妻寿之舅也。寿引进猛入掖庭，见幸，为贵人，冀因欲认猛为其女以自固，乃易猛姓为梁。时猛姊壻邴尊为议郎[2]，冀恐尊沮败宣意[3]，乃结刺客于偃城，刺杀尊，而又欲杀宣。宣家在延熹里，与中常侍袁赦相比[4]，冀使刺客登赦屋，欲入宣家。赦觉之，鸣鼓会众以告宣。宣驰入以白帝[5]，帝大怒，遂与中常侍单超、具瑗、唐衡、左悺、徐璜等五人成谋诛冀。语在《宦者传》。

［**注释**］

[1] 更适：改嫁。 [2] 壻：同“婿”。 [3] 恐尊沮败宣意：不从其改梁姓。沮，坏也。 [4] 相比：相邻。 [5] 白：告诉，陈述。

冀心疑超等，乃使中黄门张恽入省宿[1]，以防其变。具瑗敕吏收恽，以辄从外入，欲图不轨。帝因是御前殿，召诸尚书入，发其事，使尚书令尹勋持节勒丞郎以下皆操兵守省阁[2]，敛诸符节送省中。使黄门令具瑗将左右厩驺、虎贲、羽林、都候剑戟士[3]，合千余人，与司隶校尉张彪共围冀第。使光禄勋袁盱持节收冀大将军印绶，徙封比景都乡侯。冀及妻寿即日皆自杀。悉收子河南尹胤、叔父屯骑校尉让，及亲从卫尉淑、越骑校李澄宇《读后汉书蠡述》云："梁冀于父未死前，刺杀洛阳令吕放，于父既死后，酖弑质帝，枉害太尉李固、前太尉杜乔，考死扶风富士孙奋兄弟，鸩杀荆州刺史吴树，腰斩辽东太守侯猛，笞杀郎中袁著，诬陷南郡太守马融、江夏太守田明，考死太史令陈授，刺杀邓贵人姊壻邴尊。此外诛杀及他，罪恶甚众，虽族灭，殊恨晚也。"

尉忠、长水校尉戟等，诸梁及孙氏中外宗亲送诏狱，无长少皆弃市[4]。不疑、蒙先卒。其它所连及公卿、列校、刺史、二千石死者数十人，故吏宾客免黜者三百余人，朝廷为空，唯尹勋、袁盱及廷尉邯郸义在焉。是时事卒从中发[5]，使者交驰[6]，公卿失其度，官府市里鼎沸，数日乃定，百姓莫不称庆。收冀财货，县官斥卖[7]，合三十余万万，以充王府，用减天下税租之半。散其园囿，以业穷民。录诛冀功者，封尚书令尹勋以下数十人。

［注释］

[1] 省宿：指王宫禁地。 [2] 省闼：宫门。 [3] 驺：骑士。《续汉书·百官志》曰："左右都候各一人，六百石。主剑戟士，徼循宫，及天子有所收考。" [4] 无长少：不论大小。 [5] 卒：同"猝"，突然，仓促。 [6] 交驰：交相奔走，往来不断。 [7] 县官：朝廷。斥卖：出卖。

［点评］

从古至今，几乎每个朝代都有臭名昭著的奸臣，如秦之赵高、西汉之王莽、唐之李林甫、宋之高俅、明之魏忠贤、清之和珅等。东汉一朝，最十恶不赦的罪臣则非梁冀莫属。梁冀在职二十多年，权力达到了"登峰造极”的程度，不光文武百官不敢违抗他的命令，就连天子的权力也被架空，无法亲理政事。梁冀一族前后有七人封侯，出了三位皇后、六位贵人、两位大将军，夫人、女儿中食邑称君的有七人，娶公主为妻的有三人，其余为官卿、将、尹、校的达五十七人。在桓帝联合诸大臣诛杀梁冀及其党羽后，竟然出现“朝廷为空”的荒谬情形，着实令人瞠目。外戚专权对于东汉朝局的腐蠹之深、危害之大，已经从根本上动摇了刘氏执政的根基，由《梁冀传》可见一斑。

对于梁冀家族的灭亡，范晔在《梁冀传》“赞”中发表评论说“商恨善柔，冀遂贪乱”，认为梁冀的父亲梁商“以戚属居大位”，“每存谦柔，虚己进贤”，但却过于软弱，没能教导好梁冀，致使其嚣张至极，最终断送了身家性命。在《邓禹传》“论”中，范晔对外戚必然覆亡的普遍原因作了总结：汉朝的外戚，从西汉到东汉共有十余族，他们强横至极，自取灾难，而且必定给后继的皇帝遗留下灾祸，以至自己倾覆败落。这个倾败的道理在于，外戚获得的恩惠，不是后主赐予的，他们的权势在后主登位前便已有了；后主与他们的情谊不深，对他们的礼节却隆重，只得委屈自己的情性，与他们共谋国事；后主给予后起之臣以宠爱，而原有的宠臣必因他们的地位而遭受危害；君臣之间的嫌隙开始了，外戚的权势便逐渐衰落。

本篇节选自《后汉书·张曹郑列传》。郑玄不愿为官而有好学之心，先后跟从第五元先、张恭祖、马融，以遂自己向学之志。郑玄曾多次拒绝朝廷的征召，一心投入经学的研究，留下了经典的《易》《诗》《书》《礼》等笺注之作，成为一代“纯儒”，对后世产生了深远影响。

郑玄列传

郑玄字康成，北海高密人也[1]。八世祖崇，哀帝时尚书仆射。玄少为乡啬夫[2]，得休归，常诣学官[3]，不乐为吏，父数怒之，不能禁[4]。遂造太学受业[5]，师事京兆第五元先，始通《京氏易》《公羊春秋》《三统历》《九章算术》。又从东郡张恭祖受《周官》《礼记》《左氏春秋》《韩诗》《古文尚书》。以山东无足问者，乃西入关，因涿郡卢植，事扶风马融。

[注释]

[1] 高密：县名，在今山东高密西。 [2] 啬夫：乡官。汉制，乡户五千，郡署有秩，不足五千，县署啬夫，皆主知民善恶，为役先后，知民贫富，为赋多少，平其差品。 [3] 学官：古时主管学务的官员和官学教师；学校。 [4] 父数怒之，不能禁：李贤注引《郑玄别传》曰：“玄年十一二，随母还家，正腊会，同列十数人，皆美服盛饰，语言闲通，玄独漠然如不及，母私督数之，乃曰：‘此非我志，不在所愿’也。” [5] 造太学受业：《杜密传》：“迁北海相。行春到高密县，见郑玄为乡佐，知其异器，即召署郡职，遂遣就学。”《后汉纪》卷二九：“为啬夫，隐恤孤苦，闾里安之。家贫，虽得休假，常诣校官诵经。太守杜密异之，为除吏录，使得极学。”

融门徒四百余人，升堂进者五十余生[1]。融素骄贵，玄在门下，三年不得见[2]，乃使高业弟子传授于玄[3]。玄日夜寻诵，未尝怠倦。会融集诸生考论图纬[4]，闻玄善算，乃召见于楼上[5]，玄因从质诸疑义，问毕辞归[6]。融喟然谓门人曰："郑生今去，吾道东矣[7]。"

以上写郑玄一心向学，转益多师，指出了郑玄学术之本源。此以下围绕"学术本源"举诸事以证明之。

［注释］

[1] 升堂：登上厅堂。比喻学问技艺已入门。　[2] 三年不得见：《郑玄别传》曰："季长，后戚，嫚于待士，玄不得见，住左右，自起精庐。"季长，即马融。　[3] 高业：学业优秀。　[4] 图纬：图谶和纬书。　[5] 乃召见于楼上：《世说新语·文学》篇曰："融尝算浑天不合，诸弟子莫能解，或言玄能者，融召令算，一转便决，众咸骇服。"　[6] 问毕辞归：《郑玄别传》曰："季长又不解剖裂七事，玄思得五，子干得三，季长谓子干曰：'吾与汝皆弗如也。'"子干，即卢植，马融弟子。《说郛》卷九四上引《郑玄别传》曰："在门下七年，以母老归养。"　[7] 吾道东矣：意指自己的学术主张得人继承和推广。

玄自游学，十余年乃归乡里。家贫，客耕东莱，学徒相随已数百千人。及党事起，乃与同郡孙嵩等四十余人俱被禁锢[1]，遂隐修经业，杜门不出[2]。时任城何休好《公羊》学，遂著《公羊墨守》《左氏膏肓》《穀梁废疾》[3]；玄乃发《墨守》，针《膏肓》，起《废疾》。休见而叹曰："康成入吾室，操吾矛[4]，以伐我乎！"初，中兴之后，范升、陈元、李育、贾逵之徒争论古今学，后马融答北地太守刘瓌及玄答何休，义据通深，由是古学遂明[5]。

古文经学经郑玄等人的阐发，逐渐走向昌盛。

[注释]

[1]"及党事起"二句：汉桓帝延熹九年（166）第一次党锢之祸，太仆杜密被免职；汉灵帝建宁元年（168），第二次党锢之祸，杜密被捕，死于狱中。郑玄系杜密故吏，又深得杜密赏识，故连带被锢。 [2]杜门不出：关起门来，不与外界接触。杜门，闭门。 [3]《公羊墨守》：言《公羊》义理深远，不可驳难，如墨翟之守城。《左氏膏肓》：言《左传》病入膏肓，不可救治。《穀梁废疾》：言《穀梁传》如染残疾，缺陷严重。 [4]康成入吾室，操吾矛：郑玄始通《公羊春秋》，今批驳之，故何休云"入吾室，操吾矛"。 [5]古学：古文经学。

灵帝末，党禁解，大将军何进闻而辟之。州郡以进权戚[1]，不敢违意，遂迫胁玄，不得已而诣之。进为设几杖[2]，礼待甚优。玄不受朝服，而以幅巾见[3]。一宿逃去[4]。时年六十，弟子河内赵商等自远方至者数千[5]。后将军袁隗表为侍中，以父丧不行。国相孔融深敬于玄，屣履造门[6]。告高密县为玄特立一乡[7]。

[注释]

[1] 权戚：有权势的外戚。 [2] 几杖：坐几和手杖，皆老者所用，用为敬老者之物。 [3] 幅巾：男子以全幅细绢裹头的头巾。 [4] 一宿逃去：《郑玄别传》曰："玄多所匡正，不用而退。" [5] 赵商：《太平御览》卷七四〇引郑玄《自序》曰："赵商子，字子声，河内温人，博学有秀才，能讲难，而吃不能剧谈。" [6] 屣履：拖着鞋子走路，言求见急切。 [7] 特立一乡：称郑玄所在乡为"郑公乡"，以表敬重。

董卓迁都长安，公卿举玄为赵相[1]，道断不至。会黄巾寇青部，乃避地徐州，徐州牧陶谦接以师友之礼。建安元年，自徐州还高密[2]，道遇黄巾贼数万人，见玄皆拜，相约不敢入县境。玄后尝疾笃[3]，自虑，以书戒子益恩曰："吾家旧贫，不为父母群弟所容，去厮役之吏[4]，游学周、秦之都，往来幽、并、兖、豫之域，获觐乎在位通人[5]，处逸大儒[6]，得意者咸从捧手[7]，有所授焉。遂博稽六艺[8]，粗览传记[9]，时睹秘书纬术之奥[10]。年过四十，乃归供养，假田播

李景星《后汉书评议》云："《玄传》得力处只戒子一书，盖以他人述玄，不如玄之自述为足以信近而传后也。"郑玄对其子的诫勉之言，饱含着父亲对儿子的谆谆关爱，传达着郑玄淡泊名利的高洁操守。

殖[11]，以娱朝夕。遇阉尹擅势[12]，坐党禁锢，十有四年，而蒙赦令，举贤良方正有道[13]，辟大将军三司府。公车再召，比牒并名，早为宰相[14]。惟彼数公，懿德大雅，克堪王臣，故宜式序[15]。吾自忖度，无任于此，但念述先圣之元意，思整百家之不齐，亦庶几以竭吾才，故闻命罔从。而黄巾为害，萍浮南北，复归邦乡。入此岁来，已七十矣。宿素衰落[16]，仍有失误，案之礼典，便合传家[17]。今我告尔以老，归尔以事，将闲居以安性，覃思以终业[18]。自非拜国君之命，问族亲之忧，展敬坟墓[19]，观省野物，胡尝扶杖出门乎！家事大小，汝一承之。咨尔茕茕一夫[20]，曾无同生相依[21]。其勖求君子之道，研赞勿替，敬慎威仪，以近有德[22]。显誉成于僚友，德行立于己志。若致声称，亦有荣于所生，可不深念邪！可不深念邪！吾虽无绂冕之绪[23]，颇有让爵之高[24]。自乐以论赞之功，庶不遗后人之羞。末所愤愤者[25]，徒以亡亲坟垄未成，所好群书率皆腐敝，不得于礼堂写定，传与其人[26]。日西方暮，其可图乎！家今差多于

治学修身之道。

东汉选官重视德才，德才的考察主要依据乡里舆论的评判，于是很多人为欺世盗名费尽心机，互相品评吹捧，出现很多假孝子、假隐士。所以郑玄以“显誉成于僚友，德行立于己志”告诫其子道德品行的确立是自己的志向决定的，而不是同僚、朋友的相互传颂。

昔[27]，勤力务时，无恤饥寒[28]。菲饮食，薄衣服，节夫二者，尚令吾寡恨。若忽忘不识，亦已焉哉[29]！”

［注释］

[1] 赵相：赵王赦之相。 [2] 自徐州还高密：《太平广记》卷一六四引《郑玄别传》曰：“郑玄在徐州，孔文举时为北海相，欲其返郡，敦请恳恻，使人继踵。又教曰：‘郑公久游南夏，今艰难稍平，倘有归来之思，无寓人于室，毁伤其藩垣林木，必缮治墙宇以俟还。’” [3] 疾笃：病势沉重。 [4] 厮役：干杂事的贱役。 [5] 觐：拜见。通人：学识渊博、贯通古今的人。 [6] 处逸：处士隐逸。 [7] 捧手：拱手，表示敬意。 [8] 六艺：指六经。 [9] 传记：指经书的注释。 [10] 秘书纬术：指谶纬。 [11] 播殖：种植，播种。 [12] 阉尹：管领太监之官。 [13] 贤良：汉代察举人才的科目之一，所举为有德行之人。方正：亦汉代察举人才的科目之一，所举为端平正直之人。有道：所举为志行高洁之人。 [14]“比牒并名”二句：言连牒并名被召者，早已为宰相，此指荀爽由处士而为司空。比牒：连牒。并名：并列名字。《后汉书·荀爽传》：“荀爽、郑玄、申屠蟠俱以儒行为处士，累征并谢病不诣。及董卓当朝，复备礼召之。蟠、玄竟不屈以全其高。爽已黄发矣，独至焉，未十旬而取卿相。” [15] 式序：按次第，顺序。 [16] 宿素：往常，平素，一向。 [17] 传家：传家事于子孙。《礼记·曲礼上》：“七十曰老而传。”郑玄注：“传家事，任子孙。” [18] 覃思：深思。 [19] 展敬：祭拜。 [20] 茕茕：孤单无依。 [21] 同生：指兄弟。 [22] 有德：有德之人。 [23] 绂冕：系官印的丝带及大夫以上的礼冠，比喻高官。 [24] 让爵之高：

指频被征辟而不就。 [25] 末：指老年，晚年。 [26] 不得于礼堂写定，传与其人：原作“不得于礼堂写传，定与其人”，据绍兴本改。礼堂，古代习礼的讲堂。传与其人，传于好学之人。 [27] 差：颇。 [28] 恤：忧虑。 [29] 亦已焉哉：《诗经·卫风·氓》：“反是不思，亦已焉哉！”郑笺：“已焉哉，谓此不可奈何。”

时大将军袁绍总兵冀州[1]，遣使要玄[2]，大会宾客，玄最后至，乃延升上坐。身长八尺，饮酒一斛[3]，秀眉明目，容仪温伟。绍客多豪俊，并有才说，见玄儒者，未以通人许之，竞设异端，百家互起。玄依方辩对[4]，咸出问表[5]，皆得所未闻，莫不嗟服。时汝南应劭亦归于绍，因自赞曰：“故太山太守应中远，北面称弟子何如？”玄笑曰：“仲尼之门考以四科[6]，回、赐之徒不称官阀。”劭有惭色。绍乃举玄茂才，表为左中郎将，皆不就。公车征为大司农，给安车一乘，所过长吏送迎。玄乃以病自乞还家。

郑玄博学多才，无意做官。

［注释］

[1] 总兵：统领军队；率兵。 [2] 要：通“邀”。 [3] 饮酒一斛：《太平广记》卷一六四引《郑玄别传》曰：“袁绍一见玄，叹曰：‘吾本谓郑君东州名儒，今乃是天下长者。夫以布衣雄世，斯岂徒然哉！’及去，绍饯之城东，必欲玄醉，会者三百人，皆使离席行觞，

自旦及暮。计玄可饮三百余杯，而温克之容，终日无怠。” [4] 方：类别。 [5] 咸出问表：超出问题之外。 [6] 四科：孔子教授的四种科目，指德行、言语、政事、文学。

五年春，梦孔子告之曰：“起，起，今年岁在辰，来年岁在巳。”既寤，以谶合之[1]，知命当终，有顷寝疾。时袁绍与曹操相拒于官度[2]，令其子谭遣使逼玄随军。不得已，载病到元城县[3]，疾笃不进[4]，其年六月卒，年七十四。遗令薄葬。自郡守以下尝受业者，缞绖赴会千余人[5]。

［注释］

[1] 以谶合之：《山堂肆考》卷一五三引谶云：“岁在龙蛇，贤人嗟嗟。” [2] 官度：在今河南省中牟县东北。 [3] 元城：属魏郡，在今河北大名东。 [4] 疾笃不进：《三国志 · 魏志 · 袁绍传》裴松之注：“《英雄记》载太祖作《董卓歌》辞云：‘德行不亏缺，变故自难常。郑康成行酒，伏地气绝，郭景图命尽于园桑。’如此之文，则玄无病而卒。” [5] 缞绖（cuī dié）：丧服。

门人相与撰玄答诸弟子问五经，依《论语》作《郑志》八篇[1]。凡玄所注《周易》《尚书》《毛诗》《仪礼》《礼记》《论语》《孝经》《尚书大传》《中候》《乾象历》[2]，又著《天文七政论》《鲁礼禘祫义》《六艺论》《毛诗谱》《驳许慎五经异义》《答林孝存周礼难》[3]，凡百余万言。

郑玄著述丰富，其将汉代的注疏之学推向极致。

[注释]

[1]《郑志》：《孝经正义》："郑君卒后，其弟子追论师所注述及应对时人，谓之《郑志》。""郑之弟子分授门徒，各述所言，更为问答，编录其语，谓之《郑记》。" [2]"凡玄所注"句：李贤注曰："案《谢承书》载玄所注与此略同，不言注《孝经》，唯此书独有也。"现学界一般认为郑玄不注《孝经》。《晋书·律历志》：汉灵帝时，会稽东部尉刘洪作《乾象历》。"献帝建安元年，郑玄受其法，以为穷幽极微，又加注释焉。" [3]《答林孝存周礼难》：贾公彦《序周礼废兴》："林孝存以为武帝知《周官》末世渎乱不验之书，故作《十论》《七难》以排弃之。何休亦以为六国阴谋之书。唯有郑玄遍览群经，知《周礼》者，乃周公致太平之迹，故能答林硕之论难，使《周礼》义得条通。"

玄质于辞训，通人颇讥其繁。至于经传洽孰[1]，称为纯儒，齐、鲁间宗之。

王先谦《后汉书集解》云："后汉经师辈出，不独郑君，而洙泗之传，则莫盛于齐鲁，言齐鲁间宗之，他可知矣。此自立言之体，不得遽疑为陋。"

[注释]

[1] 洽孰：博通审悉。孰，通"熟"。

论曰：自秦焚六经，圣文埃灭[1]。汉兴，诸儒颇修艺文；及东京，学者亦各名家。而守文之徒，滞固所禀[2]，异端纷纭，互相诡激，遂令经有数家，家有数说，章句多者或乃百余万言[3]，学徒劳而少功，后生疑而莫正。郑玄括囊大典，网罗众家[4]，删裁繁诬，刊改漏失，自是学者略知所归。王父豫章君每考先儒经训[5]，而长于玄[6]，常以为仲尼之门不能过也。及传授生徒，并专以郑氏家法云[7]。

范晔用短短二十余字即概括出郑玄的学术成就与贡献，让人叹服！

［注释］

[1] 埃灭：比喻消亡，泯灭。埃，尘。 [2] 滞固所禀：言学者各守所见，不欲融会。滞固，犹固执。禀，受。 [3] 章句多者或乃百余万言：博士秦恭，增《小夏侯尚书章句》至百余万言。 [4] 网罗众家：融今、古文经学于一体。 [5] 王父：祖父。 [6] 而长于玄：范晔祖父宁，晋武帝时为豫章太守，撰《春秋左氏传集解》，其考经义，每以郑玄为长。 [7] 专以郑氏家法云：言范宁教授专崇郑学。

［点评］

郑玄是东汉著名的经学大师，其以“述先圣之元意，整百家之不齐”为己任，遍注《毛诗》《尚书》《周易》《论语》及三《礼》等儒家重要典籍，建立了以古文经学为主的“郑学”，成为汉代经学领域的集大成者。郑玄的学术成就具有历史性和长久性。他的注疏成果，一方面将汉代的注疏之学推向极盛；另一方面，又为后世研读经典提供了范本。他精深的学术造诣对历朝历代的经史研究都产生了重要影响。

郑玄虽身处分裂动荡的汉末时局，其人生道路与治学之途艰难而坎坷，但是他不畏险阻，即便年老体衰，依旧存有“老骥伏枥，志在千里”的浩然壮志，自始至终、一如既往地坚守在自己的学术阵地上。《颜氏家训·勉学》说：“汉时贤俊，皆以一经弘圣人之道，上明天时，下该人事，用此致卿相者多矣。”于精通数经的郑玄而言，得到官爵、步入仕途似乎轻而易举，但他却选择了守节不仕，隐修经业，这种矢志不渝的精神，令人钦佩。《郑玄传》昭示着郑玄的勤勉、博学以及其对理想的坚守和对人生价值的探求。在喧嚣纷扰的时代，郑玄这种遗世独立的高洁情操显得尤为可贵。

班彪列传

本篇选自《后汉书·班彪列传》。《班彪传》讲述了班彪识大体、择明主、讽鉴《史记》、谏言东宫当备官属等事。

班彪字叔皮，扶风安陵人也。祖况，成帝时为越骑校尉。父稚，哀帝时为广平太守。彪性沉重好古。年二十余，更始败，三辅大乱。时隗嚣拥众天水，彪乃避难从之。嚣问彪曰：“往者周亡，战国并争，天下分裂，数世然后定。意者从横之事复起于今乎[1]？将承运迭兴，在于一人也？愿生试论之。”对曰：“周之废兴，与汉殊异。昔周爵五等[2]，诸侯从政[3]，本根既微，枝叶强大，故其末流有从横之事，势数然也。汉承秦制，改立郡县，主有专己之威[4]，臣无百年之柄。至于成帝，假借外家[5]，哀、平短祚，国嗣三绝[6]，故王氏擅朝，因窃号位。危自上起，伤不及下[7]，是以即真之后[8]，天下莫不引领而叹[9]。十余年间，中外搔扰[10]，远近俱发，假号云合，咸称刘氏[11]，不谋同辞。方今雄桀带州域者[12]，皆无七国世业之资[13]，而百姓讴吟，思仰汉德[14]，已可知矣。”嚣曰：“生言周、汉之势可也；至于但见愚人习识刘氏姓号之故，而谓汉家复兴，疏矣[15]。昔秦失其鹿[16]，刘季逐而羁之[17]，时人复知汉乎？”

成语“百年之柄”出自此处。形容长久的权利。

［注释］

[1] 意者：《汉书·叙传》作“抑者”，表示测度，大概，或许，恐怕。从横：同纵横。 [2]周爵五等：公、侯、伯、子、男。 [3]诸侯从政：《汉书·叙传》“诸侯从政”颜师古注：“言诸侯之国各别为政。” [4] 专己：独断专行。 [5] 假借：借助。外家：外戚。指王凤、王商等，并辅政，领尚书事。 [6] 哀、平短祚，国嗣三绝：哀帝在位六年，平帝在位五年，故曰短祚。成、哀、平三帝俱无

子，故曰三绝。 [7] 危自上起，伤不及下：自成帝以来王权旁落，至于王莽篡汉，故曰危自上起。汉德无害于百姓，故曰伤不及下。 [8] 即真：指王莽由摄政而即帝位。 [9] 引领：伸颈远望，言期望殷切。 [10] 搔扰：骚动。 [11] 咸称刘氏：谓王郎、卢芳等并诈称刘氏。 [12] 带：兼并，领有。 [13] 七国：齐、楚、燕、韩、赵、魏、秦。世业：世代相传的功业。 [14] 思仰：思念仰慕。 [15] 疏：疏阔。 [16] 鹿：喻帝位。 [17] 刘季：刘邦。

彪既疾嚣言，又伤时方艰，乃著《王命论》，以为汉德承尧[1]，有灵命之符[2]，王者兴祚[3]，非诈力所致，欲以感之，而嚣终不寤，遂避地河西。河西大将军窦融以为从事，深敬待之，接以师友之道。彪乃为融画策事汉，总西河以拒隗嚣。

李景星《后汉书评议》云："传班彪以能识大体为主，故开首即载其对隗嚣之言，以见天命有归，非人力之所能为。而彪能见及于此，其识力之高，迥出东京诸儒以上，不独才大学博也。"

[注释]

[1] 以为汉德承尧：以为汉朝继承了尧的德泽。汉德承尧，这是一种关于五德终始的五行之说。汉朝的儒者认为刘氏是唐尧的后裔，尧以火德王，则汉承尧运，也以火德王。 [2] 灵命：灵瑞和天命。 [3] 祚：国统。

及融征还京师，光武问曰："所上章奏，谁与参之？"融对曰："皆从事班彪所为。"帝雅闻彪材[1]，因召入见，举司隶茂才[2]，拜徐令[3]，以病免。后数应三公之命，辄去。

以上写班彪知天命而投明君，正所谓“择木之禽，得栖良木；择主之臣，得遇良主”。

［注释］

[1]雅：素。 [2]举司隶茂才：司隶举为茂才。 [3]徐：县名，在今江苏泗洪南。

彪既才高而好述作，遂专心史籍之间。武帝时，司马迁著《史记》，自太初以后，阙而不录，后好事者颇或缀集时事，然多鄙俗，不足以踵继其书。彪乃继采前史遗事，傍贯异闻，作后传数十篇，因斟酌前史而讥正得失。其略论曰：

杨树达《积微居读书记》云：“《论衡》佚文篇云：‘班叔皮续太史公书，载乡里人以为恶戒，叔皮不为恩挠。’”

唐虞三代[1]，《诗》《书》所及，世有史官，以司典籍，暨于诸侯[2]，国自有史，故《孟子》曰“楚之《梼杌》，晋之《乘》，鲁之《春秋》，其事一也[3]”。定哀之间[4]，鲁君子左丘明论集其文，作《左氏传》三十篇，又撰异同，号曰《国语》，二十一篇[5]，由是《乘》《梼杌》之事遂暗[6]，而《左氏》《国语》独章[7]。又有记录黄帝以来至春秋时帝王公侯卿大夫，号曰《世本》，一十五篇。春秋之后，七国并争，秦并诸侯，则有《战国策》三十三篇。汉兴定天下，太中大夫陆贾记录时功，作《楚汉春秋》九篇。孝武之世，太史令司马迁采《左氏》《国语》，删《世本》《战国策》，据楚、汉列国时事，上自黄帝，下讫获麟[8]，作本纪、世家、列传、书、表凡百三十篇，而十篇缺焉。迁之所记，从汉元至武以绝，则其功也。至于采经摭传，分散百家之事，甚多疏略，不如其本[9]，务欲以多闻广载为功，论议浅而不笃。其论术学，则崇黄老而薄五经[10]；序货殖，则轻仁义而羞贫穷；道游侠，则贱守节而贵俗功：此其大敝伤道，所以遇极刑之咎也[11]。然善述序事理，辩而不华，质而不野，文质相称，盖良史之才也。诚令迁依五经之法言，同圣人之是非，意亦庶几矣[12]。

[注释]

[1] 唐、虞：唐尧、虞舜。三代：夏、商、周。 [2] 暨：至。 [3] "故《孟子》曰"四句：《孟子·离娄下》之文。赵岐注："此三大国史记之异名。" [4] 定哀：鲁定公、鲁哀公。 [5] 二十一篇：原作"二十篇"，据绍兴本改。 [6] 暗：不行于世，故曰暗。 [7] 章：彰明，显著。 [8] 获麟：《汉书·武帝纪》："元狩元年冬十月，行幸雍，祠五畤，获白麟。" [9] 不如其本：不如其所依本。 [10] 黄老：指道家。五经：指以五部儒家经典为核心内

容的儒学。[11] 极刑：指司马迁遭受宫刑。[12] 庶几：差不多。

夫百家之书，犹可法也。若《左氏》《国语》《世本》《战国策》《楚汉春秋》《太史公书》，今之所以知古，后之所由观前，圣人之耳目也[1]。司马迁序帝王则曰本纪，公侯传国则曰世家，卿士特起则曰列传。又进项羽、陈涉而黜淮南、衡山[2]，细意委曲[3]，条例不经[4]。若迁之著作，采获古今，贯穿经传，至广博也。一人之精，文重思烦，故其书刊落不尽[5]，尚有盈辞，多不齐一。若序司马相如，举郡县[6]，著其字，至萧、曹、陈平之属[7]，及董仲舒并时之人，不记其字，或县而不郡者，盖不暇也。今此后篇，慎覈其事，整齐其文，不为世家，唯纪、传而已。传曰："杀史见极，平易正直，《春秋》之义也[8]。"

史珥《后汉书勦说》云："《史记》进陈、项，诚违史例，然意在诛秦而哀楚。且'本纪''世家'之名前无所因，后人乃渐缕析条分，叔皮深咎创始之人，正乃入子长之室而操其戈也。"

以上写班彪讥正前史。

[注释]

[1] 圣人：指帝王。[2]"又进"句：项羽、陈涉皆应在列传，而司马迁把项羽列在本纪，把陈涉列在世家，故曰"进"。淮南王、衡山王应在世家，而被编在列传，故曰"黜"。[3] 细意：微意。委曲：隐晦曲折。[4] 不经：不合常理。[5] 刊落：删除。[6] 举郡县：记载司马相如所在郡、县。[7] 萧、曹：萧何、

曹参。 [8]“传曰”三句：明卓尔康《春秋辩义》卷首引杨用修曰：“杀史见极，言杀其繁辞，以成简严之体。平易正直，言直书其事，而褒贬自见。”

彪复辟司徒玉况府。时东宫初建，诸王国并开，而官属未备，师保多阙[1]。彪上言曰：

孔子称“性相近，习相远也”。贾谊以为“习与善人居，不能无为善，犹生长于齐，不能无齐言也。习与恶人居，不能无为恶，犹生长于楚，不能无楚言也”。是以圣人审所与居，而戒慎所习。昔成王之为孺子，出则周公、邵公、太史佚，入则太颠、闳夭、南宫括、散宜生，左右前后，礼无违者[2]，故成王一日即位，天下旷然太平。是以《春秋》“爱子教以义方，不纳于邪。骄奢淫佚，所自邪也”。《诗》云：“诒厥孙谋，以宴翼子[3]。”言武王之谋遗子孙也。

正所谓“近朱者赤，近墨者黑”，环境对人的发展影响巨大。

［注释］

[1] 师保：辅弼太子及诸侯王之官。 [2] 违：失。 [3]“《诗》云”二句：《诗经·大雅·文王有声》诗句。李贤注曰：“诒，遗也。宴，安也。翼，敬也。”

汉兴，太宗使晁错导太子以法术[1]，贾谊教梁王以《诗》《书》。及至中宗[2]，亦令刘向、王褒、萧望之、周堪之徒，以文章儒学保训东宫以下[3]，莫不崇简其人[4]，就成德器。今皇太子诸王，虽结发学问，修习礼乐，而傅相未置贤才，官属多阙旧典。宜博选名儒有威重明通政事者，以为太子太傅，东宫及诸王国，备置官属。又旧制，太子食汤沐十县[5]，设周卫交戟，五日一朝，因坐东厢，省视膳食，其非朝日，使仆、中允旦旦请问而已，明不媟黩[6]，广其敬也。

以上写班彪谏言“官属未备，师保多阙”。

［注释］

[1]太宗：汉文帝。法术：帝王统治之术。 [2]中宗：汉宣帝。 [3]“亦令”二句：元帝为太子，宣帝使王褒、刘向、张子侨等之太子宫，娱侍太子，朝夕诵读。萧望之为太傅，周堪为少傅。保训：护育教导。 [4]崇简：郑重选择。 [5]汤沐：收取赋税的私邑。 [6]媟（xiè）黩：同“亵渎”，亵狎，轻慢。

书奏，帝纳之。后察司徒廉为望都长[1]，吏民爱之。建武三十年，年五十二，卒官。所著赋、论、书、记、奏事合九篇。二子：固，超。超别有传。

[注释]

[1] 察司徒廉：司徒察其廉洁。望都：县名，在今河北望都西北。

论曰：班彪以通儒上才，倾侧危乱之间[1]，行不逾方[2]，言不失正，仕不急进，贞不违人[3]，敷文华以纬国典[4]，守贱薄而无闷容。彼将以世运未弘，非所谓贱焉耻乎？何其守道恬淡之笃也[5]！

《论语·泰伯》篇：子曰："邦有道，贫且贱焉，耻也。邦无道，富且贵焉，耻也。"

[注释]

[1] 倾侧：困顿，颠沛。 [2] 行不逾方：《周易·恒卦》："君子以立不易方。"孔颖达疏："方，犹道也。" [3] 贞：真诚。 [4] 纬：编写。 [5] "彼将以"三句：言彪当中兴之初，时运未泰，故不以贫贱为耻，而守道甚坚。恬淡，清静。笃，坚固。

[点评]

本篇主要叙述了班彪的三件事。其一是在西汉末年，群雄割据的情形下，班彪冷静客观地为隗嚣和窦融分析天下形势。指出秦汉以来，君主专制的中央集权制度已经建立，虽然目前四海板荡，但不会出现西周末年天下纷争的情形。另一方面，他结合实际告诫隗嚣，现在各路势力都托名刘氏，反抗新莽统治，这反映了百姓思仰汉德的心愿，汉室必将复兴。隗嚣赞同天下不会出现诸侯纷争的情形，但对刘氏必将复兴的看法不以为然。相反，窦融则认同班彪的看法，历史证明了班彪的远见卓识。隗嚣先归后叛，最终愤恨而死。窦融则顺势而为，投靠光武帝，拜为三公，富贵终老。可以说，班彪的这番高论，体现了他对周汉以来历史发展进程的深刻认识和对汉末社会人心的敏锐洞察。

其二是记录了班彪对此前《左氏传》《国语》《世本》《战国策》《楚汉春秋》《太史公书》等史书的追述，尤对司马迁的《太史公书》着墨最多。班彪一方面认为《太史公书》记述了从黄帝到武帝以来数千年的历史，是一代良史。同时也对《太史公书》提出了严厉批评，认为其对百家的记载粗疏简陋；全书议论肤浅不实，体例不够整齐划一；不依照五经的礼法观念，轻视仁义、耻贫穷、贱节烈、崇建功。班彪对于《太史公书》提出的三点批评，前两点尚为公允。至于后一点，则失之偏颇。西汉初年，儒家思想还没有完全占据统治地位，所以司马迁推崇黄老之学、重视商品经济和世俗功业，无可厚非。班彪生活于两汉之交，儒家思想已有了上百年的统治地位。班彪认为司马迁离经叛道，这是从他本身就是儒家的忠实信徒的角度加以批判的，这种批评无疑具有历史局限性。

其三则是班彪上书光武帝，认为“性相近，习相远”，列举了周武王让周公、召公等贤臣辅佐成王，汉文帝派晁错教习景帝、派贾谊教导梁王，汉宣帝派刘向、王褒等训侍元帝的先例，建议光武帝博选名儒担任皇子们的老师。这一建议得到了光武帝的采纳，这是班彪在东汉初年政治上的贡献。

通观《班彪传》，范晔聚焦班彪的儒才与史才。班彪的儒才主要体现在上书光武帝选儒者为皇子师。后来深习儒术的明帝即位，经学在东汉初年得到进一步发展，可以说与班彪此番上书息息相关。班彪的史才主要体现在他接续《太史公书》，采前史遗事，傍贯异闻，作后传数十篇。班彪所撰写内容后为其子班固《汉书》所采，可谓对一代史学名著《汉书》有导夫先路之功。

班固列传

本篇节选自《后汉书·班彪列传》。李景星《后汉书评议》云：班彪有二子班固、班超，班固擅文，班超擅武，班超以武功而别有传，则此详载班固之事。《班彪列传》虽以“班彪”为名，但所记载班固之事反而多于其父班彪。

固字孟坚。年九岁，能属文诵诗赋[1]，及长，遂博贯载籍，九流百家之言[2]，无不穷究。所学无常师，不为章句，举大义而已[3]。性宽和容众，不以才能高人，诸儒以此慕之。

[注释]

[1] 赋：原作“诗”，据绍兴本改。 [2] 九流：儒家、道家、阴阳家、法家、名家、墨家、纵横家、杂家、农家。 [3]“不为章句”二句：不为章句之学，而举大义，乃通才之道。

永平初，东平王苍以至戚为骠骑将军辅政，开东阁，延英雄[1]。时固始弱冠，奏记说苍[2]……

苍纳之。

李景星《后汉书评议》云："奏记说东平王苍，乃固之出首惊人处。"

[注释]

[1] 开东阁，延英雄：《汉书·公孙弘传》："弘自见为举首，起徒步，数年至宰相封侯，于是起客馆，开东阁以延贤人。"王先谦补注引姚鼐曰："此阁是小门，不以贤者为吏属，别开门延之。" [2] 奏记：向官府陈述意见的文书。

父彪卒，归乡里。固以彪所续前史未详，乃潜精研思，欲就其业。既而有人上书显宗，告固私改作国史者，有诏下郡，收固系京兆狱，尽取其家书。先是，扶风人苏朗伪言图谶事，下狱死。固弟超恐固为郡所覈考[1]，不能自明，乃驰诣阙上书，得召见，具言固所著述意，而郡亦上其书。显宗甚奇之，召诣校书部，除兰台令史[2]，与前睢阳令陈宗、长陵令尹敏、司隶从事孟异共成《世祖本纪》。迁为郎，典校秘书。固又撰功臣、平林、新市、公孙述事，作列传、载记二十八篇[3]，奏之。帝乃复使终成前所著书。

李澄宇《读后汉书蠡述》云："人告固私改作国史，而明帝反除固兰台令史，虽因弟超上书，亦由固本书不愧良史也。"

[注释]

[1] 覈考：审核拷问。 [2] 兰台令史：《续汉书·百官志》："兰

台令史，六百石。掌奏及印工文书。”［3］“固又撰”二句：为功臣作列传，为平林、新市、公孙述等地方割据势力作载记。

李景星《后汉书评议》云：“载修史事，与《彪传》讥正前史相应。”

固以为汉绍尧运[1]，以建帝业，至于六世[2]，史臣乃追述功德[3]，私作本纪，编于百王之末[4]，厕于秦、项之列[5]，太初以后，阙而不录，故探撰前记[6]，缀集所闻，以为《汉书》。起元高祖，终于孝平、王莽之诛，十有二世，二百三十年[7]，综其行事，傍贯五经，上下洽通，为《春秋》考纪、表、志、传凡百篇[8]。固自永平中始受诏，潜精积思二十余年，至建初中乃成。当世甚重其书，学者莫不讽诵焉。

［注释］

［1］绍：继。［2］六世：指武帝。［3］史臣：指司马迁。［4］末：《史记》起自黄帝，汉居其末。［5］秦、项：秦始皇、项羽。［6］探撰：探究编次。［7］十有二世，二百三十年：高帝、惠帝、吕后、文帝、景帝、武帝、昭帝、宣帝、元帝、成帝、哀帝、平帝，凡十二世，至更始帝，合二百三十年。［8］“为《春秋》考”句：纪十二，表八，志十，列传七十，合百篇。李贤注引《汉书音义》曰：“《春秋》考纪，谓帝纪也。言考核时事，具四时以立言，如《春秋》之经。”

自为郎后，遂见亲近。时京师修起宫室，浚缮城隍[1]，而关中耆老犹望朝廷西顾[2]。固感前世相如、寿王、东方之徒，造构文辞，终以讽劝[3]，乃上《两都赋》，盛称洛邑制度之美，以折西宾淫侈之论[4]。

李景星《后汉书评议》云："载东西《两都赋》，与《彪传》能识天命相应。"

袁行霈主编《中国文学史》说："以都洛、都雍（长安）为题材的作品，规模宏大、别具特色、成就突出、影响最大的，当推班固《两都赋》，它开创了京都赋的范例。"

［注释］

[1] 浚：疏通。缮：修缮。城隍：城墙和护城河。 [2] 西顾：言迁都长安。 [3]"固感前世"三句：司马相如作《上林赋》《子虚赋》，吾丘寿王作《士大夫论》及《骠骑将军颂》，东方朔作《客难》及《非有先生论》，其辞皆有所讽喻。 [4] 西宾：《两都》中虚构的长安人。

及肃宗雅好文章[1]，固愈得幸，数入读书禁中，或连日继夜。每行巡狩，辄献上赋颂，朝廷有大议，使难问公卿，辩论于前，赏赐恩宠甚渥[2]。固自以二世才术[3]，位不过郎，感东方朔、杨雄自论[4]，以不遭苏、张、范、蔡之时，作《宾戏》以自通焉。后迁玄武司马[5]。天子会诸儒讲论五经，作《白虎通德论》，令固撰集其事。

班固认为自己才高于世而职不匹位，所以在《答宾戏》和《居幽赋》中婉曲地表达了自己怀才不遇的抑郁之情。

《白虎通德论》即《白虎通义》，是我国历史上重要的经史典籍。

[注释]

[1] 雅：素。 [2] 渥：丰厚。 [3] 二世：指班彪与班固。 [4] 感东方朔、杨雄自论：《汉书 · 东方朔传》载东方朔《答客难》曰："使苏秦、张仪与仆并生于今之世，曾不得掌故，安敢望常侍郎乎？"《汉书 · 扬雄传下》载扬雄《解嘲》曰："范睢，魏之亡命也……激卬万乘之主，界泾阳抵穰侯而代之，当也。蔡泽，山东之匹夫也……西揖彊秦之相，搤其咽，炕其气，附其背而夺其位，时也……有谈范、蔡之说于金、张、许、史之间，则狂矣。"杨雄，即扬雄。 [5] 玄武司马：《续汉书 · 百官志》："宫掖门，每门司马一人，秩比千石。玄武司马，主玄武门。"

时北单于遣使贡献，欲求和亲，诏问群僚。议者或以为："匈奴变诈之国，无内向之心，徒以畏汉威灵，逼惮南虏[1]，故希望报命[2]，以安其离叛。今若遣使，恐失南虏亲附之欢，而成北狄猜诈之计，不可。"固议曰："窃自惟思，汉兴以来，旷世历年[3]，兵缠夷狄，尤事匈奴。绥御之方[4]，其塗不一，或修文以和之，或用武以征之，或卑下以就之[5]，或臣服而致之[6]。虽屈申无常，所因时异，然未有拒绝弃放，不与交接者也。故自建武之世，复修旧典，数出重使[7]，前后相继，至于其末，始乃暂绝。永平八年，复议通之。而廷争连日，异同纷回[8]，多执其难，少言其易。先帝圣德远览，瞻前顾后，遂复出使[9]，事同前世。以此而推，未有一世阙而不修者也。……臣愚以为宜依故事，复遣使者，上可继五凤、甘露致远人之会[10]，下不失建武、永平羁縻之义[11]……”

李景星《后汉书评议》云：“载匈奴和亲之议，为后来从征匈奴作伏笔。”

［注释］

[1] 南虏：指南匈奴。 [2] 报命：报聘。 [3] 旷世：指久历年代。 [4] 绥：安抚。御：防御。 [5] 卑下以就之：文帝与匈奴通关市，妻以汉女，增厚其赂。 [6] 臣服而致之：宣帝时匈奴稽首臣服，遣子入侍。 [7] 数出重使：《光武帝纪》：“建武二十二年，匈奴薁鞬日逐王比遣使诣渔阳请和亲，使中郎将李茂报命。”“二十六年，遣中郎将段郴授南单于玺绶，令入居云中，始置使匈奴中郎将，将兵卫护之。南单于遣子入侍，奉奏诣阙。” [8] 纷回：变化繁多貌。 [9] 复出使：《明帝纪》：“永平八年，遣越骑司马郑众报使北匈奴。” [10] 五凤、甘露致远人之会：《汉书·宣帝纪》：五凤二年冬十一月，匈奴呼遬累单于帅众来降，封为列侯。“甘露元年，匈奴呼韩邪单于遣子右贤王铢娄渠堂入侍。” [11] 羁縻：笼络，怀柔。《汉书·匈奴传下》：“其慕义而贡献，则接之以礼让，羁靡不绝。”

固又作《典引篇》，述叙汉德[1]。以为相如《封禅》，靡而不典[2]，杨雄《美新》，典而不实[3]，盖自谓得其致焉[4]。

李景星《后汉书评议》云：“载《典引篇》，又为前之《两都赋》作映带也。”

[注释]

[1]“固又作”二句：李贤注曰：“典，谓《尧典》。引，犹续也。汉承尧后，故述汉德，以续《尧典》。” [2]靡而不典：文虽靡丽，而不合典则。 [3]典而不实：体虽典则，而其事虚伪。 [4]致：极致。

固后以母丧去官。永元初，大将军窦宪出征匈奴，以固为中护军，与参议。北单于闻汉军出，遣使款居延塞，欲修呼韩邪故事，朝见天子，请大使。宪上遣固行中郎将事[1]，将数百骑与虏使俱出居延塞迎之。会南匈奴掩破北庭，固至私渠海，闻虏中乱，引还。及窦宪败，固先坐免官。

[注释]

[1]上：上书请求。行：代理。

固不教学诸子[1]，诸子多不遵法度，吏人苦之[2]。初，洛阳令种兢尝行，固奴干其车骑[3]，吏椎呼之[4]，奴醉骂，兢大怒，畏宪不敢发，心衔之[5]。及窦氏宾客皆逮考，兢因此捕系固，遂死狱中。时年六十一。诏以谴责兢，抵主者吏罪[6]。

[注释]

[1]教学：教育。[2]人：当作“民”。[3]干：冲犯。[4]椎：击。“椎”字，原作“推”，据绍兴本改。[5]衔：怀恨。[6]抵主者吏罪：把主办此案的官吏治罪。

论曰：司马迁、班固父子，其言史官载籍之作，大义粲然著矣。议者咸称二子有良史之才。迁文直而事覈[1]，固文赡而事详。若固之序事，不激诡[2]，不抑抗[3]，赡而不秽[4]，详而有体，使读之者亹亹而不厌[5]，信哉其能成名也。彪、固讥迁，以为是非颇谬于圣人[6]。然其论议常排死节，否正直，而不叙杀身成仁之为美，则轻仁义，贱守节愈矣[7]。固伤迁博物洽闻，不能以智免极刑[8]；然亦身陷大戮，智及之而不能守之[9]。呜呼，古人所以致论于目睫也！

《史记·越王勾践世家》：“齐使者曰：‘幸也越之不亡也。吾不贵其用智之如目，见豪毛而不见其睫也。今王知晋之失计，而不自知越之过，是目论也。’”司马贞《索隐》：“言越王知晋之失，不自觉越之过，犹人眼能见豪毛，而自不见其睫，故谓之目论也。”

[注释]

[1]覈：确实。[2]激诡：偏激诡随。诡随，指不顾是非而妄随人意。[3]抑抗：贬低抬高。[4]秽：杂乱。[5]亹亹（wěi wěi）：勤勉不倦貌。[6]“彪、固讥迁”二句：《班彪传》云：“其论术学，则崇黄老而薄五经；序货殖，则轻仁义而羞贫穷；道游侠，则贱守节而贵俗功：此其大敝伤道，所以遇极刑之咎也。诚令迁依五经之法言，同圣人之是非，意亦庶几矣。”[7]愈：甚。[8]极

刑：指宫刑。 [9]智及之而不能守之：《论语·卫灵公》，子曰：“知及之，仁不能守之，虽得之，必失之。”

[点评]

本篇主要记叙了班固在史学、文学上的成就和政治上的得失。

在史学领域，班固受到东汉初年经学和家学的濡染，继承了《史记》的体裁，发扬了司马迁在构建史学体系中的创新精神，历时二十余年，撰成了继《史记》之后的又一史学名著《汉书》。《汉书》成就甚高，是我国第一部纪传体断代史，开朝代史之先河，故后世将其与《史记》并列，将司马迁和班固合称为“马班”。就体例而言，《汉书》分为十二本纪、七十列传、十志、八表，继承了《史记》“纪传体”的撰写体例，并根据东汉时代特色，改“书”为“志”，删去“世家”这一目类。就内容而言，《汉书》记叙了汉高祖元年（前206）到刘玄更始二年（24）共二百三十年的历史，其最大的特点是博采众长，系统周详，多有开创。例如较之《史记》的八书，《汉书》的十志所增加的《刑法志》《地理志》《艺文志》《五行志》等，均是后世研究秦汉社会各方面的重要资料，后代史书亦多沿用《汉书》诸志名目。正所谓“自尔讫今，无改斯道”，《汉书》对后代史书的编纂和史学的发展产生了深远影响。在文学领域，《汉书》亦是古代传记文学的代表，这主要表现在它对西汉盛世各类人物的生动记叙方面。

此外，针对东汉定都之争，班固作名篇《两都赋》

以肯定东都洛阳的优越性。因其卓越的才华，班固成为汉章帝的御用文人，每行巡狩，就献上赋颂。值得注意的是，班固虽才高八斗，但是在明、章二帝时期，并不得重用，只是被统治者当作身边润色鸿业的弄臣。这与班固的理想存在极大的落差，因此他在不少文学作品中常流露出怀才不遇的感慨。章帝之后，外戚窦宪掌权，班固党附窦宪，随军远征，求得高官厚禄，纵容诸子不法，横行霸道，随后窦宪倒台，班固也身死狱中。

纵观班固的一生，他早年曾上书东平王刘苍，举荐贤才，得到刘苍的肯定。这是班固早年正直敢言的写照。到了中年以后，经历了私撰《汉书》下狱的风波和身为帝王身边文学弄臣的境遇。政治上的不断波折改变了其正直的品性，使其价值观变得排死节，否正直，轻仁义，贱守节。在飞扬跋扈的窦宪掌权后，他攀缘窦氏是明显的政治投机行为。得权之后，对诸子横行不法放任自流，最终落得身死狱中的下场。在某种程度上说，才华上的拔萃与政治上的失落使班固的一生充满悲情色彩，但凭借《汉书》《两都赋》《封燕然山铭》等著作文章，足以使其名垂青史，不失为一代优秀的史学家、文学家。

袁安列传

袁安字邵公，汝南汝阳人也[1]。祖父良，习《孟氏易》[2]，平帝时举明经，为太子舍人；建武

本篇节选自《后汉书·袁张韩周列传》。李景星《后汉书评议》:“袁安、张酺、韩棱、周荣以公忠体国合传。”范晔通过描写袁安秉公办事不徇私情、抑制贵戚刚正不阿、筹划边事有勇有谋等几个主题，展现了一个忠直耿介、不畏强权、受人爱戴的荩臣形象。袁安子孙后代多得重用，汝南袁氏成为东汉有名的世家大族。

初，至成武令[3]。安少传良学。为人严重有威[4]，见敬于州里。初为县功曹[5]，奉檄诣从事，从事因安致书于令[6]。安曰："公事自有邮驿[7]，私请则非功曹所持。"辞不敢受[8]，从事瞿然而止。后举孝廉，除阴平长、任城令[9]，所在吏人畏而爱之。

《汉碑集释·袁安碑》："永平三年二月庚午，以孝廉除郎中。四年十一月庚午，除给事谒者。五年四月乙□，迁东海阴平长。十年二月辛巳，迁东平任城令。"

［注释］

[1] 汝阳：县名，在今河南周口西南。 [2]《孟氏易》：西汉孟喜所传《易》学。 [3] 成武：县名，在今山东成武。 [4] 严重有威：严肃庄重有威望。 [5] 功曹：古代官职，官名。为郡守、县令的主要佐吏，主要负责考察、记录业绩。 [6]"奉檄诣从事"二句：带着檄文去从事那里办事，从事请袁安捎封信给县令。 [7] 邮驿：驿站，传舍。传送文书，步递曰邮，马递曰置，曰驿。 [8] 辞不敢受：《后汉纪》卷一〇："安曰：'公事邪，则有邮驿。今因功曹，是有私也。'辞不肯受。" [9] 阴平：县名，在今山东枣庄西南。任城：县名，在今山东济宁东南。

永平十三年，楚王英谋为逆[1]，事下郡覆考[2]。明年，三府举安能理剧[3]，拜楚郡太守[4]。是时英辞所连及系者数千人[5]，显宗怒甚，吏案之急，迫痛自诬[6]，死者甚众。安到郡，不入府，先往案狱，理其无明验者[7]，条上出之。府丞掾史皆叩头争，以为阿附反虏[8]，法与同罪，不可。安曰："如有不合，太守自当坐之，不以相及也[9]。"遂分别具奏。帝感悟，即报许，得出者四百余家。岁余，征为河南尹[10]。政号严明[11]，然未曾以臧罪鞫人[12]。常称曰："凡学仕者，高则望宰相，下则希牧守。锢人于圣世[13]，尹所不忍为也。"闻之者皆感激自励。在职十年，京师肃然，名重朝廷。建初八年，迁太仆[14]。

史珥《后汉书勦说》云："此方是真严明、苛刻、矫激者，何曾见到！"

以上写袁安办案严明，秉公无私，敢于担责。

[注释]

[1]楚王英：指楚王刘英。[2]覆考：审察；查核。[3]理剧：治理繁难事务。[4]拜楚郡太守：《袁安碑》："十三年十二月丙辰，拜楚郡太守。"[5]辞：供词。[6]迫痛：受逼迫而痛苦不堪。自诬：自我诬陷。[7]明验：明显的证据。[8]阿附：逢迎依附。反虏：反叛的人，此指刘英及其案件所牵连者。[9]相及：相关联，相牵涉。[10]征为河南尹：《袁安碑》："十七年八月庚申，征拜河南尹。"[11]政号：犹政令。[12]臧罪：贪污受贿之罪。鞫：查究，查问。[13]锢人于圣世：汉代法律，犯臧罪者禁锢子孙三代，不得为官。[14]迁太仆：《袁安碑》："建初八年六月丙申，拜太仆。"

元和二年，武威太守孟云上书："北虏既已和亲，而南部复往抄掠[1]，北单于谓汉欺之，谋

《后汉书·南匈奴列传》：“单于遣兵千余人猎至涿邪山，卒与北虏温禺犊王遇，因战，获其首级而还。冬，孟云上言：‘北虏以前既和亲，而南部复往钞掠，北单于谓汉欺之，谋欲犯塞，谓宜还南所掠生口，以慰安其意。’”

欲犯边。宜还其生口[2]，以安慰之。”诏百官议朝堂。公卿皆言夷狄谲诈，求欲无厌[3]，既得生口，当复妄自夸大，不可开许[4]。安独曰：“北虏遣使奉献和亲，有得边生口者，辄以归汉，此明其畏威，而非先违约也。云以大臣典边[5]，不宜负信于戎狄，还之足示中国优贷[6]，而使边人得安，诚便。”司徒桓虞改议从安。太尉郑弘、司空第五伦皆恨之。弘因大言激励虞曰[7]：“诸言当还生口者，皆为不忠。”虞廷叱之，伦及大鸿胪韦彪各作色变容，司隶校尉举奏，安等皆上印绶谢[8]。肃宗诏报曰：“久议沈滞[9]，各有所志。盖事以议从，策由众定，訚訚衎衎[10]，得礼之容，寝嘿抑心[11]，更非朝廷之福。君何尤而深谢？其各冠履[12]。”帝竟从安议。明年，代第五伦为司空[13]。章和元年，代桓虞为司徒[14]。

以上写袁安见解独到，坚持“还其生口”以安抚匈奴。

[**注释**]

[1] 南部：指南单于。抄掠：抢劫，掠夺。 [2] 生口：指俘虏。 [3] 厌：满足。 [4] 开许：允许。 [5] 典边：主守边疆。 [6] 优贷：宽容，宽恕。 [7] 大言：高声。激励：犹斥责。[8] 谢：谢罪。 [9] 沈滞：亦作“沉滞”。指积滞、郁积。 [10] 訚

（yín）訚：中正尽言的样子。衎（kàn）衎：和乐尽言的样子。《论语·乡党》：“朝，与下大夫言，侃侃如也。与上大夫言，訚訚如也。”何晏集解引孔安国曰：“侃侃，和乐之貌。訚訚，中正之貌。”《樊准传》：“每讌会，则论难衎衎，共求政化。” [11] 寝嘿：止而不言，沉默。抑心：压抑内心的想法而不外露。 [12] 其各冠履：都戴上帽子，穿上鞋子。 [13] 代第五伦为司空：《章帝纪》：“元和三年五月丙子，司空第五伦罢，太仆袁安为司空。” [14] 代桓虞为司徒：《章帝纪》：“章和元年六月戊辰，司徒桓虞免。癸卯，司空袁安为司徒。”

和帝即位，窦太后临朝，后兄车骑将军宪北击匈奴，安与太尉宋由、司空任隗及九卿诣朝堂上书谏，以为匈奴不犯边塞，而无故劳师远涉，损费国用，徼功万里[1]，非社稷之计。书连上辄寝[2]。宋由惧，遂不敢复署议，而诸卿稍自引止[3]。唯安独与任隗守正不移，至免冠朝堂固争者十上。太后不听，众皆为之危惧，安正色自若。窦宪既出，而弟卫尉笃、执金吾景各专威权，公于京师使客遮道夺人财物[4]。景又擅使乘驿施檄缘边诸郡[5]，发突骑及善骑射有才力者，渔阳、雁门、上谷三郡各遣吏将送诣景第。有司畏惮，莫敢言者。安乃劾景擅发边兵，惊惑吏人，二千石不待符信而辄承景檄[6]，当伏显诛[7]。又奏司隶校尉、河南尹阿附贵戚[8]，无尽节之义，请免官案罪。并寝不报。宪、景等日益横，尽树其亲党宾客于名都大郡[9]，皆赋敛吏人，更相赂遗[10]，其余州郡，亦复望风从之。安与任隗举奏诸二千石，又它所连及贬秩免官者四十余人[11]，窦氏大恨。但安、隗素行高，亦未有以害之。

以上写袁安不畏强权，与窦宪一党的横恶行径作殊死抗争。

[**注释**]

[1] 徼功：求功。徼，通“邀”。 [2] 寝：止息，没有回音。 [3] 稍：渐渐。引止：退缩，停息。 [4] 遮道：拦路。 [5] 施檄：发布檄文。缘边：沿边，指边境。 [6] 符信：符节印章等信物的统称。 [7] 显诛：杀头。 [8]“又奏”句：李贤注引《续汉书》曰：“安奏司隶郑据，河南尹蔡嵩。” [9] 大郡：面积大、人口多的郡。《汉书·元帝纪》：“建昭二年三月，行幸河东，祠后土。益三河大郡太守秩。户十二万为大郡。” [10] 赂遗：以财物赠送或买通他人。 [11] 贬秩：贬职，削减俸禄。

时窦宪复出屯武威[1]。明年，北单于为耿夔所破，遁走乌孙，塞北地空，余部不知所属。宪日矜己功[2]，欲结恩北虏，乃上立降者左鹿蠡王阿佟为北单于，置中郎将领护[3]，如南单于故事[4]。事下公卿议，太尉宋由、太常丁鸿、光禄勋耿秉等十人议可许。安与任隗奏，以为“光武招怀南虏，非谓可永安内地，正以权时之算[5]，可得捍御北狄故也。今朔漠既定[6]，宜令南单于反其北庭，并领降众，无缘复更立阿佟，以增国费”。宗正刘方、大司农尹睦同安议[7]。事奏，未以时定。安惧宪计遂行，乃独上封事曰：“臣闻功有难图，不可豫见[8]；事有易断，较然不疑[9]。伏惟光武皇帝本所以立南单于者，欲安南定北之策也，恩德甚备，故匈奴遂分，边境无患。孝明皇帝奉承先意[10]，不敢失坠[11]，赫然命将，爰伐塞北[12]。至乎章和之初，降者十万余人[13]，议者欲置之滨塞[14]，东至辽东，太尉宋由、光禄勋耿秉皆以为失南单于心，不可，先帝从之。陛下奉承鸿业，大开疆宇，大将军远师讨伐，席卷北庭，此诚宣明祖宗，崇立鸿勋者也[15]。宜审其终[16]，以成厥初。伏念南单于屯[17]，先父举众归德，自蒙恩以来，四十余年[18]。三帝积累，以遗陛下。陛下深宜遵述先志[19]，成就其

史珥《后汉书勦说》云：“各安其居，邵公之谋远而大。”

《周易·系辞上》："言行，君子之枢机。枢机之发，荣辱之主也。"《左传·襄公二十五年》正义引郑玄曰："枢，户枢也。机，弩牙也。户枢之发，或明或暗，弩牙之发，或中或否，以譬言语之发，有荣有辱。"

《论语·卫灵公》篇："子张问行。子曰：'言忠信，行笃敬，虽蛮貊之邦，行矣。言不忠信，行不笃敬，虽州里，行乎哉？'"

以上写袁安与窦宪在是否立北单于事件上持续争锋，不惧诋毁，表现出过人的谋略及远见。

业。况屯首唱大谋[20]，空尽北虏，辍而弗图[21]，更立新降[22]，以一朝之计，违三世之规，失信于所养，建立于无功[23]。由、秉实知旧议，而欲背弃先恩[24]。夫言行，君子之枢机；赏罚，理国之纲纪。《论语》曰：'言忠信，行笃敬，虽蛮貊行焉[25]。'今若失信于一屯，则百蛮不敢复保誓矣[26]。又乌桓、鲜卑新杀北单于，凡人之情，咸畏仇雠，今立其弟，则二虏怀怨。兵、食可废，信不可去[27]。且汉故事，供给南单于费直岁一亿九十余万[28]，西域岁七千四百八十万。今北庭弥远，其费过倍，是乃空尽天下，而非建策之要也[29]。"诏下其议。安又与宪更相难折[30]。宪险急负势[31]，言辞骄讦[32]，至诋毁安，称光武诛韩歆、戴涉故事[33]，安终不移。宪竟立匈奴降者右鹿蠡王於除鞬为单于，后遂反叛，卒如安策[34]。

[注释]

[1]屯：驻扎。 [2]矜：夸耀。 [3]领护：指管理保卫。 [4]故事：先例。 [5]权时之算：权宜之计。 [6]朔漠：常指北方沙漠地带，有时也泛指北方。 [7]"宗正"句：四库本《后汉纪》卷

十三曰："事下公卿，司徒袁安、太尉宋由、太常丁鸿、少府尹睦，以为阿佟诛君之子，又与鲜卑、乌桓为父兄之仇，不可立。南单于先帝所置，今首破北虏，新建大功，宜令并领降众，以终先帝破北成南之策，议未定。"叙事与此不同。 [8] 豫见：预见。 [9] 较然：明显貌。 [10] 先意：先王遗志。 [11] 失坠：失去、废弛。 [12] 赫然命将，爰伐塞北：《后汉纪》卷一三曰："孝明皇帝欲褒成先帝之功，故赫然发怒，命将征伐。"爰，语助词。 [13] "至乎"二句：《章帝纪》："章和元年，北匈奴屋兰储等率众降。"《南匈奴列传》："章和元年，鲜卑入左地击北匈奴，大破之，斩优留单于，取其匈奴皮而还。北庭大乱，屈兰、储卑、胡都须等五十八部，口二十万，胜兵八千人，诣云中、五原、朔方、北地降。" [14] 滨塞：边塞。 [15] 崇立鸿勋：高建大功。 [16] 审：慎。 [17] 屯：屯屠何。 [18] "先父"三句：《光武帝纪》：建武二十四年冬十月，匈奴薁鞬日逐王比自立为南单于，于是分为南、北匈奴。二十五年，南单于遣使诣阙贡献，奉蕃称臣。 [19] 遵述：遵循。 [20] 首唱：同"首倡"。 [21] 辍而弗图：言对北匈奴停而弗击。 [22] 更立：重新设置。 [23] 失信于所养，建立于无功：阿佟无功于国家，不应立为北单于，若立之，则失信于屯。 [24] 背弃先恩：《后汉纪》曰："以一朝之计，违三代之业，背先祖，弃旧恩，非计之长也。" [25] 蛮貊：指南方和北方的部族。 [26] 保誓：保守誓约。 [27] 兵、食可废，信不可去：《论语·颜渊》篇："子贡问政。子曰：'足食足兵，民信之矣。'子贡曰：'必不得已而去，于斯三者何先？'曰：'去兵。'子贡曰：'必不得已而去，于斯二者何先？'曰：'去食。自古皆有死，民无信不立。'" [28] 费直：费用价值。 [29] 建策：出谋献策，制定策略。 [30] 难折：诘难。《后汉纪》曰："诏下其议于宪，更相难十余条。" [31] 险急：阴险偏激。 [32] 骄讦

(jié): 傲慢并攻击人短处，揭人隐私。《后汉纪》曰："宪负恃贵势，言辞骄慢。" [33] 光武诛韩歆、戴涉:《后汉书·侯霸传》:"歆好直言，无隐讳，帝每不能容。尝因朝会，闻帝读隗嚣、公孙述相与书，歆曰：'亡国之君皆有才，桀、纣亦有才。'帝大怒，以为激发。歆又证岁将饥凶，指天画地，言甚刚切，坐免归田里。帝犹不释，复遣使宣诏责之。司隶校尉鲍永固请不能得，歆及子婴竟自杀。"《窦融传》曰："大司徒戴涉坐所举人盗金下狱。"李贤注引《古今注》曰："坐入故太仓令奚涉罪。" [34] 卒如安策:《后汉纪》曰："上卒从安议。"

李景星《后汉书评议》云："只此数语，已将全传大旨括尽无余。"

杨树达《积微居读书记》云："安临终遗令见袁宏《后汉纪》十三。"

安以天子幼弱，外戚擅权，每朝会进见，及与公卿言国家事，未尝不噫呜流涕[1]。自天子及大臣皆恃赖之[2]。四年春，薨[3]，朝廷痛惜焉。

［注释］

[1] 噫呜：感慨悲叹貌。《后汉纪》作"未尝不慷慨流涕"。 [2] 恃赖：依赖。 [3] 四年春，薨:《和帝纪》:"永元四年三月癸丑，司徒袁安薨。"

［点评］

本文层次甚为明晰，主要通过五件事描写袁安的秉直公正、深谋远虑、守正不移的高大形象。其一，袁安任功曹时，拒绝从事"致书于令"之请，"吏人畏而爱之"；其二，为楚郡太守时，于楚王英狱所连，"理其无明验者，条上出之"，不惧阿附反虏之祸；其三，为太仆时，于武威太守孟云上书请还北虏生口，力议当还，虽太尉郑弘、司空第五伦恨之，亦不改议；其四，为司徒时，窦宪弟景擅发边兵，惊惑吏人，有司畏惮莫敢言，而安独劾奏；其五，窦宪欲立左鹿蠡王阿佟为北单于，安与任隗力排众议，又与宪更相难折。虽宪险急负势，言辞骄讦，安终不移。

袁安为人“严重有威”，他不向压倒性势力作任何退让。在外戚专权的政治背景下，袁安能够做到“在职十年，京师肃然”，着实令人钦佩。袁安崇高的品行与操守，为昏暗的时局带来一缕希望。范晔以袁安为“王臣之烈”，实属允当。

班超列传

本篇节选自《后汉书·班梁列传》。《班超传》记述了班超在西域戎马倥偬、浴血奋战的传奇一生。

班超字仲升，扶风平陵人，徐令彪之少子也。为人有志，不修细节。然内孝谨，居家常执勤苦[1]，不耻劳辱。有口辩[2]，而涉猎书传[3]。永平五年，兄固被召诣校书郎，超与母随至洛阳。家贫，常为官佣书以供养[4]。久劳苦，尝辍业投笔叹曰：“大丈夫无它志略，犹当效傅介子、张骞立功异域[5]，以取封侯，安能久事笔研间乎[6]？”左右皆笑之。超曰：“小子安知壮士志

史珥《后汉书勦说》云：“曰‘无他志略’、曰‘犹当’，则其初志可知。异域立功，特不得已而思其次耳。眼界高阔，不愧丈夫。后世徒以封侯相耀，尚未悉仲升夙心。”

哉！”……久之，显宗问固：“卿弟安在？”固对：“为官写书，受直以养老母[7]。”帝乃除超为兰台令史[8]。后坐事免官。

杨炯《从军行》：“烽火照西京，心中自不平。牙璋辞凤阙，铁骑绕龙城。雪暗凋旗画，风多杂鼓声。宁为百夫长，胜作一书生。”

［注释］

[1] 执：从事。 [2] 口辩：能言善辩。 [3] 涉猎书传：李贤注引《东观汉记》曰：“超持《公羊春秋》，多所窥览。” [4] 为官佣书：受雇于官府以抄书。 [5] 傅介子：昭帝时使西域，刺杀楼兰王，封义阳侯。张骞：武帝时通西域，封博望侯。各详《汉书》本传。 [6] 研：砚台。 [7] 受直：得到报酬。 [8] 除：任命官职。

十六年，奉车都尉窦固出击匈奴，以超为假司马[1]，将兵别击伊吾[2]，战于蒲类海[3]，多斩首虏而还。固以为能，遣与从事郭恂俱使西域[4]。

［注释］

[1] 假：代理。 [2] 伊吾：西域城名，在今新疆哈密西。 [3] 蒲类海：今新疆巴里坤湖。 [4] 从事：奉车都尉属官。

史珥《后汉书勦说》云：“料事眼快，斩使、斩巫手快。仲升雄风只是应机迅捷，又复工于用寡，故虽单车异域，而常有万马千军之势。”

超到鄯善[1]，鄯善王广奉超礼敬甚备，后忽更疏懈。超谓其官属曰：“宁觉广礼意薄乎[2]？此必有北虏使来[3]，狐疑未知所从故也[4]。明者睹未萌，况已著邪。”乃召侍胡诈之曰：“匈奴使来数日，今安在乎？”侍胡惶恐，具服其状[5]。超乃闭侍胡，悉会其吏士三十六人，与共饮，酒酣，因激怒之曰：“卿曹与我俱在绝域[6]，欲立大功，以求富贵。今虏使到裁数日[7]，而王广礼敬即废；如令鄯善收吾属送匈奴，骸骨长为豺狼食矣，为之奈何？”官属皆曰：“今在危亡之地，死生从司马。”超曰：“不入虎穴，不得虎子。当今之计，独有因夜以火攻虏，使彼不知我多少，必大震怖，可殄尽也[8]。灭此虏，则鄯善破胆，功成事立矣。”众曰：“当与从事议之。”超怒曰：“吉凶决于今日。从事文俗吏[9]，闻此必恐而谋泄，死无所名，非壮士也！”众曰：“善。”初夜，遂将吏士往奔虏营。会天大风，超令十人持鼓藏虏舍后，约曰：“见火然[10]，皆当鸣鼓大呼。”余人悉持弓弩夹门而伏。超乃顺风纵火，前后鼓噪。虏众惊乱，超手格杀三人，吏兵斩其使及从士三十余级[11]，余众百余人悉烧死。明日乃还告郭恂，恂大惊，既而色动[12]。超知其意，举手曰：“掾虽不行[13]，班超何心独擅之乎？”恂乃悦。超于是召鄯善王广，以虏使首示之，一国

成语“不入虎穴，焉得虎子”出自此处，指不进入虎穴，就不能捉到小老虎。现多比喻不亲临险境就不能取得成功。

史珥《后汉书勦说》云：“此意甚高，在初成奇功，意气溢涌时尤难。合遣李邑还京师观之，仲升绝非浅学。”

震怖。超晓告抚慰，遂纳子为质。还奏于窦固，固大喜，具上超功效，并求更选使使西域。帝壮超节，诏固曰："吏如班超，何故不遣而更选乎？今以超为军司马，令遂前功[14]。"超复受使，固欲益其兵，超曰："愿将本所从三十余人足矣。如有不虞[15]，多益为累。"

史珥《后汉书勦说》云："用人之法，可称明主。与仲升'愿将本所从三十余人'同一妙用。"

以上写班超初次领兵以及降服鄯善王。

[注释]

[1] 鄯善：西域国名，在今新疆若羌一带。 [2] 宁：岂不，难道不。 [3] 北虏：指匈奴。 [4] 狐疑：谓遇事犹豫不决。 [5] 侍胡惶恐，具服其状：《后汉纪》卷一〇："乃召侍胡逆问曰：'匈奴使到日，何故不白？'侍胡怖恐曰：'到已三日，去此三十里。"服，招认，承认。 [6] 卿曹：你们。绝域：极远之地。 [7] 裁：才，仅仅。 [8] 殄：灭绝。 [9] 文俗：谓拘守礼法而安于习俗。 [10] 然："燃"的古字。 [11] 吏兵斩其使及从士三十余级：李贤注引《东观汉记》曰："斩得匈奴节使屋赖带、副使比离支首及节。" [12] 色动：脸色改变。《资治通鉴》卷四五胡三省注："意欲分超功而不能自掩于外，故色动。" [13] 掾：从事，本奉车都尉属官，故称"掾"。 [14] 遂：完成，实现。 [15] 不虞：意想不到的事情。

是时，于寘王广德新攻破莎车[1]，遂雄张南道[2]，而匈奴遣使监护其国。超既西，先至于寘。广德礼意甚疏。且其俗信巫。巫言："神怒，何故欲向汉？汉使有騧马[3]，急求取以祠我。”广德乃遣使就超请马[4]。超密知其状，报许之，而令巫自来取马。有顷，巫至，超即斩其首以送广德，因辞让之[5]。广德素闻超在鄯善诛灭虏使，大惶恐，即攻杀匈奴使者而降超。超重赐其王以下，因镇抚焉[6]。

以上写班超做事果断，斩巫首，震服于寘王。

[注释]

[1] 于寘：国名，在今新疆和田一带。寘，同“窴”。莎车：国名，在今新疆莎车一带。　[2] 雄张：称雄扩张。南道：汉通西域的南部道路。　[3] 騧（guā）马：黑嘴的黄马。　[4] 广德乃遣使就超请马：《后汉纪》曰：“广德遣国相私来比白超，愿请马以祠神。超曰：‘马可得，令巫自来受之。’”　[5] 辞让：责问。　[6] 镇抚：安抚。

时龟兹王建为匈奴所立[1]，倚恃虏威，据有北道，攻破疏勒[2]，杀其王，而立龟兹人兜题为疏勒王。明年春，超从间道至疏勒[3]。去兜题所居槃橐城九十里[4]，逆遣吏田虑先往降之[5]。敕虑曰：“兜题本非疏勒种，国人必不用命[6]。若不即降，便可执之。”虑既到，兜题见虑轻弱，殊无降意。虑因其无备，遂前劫缚兜题。左右出

史珥《后汉书勦说》云：“田君胆略不亚仲升。信乎，强将之下无弱兵也！仲升得兜题留为疏勒结怨而不杀，更为意出人表。”

其不意，皆惊惧奔走。虑驰报超，超即赴之，悉召疏勒将吏，说以龟兹无道之状，因立其故王兄子忠为王[7]，国人大悦。忠及官属皆请杀兜题，超不听，欲示以威信，释而遣之。疏勒由是与龟兹结怨。

[注释]

[1] 龟兹：国名，在今新疆库车一带。 [2] 疏勒：国名，在今新疆喀什一带。 [3] 间道：小路。 [4] 去：距离。 [5] 逆遣：宋文民《考释》曰："《汉书·天文志》云：'天文以东行为顺，西行为逆。'逆遣谓西行遣派。"逆，预先。 [6] 用命：听命。 [7] 立其故王兄子忠为王：李贤注引《续汉书》曰："求得故王兄子榆勒，立之，更名曰忠。"

十八年，帝崩。焉耆以中国大丧[1]，遂攻没都护陈睦。超孤立无援，而龟兹、姑墨数发兵攻疏勒[2]。超守槃橐城，与忠为首尾，士吏单少，拒守岁余。肃宗初即位，以陈睦新没，恐超单危不能自立，下诏征超。超发还，疏勒举国忧恐。其都尉黎弇曰："汉使弃我，我必复为龟兹所灭耳。诚不忍见汉使去。"因以刀自刭。超还至于寘，王侯以下皆号泣曰："依汉使如父母，诚不可去。”互抱超马脚，不得行。超恐于寘终不听其东[3]，又欲遂本志，乃更还疏勒。疏勒两城自超去后，复降龟兹，而与尉头连兵[4]。超捕斩反者，击破尉头，杀六百余人，疏勒复安。

以上写班超平复疏勒，深得人心。

[注释]

[1] 焉耆：国名，在今新疆焉耆一带。 [2] 姑墨：国名，在今新疆温宿一带。 [3] 听：听任。 [4] 尉头：国名，在今新疆阿合奇一带。

明年，超发于寘诸国兵二万五千人，复击莎车。而龟兹王遣左将军发温宿、姑墨、尉头合五万人救之。超召将校及于寘王议曰：“今兵少不敌，其计莫若各散去。于寘从是而东，长史亦于此西归，可须夜鼓声而发[1]。”阴缓所得生口[2]。龟兹王闻之大喜，自以万骑于西界遮超，温宿王将八千骑于东界徼于寘[3]。超知二虏已出，密召诸部勒兵，鸡鸣驰赴莎车营，胡大惊乱，奔走，追斩五千余级，大获其马畜财物。莎车遂降，龟兹等因各退散，自是威震西域。

以上写班超降服莎车，威震西域。

[注释]

[1] 可须夜鼓声而发：《资治通鉴》卷四七胡三省注："须，待也。夜鼓声，鼓鼙之声也。《周礼》：'军旅夜鼓鼙。'" [2] 阴缓所得生口：暗地里释放所得俘虏。 [3] 徼：拦截。

初，月氏尝助汉击车师有功，是岁贡奉珍宝、符拔、师子[1]，因求汉公主。超拒还其使，由是怨恨。永元二年，月氏遣其副王谢将兵七万攻超[2]。超众少，皆大恐。超譬军士曰[3]："月氏兵虽多，然数千里逾葱领来[4]，非有运输，何足忧邪？但当收谷坚守，彼饥穷自降，不过数十日决矣[5]。"谢遂前攻超，不下，又钞掠无所得[6]。超度其粮将尽[7]，必从龟兹求救，乃遣兵数百于东界要之[8]。谢果遣骑赍金银珠玉以赂龟兹[9]。超伏兵遮击，尽杀之，持其使首以示谢。谢大惊，即遣使请罪，愿得生归。超纵遣之。月氏由是大震，岁奉贡献。

以上写班超降服大月氏。

[注释]

[1] 是岁贡奉珍宝、符拔、师子：《汉书·西域列传》：乌弋"有桃拔、师子、犀牛。"孟康注曰："桃拔一名符拔，似鹿，长尾，一角者或为天鹿，两角者或为辟邪。"师子，即狮子。 [2] 副

王谢：惠栋《补注》引王幼学云："副王犹裨王也。谢，副王之名。" [3] 譬：晓谕。 [4] 葱领：即葱岭。 [5] 不过数十日决矣：言数十日即可决胜负。 [6] 钞掠：抢劫，掠夺。 [7] 度：忖度，估计。 [8] 要：通"徼"（yāo），拦截。 [9] 赍：拿东西给人，送给；携带。

明年，龟兹、姑墨、温宿皆降，乃以超为都护，徐幹为长史。拜白霸为龟兹王，遣司马姚光送之。超与光共胁龟兹废其王尤利多而立白霸，使光将尤利多还诣京师。超居龟兹它乾城[1]，徐幹屯疏勒。西域唯焉耆、危须、尉犁以前没都护[2]，怀二心[3]，其余悉定。

陈普《咏史上·班超》："三十六人抚西域，六头火炬走匈奴。古今参合坡头骨，尽是离披见鹘乌。"

[注释]

[1] 它乾城：在今新疆拜城东南。 [2] 前没都护：《后汉书·西域列传》："明帝崩，焉耆、龟兹攻没都护陈睦，悉覆其众。" [3] 二心：不忠实；异心。

六年秋，超遂发龟兹、鄯善等八国兵合七万人，及吏士贾客千四百人讨焉耆[1]。兵到尉犁界，而遣晓说焉耆、尉犁、危须曰："都护来者，欲镇抚三国。即欲改过向善，宜遣大人来迎[2]，当赏赐王侯以下，事毕即还。今赐王彩五百匹。"

焉耆王广遣其左将北鞬支奉牛酒迎超[3]。超诘鞬支曰："汝虽匈奴侍子，而今秉国之权。都护自来，王不以时迎，皆汝罪也。"或谓超可便杀之。超曰："非汝所及。此人权重于王，今未入其国而杀之，遂令自疑，设备守险，岂得到其城下哉！"于是赐而遣之。广乃与大人迎超于尉犁，奉献珍物。

[注释]

[1] 贾客：商人。 [2] 大人：指在高位者，如王公贵族。 [3]"焉耆王"句：《后汉纪》卷一三："焉耆王广与国中议曰：'先王前杀陈都护，今超都护将大兵来，故且作降，重献遗，令无入国。'北鞬支本匈奴人，举国敬信之，乃遣奉牛酒迎超。"

焉耆国有苇桥之险[1]，广乃绝桥[2]，不欲令汉军入国。超更从它道厉度[3]。七月晦[4]，到焉耆，去城二十里，止营大泽中[5]。广出不意，大恐，乃欲悉驱其人共入山保[6]。焉耆左候元孟先尝质京师，密遣使以事告超，超即斩之，示不信用。乃期大会诸国王[7]，因扬声当重加赏赐，于是焉耆王广，尉犁王汎及北鞬支等三十人相率诣超。其国相腹久等十七人惧诛，皆亡入海[8]，而危须王亦不至。坐定，超怒诘广曰："危须王何故不到？腹久等所缘逃亡？"遂叱吏士收广、汎等于陈睦故城斩之，传首京师。因纵兵钞掠，斩首五千余级，获生口万五千人，马畜牛羊三十余万头，更立元孟为焉耆王。超留焉耆半岁，慰抚之。于是西域五十余国悉皆纳质内属焉[9]。

以上写班超降服焉耆、尉犁等西域五十余国。

［注释］

[1] 苇桥：沈钦韩《后汉书疏证》卷五："《方舆纪要》：苇桥在故焉耆东南。" [2] 绝：断绝。 [3] 厉度：涉水而过。 [4] 七月晦：农历七月三十日。 [5] 止营大泽中：原作"正营大泽中"，据王先谦《后汉书集解》校语改。 [6] 人：当作"民"。保："堡"的古字，小城。 [7] 期：约期。 [8] 皆亡入海：《后汉书·西域列传》："焉耆国王居南河城……有海水曲入四山之内，周匝其城三十余里。"即今新疆博斯腾湖。 [9] 内属：归附朝廷为属国或属地。

明年，下诏曰："往者匈奴独擅西域[1]，寇盗河西，永平之末，城门昼闭。先帝深愍边萌婴罗寇害[2]，乃命将帅击右地[3]，破白山，临蒲类，取车师，城郭诸国震慑响应，遂开西域，置都护。而焉耆王舜、舜子忠独谋悖逆，恃其险隘[4]，覆没都护，并及吏士。先帝重元元之命[5]，惮兵役之兴，故使军司马班超安集于窴以西[6]。超遂逾葱领，迄县度，出入二十二年，莫不宾从[7]。改立其王，而绥其人[8]。不动中国，不烦戎士，得远夷之和，同异俗之心，而致天诛，蠲宿耻[9]，以报将士之仇。《司马法》曰[10]：‘赏不逾月，欲人速睹为善之利也[11]。’其封超为定远侯，邑千户。”

班超采取“改立其王，而绥其人”的策略，不费一兵一卒就使得边远夷民和睦，足见其政治谋略。

[注释]

[1] 往者：过去；往时。擅：占有；据有。 [2] 愍（mǐn）：同“悯”，哀怜。边萌：边民；民众。也作“边氓”。婴罗：指遭受、触陷罗网，比喻遭难。婴，通“撄”。 [3] 右地：西部地区，相对“左地”而言。古代西方称右，右地有时也特指西域或重要之地。 [4] 恃：依仗；依靠；凭借。 [5] 元元：平民；老百姓。 [6] 安集：安定辑睦。集，通“辑”。 [7] 宾从：服从；归顺。 [8] 绥：安抚。 [9] 蠲（juān）：除去；免除。宿：平素；素有的。 [10]《司马法》：古兵书名。《汉书·艺文志》列于经部礼类，称《军礼司马法》。 [11]“赏不逾月”二句：赏赐不超过该赏时间的一个月，是想要让人们很快看到做善事的好处。

超在西域三十一年。十四年八月至洛阳，拜为射声校尉[1]。超素有胸胁疾，既至，病遂加。帝遣中黄门问疾[2]，赐医药。其九月卒，年七十一。朝廷愍惜焉[3]，使者吊祭，赠赗甚厚[4]。子雄嗣。

［注释］

[1] 射声校尉：汉武帝所置八校尉之一，掌待诏射声，秩比二千石。射声，闻声而射中，意为善射。待诏意为有诏命方能发射。东汉时属北军中候，领宿卫兵，校尉秩为比二千石。 [2] 中黄门：在宫廷服役的太监。 [3] 愍惜：怜恤。 [4] 赗（fèng）：助丧之财。

《大戴礼记·子张问入官》说：“水至清则无鱼，人至察则无徒。”意思是说水过于清澈就没有大鱼，政治过于明察，和下属相处就不会融洽。应该简易不拘，宽恕小过，总揽全局。领导者要把握好总原则，做到纲举目张，不苛求细枝末节。

初，超被征，以戊己校尉任尚为都护，与超交代[1]，尚谓超曰：“君侯在外国三十余年，而小人猥承君后[2]，任重虑浅，宜有以诲之。”超曰：“年老失智，任君数当大位，岂班超所能及哉！必不得已，愿进愚言。塞外吏士，本非孝子顺孙，皆以罪过徙补边屯。而蛮夷怀鸟兽之心，难养易败。今君性严急，水清无大鱼，察政不得下和。宜荡佚简易[3]，宽小过，总大纲而已。”超去后，尚私谓所亲曰：“我以班君当有奇策，今所言平平耳。”尚至数年，而西域反乱，以罪被征，如超所戒。

以上通过任尚之事，从侧面烘托班超大智若愚的领兵智慧。

[注释]

[1]交代：前后任相接替。 [2]猥：谦辞，犹言“辱”。 [3]宜荡佚简易：《后汉书·冯衍传下》：“常务道德之实，而不求当世之名，阔略杪小之礼，荡佚人间之事。”李贤注：“放荡纵逸，不拘恒俗也。”

[点评]

班超是东汉名将，他怀揣“不入虎穴，焉得虎子”的决心与胆魄，凭借高超的智勇谋略、外交能力、领军本领，采取“恩威并施”“以夷制夷”等系列措施，使西域五十多个国家归顺汉室，有力地维护了东汉在西域的权威，为汉王朝赢得“四夷来宾”的盛况。班超保卫边疆，使百姓过上了和平、安定的生活，同时促进了汉族与西域各民族之间的融合，为我国多民族国家的最终形成作出了卓越贡献。班超不仅实现了自己“立功异域，以取封侯”的宏伟志愿，其投笔从戎的故事，还为后世留下了一笔宝贵的精神财富，激励着一代又一代华夏子孙前赴后继地投身于保家卫国的战斗之中，历久弥新。

《班超传》展现了中华各民族之间的交流、碰撞与融合。班超“得远夷之和，同异俗之心”的做法，在中华民族的交往、交流、交融史上留下浓墨重彩的一笔。这有利于人们从更深、更广的视角，认识中华民族交往、交流、交融的历史。班超的民族策略对当下“三交”史的研究以及铸牢中华民族共同体意识皆有重要的启发意义。

王充列传

王充字仲任，会稽上虞人也[1]，其先自魏郡元城徙焉[2]。充少孤[3]，乡里称孝。后到京师，受业太学，师事扶风班彪[4]。好博览而不守章句[5]。家贫无书，常游洛阳市肆，阅所卖书，一见辄能诵忆[6]，遂博通众流百家之言。后归乡里，屏居教授[7]。仕郡为功曹，以数谏争不合去[8]。

［注释］

[1] 上虞：县名，在今浙江上虞。 [2] 元城：县名，在今河北大名东。 [3] 充少孤：《论衡・自纪篇》：祖父汎“以贾贩为事。生子二人，长曰蒙，少曰诵。诵即充父”。 [4] 师事：以师礼相待。 [5] 章句：汉代注书体式之一，以分析章旨、句读为主，故称章句。 [6] 辄：就。 [7] 屏居：屏客独居，隐居。 [8] 数谏争：《论衡・对作篇》：“建初孟年，中州颇歉，颍川、汝南，民流四散。圣主忧怀，诏书数至。《论衡》之人，奏记郡守，宜禁奢侈，以备困乏。言不纳用，退题记草，名曰《备乏》。酒縻五谷，生起盗贼，沉湎饮酒，盗贼不绝，奏记郡守，禁民酒。退题记草，名曰《禁酒》。”

充好论说，始若诡异[1]，终有理实[2]。以为俗儒守文[3]，多失其真，乃闭门潜思，绝庆吊之

本篇选自《后汉书・王充王符仲长统列传》。李景星《后汉书评议》说：“王充，汉初人；王符、仲长统，皆汉末人。而范氏以之合传，则以其皆能著书，且又皆恬于荣利也。”

汉代经学传授重师法、家法，王充“好博览而不守章句”，见其不愿为章句小儒。

史珥《后汉书勦说》云：“仲任有斯异禀，方许博览，方许不守章句。”史氏所言可谓一语中的、道破天机。

礼[4]，户牖墙壁各置刀笔[5]，著《论衡》八十五篇，二十余万言，释物类同异，正时俗嫌疑[6]。

[注释]

[1] 诡异：怪异；奇特。 [2] 理实：道理和事实。 [3] 守文：墨守旧说。 [4] 庆吊：庆贺与吊慰。 [5] 户牖墙壁各置刀笔：《艺文类聚》卷五八引谢承《后汉书》曰："王充于宅内门户垆柱各置笔砚、简牍，见事而作，著《论衡》八十五篇。"置，原作"著"，据王先谦校语改。 [6] 嫌疑：疑惑难辨的事理。

刺史董勤辟为从事，转治中，自免还家[1]。友人同郡谢夷吾上书荐充才学[2]，肃宗特诏公车征[3]，病不行。年渐七十，志力衰耗，乃造《养性书》十六篇，裁节嗜欲，颐神自守[4]。永元中，病卒于家。

[注释]

[1] "刺史"三句：《论衡·自纪篇》："充以元和三年徙家，辟诣扬州部丹阳、九江、庐江，后入为治中，材小任大，职在刺割，笔札之思，历年寝废。章和二年，罢州家居。"从事、治中，皆州刺史属官。 [2] "友人"句：李贤注引谢承《后汉书》曰："夷吾荐充曰：'充之天才，非学所加，虽前世孟轲、孙卿，近汉杨雄、刘向、司马迁，不能过也。'" [3] 公车：汉代官署名。 [4] "年渐七十"五句：《论衡·自纪篇》："章和二年，罢州家居。年渐

七十……发白齿落……庚辛域际，虽惧终徂，愚犹沛沛，乃作《养性》之书，凡十六篇，养气自守。”《养性书》，原作《性书》，据《论衡·自纪篇》改。

［点评］

王充的学说对东汉的王符、仲长统，魏晋南北朝的杨泉、范缜等都产生过较大影响，而其最重要的学术成就与贡献，则主要集中于《论衡》一书。《论衡》共三十卷，八十五篇，继承了《吕氏春秋》《淮南子》以来的杂家传统，是一部“百科全书式”的著作。它极具论辩色彩，以“疾虚妄”“求实诚”的精神对谶纬迷信、天人感应之说进行了批判，同时对圣贤经传之学提出了质疑，《论衡》也因此成为中国思想史上的一部巨著。

《论衡》内容丰富，历称“博杂”。“《论衡》者，所以铨轻重之言，立真伪之平。”王充本着“冀悟迷惑之心，使知虚实之分”的目的，对各种思想、学说加以评说。就其哲学思想方面而言，《论衡》大致包含对性命论、唯物主义自然观、社会历史观、战斗的无神论、唯物主义的认识论等方面的思考。除此之外，该书对中国古代文论亦有贡献，如《超奇》《佚文》《书解》等篇。该书强调“真善美”相统一的文学思想和艺术评价标准，认为“夫文人文章，岂徒调墨弄笔为美丽之观哉”；强调艺术创作中的个性，反对摹古；批判赋颂“深覆典雅，指意难睹”的风格，提倡平实质朴的文风，重视文学的社会功用。

值得注意的是，后世对《论衡》一书的评价也极为复杂，褒贬不一，近乎毁誉参半。黄晖《论衡校释·自序》将《论衡》的评价史分为四个阶段。第一，从汉到唐，认为是一代的伟著。第二，宋朝受到道学影响，认为该书离经叛道。第三，明、清取其博辩，但对《问孔》《刺孟》诸篇仍沿宋人成见，认为王充非圣无法。第四，近代以来，对《论衡》有了真正的认识，实事求是，作出了体系的、历史的探讨。《论衡》的评价史亦反映了中国学术思想的变化。

《论衡》“包罗万象”的知识体系的形成，离不开王充“一见辄能诵忆”的记忆天赋，但最为主要的恐怕还得归功于他“闭门潜思，绝庆吊之礼，户牖墙壁各置刀笔”的勤奋刻苦。其实，《后汉书》中记载了诸多脍炙人口的“好学”故事。如《后汉书·儒林列传》记载何休作《春秋公羊解诂》“覃思不窥门，十有七年”；《后汉书·逸民列传》记载高凤“妻尝之田，曝麦于庭，令凤护鸡。时天暴雨，而凤持竿诵经，不觉潦水流麦”；《后汉书·文苑列传》记载崔琦“耕于陌上，怀书一卷，息辄偃而咏之”。古人惜时、专注、好学的精神值得我们学习。

《后汉书·杨震列传》讲述了杨震及其子杨秉、孙杨赐、曾孙杨彪、玄孙杨修等几代人忠君爱国、以道事君的高尚德行。范晔认为“积善之家，必有余庆”，而这正是杨氏能够“累叶载德，继踵宰相”的关键所在。本篇主要节录传主杨震的事迹。

杨震列传

杨震字伯起，弘农华阴人也[1]。八世祖喜，高祖时有功，封赤泉侯[2]。高祖敞，昭帝时为丞相，封安平侯[3]。父宝，习《欧阳尚书》。哀、平之世，隐居教授。居摄二年[4]，与两龚、蒋诩俱征[5]，遂遁逃，不知所处。光武高其节[6]。建武中，公车特征，老病不到[7]，卒于家。

［注释］

[1] 华阴：县名，在今陕西华阴。 [2]“八世祖喜”三句：《隶释》十二《太尉杨震碑》：“圣汉龙兴，杨熹佐命，克项于垓。”《汉书·项籍传》：“羽大呼驰下，汉军皆披靡。遂杀汉一将。是时杨喜为郎骑，追羽，羽还叱之，喜人马俱惊，辟易数里。”又曰：“羽自刭，王翳取其头……杨喜、吕马童、郎中吕胜、杨武各得其一体。故分其地以封五人，皆为列侯。”《汉书·高惠高后文功臣表》：“赤泉严侯杨喜。” [3]“高祖敞”三句：敞自大司农迁御史大夫，代王䜣为丞相，封安平侯。见《汉书》本传。据《汉书·外戚恩泽侯表》，安平在汝南郡。 [4] 居摄二年：公元 7 年。居摄，汉孺子刘婴的年号。 [5] 两龚：指龚胜、龚舍。征：征召。 [6] 高：尊崇，敬重。 [7] 不到：不就任。

震少好学，受《欧阳尚书》于太常桓郁，明经博览，无不穷究。诸儒为之语曰：“关西孔子杨伯起。”常客居于湖[1]，不答州郡礼命数十年[2]，众人谓之晚暮[3]，而震志愈笃。后有冠雀衔三鳣鱼[4]，飞集讲堂前，都讲取鱼进曰[5]：“蛇鳣者，卿大夫服之象也[6]。数三者，法三台也[7]。

以上写杨震之为学：淹通群籍，穷究根源。

先生自此升矣。”年五十，乃始仕州郡。

[注释]

[1] 湖：县名，属京兆尹，在今河南灵宝西。 [2] 不答州郡礼命：言不应州郡征辟。 [3] 晚暮：形容年老。 [4] 冠雀：鹳雀。鳣鱼：鳝鱼。 [5] 都讲：弟子中高才并代师讲经授业者。 [6]“蛇鳣者”二句：鳝鱼黄地黑纹，像卿大夫之服。 [7] 三台：三台星，汉人认为对应于人间的三公。

杨震答王密之言是本篇之文眼。后世以“四知”“四知金”“暮夜金”“故吏金”“报杨金”“金投暮夜”等指不义之赠或秘密行贿。

杨氏世代为国家柱臣，离不开杨震所开启的“清白廉吏”的良好家风。

以上写杨震之为官：公正廉洁，不受私谒。

大将军邓骘闻其贤而辟之，举茂才，四迁荆州刺史、东莱太守[1]。当之郡，道经昌邑[2]，故所举荆州茂才王密为昌邑令，谒见，至夜怀金十斤以遗震[3]。震曰：“故人知君，君不知故人，何也？”密曰：“暮夜无知者[4]。”震曰：“天知，神知，我知，子知。何谓无知！”密愧而出。后转涿郡太守。性公廉，不受私谒。子孙常蔬食步行，故旧长者或欲令为开产业[5]，震不肯，曰：“使后世称为清白吏子孙，以此遗之，不亦厚乎！”元初四年，征入为太仆，迁太常。先是博士选举多不以实，震举荐明经名士陈留杨伦等[6]，显传学业[7]，诸儒称之[8]。

［注释］

[1]“举茂才”二句：沈钦韩《疏证》：“《太尉杨公碑》：‘举茂才，除襄城令，迁荆州刺史。’按汉制，举茂才者，例为令，令则直迁刺史，不须四迁也。‘四’字衍。” [2] 昌邑：县名，属山阳郡，在今山东金乡西。 [3] 遗：赠送。 [4] 暮夜：夜晚。 [5] 开：置办。 [6] 杨伦：字仲理，陈留东昏人。事详《后汉书·儒林传》。 [7] 显：明，著。 [8] 称：赞扬。

永宁元年，代刘恺为司徒。明年，邓太后崩，内宠始横[1]。安帝乳母王圣，因保养之勤[2]，缘恩放恣；圣子女伯荣出入宫掖[3]，传通奸赂[4]。震上疏曰：“臣闻政以得贤为本[5]，理以去秽为务[6]。是以唐虞俊乂在官[7]，四凶流放[8]，天下咸服[9]，以致雍熙[10]。方今九德未事[11]，嬖幸充庭[12]。阿母王圣出自贱微，得遭千载，奉养圣躬[13]，虽有推燥居湿之勤[14]，前后赏惠[15]，过报劳苦，而无厌之心[16]，不知纪极[17]，外交属托，扰乱天下，损辱清朝，尘点日月[18]。《书》诫牝鸡牡鸣[19]，《诗》刺哲妇丧国[20]。昔郑严公从母氏之欲[21]，恣骄弟之情[22]，几至危国，然后加讨，《春秋》贬之，以为失教[23]。夫女子小人，近之喜，远之怨，实为难养[24]。《易》曰：

杨树达《积微居读书记》云：“震为司徒，辟杜乔，见《乔传》。”

《墨子·尚贤上》：“夫尚贤者，政之本也。”

'无攸遂，在中馈。'[25]言妇人不得与于政事也。宜速出阿母，令居外舍，断绝伯荣，莫使往来，令恩德两隆，上下俱美。惟陛下绝婉娈之私[26]，割不忍之心，留神万机[27]，诫慎拜爵，减省献御[28]，损节征发[29]。令野无《鹤鸣》之叹[30]，朝无《小明》之诲[31]，《大东》不兴于今[32]，劳止不怨于下[33]。拟踪往古[34]，比德哲王[35]，岂不休哉！[36]"奏御，帝以示阿母等，内幸皆怀忿恚[37]。而伯荣骄淫尤甚，与故朝阳侯刘护从兄瓌交通[38]，瓌遂以为妻[39]，得袭护爵，位至侍中。震深疾之[40]，复诣阙上疏曰："臣闻高祖与群臣约，非功臣不得封，故经制父死子继，兄亡弟及，以防篡也[41]。伏见诏书封故朝阳侯刘护再从兄瓌袭护爵为侯。护同产弟威[42]，今犹见在。臣闻天子专封封有功，诸侯专爵爵有德。今瓌无他功行，但以配阿母女，一时之间，既位侍中，又至封侯，不稽旧制[43]，不合经义，行人喧哗，百姓不安。陛下宜览镜既往[44]，顺帝之则[45]。"书奏不省[46]。

杨震之行迹集中体现在他的五篇奏疏中。此为奏疏之一，论"牝鸡无晨"以规正内宠骄横之失。

此为奏疏之二，论"无功不封"以劝诫皇帝不得随意封爵。

［注释］

[1] 内宠：皇帝宠爱之人。 [2] 保养：保育抚养。勤：辛劳。 [3] 宫掖：皇宫。 [4] 传通奸赂：《陈忠传》："王、侯、二千石至为伯荣独拜车下，仪体上僭，侔于人主。长吏惶怖谴责，或邪谄自媚，发人修道，缮理亭传，多设储跱，征役无度，老弱相随，动有万计，赂遗仆从，人数百匹。" [5] 政以得贤为本：《和帝纪》："（永元五年）三月戊子，诏曰：'选举良才，为政之本。'"《安帝纪》："（永初五年闰三月）戊戌，诏曰：'为政之本，莫若得人'。" [6] 理以去秽为务：《左传·隐公六年》："为国家者，见恶，如农夫之务去草焉。" [7] 唐虞：指尧舜。俊乂：才德出众的人。此指禹、稷、契、皋陶、垂、伯益等人。 [8] 四凶：相传为尧舜时代四个恶名昭彰的部族首领。后世多用以比喻凶狠贪婪的朝臣。 [9] 天下咸服：《尚书·舜典》："流共工于幽州，放驩兜于崇山，窜三苗于三危，殛鲧于羽山，四罪而天下咸服。" [10] 雍熙：和乐升平。 [11] 九德：《尚书·皋陶谟》："皋陶曰：'都，亦行有九德，亦言其人有德。乃言曰：载采采。'禹曰：'何？'皋陶曰：'宽而栗，柔而立，愿而恭，乱而敬，扰而毅，直而温，简而廉，刚而塞，强而义。彰厥有常，吉哉！'"孔传："言人性行有九德，以考察真伪，则可知。"《皋陶谟》又曰："九德咸事，俊乂在官。" [12] 嬖幸：被宠爱的人。 [13] 千载：指难得的机会。圣躬：皇体。 [14] 推燥居湿：把干燥处让给幼儿，自己睡在幼儿便溺后的湿处。言抚育幼儿的辛劳。李贤注引《孝经援神契》曰："母之于子也，鞠养殷勤，推燥居湿，绝少分甘。" [15] 赏惠：奖赏惠赐。 [16] 厌：满足。 [17] 纪极：终极。《左传·文公十八年》："聚敛积实，不知纪极。" [18] 清朝：清明的朝政。尘点：玷污。 [19] 牝鸡牡鸣：《尚书·牧誓》曰："古人有言曰：牝鸡无晨，牝鸡之晨，惟家之索。"孔传："无晨鸣之道。索，尽也。喻妇人知外事，雌代雄鸣则

家尽，妇夺夫政则国亡。” [20] 哲妇：多谋虑的妇人。《诗经·大雅·瞻卬》：“哲夫成城，哲妇倾城。懿厥哲妇，为枭为鸱。”孔颖达疏：“若为智多谋虑之妇人，则倾败人之城国。妇言是用，国必灭亡。” [21] 郑严公：即郑庄公，汉人避汉明帝讳而改称。从：通“纵”。母氏之欲：指庄公母武姜爱庄公之弟段，为段请京，使段居之。 [22] 恣骄弟之情：言段既得京，又将西鄙、北鄙以为己邑，羽翼已成，遂谋袭郑。 [23] “《春秋》贬之”二句：《春秋·隐公元年》：“郑伯克段于鄢。”《左传》：“段不弟，故不言弟。如二君，故曰克。称郑伯，讥失教也。” [24]“夫女子小人”四句：《论语·阳货》篇子曰：“唯女子与小人为难养也，近之则不孙，远之则怨。” [25] 无攸遂，在中馈：《周易·家人卦》六二：“无攸遂，在中馈，贞吉。”王弼注：“居内处中，履得其位，以阴应阳，尽妇人之正义，无所必遂，职乎中馈，巽顺而已。”中馈，指家中供膳诸事。 [26] 婉娈：美貌。《诗经·齐风·甫田》：“婉兮娈兮，总角丱兮。”《曹风·候人》：“婉兮娈兮，季女斯饥。” [27] 万机：纷繁的政务。 [28] 献御：指进献食物给皇上。 [29] 损节：犹减省。征发：旧时指政府征调民间的人力和物资。 [30]《鹤鸣》：《诗经·小雅·鹤鸣》序：“诲宣王也。”郑笺：“诲，教也。教宣王求贤人之未仕者。”诗曰：“鹤鸣于九皋，声闻于野。”毛传：“兴也。言身隐而名著也。”郑笺：“兴者，喻贤者虽隐居，人咸知之。” [31]《小明》：《诗经·小雅·小明》序：“大夫悔仕于乱世也。”郑笺：“名篇曰《小明》者，言幽王日小其明，损其政事，以至于乱。” [32]《大东》：《诗经·小雅·大东》序：“刺乱也。东国困于役而伤于财，谭大夫作是诗以告病焉。”诗曰：“小东大东，杼柚其空。”郑笺：“小也大也，谓赋敛之多少也。小亦于东，大亦于东，言其政偏，失砥矢之道也。谭无他货，维丝麻尔，今尽杼柚不作也。” [33] 劳止不怨于下：《诗经·大雅·民劳》序：“召穆公刺厉王也。”郑笺：

“时赋敛重数，徭役烦多，人民劳苦，轻为奸宄，强凌弱，众暴寡，作寇害，故穆公以刺之。”诗曰：“民亦劳止，汔可小康。” [34] 拟踪：效法。 [35] 比德：谓德行、德教可与之比拟、比配。 [36] 休：美。 [37] 忿恚：怒恨。 [38] 交通：交往；勾结。 [39] 瓌遂以为妻：《后汉书·泗水王歙传》：“延光中，护从兄瓌与安帝乳母王圣女伯荣私通，遂取伯荣为妻。” [40] 疾：忧患。 [41] “臣闻”五句：《春秋·昭公二十二年》：“秋，刘子、单子以王猛入于王城。冬十月，王子猛卒。”《公羊传》：“王城者何？西周也。其言入何？篡辞也。其称王子猛卒何？不予当也。不予当者，不与当父死子继，兄亡弟及也。” [42] 同产：同母所生。 [43] 稽：考核，核查。 [44] 览镜：比喻借鉴。 [45] 顺帝之则：《诗经·大雅·皇矣》：“不识不知，顺帝之则。” [46] 不省：不理会。

延光二年，代刘恺为太尉[1]。帝舅大鸿胪耿宝荐中常侍李闰兄于震，震不从。宝乃自往候震曰[2]：“李常侍国家所重[3]，欲令公辟其兄，宝唯传上意耳[4]。”震曰：“如朝廷欲令三府辟召，故宜有尚书敕[5]。”遂拒不许，宝大恨而去。皇后兄执金吾阎显亦荐所亲厚于震，震又不从。司空刘授闻之[6]，即辟此二人，旬日中皆见拔擢[7]。由是震益见怨。

司空刘授接受私下请托与杨震的“不受私谒”形成鲜明对照。范晔撰《后汉书》擅长采用这种对比的方式，以突出人物的性格与品行。

［注释］

[1] 代刘恺为太尉：《安帝纪》：“冬十月辛未，太尉刘恺罢。甲

戊，司徒杨震为太尉。” [2]候：拜访。 [3]国家：指皇帝。 [4]唯传上意：言非己本心，传在上之意。 [5]敕：命令。 [6]司空刘授：《安帝纪》：“延光元年五月庚戌，宗正彭城刘授为司空。” [7]旬日：十天，亦指较短的时日。

时诏遣使者太为阿母修第[1]，中常侍樊丰及侍中周广、谢恽等更相扇动，倾摇朝廷。震复上疏曰：“臣闻古者九年耕必有三年之储，故尧遭洪水，人无菜色[2]。臣伏念方今灾害发起，弥弥滋甚[3]，百姓空虚，不能自赡。重以螟蝗，羌虏钞掠[4]，三边震扰[5]，战斗之役至今未息，兵甲军粮不能复给。大司农帑藏匮乏[6]，殆非社稷安宁之时。伏见诏书为阿母兴起津城门内第舍[7]，合两为一[8]，连里竟街[9]，雕修缮饰[10]，穷极巧伎[11]。今盛夏土王[12]，而攻山采石，其大匠左校别部将作合数十处[13]，转相迫促，为费巨亿。周广、谢恽兄弟，与国无肺腑枝叶之属[14]，依倚近幸奸佞之人，与樊丰、王永等分威共权，属托州郡，倾动大臣。宰司辟召[15]，承望旨意，招来海内贪污之人，受其货赂，至有臧锢弃世之徒复得显用[16]。白黑溷淆[17]，清浊同源，天下欢哗[18]，咸曰财货上流，为朝结讥[19]。臣闻师言：‘上之所取，财尽则怨，力尽则叛[20]。’怨叛之人，不可复使，故曰：‘百姓不足，君谁与足[21]？’惟陛下度之。”丰、恽等见震连切谏不从[22]，无所顾忌，遂诈作诏书，调发司农钱谷、大匠见徒材木[23]，各起家舍、园池、庐观[24]，役费无数。

此为奏疏之三，论修建府第之害以节省役费。

［注释］

[1] 第：房宅。 [2]“臣闻”三句：言有储蓄，民无食菜之饥色。人，原当作“民”，避讳改。 [3] 弥弥：渐渐。滋甚：滋蔓严重。 [4] 钞掠：抢劫，掠夺。 [5] 三边：东、西、北边境。 [6] 帑（tǎng）藏：国库。 [7] 津城门：洛阳南面西头门。 [8] 合两为一：合两坊而为一宅。 [9] 竟：遍，满。 [10] 修：原当作“治”，避讳改，《群书治要》引即作“治”。 [11] 巧伎：巧妙技艺。 [12] 盛夏土王：盛夏在五行为土。 [13] 大匠：将作大匠，职掌宫室、宗庙、陵寝及其他土木营建。左校：官署名，属将作大匠，有左校令一人，掌左工徒。别部：分部。将作：制作，兴建。 [14] 肺腑：比喻帝王的宗室近亲。 [15] 宰司：指刘授等。 [16] 臧：“赃”的古字，贪污受贿。锢：禁锢。汉代法律，臧吏子孙三代禁锢，不得为官，故云“弃世”，言为世所抛弃。 [17] 溷淆：混乱。 [18] 欢哗：喧哗。 [19] 结：招致。 [20] 财尽则怨，力尽则叛：《穀梁传·庄公三十一年》：“财尽则怨，力尽则怼。” [21] 百姓不足，君谁与足：《论语·颜渊》篇有若曰：“百姓足，君孰与不足？百姓不足，君孰与足？” [22] 切谏：直言极谏。 [23] 见徒：正在服役的人。 [24] 庐观：泛指楼阁亭台。

震因地震，复上疏曰："臣蒙恩备台辅[1]，不能奉宣政化[2]，调和阴阳，去年十二月四日[3]，京师地动。臣闻师言：'地者阴精，当安静承阳[4]。'而今动摇者，阴道盛也。其日戊辰，三者皆土[5]，位在中宫[6]，此中臣近官盛于持权用事之象也。臣伏惟陛下以边境未宁，躬自菲薄[7]，宫殿垣屋倾倚[8]，枝柱而已，无所兴造，欲令远近咸知政化之清流，商邑之翼翼也[9]。而亲近幸臣，未崇断金[10]，骄溢逾法，多请徒士，盛修第舍，卖弄威福[11]。道路欢哗，众所闻见。地动之变，近在城郭，殆为此发。又冬无宿雪[12]，春节未雨，百僚焦心[13]，而缮修不止，诚致旱之征也。《书》曰：'僭恒阳若[14]，臣无作威作福玉食[15]。'唯陛下奋乾刚之德[16]，弃骄奢之臣，以掩訞言之口[17]，奉承皇天之戒，无令威福久移于下。"

此为奏疏之四，借地震论阴阳失调，劝导皇帝远离幸臣，把握权柄。

[注释]

[1] 台辅：三公之位。　[2] 奉宣：奉行宣扬。《汉书·循吏传·黄霸》："时上垂意于治，数下恩泽诏书，吏不奉宣。"[3] 十二：原作"十一"，中华本据《通鉴考异》改，兹从之。按，

延光二年十二月乙丑朔，四日为戊辰，下文云“其日戊辰”，则作“十二月”是。 [4]“臣闻师言”二句:《周易・坤卦》卦辞:“安贞吉。”彖辞:“顺承天。”文言:“坤道其顺乎，承天而时行。” [5]三者:戊干辰支皆土，并地动，故言“三者”。 [6]位在中宫:土在五行居中宫。 [7]躬自菲薄:亲自俭约。躬，亲身。菲薄，微薄。 [8]倾倚:倾斜。 [9]清流:比喻政治清明。商邑之翼翼:《诗经・商颂・殷武》:“商邑翼翼，四方之极。”毛传:“商邑，京师也。”郑笺:“极，中也。商邑之礼俗翼翼然可则效，乃四方之中正也。” [10]未崇断金:言不与上同心。《周易・系辞上》:“二人同心，其利断金。” [11]卖弄威福:《尚书・洪范》云:“惟辟作福，惟辟作威。”只有君王才可作威作福，今则群小亦如此。 [12]宿雪:积留过冬的雪。 [13]焦心:忧虑，着急。 [14]僭恒阳若:《洪范》:“僭恒旸若。”孔传:“君行僭差，则常旸顺之。”言君有差错则天常旱。 [15]臣无作威作福玉食:《洪范》:“臣无有作福作威玉食。臣之有作福作威玉食，其害于而家，凶于而国。”《春秋公羊传・成公元年》徐彦疏引郑玄《尚书注》云:“此凡君抑臣之言也，作福专庆赏也，作威专刑罚也，玉食备珍美也。” [16]乾刚:天道刚健。此指天子应刚健决断。《周易・杂卦》:“乾刚坤柔。”《汉书・谷永传》:“陛下诚深察愚臣之言……奋乾刚之威，平天覆之施。” [17]讶(yāo)言:惑乱人心的话。讶，同“妖”。

震前后所上，转有切至[1]，帝既不平之，而樊丰等皆侧目愤怨[2]，俱以其名儒，未敢加害。寻有河间男子赵腾诣阙上书[3]，指陈得失。帝发怒，遂收考诏狱[4]，结以罔上不道[5]。震复上疏此为奏疏之五，论谏诤无罪以解救荩臣。

救之曰："臣闻尧舜之世，谏鼓谤木[6]，立之于朝；殷周哲王，小人怨詈，则皇自敬德[7]。所以达聪明，开不讳，博采负薪[8]，尽极下情也。今赵腾所坐激讦谤语为罪[9]，与手刃犯法有差[10]。乞为亏除[11]，全腾之命，以诱刍荛舆人之言[12]。"帝不省[13]，腾竟伏尸都市[14]。

［注释］

[1] 转有切至：《资治通鉴》作"转切"，意指越来越直切。[2] 侧目：斜目而视。[3] 寻：不久。[4] 收考：拘捕拷问。诏狱：奉皇帝命令拘捕犯人的监狱。[5] 结：定罪。罔上：指欺骗君上。[6] 谏鼓谤木：李贤注引《帝王纪》曰："尧置敢谏之鼓，舜立诽谤之木。"[7]"殷周"三句：《尚书·无逸》篇周公曰："呜呼！自殷王中宗，及高宗，及祖甲，及我周文王，兹四人迪哲。厥或告之曰：'小人怨汝詈汝。'则皇自敬德。"怨詈，怨恨咒骂。皇，中华书局所据本作"还"，仁寿本、王叔边本同。[8] 负薪：背柴人。指地位低微的人。《班固传》："采择狂夫之言，不逆负薪之议。"[9] 激讦：激烈率直地揭发、斥责别人的过失。[10] 差：区别。[11] 亏除：减免。《汉书·何武传》："所举奏二千石长吏必先露章，服罪者为亏除，免之而已；不服，极法奏之，抵罪或至死。"颜师古注："亏，减也。减其状，直令免去也。"[12] 刍荛（chú ráo）：割草砍柴的人。《诗经·大雅·板》："先民有言，询于刍荛。"《左传·僖公二十八年》："晋侯围曹，门焉，多死。曹人尸诸城上，晋侯患之。听舆人之谋，称'舍于墓'。师迁焉。曹人凶惧，为其所得者，棺而出之。"杜

预注："舆，众也。舍墓为将发冢。" [13] 不省：不听，不理会。[14] 腾竟伏尸：《张晧传》："及顺帝即位，拜晧司空，在事多所荐达，天下称其推士。时清河赵腾上言灾变，讥刺朝政，章下有司，收腾系考，所引党辈八十余人，皆以诽谤当伏重法。晧上疏谏曰：'臣闻尧舜立敢谏之鼓，三王树诽谤之木，《春秋》采善书恶，圣主不罪刍荛。腾等虽干上犯法，所言本欲尽忠正谏。如当诛戮，天下杜口，塞谏争之源，非所以昭德示后也。'帝乃悟，减腾死罪一等，余皆司寇。"按，杨震上疏所救之赵腾为河间人，其时在安帝之末；张晧上疏所救之赵腾为清河人，其时在顺帝初。名既相同，时又接近，疑为一事。

会三年春，东巡岱宗[1]，樊丰等因乘舆在外[2]，竞修第宅，震部掾高舒召大匠令史考校之[3]，得丰等所诈下诏书，具奏，须行还上之[4]。丰等闻，惶怖，会太史言星变逆行，遂共谮震云[5]："自赵腾死后，深用怨怼[6]；且邓氏故吏[7]，有恚恨之心。"及车驾行还，便时太学[8]，夜遣使者策收震太尉印绶[9]，于是柴门绝宾客[10]。丰等复恶之，乃请大将军耿宝奏震大臣不服罪，怀恚望，有诏遣归本郡。震行至城西夕阳亭，乃慷慨谓其诸子门人曰："死者士之常分[11]。吾蒙恩居上司，疾奸臣狡猾而不能诛[12]，恶嬖女倾乱而不能禁[13]，何面目复见日月！身死之日，以杂木为

史珥《后汉书勦说》云："既考校，令史得诈下诏书，已与丰等无两立之势，即时举奏，尚恐凭依城社，不易薰烧，况可从容俟之行还乎！伯起操刀不割，夕阳亭之及也，宜哉！"

"死者士之常分"表现了有志之士胸襟坦荡、视死如归的英雄气概。

棺，布单被裁足盖形[14]，勿归冢次[15]，勿设祭祠。”因饮鸩而卒[16]，时年七十余。弘农太守移良承樊丰等旨[17]，遣吏于陕县留停震丧，露棺道侧，谪震诸子代邮行书[18]，道路皆为陨涕[19]。

以上写杨震满怀愤懑而死。

[**注释**]

[1] 岱宗：泰山旧谓居五岳之首，为诸山所宗，故称。 [2] 乘舆：皇帝所乘之车，此处借指皇帝。 [3] 部掾：属官。高舒：人名。大匠令史：将作大匠官府之令史。《资治通鉴》卷五〇胡三省注："汉诸官府各有令史。"考校：考查比较。 [4] 须行还上之：等待车驾还朝，上言其事。 [5] 谮（zèn）：诬陷；中伤。 [6] 用：以，因此。怨怼：怨恨。 [7] 邓氏故吏：大将军邓骘辟之，故曰"故吏"。 [8] 便时太学：李贤注："且于太学待吉时而后入也，故曰便时。" [9] 收震太尉印绶：《安帝纪》："三年春二月丙子，东巡狩……三月壬戌，车驾还京师，幸太学。是日，太尉杨震免。" [10] 柴门：犹杜门，闭门。 [11] 常分：定分。 [12] 奸臣：指樊丰。 [13] 嬖女：指王圣。 [14] 布：铺。裁：通"才"，仅仅。 [15] 勿归冢次：勿归葬祖坟边。 [16] 鸩：毒酒。 [17] 移良：人名。 [18] 谪：罚。代邮行书：代驿吏传送文书。 [19] 陨涕：流泪。

岁余，顺帝即位，樊丰、周广等诛死，震门生虞放、陈翼诣阙追讼震事[1]。朝廷咸称其忠，乃下诏除二子为郎，赠钱百万，以礼改葬于华阴潼亭，远近毕至。先葬十余日，有大鸟高丈余，集震丧前[2]，俯仰悲鸣，泪下沾地，葬毕，乃飞去。郡以状上[3]。时连有灾异，帝感震之枉，乃下诏策曰："故太尉震，正直是与[4]，俾匡时政，而青蝇点素，同兹在藩[5]。上天降威，灾眚屡作[6]，尔卜尔筮[7]，惟震之故。朕之不德，用彰厥咎[8]，山崩栋折，我其危哉！今使太守丞以中牢具祠[9]，魂而有灵，傥其歆享[10]。"于是时人立石鸟象于其墓所。

以上写顺帝即位，杨震得以昭雪。

［注释］

[1] 追讼：追诉，辩白。 [2] 集：止留。 [3] 状：陈述。 [4] 与：犹"亲"。《诗经·小雅·小明》："靖共尔位，正直是与。" [5]"青蝇"二句：《诗经·小雅·青蝇》："营营青蝇，止于樊。岂弟君子，无信谗言。"毛传："兴也。樊，藩也。"郑笺："兴者，蝇之为虫，污白使黑，污黑使白，喻佞人变乱善恶也。" [6] 灾眚：灾害。 [7] 尔卜尔筮：《诗经·卫风·氓》："尔卜尔筮，体无咎言。" [8] 用：以。厥：他，他的。咎：过失，罪过。 [9] 中牢：《资治通鉴》卷五一胡三省注："中牢即少牢，羊、豕具也。" [10] 傥：或许。

［点评］

本篇在内容上主要由杨震所上五篇奏疏构成：其一是谏王圣放恣之事，陈嬖幸弄权之弊；其二是谏刘瓌袭爵之事，杜宠臣侥幸之门；其三是谏阿母兴修府宅之事，述民心叛离之可惧；其四是谏大兴土木、役费无数之事，明阴阳失和、权柄下移之可畏；其五是谏赵腾诣阙、指陈得失之事，力辩直言之非罪。范晔由此五件事出发，歌颂杨震做事正直、不畏强权、敢于直谏、匡谬时政的高洁品质。杨震怀抱“死者士之常分”的决心，讥谏内宠，痛陈时弊，希望诛灭奸臣、禁绝嬖女，但却反遭诬陷，最终慷慨愤懑饮鸩而死，实在令人痛惋。

杨震尝以“天知，神知，我知，子知。何谓无知”回应王密暮夜偷偷送来金子的行为；又以“使后世称为清白吏子孙，以此遗之，不亦厚乎”之语答复想要帮助他开辟产业的故旧长者。杨震的话说明，留给子孙最重要的不是万贯家财，而应该是高尚品质。华峤《汉后书·杨震传》通过对比袁安和杨震这两个东汉世家大族，说“东京杨氏、袁氏，累世宰相，为汉名族。然袁氏车马衣服极为奢僭；能守家风，为世所贵，不及杨氏也”，高度肯定了杨氏一族对于家风的坚守。

张衡列传

本篇节选自《后汉书·张衡列传》。张衡是我国古代杰出的科学家、文学家，同时在政治上也积极有为，是全面发展式的人物。

张衡字平子，南阳西鄂人也[1]。世为著姓[2]。祖父堪，蜀郡太守。衡少善属文[3]，游于三辅[4]，因入京师，观太学，遂通五经[5]，贯六艺[6]。虽才高于世，而无骄尚之情[7]。常从容淡静，不好交接俗人[8]。永元中，举孝廉不行，连辟公府不就。时天下承平日久，自王侯以下，莫不逾侈。

衡乃拟班固《两都》[9]，作《二京赋》，因以讽谏。精思傅会[10]，十年乃成。文多故不载。大将军邓骘奇其才[11]，累召不应[12]。

《二京赋》是张衡的代表作，也是汉赋的代表作。

［注释］

[1] 西鄂：县名，在今河南南阳。 [2] 著姓：有声望的大族。 [3] 属文：连缀文辞，即写作文章。 [4] 三辅：京畿地区的合称。汉朝称京兆尹、左冯（píng）翊、右扶风所管辖的长安附近的三个地区为三辅。 [5] 五经：指《诗》《书》《礼》《易》《春秋》五部儒家经书。 [6] 六艺：本指礼（礼仪）、乐（音乐）、射（射箭）、御（驾车）、书（文字读写）、数（计算）六种学问和技能。汉以后也指儒家的六经，即五经再加上《乐经》。 [7] 骄尚：骄傲自大。 [8] 交接：交往，结交。 [9]《两都》：班固作的《西都赋》和《东都赋》，分别指西汉的都城长安和东汉的都城洛阳。下句的“二京”，也是指长安和洛阳。 [10] 傅会：同“附会”，这里指组织文句。 [11] 邓骘：字昭伯。邓禹之孙。安帝时被封为大将军。 [12] 累召：多次征召。

衡善机巧[1]，尤致思于天文、阴阳、历算[2]。……安帝雅闻衡善术学[3]，公车特征拜郎中[4]，再迁为太史令[5]。遂乃研覈阴阳[6]，妙尽璇机之正[7]，作浑天仪，著《灵宪》《算罔论》[8]，言甚详明。

[注释]

[1] 机巧：器械的巧妙。 [2] 致思：用心思考。 [3] 术学：关于术数方面的学问，指天文、历算等。 [4] 公车：汉代官署名称，掌宫殿司马门警卫，天下上事及征召等事宜。 [5] 太史令：官名。隶太常，掌天时、星历及时节禁忌，国有瑞应、灾异，掌记之，且有修史之任。秩六百石。 [6] 研覈：研究核查。 [7] 璇机之正：指测天仪器的道理。璇机，玉饰的测天仪器。 [8]《灵宪》：历法书。《算罔论》：算术书。

顺帝初，再转，复为太史令。衡不慕当世[1]，所居之官，辄积年不徙。自去史职，五载复还，乃设客问[2]，作《应间》以见其志。

张衡所作《应间》，多脍炙人口的名言，如“人生在勤，不索何获”；如“君子不患位之不尊，而患德之不崇；不耻禄之不夥，而耻智之不博”；如“艺可学而行可力”。

[注释]

[1] 当世：指权臣大官。 [2] 设客问：古代赋体的一种写作方式，宾客提出问题，主人予以回答。

阳嘉元年[1]，复造候风地动仪[2]。以精铜铸成，员径八尺[3]，合盖隆起，形似酒尊，饰以篆文山龟鸟兽之形。中有都柱[4]，傍行八道[5]，施关发机[6]。外有八龙，首衔铜丸，下有蟾蜍，张口承之。其牙机巧制[7]，皆隐在尊中，覆盖周密无际。如有地动，尊则振龙机发吐丸，而蟾蜍衔

发明“候风地动仪”是张衡重要的科学贡献。

之。振声激扬，伺者因此觉知。虽一龙发机，而七首不动，寻其方面[8]，乃知震之所在。验之以事，合契若神[9]。自书典所记，未之有也。尝一龙机发而地不觉动，京师学者咸怪其无征[10]，后数日驿至[11]，果地震陇西[12]，于是皆服其妙。自此以后，乃令史官记地动所从方起[13]。

[注释]

[1] 阳嘉：汉顺帝的年号。下文的“永和”是他的另一个年号。 [2] 候风地动仪：测定地震的仪器。一说为两种仪器，一是测风向的候风仪，一是测地震的地动仪。 [3] 员径：圆的直径。员，通“圆”。 [4] 都柱：粗大的中心柱，能摆动。都，大。 [5] 傍行八道：候风地动仪已经失传。据推测，大约是在大柱的周围设横杆，交叉起来，按照东、西、南、北、东南、西南、西北、东北八个方向，和八个龙头相衔接。 [6] 施关发机：设置关键，能够拨动机件。关，枢纽、关键。发，拨动。 [7] 牙机巧制：枢纽和机件的巧妙构造。牙，发动机件的枢纽。制，形制、构造。 [8] 方面：方向。 [9] 合契：合符，相合。 [10] 无征：没有应验。 [11] 驿：即驿使，传递官方文书的人。 [12] 陇西：汉代郡名，今甘肃兰州、临洮、陇西一带。 [13] 所从方起：从哪个方向发生的。

后迁侍中，帝引在帷幄[1]，讽议左右。尝问衡天下所疾恶者。宦官惧其毁己，皆共目之，衡乃诡对而出[2]。阉竖恐终为其患[3]，遂共谗之[4]。

［注释］

[1] 帷幄：此处指宫中的帷幕。 [2] 诡对：以非出于真心的虚言应对。 [3] 阉竖：对宦官的蔑称。 [4] 谗：在别人面前说陷害某人的坏话。

《思玄赋》是张衡又一代表性赋作。

衡常思图身之事[1]，以为吉凶倚伏，幽微难明[2]，乃作《思玄赋》，以宣寄情志[3]。

［注释］

[1] 图身：考虑自身安全。 [2] 幽微难明：隐微难以明白。 [3] 宣寄：抒发并寄托。

张衡治理威严，整齐法度，不乏政治作为。

永和初，出为河间相[1]。时国王骄奢[2]，不遵典宪[3]；又多豪右[4]，共为不轨。衡下车[5]，治威严，整法度，阴知奸党名姓[6]，一时收禽[7]，上下肃然，称为政理[8]。视事三年[9]，上书乞骸骨[10]，征拜尚书。年六十二，永和四年卒。

［注释］

[1] 河间相：河间王（刘政）的相。汉朝王国的相，职权相当于郡的太守。 [2] 国王：封建社会贵族的最高封爵。此处指河间

王刘政。[3] 典宪：典章法制。[4] 豪右：豪族大户。[5] 下车：指官吏初到任。[6] 阴知：暗中查知。[7] 收禽：逮捕。禽，通“擒”，捕捉。[8] 政理：政治清明。[9] 视事：治事，任职。[10] 乞骸骨：请求退休。封建社会，大臣年老了请求辞职为“乞骸骨”，意思是请求赐还自己的身体，回到家乡去。

[点评]

张衡是东汉时期的著名学者，他在政治、文学、天文学、地震学以及器械制造诸领域均有突出的贡献。政治方面，张衡关心时事，严明法纪，治理颇有功绩；文学方面，张衡与司马相如、扬雄、班固并称“汉赋四大家”，有诸多诗、文作品流传至今；在天文学、地震学以及器械制造方面，张衡发明的浑天仪和地动仪，对我国科学技术的发展做出了重要贡献，充分展现了中国古代劳动人民的科学精神与无穷智慧，特别是地动仪的创造，比欧洲早了 1700 多年，成为科技史上的一大奇迹。

张衡是“文理兼综”的典范人物，也是中国文化思想史上不可多得的通才。张衡所取得的成就与其禀赋和志向关系密切。他才高于世，无骄尚之情；从容淡静，不爱慕荣利。所以史珥《后汉书勦说》评价道：“学者有此标格，便是绝好根器。”张衡在《应间》中说“人生在勤，不索何获”，做人不管身居何职、所从何事，都应当学习这种勤奋、不屈、求索的“工匠精神”，做到敬业、专注、创新。

本篇节选自《后汉书·马融列传》。

马融列传

马融字季长，扶风茂陵人也[1]，将作大匠严之子[2]。为人美辞貌，有俊才。初，京兆挚恂以儒术教授[3]，隐于南山，不应征聘，名重关西，融从其游学，博通经籍。恂奇融才，以女妻之[4]。

［注释］

[1] 扶风茂陵：在今陕西兴平市。 [2] 将作大匠：中国古代官名，职掌宫室、宗庙、陵寝及其他土木营建。 [3] 挚恂：字季直，善于属文，隐居南山之阴。 [4] 妻：以女嫁人。

《孟子·滕文公下》云："富贵不能淫，贫贱不能移，威武不能屈，此之谓大丈夫。"马融的做法与中国传统的价值观念相悖，因而受到后人批评。

永初二年[1]，大将军邓骘闻融名，召为舍人，非其好也，遂不应命，客于凉州武都、汉阳界中[2]。会羌虏飙起，边方扰乱，米谷踊贵[3]，自关以西，道殣相望[4]。融既饥困，乃悔而叹息，谓其友人曰："古人有言：'左手据天下之图，右手刎其喉，愚夫不为。'所以然者，生贵于天下也。今以曲俗咫尺之羞，灭无赀之躯，殆非老庄所谓也[5]。"故往应骘召。

[注释]

[1] 永初：汉代安帝年号。永初二年，即公元108年。 [2] 客：寄居。 [3] 踊：上跳，此指粮价蹿升。 [4] 殣（jìn）：古以饿死为殣。 [5] “今以曲俗咫尺之羞”三句：现在因为一点点世俗陋习的屈辱，而毁灭自己无价的身体，不符合老、庄“不以名害其生”的道理。曲俗，陋习。

四年，拜为校书郎中，诣东观典校秘书。是时邓太后临朝，骘兄弟辅政。而俗儒世士，以为文德可兴，武功宜废，遂寝蒐狩之礼[1]，息战陈之法[2]，故猾贼从横[3]，乘此无备。融乃感激[4]，以为文武之道，圣贤不坠，五才之用[5]，无或可废。元初二年[6]，上《广成颂》以讽谏。……颂奏，忤邓氏[7]，滞于东观[8]，十年不得调。因兄子丧自劾归[9]。太后闻之怒，谓融羞薄诏除[10]，欲仕州郡，遂令禁锢之。

李景星《后汉书评议》云：“载《广成颂》一篇，所以著其获罪之由。”

施之勉《后汉书集解补》引王闿运的话说：“邓氏不欲帝亲政也。”

[注释]

[1] 蒐狩：春猎为蒐，冬猎为狩，泛指狩猎。此指古之帝王诸侯狩猎之礼制。 [2] 战陈：即战阵。 [3] 从横：即“纵横”。 [4] 感激：心有所感，志有所激，此指对舆论偏颇不满，故有感而发。 [5] 五才：指金木水火土。 [6] 元初：汉代安帝年号。元初二年，即公元115年。 [7] 忤：忤逆，触怒。 [8] 滞：

滞留。 [9] 自劾：弹劾自己，请求卸任官职。 [10] 谓融羞薄诏除：太后认为，马融对朝廷诏封的官职感到羞辱从而轻视，诏令罢免。

太后崩，安帝亲政，召还郎署，复在讲部。出为河间王厩长史。时车驾东巡岱宗，融上《东巡颂》，帝奇其文，召拜郎中。及北乡侯即位，融移病去[1]，为郡功曹。

［注释］

[1] 移病：上书称病，多为官者要求隐退的委婉语。

阳嘉二年，诏举敦朴[1]，城门校尉岑起举融，征诣公车，对策，拜议郎。大将军梁商表为从事中郎，转武都太守。时西羌反叛，征西将军马贤与护羌校尉胡畴征之，而稽久不进[2]。融知其将败，上疏乞自效[3]，曰："今杂种诸羌转相抄盗，宜及其未并，亟遣深入，破其支党，而马贤等处处留滞。羌胡百里望尘，千里听声，今逃匿避回，漏出其后[4]，则必侵寇三辅，为民大害。臣愿请贤所不可用关东兵五千，裁假部队之号[5]，尽力

李景星《后汉书评议》云："载上疏乞自效一篇，所以见其贪进之意。"

率厉[6]，埋根行首[7]，以先吏士，三旬之中，必克破之。臣少习学艺，不更武职[8]，猥陈此言[9]，必受诬罔之辜[10]。昔毛遂厮养[11]，为众所蚩，终以一言，克定从要[12]。臣惧贤等专守一城，言攻于西而羌出于东，且其将士必有高克溃叛之变[13]。”朝廷不能用。又陈：“星孛参、毕[14]，参西方之宿，毕为边兵，至于分野，并州是也。西戎北狄，殆将起乎！宜备二方。”寻而陇西羌反，乌桓寇上郡，皆卒如融言。三迁，桓帝时为南郡太守。先是融有事忤大将军梁冀旨，冀讽有司奏融在郡贪浊，免官，髡徙朔方[15]。自刺不死，得赦还，复拜议郎，重在东观著述，以病去官。

“皆卒如融言”句，可以见出马融具有的军事谋略和前瞻性视野。

［注释］

[1] 敦朴：敦厚诚朴。 [2] 稽久：滞留很久。 [3] 自效：愿竭尽全力。 [4] 漏：乘着空隙钻出来。 [5] 裁假：仅仅借用。裁，通“才”。 [6] 率厉：率领督促。厉，激励，勉励。 [7] 埋根：不退。行首：队伍之前。首，原作“道”，据王先谦校语改。 [8] 不更：未曾经历。 [9] 猥：谦辞。 [10] 诬罔：诬陷毁谤。 [11] 厮养：供使役的人。 [12] 从：合纵。要：要约。 [13] 高克溃叛：《左传》载，郑人恶高克，使率师屯于河上，久而不召，师溃而

归，高克奔陈。[14]星孛：我国古代对彗星的称呼。参、毕：星宿名。[15]髡（kūn）：古代一种把头发剃光的刑罚。徙：贬谪，流放。

施之勉《后汉书集解补》引冯时可的话说：“西京之儒术，衰于扬雄，为利禄也。东京之经师，衰于马融，为奢淫也。经衰而节行振矣，节行摧而清谈起矣。世变之移，人实为之。”

融才高博洽，为世通儒，施养诸生[1]，常有千数。涿郡卢植，北海郑玄，皆其徒也。善鼓琴，好吹笛，达生任性[2]，不拘儒者之节。居宇器服[3]，多存侈饰。常坐高堂，施绛纱帐，前授生徒，后列女乐[4]，弟子以次相传，鲜有入其室者。尝欲训《左氏春秋》，及见贾逵、郑众注，乃曰：“贾君精而不博，郑君博而不精。既精既博，吾何加焉[5]！”但著《三传异同说》。注《孝经》《论语》《诗》《易》《三礼》《尚书》《列女传》《老子》《淮南子》《离骚》，所著赋、颂、碑、诔、书、记、表、奏、七言、琴歌、对策、遗令，凡二十一篇。

［注释］

[1]施：中华书局所据本作“教”，王叔边本同。[2]达生：指参透人生、不受世事牵累的处世态度。[3]居宇器服：住宅、器物和衣服。[4]女乐：歌舞伎。[5]加：补充；超过。

初，融惩于邓氏，不敢复违忤势家[1]，遂为梁冀草奏李固[2]，又作大将军《西第颂》，以此颇为正直所羞[3]。年八十八，延熹九年卒于家。遗令薄葬。族孙日磾[4]，献帝时位至太傅。

论曰：马融辞命邓氏，逡巡陇汉之间[5]，将有意于居贞乎[6]？既而羞曲士之节[7]，惜不赀之躯[8]，终以奢乐恣性，党附成讥，固知识能匡欲者鲜矣[9]。夫事苦，则矜全之情薄；生厚，故安存之虑深。登高不惧者，胥靡之人也[10]；坐不垂堂者，千金之子也。原其大略，归于所安而已矣。物我异观，亦更相笑也。

《后汉书·吴祐传》载，祐在胶东九年，迁齐相，大将军梁冀表为长史。及冀诬奏太尉李固，祐闻而请见，与冀争之，不听。时扶风马融在坐，为冀章草，祐因谓融曰："李公之罪，成于卿手。李公即诛，卿何面目见天下之人乎？"

李景星《后汉书评议》云："论更谓其'奢乐恣性，党附成讥'，则所以诛责之者良至。"

[注释]

[1] 势家：指有权势之家。 [2] 草奏：起草奏章。 [3] 羞：感到耻辱。 [4] 日磾（mì dī）：汉代男子名。 [5] 逡巡：因为有所顾虑而徘徊不前。 [6] 居贞：东汉时人以隐居不仕为守贞操。 [7] 曲士：乡曲之士。比喻孤陋寡闻的人。 [8] 不赀：数量极多，无法计量；非常贵重。 [9] 匡：匡正。 [10] 胥靡：古代服劳役的奴隶或刑徒，亦为刑罚名。

[点评]

马融是东汉著名学者，古文经学大师。他才高博洽，淹通古今，遍注群籍。马融所教授弟子数以千计，尤以卢植、郑玄影响巨大。马融在传承文化、开导后学方面有着不世之功。然而，在生死与气节问题上，马融认为“左手据天下之图，右手刎其喉”的行为是愚蠢至极的，因为生命比天下任何东西都更为重要，不能因为无法忍受屈辱，而毁灭了无价的身躯。马融屈志就官的做法背离了“君子固穷”的传统价值观念，因此遭到后人讥笑。王闿运批评马融“一念而贪鄙生矣”，刘咸炘在《后汉书知意》中亦讽刺马融这种“屈节”的做法，就像司马迁在《史记》中记载的李斯羡慕仓鼠之生活优于厕鼠一样。后来，马融因为作《广成颂》讽谏朝政，得罪邓后，十年不得升迁。也正因此，马融不仅不敢再违逆权势，反而帮助奸佞奏告李固，甚至作《西第颂》赞扬梁冀，文人气节丧失殆尽。史珥在《后汉书勦说》中评价道：“然失意权门，不过十年不调止矣，何至引以自惩，甘为梁冀草奏乎？”所以，范晔认为马融最初不接受邓骘的任命而选择在陇、汉之间徘徊，并不是要有意保持节操，不然也不会转眼就陷入“奢乐恣性，党附成讥”的漩涡之中了。范晔在论中所云“固知识能匡欲者鲜矣”，是尖锐而深刻的，学人不可不以此为戒。

蔡邕列传

本篇节选自《后汉书·蔡邕列传》。《蔡邕传》详细叙述了蔡邕所处的末世环境和艰难曲折的一生。

蔡邕字伯喈，陈留圉人也[1]。六世祖勋，好黄老[2]，平帝时为郿令[3]。王莽初，授以厌戎连率[4]。勋对印绶仰天叹曰：“吾策名汉室[5]，死归其正。昔曾子不受季孙之赐，况可事二姓哉？”遂携将家属，逃入深山，与鲍宣、卓茂等同不仕新室[6]。父棱，亦有清白行，谥曰贞定公。邕性笃孝，母常滞病三年[7]，邕自非寒暑节变，未尝解襟带，不寝寐者七旬。母卒，庐于冢侧，动静以礼。有兔驯扰其室傍[8]，又木生连理，远近奇之，多往观焉。与叔父从弟同居，三世不分财，乡党高其义。少博学，师事太傅胡广。好辞章、数术、天文，妙操音律。

以上写蔡邕的家世与品行。

[注释]

[1] 圉（yǔ）：治所在今河南杞县西南。 [2] 黄老：黄老之学，代指道家学说。 [3] 郿：在今陕西眉县境。 [4] 厌戎：王莽时改陇西郡为厌戎郡。连率：驻郡军官。 [5] 策名：策名委质，指因仕宦而献身于朝廷。 [6] 新室：王莽新朝。 [7] 滞病：久病。 [8] 兔：绍兴本作“菟”。

桓帝时，中常侍徐璜、左悺等五侯擅恣[1]，闻邕善鼓琴，遂白天子，敕陈留太守督促发遣。邕不得已，行到偃师，称疾而归。闲居玩古[2]，不交当世。感东方朔《客难》及杨雄、班固、崔骃之徒设疑以自通，乃斟酌群言，韪其是而矫其蔡伯喈颇为董氏所縻，正与《释诲》之旨反。

非[3]，作《释诲》以戒厉云尔[4]：

[注释]

[1] 擅恣：专权放肆。 [2] 玩：钻研。 [3] 韪：赞同。 [4] 戒厉：告诫劝勉。云尔：句末语气词。

成语“安贫乐贱”出自此处。意思是说甘于贫穷，并以此为乐。

有务世公子诲于华颠胡老曰[1]：“盖闻圣人之大宝曰位，故以仁守位，以财聚人。然则有位斯贵，有财斯富，行义达道[2]，士之司也。故伊挚有负鼎之衒[3]，仲尼设执鞭之言[4]，宁子有清商之歌[5]，百里有豢牛之事[6]。夫如是，则圣哲之通趣[7]，古人之明志也。夫子生清穆之世，秉醇和之灵，覃思典籍[8]，韫椟六经[9]，安贫乐贱，与世无营[10]，沈精重渊，抗志高冥[11]，包括无外[12]，综析无形，其已久矣。曾不能拔萃出群，扬芳飞文，登天庭，序彝伦[13]，埽六合之秽慝[14]，清宇宙之埃尘，连光芒于白日，属炎气于景云[15]。时逝岁暮，默而无闻。小子惑焉，是以有云。方今圣上宽明，辅弼贤知，崇英逸伟，不坠于地，德弘者建宰相而裂土，才羡者荷荣禄而蒙赐。盍亦回涂要至，俯仰取容，辑当世之利[16]，定不拔之功，荣家宗于此时，遗不灭之令踪[17]？夫独未之思邪，何为守彼而不通此？”

［注释］

[1] 华颠：头发花白。 [2] 行义：躬行仁义。 [3] 伊挚：商代名臣伊尹。据《史记》：伊尹欲干汤而无由，乃为有莘媵臣，负鼎俎以滋味说汤，致于王道。衒（xuàn）：同“炫”，炫耀。 [4] 仲尼设执鞭之言：语出《论语》：“子曰：‘富而可求，虽执鞭之士吾亦为之。’” [5] 宁子有清商之歌：宁子指宁戚，春秋时齐国商人。《淮南子》曰：“宁戚欲干齐桓公，穷困无以自达，于是为商旅，将车以适于齐，暮宿于郭门，饭牛车下，望见桓公，乃击牛角而商歌。桓公闻之曰：‘异哉！歌者非常人也。’命后车载之。”《三齐记》载其歌曰：“南山矸，白石烂，生不遭尧与舜禅，短布单衣适至骭，从昏饭牛薄夜半，长夜漫漫何时旦！”公悦之，以为大夫。 [6] 百里有豢牛之事：百里奚，虞国贤人。《史记》：“百里奚自鬻于秦，衣褐食牛，期年而后穆公知之，举之牛口之下。”豢，喂养。 [7] 通趣：指共同的旨趣。 [8] 覃思：深思。 [9] 韫（yùn）椟：亦作“韫椟”，藏在柜子里，意为珍藏，收藏。 [10] 营：谋求。 [11] 抗志高冥：高尚其志；指高尚的志向。高冥，高空。 [12] 包括无外：无所不包。 [13] 彝伦：伦常。 [14] 埽：同“扫”。秽慝：污浊；邪恶。 [15] 炎气：暑气。 [16] 辑：聚集。 [17] 令踪：美好的功绩。

胡老傲然而笑曰[1]：“若公子，所谓睹暧昧之利[2]，而忘昭晳之害；专必成之功，而忽蹉跌之败者已[3]。”公子谡尔敛袂而兴曰[4]：“胡为其然也？”胡老曰：“居[5]，吾将释汝。昔自太极，君臣始基，有羲皇之洪宁[6]，唐虞之至时。三代之隆，亦有缉熙[7]，五伯扶微，勤而抚之。于斯已降，天纲纵，人纮弛[8]，王涂坏，大极陁[9]，君臣土崩，上下瓦解。于是智者骋诈，辩者驰说，武夫奋略，战士讲锐。电骇风驰，雾散云披，变诈乖诡，以合时宜。或画一策而绾万金[10]，或谈崇朝而锡瑞珪[11]。连衡者六印磊落，合从者骈组流离。隆贵翕习[12]，积富无崖[13]，据巧蹈机，以忘其危。夫华离蒂而萎[14]，条去干而枯，女冶容而淫[15]，士背道而辜。人毁其满，神疾其邪，利端始萌，害渐亦牙[16]。速速方毂，夭夭是加[17]，欲丰其屋，乃蔀其家[18]。是故天地否闭[19]，圣哲潜形，石门守晨[20]，沮、溺耦耕[21]，颜歜抱璞[22]，蘧瑗保生[23]，齐人归乐[24]，孔子斯征，雍渠骖乘[25]，逝而遗轻[26]。夫岂傲主而背国乎？道不可以倾也。”

蔡邕道出自己不愿做官的原因，是因为世道昏暗不明。

[注释]

[1] 傲然：骄傲的样子。 [2] 暧昧：模糊；不清晰。 [3] 蹉跌：失足跌倒，比喻失误。 [4] 谡（sù）尔：指精神振作、凝

聚贯注的样子。敛袂：整理衣袖。行礼拜揖的准备动作。兴：起立。 [5]居：坐。 [6]洪宁：长治久安。 [7]缉熙：光明。[8]纮（hóng）：古代冠冕两旁的带子。此处当作“联系”“维系”讲。[9]陁（tuó）：不平的样子。 [10]绾（wǎn）：卷起；统摄。 [11]锡：通“赐”。瑞珪：古代天子赐给诸侯作为凭信的圭玉。 [12]翕习：威盛貌；会聚；和谐。 [13]崖：边际。 [14]蔕：同“蒂”，花蒂。[15]冶容：女子打扮得很妖媚。 [16]牙：通“芽”，萌芽。[17]速速方毂，夭夭是加：此两句出自《诗经・小雅・正月》：“速速方毂，夭夭是椓。”意为鄙陋小人，将富贵而得利禄。速速，陋。毂，禄。夭夭，杀戮。 [18]欲丰其屋，乃蔀其家：出《周易・丰卦》上六爻辞：“丰其屋，蔀其家。”王弼注云：“蔀，覆也。屋厚覆，闇之甚也。” [19]否闭：闭塞不通。 [20]石门守晨：典出《论语》：“子路宿于石门。晨门曰：‘奚自？’子路曰：‘自孔氏。’”郑玄注云：“石门，鲁城外门也。晨门，主晨夜开闭者。”后以此代指隐士。 [21]耦耕：指二人并耕。后亦泛指农事或务农。 [22]颜歜（chù）抱璞：《战国策》齐宣王谓颜歜曰：“愿先生与寡人游。”歜辞曰：“玉生于山，制则毁焉，非不宝也，然失璞不完。士生鄙野，选而禄焉，非不贵也，而形神不全。歜愿得晚食以当肉，安步以当车，无罪以当贵，清静以自娱。知足矣。归反于朴，则终身不辱。” [23]蘧（qú）瑗保生：蘧瑗即蘧伯玉，春秋时卫国贤士。孔子称赞他“玉邦有道则仕，邦无道则可卷而怀之。” [24]归：通“馈”，赠送。此句指齐人赠送鲁国君臣女乐，以干扰孔子改革之事。 [25]雍渠骖乘：据《史记》：“卫灵公与夫人同车，宦者雍渠骖乘。孔子曰：‘吾未见好德如好色者也。’于是丑之，去卫适曹。”雍渠，卫灵公时宦官。 [26]遗轻：如弃草芥之物，意为非常厌恶。

建宁三年，辟司徒桥玄府[1]，玄甚敬待之。出补河平长。召拜郎中，校书东观。迁议郎。邕以经籍去圣久远，文字多谬，俗儒穿凿，疑误后学，熹平四年，乃与五官中郎将堂溪典、光禄大夫杨赐，谏议大夫马日磾、议郎张驯、韩说、太史令单飏等，奏求正定六经文字。灵帝许之，邕乃自书丹于碑[2]，使工镌刻立于太学门外。于是后儒晚学，咸取正焉。及碑始立，其观视及摹写者，车乘日千余两[3]，填塞街陌。

此即《熹平石经》，它是中国历史上最早的由官方钦定的关于儒家经典的刻石。

［注释］

[1] 辟：征辟，汉代一种主要选官方式。桥玄：本书卷五十一有传。 [2] 丹：一作“册”，据王先谦校语改。 [3] 两：通“辆”。

初，朝议以州郡相党，人情比周[1]，乃制婚姻之家及两州人士不得对相监临。至是复有三互法[2]，禁忌转密，选用艰难。幽冀二州，久缺不补。邕上疏曰：“伏见幽、冀旧壤，铠马所出，比年兵饥[3]，渐至空耗。今者百姓虚县[4]，万里萧条，阙职经时，吏人延属，而三府选举，逾月不定。臣经怪其事[5]，而论者云‘避三互’。

十一州有禁，当取二州而已。又二州之士，或复限以岁月，狐疑迟淹[6]，以失事会。愚以为三互之禁，禁之薄者，今但申以威灵，明其宪令，在任之人岂不戒惧，而当坐设三互，自生留阂邪[7]？昔韩安国起自徒中[8]，朱买臣出于幽贱，并以才宜，还守本邦。又张敞亡命，擢授剧州[9]。岂复顾循三互，继以末制乎？三公明知二州之要，所宜速定，当越禁取能，以救时敝；而不顾争臣之义，苟避轻微之科，选用稽滞[10]，以失其人。臣愿陛下上则先帝，蠲除近禁[11]，其诸州刺史器用可换者，无拘日月三互，以差厥中。”书奏不省。

“三互法”破坏了州郡政体结构的完整性，阻碍了州郡的发展，有必要废除。

[注释]

[1] 比周：结党营私。语出《论语》：“子曰：‘君子周而不比，小人比而不周。’”比为结党营私，周为一视同仁。此用为偏义复词，侧重比。 [2] 三互法：婚姻之家及相邻两州人不得相互为官，意在回避利益相关，维护行政公平。 [3] 比年：连年。 [4] 虚县：县内空虚，指百姓人口减少。 [5] 经：经常。 [6] 迟淹：停留，滞留。 [7] 留阂：停滞不通。 [8] 起自徒中：指韩安国曾犯法被判刑，不久即被任命为梁国内史，起徒中为二千石。 [9] 剧：大。 [10] 稽滞：拖延；延误。 [11] 蠲除：废除；免除。

初，帝好学，自造《皇羲篇》五十章，因引诸生能为文赋者[1]。本颇以经学相招，后诸为尺牍及工书鸟篆者[2]，皆加引召，遂至数十人。侍中祭酒乐松、贾护[3]，多引无行趣势之徒[4]，并待制鸿都门下，憙陈方俗闾里小事[5]，帝甚悦之，待以不次之位[6]。又市贾小民，为宣陵孝子者[7]，复数十人，悉除为郎中、太子舍人[8]。时频有雷霆疾风，伤树拔木，地震、陨雹、蝗虫之害。又鲜卑犯境，役赋及民。六年七月，制书引咎[9]，诰群臣各陈政要所当施行。邕上封事[10]。

[注释]

[1] 引：延请。 [2] 尺牍：书信通称，亦指文辞。鸟篆：篆体古文字。形如鸟的爪迹，故称。 [3] 侍中祭酒：侍中，皇帝近臣，主要负责掌备顾问、拾遗补缺等事；祭酒，古代飨宴时酹酒祭神的长者，汉魏以后官名，汉代有博士祭酒，更始立侍中祭酒，东汉袭其旧制。 [4] 无行：行为恶劣；品行不好。趣势：趋炎附势。 [5] 憙：古同“喜”。闾里：乡里；民间。 [6] 不次：不依寻常次序，犹言破格。 [7] 宣陵孝子：指为宣陵守孝之人。 [8] 太子舍人：为太子属官。《周礼·地官·舍人》：“舍人掌平宫中之政，分其财守，以法掌其出入者也。” [9] 引咎：过失归于自己。 [10] 封事：密封的奏章。古时臣下上书奏事，防有

泄漏，用皂囊封缄，故称。

时妖异数见，人相惊扰。其年七月，诏召邕与光禄大夫杨赐、谏议大夫马日磾、议郎张华、太史令单飏诣金商门，引入崇德殿，使中常侍曹节、王甫就问灾异及消改变故所宜施行。邕悉心以对，事在《五行》《天文志》。又特诏问曰："比灾变互生[1]，未知厥咎[2]，朝廷焦心，载怀恐惧。每访群公卿士，庶闻忠言，而各存括囊，莫肯尽心。以邕经学深奥，故密特稽问[3]，宜披露失得，指陈政要，勿有依违，自生疑讳。具对经术，以皂囊封上[4]。"邕对曰："臣伏惟陛下圣德允明，深悼灾咎，褒臣末学，特垂访及，非臣蝼蚁所能堪副[5]。斯诚输写肝胆出命之秋[6]，岂可以顾患避害，使陛下不闻至戒哉！臣伏思诸异，皆亡国之怪也。天于大汉，殷勤不已，故屡出祆变[7]，以当谴责，欲令人君感悟，改危即安。今灾眚之发[8]，不于它所，远则门垣，近在寺署，其为监戒，可谓至切。蜺堕鸡化[9]，皆妇人干政之所致也。前者乳母赵娆，贵重天下，生则赀藏侔于天府[10]，死则丘墓逾于园陵[11]，两子受封，兄弟典郡；续以永乐门史霍玉，依阻城社[12]，又为奸邪。今者道路纷纷，复云有程大人者，察其风声，将为国患。宜高为堤防，明设禁令，深惟赵、霍，以为至戒。今圣意勤勤，思明邪正。而闻太尉张颢，为玉所进；光禄勋姓璋，有名贪浊，又长水校尉赵玹、屯骑校尉盖升，并叨时幸[13]，荣富优足。宜念小人在位之咎，退思引身避贤之福[14]。伏见廷尉郭禧，纯厚老成；光禄大夫桥玄，聪达方直；故太尉刘宠，忠实守正：并宜为谋主，数见访问。夫宰相大臣，君之四体，委任责成，优劣已分，不宜听纳小吏，雕琢大臣也。又尚方工技之作，鸿都篇赋之文，可且消息[15]，以示惟忧。《诗》云：'畏天之怒，不敢戏豫[16]。'天戒诚不可戏也。宰府孝廉，士之高选。近者以辟召不慎，切责三公，而今并以小文超取选举，开请托之门，违明王之典，众心不猒[17]，莫之敢言。臣愿陛下忍而绝之，思惟万机，以答天望。圣朝既自约厉[18]，左右近臣亦宜从化。人自抑损[19]，以塞咎戒，则天道亏满，鬼神福谦矣。臣以愚戆[20]，感激忘身，敢触忌讳，手书具对。夫君臣不密，上有漏言之戒，下有失身之祸[21]。愿寝臣表[22]，无使尽忠之吏，受怨奸仇。”章奏，帝览而叹息，因起更衣，曹节于后窃视之，悉宣语左右，事遂漏露。其为邕所裁黜者[23]，皆侧目思报[24]。

以上写蔡邕借助灾异之事，就选官任人给皇帝提了诸多建议，但同时也给自己招来诸多仇恨。

［注释］

[1]比：近来。 [2]厥：代词，其，他的。 [3]密：秘密地。 [4]皂：黑色。 [5]副：相配，相称。 [6]输写：倾吐。出命：献出生命。 [7]袄：同“妖”。 [8]眚（shěng）：灾祸。 [9]蜺：通“霓”，虹的一种，称副虹，又称雌虹、雌蜺。鸡化：雌鸡变为雄鸡，旧时认为是灾难之兆。 [10]赀藏：储藏的财物。侔：等，齐。 [11]园陵：帝王的墓地。 [12]依阻：凭借；仗恃。 [13]叨：承蒙。 [14]避贤：让贤。 [15]消息：停止。 [16]戏豫：亦作“戏渝”，戏嬉安逸，此指怠慢。 [17]猒（yàn）：信服。 [18]约厉：严格约束。 [19]抑损：谦逊；谦让。 [20]戆（zhuàng）：通“戅”，愚笨而刚直。 [21]“上有漏言之戒”二句：指春秋时晋襄公与大夫阳处父密谈，后者语涉对狐射姑不利之言。事后襄公将其事泄露给射姑，射姑怀恨在心。襄公死，阳处父为其守丧，射姑趁其不备，将其暗杀。 [22]寝：搁置。 [23]裁黜：罢黜。 [24]侧目：不以正眼看人，有怨恨之意。报：报复。

初，邕与司徒刘郃素不相平，叔父卫尉质又与将作大匠阳球有隙[1]。球即中常侍程璜女夫也[2]，璜遂使人飞章言邕、质数以私事请托于郃[3]，郃不听，邕含隐切[4]，志欲相中[5]。于是诏下尚书，召邕诘状[6]。邕上书自陈曰："臣被召，问以大鸿胪刘郃前为济阴太守，臣属吏张宛长休百日，郃为司隶，又托河内郡吏李奇为州书佐，及营护故河南尹羊陟、侍御史胡母班，郃不为用致怨之状。臣征营怖悸[7]，肝胆涂地，不知死命所在。窃自寻案[8]，实属宛、奇，不及陟、班。凡休假小吏，非结恨之本。与陟姻家，岂敢申助私党？如臣父子欲相伤陷，当明言台阁，具陈恨状所缘。内无寸事，而谤书外发，宜以臣对与郃参验。臣得以学问特蒙褒异，执事秘馆[9]，操管御前，姓名貌状，微简圣心。今年七月，召诣金商门，问以灾异，赍诏申旨[10]，诱臣使言。臣实愚戆，唯识忠苠[11]，出命忘躯，不顾后害，遂讥刺公卿，内及宠臣。实欲以上对圣问，救消灾异，规为陛下建康宁之计。陛下不念忠臣直言，宜加掩蔽，诽谤卒至，便用疑怪。尽心之吏，岂得容哉？诏书每下，百官各上封事，欲以改政思谴，除凶致吉，而言者不蒙延纳之福[12]，旋被陷破之祸[13]。今皆杜口结舌[14]，以臣为戒，谁敢为陛下尽忠孝乎？臣季父质，连见拔擢，位在上列。臣被蒙恩渥[15]，数见访逮[16]。言事者因此欲陷臣父子，破臣门户，非复发纠奸伏，补益国家者也。臣年四十有六，孤特一身[17]，得托名忠臣，死有余荣，恐陛下于此不复闻至言矣。臣之愚冗，职当咎患[18]，但前者所对，质不及闻，而衰老白首，横见引逮，随臣摧没，并入阬埳，诚冤诚痛。臣一入牢狱，当为楚毒所迫[19]，趣以饮章[20]，辞情何缘复闻？死期垂至，冒昧自陈。愿身当辜戮，丐质不并坐[21]，则身死之日，更生之年也。惟陛下加餐[22]，为百姓自爱。”于是下邕、质于洛阳狱，劾以仇怨奉公，议害大臣，大不敬，弃市。事奏，中常侍吕强愍邕无罪[23]，请之，帝亦更思其章，有诏减死一等，与家属髡钳徙朔方[24]，不得以赦令除。阳球使客追路刺邕，客感其义，皆莫为用。球又赂其部主使加毒害，所赂者反以其情戒邕，故每得免焉。居五原以上写蔡邕遭受诬陷，陈情自辩。

安阳县。

［注释］

[1] 阳球：原作“杨球”，据王先谦《后汉书集解》校语改。 [2] 女夫：女婿。 [3] 飞章：指报告急变或急事的奏章；迅急上奏章。 [4] 隐切：怨恨。 [5] 中：中伤，诽谤。 [6] 诘状：审问情状；追问情状。 [7] 怖悸：惊惧。 [8] 寻案：查考。 [9] 秘馆：即秘阁。帝王藏书之所。 [10] 赍（jī）：怀持。旨：原作“言”，据王先谦《后汉书集解》校语改。 [11] 荩：通“进”，此指忠诚。 [12] 延纳：接纳；容纳。 [13] 旋：不久。 [14] 杜口结舌：闭着嘴说不出话来。形容十分害怕。 [15] 恩渥：谓帝王给予的恩泽。 [16] 访逮：问及。 [17] 特：独。 [18] 咎患：祸患。 [19] 楚毒：指酷刑。 [20] 饮章：匿名文件。 [21] 丐：谦辞，乞请。 [22] 加餐：慰劝之辞。谓多进饮食，保重身体。 [23] 愍：悯惜。 [24] 髡钳：古代刑罚，谓剃去头发，用铁圈束颈。徙：流放。

邕前在东观，与卢植、韩说等撰补《后汉记》[1]，会遭事流离，不及得成，因上书自陈，奏其所著十意，分别首目，连置章左。帝嘉其才高，会明年大赦，乃宥邕还本郡。邕自徙及归，凡九月焉。将就还路，五原太守王智饯之。酒酣，智起舞属邕[2]，邕不为报[3]。智者，中常侍王甫弟也，素贵骄，惭于宾客，诟邕曰[4]：“徒敢轻我[5]！”邕拂衣而去。智衔之[6]，密告邕怨于囚放，谤讪朝廷。内宠恶之。邕虑卒不免，乃亡命江海，远迹吴会。往来依太山羊氏，积十二年，在吴。

史珥《后汉书勦说》云：“虑卒不免者，卒竟不免于所不虑。向令伯喈不虑此而死于称疾，卓怒之日，不亦汉室之忠臣文人之全节哉！”

以上写宦官势力把持朝政，蔡邕迫不得已选择了逃亡。

［注释］

[1]《后汉记》：当指《东观汉记》。　[2] 属：嘱托，此处指劝酒。　[3] 报：酒宴中回敬他人。　[4] 诟：辱骂。　[5] 徒：竟然。一说徒指受刑罪犯，此处借蔡邕被流放事而侮辱他。　[6] 衔：衔恨，记仇。

中平六年，灵帝崩，董卓为司空，闻邕名高，辟之。称疾不就。卓大怒，詈曰：“我力能族人[1]，蔡邕遂偃蹇者[2]，不旋踵矣[3]。”又切敕州郡举邕诣府，邕不得已，到，署祭酒，甚见敬重。举高第，补侍御史，又转持书御史，迁尚书。三日之间，周历三台。迁巴郡太守，复留为侍中。

蔡邕的先祖躲避世难，隐居深山，得以保全。而等到蔡邕自己，连避祸于时的机会都没有，只能颠沛流离，屈志权贵。范晔在前后对比中，凸显了汉末政局的动荡不安，此处足见其对史事的剪裁之功。

［注释］

[1] 詈：骂，责骂。族：此处动用，指灭族。　[2] 偃蹇：傲慢。　[3] 旋踵：掉转脚跟，比喻时间极短。

卓重邕才学，厚相遇待，每集讌[1]，辄令邕鼓琴赞事，邕亦每存匡益[2]。然卓多自很用[3]，邕恨其言少从，谓从弟谷曰："董公性刚而遂非，终难济也。吾欲东奔兖州，若道远难达，且遁逃山东以待之，何如？"谷曰："君状异恒人[4]，每行观者盈集。以此自匿，不亦难乎？"邕乃止。

从侧面展现蔡邕的才学高超、与众不同。

[注释]

[1] 讌：同"宴"，宴会。 [2] 匡益：匡正补益。 [3] 很（hěn）用：刚愎自用。 [4] 君：原作"吾"，据绍兴本改。恒人：常人。

及卓被诛，邕在司徒王允坐，殊不意言之而叹[1]，有动于色[2]。允勃然叱之曰："董卓国之大贼，几倾汉室。君为王臣，所宜同忿，而怀其私遇，以亡大节！今天诛有罪，而反相伤痛，岂不共为逆哉？"即收付廷尉治罪[3]。邕陈辞谢，乞黥首刖足[4]，继成汉史。士大夫多矜救之，不能得。太尉马日磾驰往谓允曰[5]："伯喈旷世逸才，多识汉事，当续成后史，为一代大典。且忠孝素著，而所坐无名，诛之无乃失人望乎？"

允曰："昔武帝不杀司马迁，使作谤书，流于后世。方今国祚中衰，神器不固[6]，不可令佞臣执笔在幼主左右。既无益圣德，复使吾党蒙其讪议。"日磾退而告人曰："王公其不长世乎？善人，国之纪也；制作，国之典也。灭纪废典，其能久乎！"邕遂死狱中。允悔，欲止而不及。时年六十一。搢绅诸儒莫不流涕。北海郑玄闻而叹曰："汉世之事，谁与正之！"兖州、陈留间皆画像而颂焉。其撰集汉事，未见录以继后史。适作《灵纪》及十意，又补诸列传四十二篇，因李傕之乱，湮没多不存。所著诗、赋、碑、诔、铭、赞、连珠、箴、吊、论议、《独断》《劝学》《释诲》《叙乐》《女训》《篆艺》、祝文、章表、书记，凡百四篇，传于世。

史珥《后汉书剿说》云："子师之论严正，伯喈何辞？乃引武帝不杀子长为说，则纯是私意，何以服人？"

李景星《后汉书评议》云："所载如《释诲》《论三互》《陈政要》及《应诏自陈》等篇，见重董卓，触怒王允等事，大抵言其志趣经济之高，而重惜其身世遭逢之困，即论所谓'流极之运，有生所共深悲也'。"

［注释］

[1] 殊：很；极力。 [2] 色：脸色。 [3] 收付：拘捕罪犯，交付案办。 [4] 黥首刖足：古代刑罚。刻额染墨，截断双脚。 [5] 马日磾：马融之孙。见《后汉书·马融列传》。 [6] 神器：指帝位。

王夫之《读通鉴论》云："蔡邕，意气之士也。始而以危言召祸，终而以党贼逢诛，皆意气之为也。……汉之末造，士论操命讨之权，口笔司荣枯之令。汝南、甘陵太学之风波一起，而成乎大乱，非奸人之陷之，实有以自致焉。同于我者为懿亲，异于我者为仇雠，唯意所持衡而气为之凌铄，则邕他日者幸董卓之杀奄人而忘其专横，亦此意气为之矣。"

刘咸炘《后汉书知意》云："'夫岂无怀'，非为开脱，乃是惜词，谓雪与咎皆非也。"

论曰：意气之感，士所不能忘也。流极之运[1]，有生所共深悲也。当伯喈抱钳扭[2]，徙幽裔[3]，仰日月而不见照烛，临风尘而不可经过，其意岂及语平日幸全人哉[4]！及解刑衣，窜欧越，潜舟江壑，不知其远，捷步深林，尚苦不密，但愿北首旧丘[5]，归骸先垄[6]，又可得乎？董卓一旦入朝，辟书先下，分明枉结[7]，信宿三迁。匡导既申，狂僭屡革。资《同人》之先号，得北叟之后福[8]，属其庆者，夫岂无怀？君子断刑，尚或为之不举，况国宪仓卒[9]，虑不先图，矜情变容，而罚同邪党？执政乃追怨子长谤书流后，放此为戮[10]，未或闻之典刑。

赞曰：季长戚氏，才通情侈。苑囿典文，流悦音伎。邕实慕静，心精辞绮。斥言金商，南徂北徙。籍梁怀董，名浇身毁[11]。

［注释］

[1] 流极：流放。 [2] 钳扭：束颈缚手的刑具。此指蔡邕被流放之事。 [3] 幽裔：偏远之地。 [4] 幸：侥幸。幸全指侥幸获全，躲避灾祸。 [5] 旧丘：故乡；故居。 [6] 先垄：祖先的坟墓。 [7] 枉结：指冤屈，冤结；屈尊结交。 [8] 北叟：指塞

翁。[9]国宪：国法。[10]放：通“仿”，仿效。[11]浇：薄，指名誉受损。

［点评］

蔡邕是历史上著名的文学家、书法家，他生性至孝，博学多闻，精通音律，颇负盛名，同前代的张衡一起，并称为“张蔡”。蔡邕的学术成就主要表现在两件事情上，一是奏议刊刻《熹平石经》，二是续补《东观汉记》。其中《熹平石经》的刻定，一方面平息了当时对于经文的纷争，确立了儒家经典教材的文字标准；同时，也开启了后代采用刻石颁行范本的做法，后继者如魏有《三体石经》、唐有《开成石经》等。

蔡邕所处的东汉末年，君臣土崩，上下瓦解，社会处于剧烈动荡、争斗频仍的黑暗时期。他一度对大道废弛、仁义不存的末世之乱发出难以自适的慨叹。在《释诲》中，他借老翁之口，认为不应“睹暧昧之利，而忘昭哲之害；专必成之功，而忽蹉跌之败”，指明自己不愿做官是由于“龟凤山翳，雾露不除，踊跃草莱，祗见其愚”，但身处污浊之世又如何做到遗世独立，清操自守呢？“召拜郎中，校书东观”后的蔡邕再次卷入政治漩涡，于是便有了蠲除“三互”、论政七事、应诏自陈等事。随后因弹劾宦官而遭受诽谤，以至于南迁北徙、流离失所；又迫于董卓之威，“三日之间，周历三台”。董卓被诛后，为王允所捕，死于狱中。范晔在该传结尾以郑玄“汉世之事，谁与正之”的悲叹，对蔡邕的结局表示惋惜。

作者运用正面叙事和侧面叙事相结合的手法，展现了蔡邕超凡脱俗的旷世逸才。而忠诚温良、才华横溢之人却不得善终，是以由小见大，展现出东汉末年文人的困苦处境和纷乱不安的历史局势。

本篇节选自《后汉书·陈王列传》。李景星《后汉书评议》云："陈蕃、王允俱以为国除恶而死，故合传。"《陈蕃传》主要通过七篇奏疏展现陈蕃的凛然大义。

陈蕃列传

陈蕃字仲举，汝南平舆人也[1]。祖河东太守。蕃年十五，尝闲处一室，而庭宇芜秽[2]。父友同郡薛勤来候之[3]，谓蕃曰："孺子何不洒埽以待宾客[4]？"蕃曰："大丈夫处世，当埽除天下，安事一室乎！"勤知其有清世志，甚奇之。

"大丈夫处世，当扫除天下，安事一室乎"一句，足见陈蕃有澄清天下之大志。《陈蕃传》所述，亦是围绕此句铺展开来。

［注释］

[1] 平舆：县名，治所在今河南平舆县西北。 [2] 芜秽：荒芜，杂乱。 [3] 候：探望。 [4] 孺子：儿童的通称。

初仕郡，举孝廉，除郎中。遭母忧[1]，弃官行丧。服阕[2]，刺史周景辟别驾从事，以谏争不合，投传而去[3]。后公府辟举方正，皆不就[4]。

［注释］

[1] 母忧：母亲的丧事。忧，居丧，多指居父母丧。 [2] 服阕：

守制三年期满。服，丧服，这里为服丧。阕，事情结束。 [3] 别驾从事：《续汉志》曰："别驾从事，校尉行部奉引，总录众事。" 投传：丢掉官符，即弃职。传，崔豹《古今注》下《问答释义》："凡传皆以木为之，长五寸，书符于上……所以为信也。" [4] 不就：不就任，谓不接受任命。

太尉李固表荐，征拜议郎，再迁为乐安太守[1]。时李膺为青州刺史，名有威政，属城闻风，皆自引去[2]，蕃独以清绩留。郡人周璆，高洁之士。前后郡守招命莫肯至，唯蕃能致焉。字而不名[3]，特为置一榻，去则县之[4]。璆字孟玉，临济人，有美名。民有赵宣葬亲而不闭埏隧[5]，因居其中，行服二十余年[6]，乡邑称孝，州郡数礼请之。郡内以荐蕃，蕃与相见，问及妻子，而宣五子皆服中所生[7]。蕃大怒曰："圣人制礼，贤者俯就，不肖企及。且祭不欲数，以其易黩故也[8]。况乃寝宿冢藏[9]，而孕育其中，诳时惑众，诬污鬼神乎？"遂致其罪。大将军梁冀威震天下，时遣书诣蕃，有所请托，不得通，使者诈求谒，蕃怒，笞杀之，坐左转修武令[10]。稍迁，拜尚书。

以上用简短的语言描写了四件事，集中展现陈蕃的严明正直、不畏强暴。

[注释]

[1] 乐安：县名，故治在今山东博兴东北。 [2] 引去：离去；引退。 [3] 字而不名：称呼他的表字而不直呼其名。表示礼敬。 [4] 县：通“悬”。 [5] 埏（shān）隧：墓道。 [6] 行服：守孝。 [7] 服中：守孝期间。 [8] 黩：轻慢，不恭敬。 [9] 冢藏：墓室。 [10] 坐：获罪。左转：降职转任。

时零陵、桂阳山贼为害[1]，公卿议遣讨之，又诏下州郡，一切皆得举孝廉、茂才。蕃上疏驳之曰：“昔高祖创业，万邦息肩[2]，抚养百姓，同之赤子[3]。今二郡之民，亦陛下赤子也。致令赤子为害，岂非所在贪虐，使其然乎？宜严敕三府，隐核牧守令长[4]，其有在政失和，侵暴百姓者，即便举奏[5]，更选清贤奉公之人，能班宣法令情在爱惠者[6]，可不劳王师，而群贼弭息矣[7]。又三署郎吏二千余人[8]，三府掾属过限未除[9]，但当择善而授之，简恶而去之[10]。岂烦一切之诏，以长请属之路乎[11]！”以此忤左右，故出为豫章太守[12]。性方峻，不接宾客，士民亦畏其高[13]。征为尚书令，送者不出郭门[14]。

陈蕃以为“山贼为害”本质上是由于“在政失和，侵暴百姓”导致的，并指出“更选清贤奉公之人，能班宣法令情在爱惠者”便可以“群贼弭息”，可谓切中要害。

［注释］

[1] 零陵：县名，东汉时治所，在今湖南零陵。桂阳：县名，故治在今广东连县城。 [2] 万邦：万国，统指全国各地。息肩：卸去负担。 [3] 同之赤子：视民如子之意。赤子，婴儿，引申为子民百姓。 [4] 隐核：暗地考核。 [5] 即便举奏：立即检举劾奏。 [6] 班宣：宣谕。情在爱惠者：心底里爱护百姓的人。 [7] 弭息：平息，止息。 [8] 三署：汉时宫廷宿卫诸郎分属五官、左、右中郎将，统称三署，也称三署郎，统属光禄勋。 [9] 过限未除：过了期限却未授职。 [10] 简：选择。 [11] 长：增长，增加。 [12] 豫章：郡名。治所在今江西南昌。 [13]“性方峻”三句：蕃丧妻，乡人毕至，唯许子将不往，曰：“仲举性峻，峻则少通，故不造也。” [14] 郭门：外城的门。

中常侍苏康、管霸等复被任用，遂排陷忠良，共相阿媚。大司农刘祐、廷尉冯绲、河南尹李膺，皆以忤旨，为之抵罪。蕃因朝会，固理膺等[1]，请加原宥[2]，升之爵任。言及反覆，诚辞恳切。帝不听，因流涕而起。时小黄门赵津、南阳大猾张汜等，奉事中官[3]，乘势犯法，二郡太守刘瓆、成瑨考案其罪，虽经赦令，而并竟考杀之[4]。宦官怨恚，有司承旨，遂奏瓆、瑨罪当弃市[5]。又山阳太守翟超，没入中常侍侯览财产，东海相黄浮，诛杀下邳令徐宣，超、浮并坐髡钳[6]，输作左校。蕃与司徒刘矩、司空刘茂共谏请瑱、瑨、超、浮等，帝不悦。有司劾奏之，矩、茂不敢复言。蕃乃独上疏。……帝得奏愈怒，竟无所纳，朝廷众庶莫不怨之[7]。宦官由此疾蕃弥甚，选举奏议，辄以中诏谴却[8]，长史已下多至抵罪[9]。犹以蕃名臣，不敢加害。

以上写陈蕃谏言解救诤臣。“有司劾奏之，矩、茂不敢复言。蕃乃独上疏”一句尤能体现陈蕃敢于直谏、不惧强权的抗争精神。

［注释］

[1] 固理：坚持申辩。 [2] 原宥：原谅宽恕。 [3] 中官：宦官。 [4] 考杀：拷打至死。 [5] 弃市：于闹市执行死刑，将尸体弃置街头示众。 [6] 髡（kūn）钳：刑法名。处此刑者，剃去头发并用铁圈束颈。 [7] 众庶：众官吏。 [8] 中诏：不经主管官吏而直接颁行的帝王手诏。谴却：斥退。 [9] 已：通“以”。

九年，李膺等以党事下狱考实[1]。蕃因上疏极谏曰：“臣闻贤明之君，委心辅佐；亡国之主，讳闻直辞[2]。故汤武虽圣，而兴于伊吕[3]；桀纣迷惑，亡在失人。由此言之，君为元首，臣为股肱，同体相须，共成美恶者也。伏见前司隶校尉李膺、太仆杜密[4]、太尉掾范滂等，正身无玷[5]，死心社稷。以忠忤旨，横加考案，或禁锢闭隔，或死徙非所。杜塞天下之口[6]，聋盲一世之人，与秦焚书阬儒[7]，何以为异？昔武王克殷，表闾封墓[8]，今陛下临政，先诛忠贤。遇善何薄？待恶何优？夫谗人似实，巧言如簧[9]，使听之者惑，视之者昏。夫吉凶之效，存乎识善；成败之机[10]，在于察言。人君者，摄天地之政，秉四海之维[11]，举动不可以违圣法，进退不可以离道规[12]。谬言出口，则乱及八方[13]，何况髡无罪于狱，杀无辜于市乎！昔禹巡狩苍梧，见市杀人，下车而哭之曰：'万方有罪，在予一人！'故其兴也勃焉。又青、徐炎旱[14]，五谷损伤，民物流迁，茹菽不足[15]。而宫女积于房掖[16]，国用尽于罗纨[17]，外戚私门[18]，贪财受赂，所谓'禄去公室，政在大夫[19]'。昔春秋之末，周室衰微，数十年间无复灾眚者，天所弃也。天之于汉，悢悢无已[20]，故殷勤示变，以悟陛下。除妖去孽，实在修德。臣位列台司[21]，忧责深重，不敢尸禄惜生[22]，坐观成败。如蒙采录，使身首分裂，异门而出，所不恨也。"帝讳其言切，托以蕃辟召非其人[23]，遂策免之。

以上写陈蕃上疏解救李膺等党人。

[注释]

[1] 考实：考按实情。 [2] 直辞：正直的言辞。 [3] 伊吕：指伊尹和吕望（姜子牙）。 [4] 杜密：东汉官吏。字周甫，颍川阳城（今河南登封市东南）人。先为代郡太守，迁为北海相，严惩宦官。后被迫自杀。 [5] 玷：白玉上的斑点，引申为缺点、过失。 [6] 杜塞：堵塞。 [7] 阬：同“坑”。 [8] 表闾封墓：指武王克殷后，命毕公表商容之闾，闳夭封比干之墓。 [9] 谗人似实，巧言如簧：谗巧的人貌似诚实。《诗经·小雅·巧言》曰：“巧言如簧，颜之厚矣。”簧，笙簧也。言谗人之口以喻笙簧也。[10] 机：关键。 [11] 秉：主持。四海之维：国家的大纲。 [12] 道规：道的原则。 [13] 八方：四方和四隅。这里泛指全国各地。[14] 青、徐：指青州、徐州。青州，州名，故治在今山东淄博临淄北。徐州，州名，故治在今山东郯城。 [15] 茹菽：粮食。《广雅》说：“茹，食也。”菽，豆类的总称，泛指粮食。 [16] 房掖：泛指内宫。 [17] 罗纨：泛指宫中妇女穿戴。罗，质地轻软、织工考究而有眼纹的丝织品。纨，白色细绢。 [18] 私门：指权豪之家。 [19] 禄去公室，政在大夫：语出《论语·季氏》。禄，禄位，这里指国家政权。公室，指王室。 [20] 悢悢（liàng）：眷念。 [21] 台司：星有三台，古以三公取像之，故职位在三公之列者称台司。 [22] 尸禄惜生：空受俸禄和爱惜生命。 [23] 辟召：征召。

永康元年，帝崩。窦后临朝[1]，诏曰：“夫民生树君[2]，使司牧之[3]，必须良佐，以固王业。前太尉陈蕃，忠清直亮。其以蕃为太傅，录尚书事。”时新遭大丧，国嗣未立[4]，诸尚书畏惧权官，托病不朝。蕃以书责之曰：“古人立节，事亡如存。今帝祚未立[5]，政事日蹙[6]，诸君奈何委荼蓼之苦[7]，息偃在床[8]？于义不足，焉得仁乎！”诸尚书惶怖，皆起视事。

“古人立节，事亡如存”句是说人主虽亡，法度尚存，当行之与不亡时同，故曰“如存”。此句亦说明陈蕃“忠清直亮”如故。

［注释］

[1] 窦后：东汉桓帝皇后窦妙。汉灵帝即位，尊为太后。 [2] 民生：老百姓的本性。 [3] 司牧：统治。封建社会，以羊喻民，统治百姓即称司牧。 [4] 国嗣：国家的嗣君，即皇位继承人。 [5] 帝祚：帝位。 [6] 蹙：紧迫。 [7] 荼蓼（tú liǎo）之苦：比喻艰难辛苦的事情。荼和蓼皆是野草，荼味苦，蓼味辛。 [8] 息偃在床：在床上安息，比喻过安静的日子。

灵帝即位，窦太后复优诏蕃曰：“盖褒功以劝善，表义以厉俗[1]，无德不报，《大雅》所叹[2]。太傅陈蕃，辅弼先帝，出内累年[3]。忠孝之美，德冠本朝；謇愕之操[4]，华首弥固[5]。今封蕃高阳乡侯[6]，食邑三百户。”蕃上疏让曰[7]：“使者即臣庐，授高阳乡侯印绶，臣诚悼心[8]，不知所裁[9]。臣闻让，身之文[10]，德之昭也[11]，然不敢盗以为名。窃惟割地之封[12]，功德是为[13]。

臣埶自思省，前后历职，无它异能，合亦食禄[14]，不合亦食禄。臣虽无素洁之行，窃慕‘君子不以其道得之，不居也[15]’。若受爵不让[16]，掩面就之，使皇天震怒，灾流下民，于臣之身，亦何所寄？顾惟陛下哀臣朽老，戒之在得[17]。”窦太后不许，蕃复固让，章前后十上，竟不受封。

以上写陈蕃拒绝侯爵封赏，体现了他不同于流俗的崇高品质。

[注释]

[1]厉俗：激励世俗。 [2]无德不报，《大雅》所叹：《诗经·大雅·抑》曰：“无言不雠，无德不报。” [3]出内：即出纳帝命。出，把皇帝诏命向下宣告。内，通“纳”，把下面的意见报告给皇帝。 [4]謇（jiǎn）愕之操：正直的操守。 [5]华首：原指头发斑白，此指老年。弥固：更加坚固。 [6]高阳：县名，故治在今河北高阳县东旧城。 [7]让：推辞。 [8]悼心：心中惶恐。[9]裁：决断。 [10]文：文采，这里用作动词，有修饰之意。[11]昭：彰明。 [12]窃惟：暗地里思考。割地之封：指分土封侯。[13]功德是为：只是根据功劳和品德来封赏。 [14]合：符合，引申为称职。 [15]君子不以其道得之，不居也：《论语》曰：“富与贵，是人之所欲也，不以其道得之，不处也。”道，指正当的方法。不居，不接受。 [16]受爵不让：《诗经·小雅·角弓》曰：“受爵不让，至于已斯亡。”注云：“爵禄不以相让，故怨祸及之。” [17]戒之在得：《论语》孔子曰：“及其老也，血气既衰，戒之在得。”注云：“得，贪得。”

初，桓帝欲立所幸田贵人为皇后[1]。蕃以田氏卑微，窦族良家[2]，争之甚固。帝不得已，乃立窦后。及后临朝，故委用于蕃。蕃与后父大将军窦武，同心尽力，征用名贤，共参政事，天下之士，莫不延颈想望太平[3]。而帝乳母赵娆[4]，旦夕在太后侧，中常侍曹节、王甫等与共交构[5]，谄事太后。太后信之，数出诏命，有所封拜，及其支类[6]，多行贪虐。蕃常疾之，志诛中官，会窦武亦有谋。蕃自以既从人望而德于太后，必谓其志可申，乃先上疏……太后不纳，朝廷闻者莫不震恐。蕃因与窦武谋之。语在《武传》。

王夫之《读通鉴论》云："窦武、陈蕃杀，而汉之亡必不可支矣……武之可信为贤者……蕃所托者犹然外戚也，则授宦者以梁冀复起之名，既无以正天诛而服受戮者之心，且天下亦疑外戚宦寺之互相起灭而不适有正。故张奂亦为王甫、曹节所惑，欲自祓濯而终不免。蕃之托武非所托也，明甚。"

以上写陈蕃谏诤赵娆与中常侍相互勾结、多行贪虐之事。

［注释］

[1] 贵人：女官名。东汉光武帝时置，位次皇后，金印紫绶。 [2] 良家：清白人家。 [3] 延颈想望：伸着脖子盼望。 [4] 赵娆：汉灵帝的乳母。 [5] 交构：勾结。 [6] 支类：支属同类。

及事泄[1]，曹节等矫诏诛武等。蕃时年七十余，闻难作，将官属诸生八十余人。并拔刃突入承明门[2]，攘臂呼曰："大将军忠以卫国，黄门反逆，何云窦氏不道邪？"王甫时出，与蕃相迕[3]，适闻其言，而让蕃曰："先帝新弃天下，山陵未成，窦武何功，兄弟父子，一门三侯？又多取掖庭宫人，作乐饮宴，旬月之间，赀财亿计。大臣若此，是为道邪？公为栋梁，枉桡阿党[4]，复焉求贼！"遂令收蕃。蕃拔剑叱甫[5]，甫兵不敢近，乃益人围之数十重[6]，遂执蕃送黄门北寺狱。黄门从官驺蹋蹴蕃曰[7]："死老魅！复能损我曹员数[8]，夺我曹禀假不[9]？"即日害之。徙其家属于比景，宗族、门生、故吏皆斥免禁锢。

以上写陈蕃被宦官诬陷迫害而死。

［注释］

[1] 泄：败露。 [2] 承明门：即承明殿门。汉有承明殿，在未央宫，殿旁有屋，是侍宦值宿所居。 [3] 相迕（wǔ）：相遇。 [4] 枉桡：枉自曲断，有理不申。 [5] 叱：大声责骂。 [6] 益：增加。 [7] 黄门从官驺（zōu）：黄门侍郎的侍从骑士。黄门，黄门侍郎的简称。蹋蹴（cù）：用脚踢。 [8] 我曹：我们。员数：人员数额。 [9] 禀假：俸给和借贷。

论曰：桓、灵之世，若陈蕃之徒，咸能树立风声[1]，抗论惛俗[2]。而驱驰崄阸之中[3]，与刑人腐夫同朝争衡[4]，终取灭亡之祸者，彼非不能洁情志[5]，违埃雾也[6]。愍夫世士以离俗为高而人伦莫相恤也[7]。以遁世为非义，故屡退而不去；以仁心为己任，虽道远而弥厉[8]。及遭际会[9]，协策窦武，自谓万世一遇也。懔懔乎伊、望之业矣[10]！功虽不终，然其信义足以携持民心[11]。汉世乱而不亡，百余年间，数公之力也。

王鸣盛《十七史商榷》云："《陈蕃传》论推明忠义心事，悲愤壮烈，千载下读之凛凛犹有生气。"

［注释］

[1] 风声：指风操声名。 [2] 抗论惽俗：面对昏暗的世俗直言评论而不屈服。 [3] 崄阸（è）：险阻。比喻当时形势险恶，国运艰难。 [4] 刑人腐夫：指宦官。争衡：相互角逐，较量胜负。 [5] 洁情志：使情志高洁，犹"洁身自好"。 [6] 违：违避。埃雾：即尘雾，借指世俗。 [7] 恤：顾及；顾念。 [8] 弥：更加。 [9] 际会：机会。 [10] 懔懔：庄严正大的样子。伊、望：即伊尹、吕望。 [11] 携持：携带，扶持。引申为鼓励。

［点评］

陈蕃是东汉著名官吏，他淡泊名利，精忠为国，少年时即有"扫除天下"的宏伟志向。桓、灵之际，宦官一度把持朝政，共相阿媚，排陷忠良。以陈蕃为代表的士人与宦官展开针锋相对的斗争，殊死力谏，极陈阉宦乱国之状，营救党人于危难之中。陈蕃的仕宦生涯跌宕起伏，虽然屡遭黜退却始终没有离去，他认为自己肩负着"发扬仁义"的责任，把逃离尘世看作不义之举。范晔在论中说："功虽不终，然其信义足以携持民心。汉世乱而不亡，百余年间，数公之力也。”陈蕃等人虽受杀身之祸，但他们的信义却鼓舞了人心，在一定程度上延缓了东汉的衰亡。

本篇选自《后汉书·党锢列传》。王鸣盛《十七史商榷》云：“《党锢传》首总叙，说两汉风俗之变，上下四百年间了如指掌；下之风俗成于上之好尚，此可为百世之龟镜。蔚宗言之，切至如此，读之能激发人。”

党锢列传（序）

夫上好则下必甚，矫枉故直必过，其理然矣[1]。若范滂、张俭之徒，清心忌恶[2]，终陷党议[3]，不其然乎？

[注释]

[1]“夫上好”三句：在上位的人喜好什么，在下位的人就会变本加厉地效仿，矫正弯曲一定要比直更过一点，事情的道理就是这样。 [2] 清心忌恶：居心清正，憎恨邪恶。 [3] 党议：朋党之间的争论，非议。党，指朋党，因私人利害关系结成的团体。

初，桓帝为蠡吾侯[1]，受学于甘陵周福，及即帝位，擢福为尚书。时同郡河南尹房植有名当朝，乡人为之谣曰：“天下规矩房伯武[2]，因师获印周仲进[3]。”二家宾客，互相讥揣[4]，遂各树朋徒，渐成尤隙[5]，由是甘陵有南北部，党人之议，自此始矣。后汝南太守宗资任功曹范滂[6]，南阳太守成瑨亦委功曹岑晊[7]，二郡又为谣曰："汝南太守范孟博[8]，南阳宗资主画诺[9]。南阳太守岑公孝[10]，弘农成瑨但坐啸[11]。"因此流言转入太学，诸生三万余人，郭林宗、贾伟节为其冠，并与李膺、陈蕃、王畅更相褒重。学中语曰："天下模楷李元礼[12]，不畏强御陈仲举[13]，天下俊秀王叔茂[14]。"又勃海公族进阶、扶风魏齐卿[15]，并危言深论[16]，不隐豪强[17]。自公卿以下，莫不畏其贬议，屣履到门[18]。

杨树达《积微居读书记》云："观《滂传》，记宗资用李颂为吏，滂寝不召，资亦旋止，则此语固信而有征也。"

通过采录谣谚，交代党议成因。谣谚成为促进党人团结、讨伐宦官阉党的有力武器。

[注释]

[1] 桓帝为蠡吾侯：桓帝刘志父亲刘翼曾封蠡吾侯，翼卒后刘志袭爵。 [2] 房伯武：房植，字伯武。 [3] 周仲进：周福，字仲进。 [4] 讥揣：谓猜度他人并加以讥评。 [5] 尤隙：嫌隙，仇隙。 [6] 任：任命。 [7] 委：委任。 [8] 范孟博：范滂，字孟博。 [9] 画诺：旧时主管官员在文书上签字，表示同意照办。[10] 岑公孝：岑晊，字公孝。 [11] 坐啸：闲坐吟啸，指为官清闲不理政事。 [12] 李元礼：李膺，字元礼。 [13] 强御：强力约束。陈仲举：陈蕃，字仲举。 [14] 王叔茂：王畅，字叔茂。 [15] 公族进阶：人名，复姓公族，名进阶。 [16] 危言：直言。 [17] 隐：隐匿。 [18] 屣履：拖着鞋走路，形容匆忙的样子。

时河内张成善说风角[1]，推占当赦，遂教子杀人。李膺为河南尹，督促收捕，既而逢宥获免[2]，膺愈怀愤疾，竟案杀之。初，成以方伎交通宦官[3]，帝亦颇谇其占[4]。成弟子牢修因上书诬告膺等养太学游士，交结诸郡生徒，更相驱驰[5]，共为部党，诽讪朝廷，疑乱风俗。于是天子震怒，班下郡国[6]，逮捕党人，布告天下，使同忿疾，遂收执膺等。其辞所连及陈寔之徒二百余人，或有逃遁不获，皆悬金购募[7]。使者四出，相望于道。明年，尚书霍谞、城门校尉窦武并表为请，帝意稍解，乃皆赦归田里，禁锢终身。而党人之名，犹书王府[8]。

史珥《后汉书勦说》云："天子恶诸人乃尔，乌知世固有以不与党为耻者乎！"

［注释］

[1] 风角：古代占卜之法，以五音占四方之风而定吉凶。[2] 宥：宽恕。 [3] 方伎：即方技，古代总称医、卜、星、相之类的技术。交通：攀附，勾结。 [4] 谇（suì）：诘问。 [5] 更相驱驰：互相奔走效力。 [6] 班：同"颁"，颁布。 [7] 购募：悬赏缉捕。 [8] 书：记录。

自是正直废放[1]，邪枉炽结[2]，海内希风之流[3]，遂共相摽搒[4]，指天下名士，为之称号。

上曰“三君”，次曰“八俊”，次曰“八顾”，次曰“八及”，次曰“八厨”，犹古之“八元”“八凯”也[5]。窦武、刘淑、陈蕃为“三君”。君者，言一世之所宗也。李膺、荀昱[6]、杜密、王畅、刘祐、魏朗、赵典、朱寓为“八俊”。俊者，言人之英也。郭林宗、宗慈、巴肃、夏馥、范滂、尹勋、蔡衍、羊陟为“八顾”。顾者，言能以德行引人者也。张俭、岑晊、刘表、陈翔、孔昱、苑康、檀敷、翟超为“八及”。及者，言其能导人追宗者也。度尚、张邈、王考、刘儒、胡母班、秦周、蕃向、王章为“八厨”。厨者，言能以财救人者也。

［注释］

[1] 正直废放：正直的人被废黜流放。 [2] 炽结：紧密勾结。 [3] 希风：仰慕风操。 [4] 摽搒：同“标榜”，宣扬，夸耀。 [5] 八元：传说中高辛氏的八个才子。八凯：传说中高阳氏的八个才子。 [6] 昱：绍兴本作“翌”。

史珥《后汉书勦说》云：“有希风标榜者，有承望中人告讦者，又有州郡承旨者，党祸安得不酷？然朱并所部署，大类张角之大方小方，此亦黄巾之先几，所谓伪则有声也。”

又张俭乡人朱并，承望中常侍侯览意旨[1]，上书告俭与同乡二十四人别相署号，共为部党，图危社稷。以俭及檀彬、褚凤、张肃、薛兰、冯禧、魏玄、徐乾为“八俊”，田林、张隐、刘表、薛郁、王访、刘祗、宣靖、公绪恭为“八顾”，朱楷、田槃、疏耽、薛敦、宋布、唐龙、嬴咨、宣褒为“八及”，刻石立墠[2]，共为部党，而俭为之魁[3]。灵帝诏刊章捕俭等[4]。大长秋曹节因此讽有司奏捕前党故司空虞放、太仆杜密、长乐少府李膺、司隶校尉朱寓、颍川太守巴肃、沛相荀昱、河内太守魏朗、山阳太守翟超、任城相刘儒、太尉掾范滂等百余人[5]，皆死狱中。余或先没不及，或亡命获免。自此诸为怨隙者，因相陷害，睚眦之忿[6]，滥入党中。又州郡承旨，或有未尝交关[7]，亦离祸毒[8]。其死徙废禁者，六七百人。

［注释］

[1] 承望：迎合；逢迎。 [2] 墠（shàn）：古代用于祭祀的平地。 [3] 魁：为首的；居第一位的。 [4] 刊章：删去告发人姓名的捕人文书。 [5] 讽：用含蓄的话进行劝告。 [6] 睚眦之忿：指极小的仇恨。睚眦，发怒时瞪眼睛。 [7] 交关：交往，往来。 [8] 离：通“罹”，遭受。

熹平五年，永昌太守曹鸾上书大讼党人[1]，言甚方切[2]。帝省奏大怒，即诏司隶、益州槛车收鸾，送槐里狱掠杀之[3]。于是又诏州郡更考党人门生故吏父子兄弟，其在位者，免官禁锢，爰及五属[4]。

［注释］

[1] 讼：争辩是非。 [2] 方切：正直而恳切。 [3] 掠：拷打；拷问。 [4] 五属：五服内的亲属。五服：斩衰、齐衰、大功、小功、缌麻。

光和二年，上禄长和海上言：“礼，从祖兄弟别居异财，恩义已轻，服属疏末[1]。而今党人锢及五族，既乖典训之文[2]，有谬经常之法。”帝览而悟之，党锢自从祖以下，皆得解释[3]。

［注释］

[1]“从祖兄弟”三句：从祖兄弟都各有各的住所与财产，感情上已经淡薄，亲缘关系已经疏远。 [2] 乖：违反，背离。典训之文：《左传》：“父子兄弟，罪不相及。” [3] 解释：消除，消释。

中平元年，黄巾贼起[1]，中常侍吕强言于帝曰：“党锢久积，人情多怨。若久不赦宥，轻与张角合谋，为变滋大，悔之无救。”帝惧其言，乃大赦党人，诛徙之家皆归故郡。其后黄巾遂盛，王安石《读后汉书》:“党锢纷纷果是非，当时高士见精微。可怜窦武陈蕃辈，欲与天争汉鼎归。”

朝野崩离，纲纪文章荡然矣。

[注释]

[1] 黄巾贼：指张角领导的黄巾起义军。

[点评]

有史以来，小人陷害君子的手段之恶毒以及君子受到诬陷的遭遇之惨烈，莫过于东汉的党锢之祸。《后汉书·党锢列传》所载共计二十一人，刘淑下狱自杀，李膺诣诏狱拷死，杜密被征自杀，刘祐黜归卒于家，魏朗被急征自杀，夏馥党禁未解而卒，宗慈以道疾卒，巴肃以自载诣县被害，范滂被“诏下急捕”。范晔撰《后汉书》，特辟《党锢列传》以抒发愤恨惋惜之情。范氏赞语云：“渭以泾浊，玉以砾贞。物性既区，嗜恶从形。兰莸无并，销长相倾。”指明善恶殊途，势不两立，对党人不屈的意志、崇高的气节、渊博的学识进行褒扬；而对朝堂的昏暗、仕宦的卑劣、世道的浊秽进行抨击。范晔在历史叙述中自然而然地融入自己的思想与情感，对死于非命的志士仁人表达了深切的共鸣与缅怀。

党锢事件深深影响了东汉的历史，《党锢列传》序清晰地描绘了党锢事件始末，并分析了党锢事件的缘起及结果，为后人整体把握东汉党锢之祸提供了材料。所谓“吴王好剑客，百姓多创瘢；楚王好细腰，宫中多饿死”，范晔认为“党锢”带给人们最重要的教训和启示是“上好则下必甚”，其结论具有警示意义。

李膺列传

本篇节选自《后汉书·党锢列传》。《李膺传》描写了李膺为人的高风亮节和为官的清正廉明。

李膺字元礼，颍川襄城人也[1]。祖父修，安帝时为太尉，父益，赵国相。膺性简亢[2]，无所交接，唯以同郡荀淑、陈寔为师友[3]。初举孝廉，为司徒胡广所辟[4]，举高第，再迁青州刺史[5]。守令畏威明，多望风弃官。复征，再迁渔阳太守[6]。寻转蜀郡太守[7]，以母老乞不之官[8]。转护乌桓校尉[9]。鲜卑数犯塞[10]，膺常蒙矢石[11]，每破走之，虏甚惮慑。以公事免官，还居纶氏[12]，教授常千人。南阳樊陵求为门徒，膺谢不受[13]。陵后以阿附宦官，致位太尉，为节志者所羞。荀爽尝就谒膺[14]，因为其御[15]，既还，喜曰："今日乃得御李君矣。"其见慕如此。

以上写李膺志气高洁，令人敬慕。

[注释]

[1]颍川：郡名，在今河南中部及南部地区。郡中有颍水，郡因水而得名。汉时郡治在阳翟，即今河南禹州市。襄城：县名，即今河南襄城县。 [2]简亢：高傲。简，倨傲。亢，刚直。 [3]荀淑：字季和，颍川颍阴（今河南许昌）人。安帝时，拜郎中。顺帝时，举贤良方正，对策讥讽贵倖，为大将军梁冀所忌。后弃官，闲居养志。桓帝建和三年卒。陈寔：字仲弓，颍川许人。少

为县吏，有志好学，转功曹，补闻喜长。遭党禁，赦出后，闲居不仕，中平四年卒于家。 [4] 辟：征召来授予官职。 [5] 青州：汉武帝所置十三刺史部之一，东汉时辖六郡、国，六十五县。约今山东北部及胶东半岛一带。东汉时，治所在临淄，在今山东淄博市北。 [6] 渔阳：郡名，在今北京以东，天津以北，长城以南地区。汉时郡治在渔阳县，即今北京密云区西南，以城在渔水之阳得名。 [7] 蜀郡：郡名，在今四川中部地区，郡治成都。《谢承书》曰："出补蜀郡太守，修庠序，设条教，明法令，威恩并行。蜀之珍玩，不入于门。益州纪其政化，朝廷举能理剧，转乌桓校尉。" [8] 之：往，到。 [9] 护乌桓校尉：官名，西汉武帝时霍去病打败匈奴乌桓的匈奴奴隶主贵族，迁乌桓人于上谷、渔阳、右北平、辽东等郡塞外，汉政府始置此官，以管理该地区事务。"转护乌桓校尉"，原作"转乌桓校尉"，据今注本《后汉书》改。 [10] 鲜卑：原为东胡之一支，因别依鲜卑山，故以此为号。《谢承书》曰："膺常率步骑临阵交战，身被创夷，拭血进战，遂破寇，斩首二千级。" [11] 蒙：遭受。矢石：箭和垒石，古时守城的武器；指战争，打仗。 [12] 纶氏：县名，属颍川郡，治所在今河南省登封市西南。 [13] 谢：推辞。 [14] 荀爽：字慈明，荀淑之子。幼好学，乡里知名。拜郎中，对策切陈时弊，得罪权贵，弃官。后遭党禁，隐于海上。汉献帝时拜平原相、光禄勋、司空。病卒，年六十三。谒：拜访，拜见。 [15] 御：驾车。

永寿二年，鲜卑寇云中[1]，桓帝闻膺能，乃复征为度辽将军[2]。先是羌虏及疏勒、龟兹，数出攻钞张掖、酒泉、云中诸郡[3]，百姓屡被其害。

自膺到边，皆望风惧服，先所掠男女，悉送还塞下。自是之后，声振远域。

此足以和“军中有一范，西贼闻之惊破胆”的范仲淹相提并论。

［注释］

[1] 寇：侵略。云中：县名，治所在今山西平原西南。秦汉时为云中郡治所。 [2] 度辽将军：官名，汉杂号将军之一。 [3] 钞：同“抄”，掠取，抢掠。张掖：郡名，治所在今甘肃张掖西北。酒泉：郡名，治所在今甘肃酒泉。

延熹二年征，再迁河南尹[1]。时宛陵大姓羊元群罢北海郡[2]，臧罪狼藉[3]，郡舍溷轩有奇巧[4]，乃载之以归。膺表欲按其罪，元群行赂宦竖，膺反坐输作左校[5]。

［注释］

[1] 河南：郡名，在今河南北部，黄河两岸地区，治所在今洛阳。 [2] 宛陵：县名，治所在今安徽宣城市。大姓：指世家大族。 [3] 臧罪：贪污受贿之罪。狼藉：散乱不整貌。常喻行为不检，名声不好。 [4] 溷（hùn）轩：厕所。 [5] 坐：由…而获罪。输作：因犯罪罚作劳役。左校：官署名。秦始置左、右、前、后、中五校令，后仅设左、右校令，东汉时沿置，掌左、右工徒。凡大臣犯法，常发遣左校劳作。

初，膺与廷尉冯绲、大司农刘祐等共同心

志[1]，纠罚奸幸[2]，绲、祐时亦得罪输作。司隶校尉应奉上疏理膺等[3]。……书奏，乃悉免其刑。

［注释］

[1] 冯绲：字鸿卿。巴郡宕渠人。拜郎中、辽东太守、京兆尹，转司隶校尉。又转河南尹、廷尉，因得罪宦官，与李膺等输作左校，赦出为屯骑校尉，复为廷尉，卒于官。大司农：九卿之一，主管全国的租税、钱谷、金帛、盐铁等事务。刘祐：字伯祖，中山安国人。初察孝廉，补尚书侍郎。除任城令，迁扬州刺史。又拜尚书令。祐在任不畏豪强，平反冤屈。因得罪宦官，输作左校。后辞官返乡，卒于家。 [2] 奸幸：指奸邪得宠的人。 [3] 应奉：字世叔，汝南南顿人。桓帝时，任武陵太守，在政有绩。延熹中，任司隶校尉，不畏豪强，打击奸佞。党锢事起，隐退。以病卒于家。

再迁，复拜司隶校尉。时张让弟朔为野王令[1]，贪残无道，至乃杀孕妇，闻膺厉威严，惧罪逃还京师，因匿兄让弟舍[2]，藏于合柱中[3]。膺知其状，率将吏卒破柱取朔，付洛阳狱[4]。受辞毕[5]，即杀之。让诉冤于帝，诏膺入殿，御亲临轩[6]，诘以不先请便加诛辟之意[7]。膺对曰：“昔晋文公执卫成公归于京师，《春秋》是焉[8]。《礼》云公族有罪，虽曰宥之，有司执宪不从[9]。昔仲尼为鲁司寇，七日而诛少正卯[10]。

李膺坚持法治高于皇帝一人之治，具有不惧威权的超前意识。他引经据典，“搬出”孔子，桓帝再想徇私也无计可施，又足见其论辩之智。

今臣到官已积一旬，私惧以稽留为愆[11]，不意获速疾之罪。诚自知衅责[12]，死不旋踵[13]，特乞留五日，克殄元恶[14]，退就鼎镬[15]，始生之愿也。”帝无复言，顾谓让曰：“此汝弟之罪，司隶何愆？”乃遣出之。自此诸黄门常侍皆鞠躬屏气，休沐不敢复出宫省[16]。帝怪问其故，并叩头泣曰：“畏李校尉。”

史珥《后汉书勦说》云：“元礼口若悬河，复杂排调，全学季文子对宣公语意。”

［注释］

[1] 野王：县名，治所在今河南省沁阳市。 [2] 弟舍：住宅。弟，为“第”的本字。 [3] 合柱：夹壁。 [4] 付：交给。 [5] 受辞：招认供辞。 [6] 御：此指桓帝。古时对帝王所作所为所用之物皆称御。轩：指殿堂前檐下的平台。 [7] 诘：责问。 [8] “昔晋文公”二句：《春秋公羊传》：“晋人执卫侯，归之于京师。归之于者，执之乎天子之侧者也。罪定不定已可知矣。”何休注云：“归之于者，决辞也。”这里借以说明张朔畏罪在天子之侧，与卫侯同。 [9] “《礼》云”三句：《礼记》曰：“公族有罪，狱成，有司谳于公曰：‘某之罪在大辟。’公曰：‘宥之。’有司又曰：‘在大辟。’公又曰：‘宥之。’有司又曰：‘在大辟。’公又曰：‘宥之。’及三宥不对，走出，致刑于甸人。公又使人追之，曰：‘虽然，必宥之。’有司曰：‘无及也。’反命于公，公素服如其伦之丧”也。 [10] 少正卯：春秋末鲁国有名声的人。相传他曾聚徒讲学，与孔子持论相反，颇有影响。后被孔子以乱政的罪名诛杀。 [11] 稽留：停留；迁延。愆：过失，错误。 [12] 衅责：罪责。 [13] 旋踵：掉

转脚跟。形容时间短促。 [14] 克殄：歼灭。 [15] 鼎镬：鼎和镬本为古代烹饪器名，后以鼎镬烹人，为古代酷刑之一。 [16] 休沐：休息洗沐，犹休假。宫省：犹宫禁。设于宫内的官署。

李白《与韩荆州书》"生不用封万户侯，但愿一识韩荆州"与此句异曲同工。

是时朝廷日乱，纲纪颓阤[1]，膺独持风裁[2]，以声名自高。士有被其容接者，名为登龙门[3]。及遭党事，当考实膺等。案经三府，太尉陈蕃却之[4]。曰："今所考案，皆海内人誉[5]，忧国忠公之臣。此等犹将十世宥也[6]，岂有罪名不章而致收掠者乎[7]？"不肯平署[8]。帝愈怒，遂下膺等于黄门北寺狱。膺等颇引宦官子弟[9]，宦官多惧，请帝以天时宜赦，于是大赦天下。膺免归乡里，居阳城山中，天下士大夫皆高尚其道，而污秽朝廷[10]。

李膺的高尚与朝廷的污秽形成对比。

[注释]

[1] 颓阤（zhì）：败坏，崩塌。 [2] 风裁：风度，气派。 [3] 登龙门：比喻得到有名望、有权势者的援引而身价大增。辛氏《三秦记》曰"河津一名龙门，水险不通，鱼鳖之属莫能上，江海大鱼薄集龙门下数千，不得上，上则为龙"。 [4] 却之：指拒绝受理李膺的案件。 [5] 人誉：人人称赞。 [6] 犹将十世宥：《左传》曰，晋范宣子之杀叔向之弟羊舌虎而囚叔向。于是祁奚闻之，见宣子曰"谋而鲜过，惠训不倦者，叔向有焉。犹将十世宥之，以

劝能者”。 [7]章：同“彰”，彰明。 [8]平署：联合签署。又称连署。 [9]引：引出，牵连出。 [10]污秽朝廷：以为朝廷污秽。

及陈蕃免太尉，朝野属意于膺，荀爽恐其名高致祸，欲令屈节以全乱世，为书贻曰[1]……顷之，帝崩。陈蕃为太傅[2]，与大将军窦武共秉朝政，连谋诛诸宦官，故引用天下名士，乃以膺为长乐少府[3]。及陈、窦之败，膺等复废。

史珥《后汉书勦说》云：“恐名高致祸，可谓远识，可谓深情。而欲使屈节求全，即慈明不能自立之验。”

［注释］

[1]贻：赠送。 [2]太傅：东汉每一皇帝即位，必置太傅，录尚书事，参与朝政。 [3]长乐少府：《汉书·百官公卿表》颜师古注引张晏曰：“以太后所居宫为名也。居长信宫则曰长信少府，居长乐宫则曰长乐少府也。”

后张俭事起[1]，收捕钩党[2]，乡人谓膺曰：“可去矣。”对曰：“事不辞难，罪不逃刑，臣之节也[3]。吾年已六十，死生有命，去将安之？”乃诣诏狱。考死[4]，妻子徙边，门生、故吏及其父兄，并被禁锢。时侍御史蜀郡景毅子顾为膺门徒，而未有录牒[5]，故不及于谴[6]。毅乃慨然曰：“本谓膺贤，遣子师之，岂可以漏夺名籍，苟安此即范晔所论："使天下之士奋迅感概，波荡而从之，幽深牢破室族而不顾，至于子伏其死而母欢其义。壮矣哉！"

而已！"遂自表免归，时人义之。

［注释］

[1] 张俭事：张俭，字元节，山阳高平人。东汉桓帝延熹八年任山阳郡东部督邮，中常侍侯览家住山阳郡防东县，因其残害百姓，张俭向朝廷揭发侯览的罪恶，请诛之。于是与侯览结仇。张俭同乡朱并，喜性佞邪，上书告俭与同郡二十四人为党。于是朝廷列名逮捕党人。 [2] 钩党：谓相互牵连的同党。 [3]"对曰"三句：《左传》曰："晋侯之弟杨干乱行于曲梁，魏绛戮其仆。晋侯怒，谓羊舌赤曰：'合诸侯以为荣也。杨干为戮，何辱如之？必杀魏绛，无失也。'对曰：'绛无贰志，事君不避难，有罪不逃刑，其将来辞，何辱命焉！'" [4] 考：通"拷"，拷打。 [5] 牒：簿籍。 [6] 谴：责罚。

［点评］

《党锢列传》中以李膺风节尤高。他生性简亢，不惧宦官，勇杀张朔，"独持风裁，声名自高"。文中围绕一"官"字，从多个角度展现了李膺品行高洁、英明神武的形象：守卫畏惧李膺的威严，"望风弃官"；李膺因为母亲年老，"乞之不官"；李膺"因事免官"后，又教授千人。李膺不仅仅擅长文治，其武功亦属不凡，"每破走之，虏甚惮慑""自膺到边，皆望风惧服"，皆表现了其戍边行军之威严。而"得驭李君""荣登龙门"的事迹更是充分说明李膺深受爱戴，颇得人心。放眼东汉党锢之祸，党人的悲惨遭遇无不令人痛心扼腕，而《李膺传》"畏李校尉"一句，读来直教人畅快淋漓，拍案叫好！

党锢之祸发生时，李膺以"事不辞难，罪不逃刑"

保全臣节，不肯苟活。他砥砺奋发于朝政荒谬之际，独标风骨于群魔乱舞之中。范晔评论李膺“振拔污险之中，蕴义生风，以鼓动流俗，激素行以耻威权，立廉尚以振贵势”，可谓深得其实。

郭太列传

郭太字林宗[1]，太原界休人也。家世贫贱。早孤，母欲使给事县廷[2]。林宗曰：“大丈夫焉能处斗筲之役乎[3]？”遂辞。就成皋屈伯彦学[4]，三年业毕，博通坟籍。善谈论，美音制[5]。乃游于洛阳。始见河南尹李膺[6]，膺大奇之，遂相友善，于是名震京师。后归乡里，衣冠诸儒送至河上[7]，车数千两[8]。林宗唯与李膺同舟而济，众宾望之，以为神仙焉。

[注释]

[1] 郭太：“太”原作“泰”，因《后汉书》作者范晔避其父名讳范泰而改。 [2] 给（jǐ）事：供职。 [3] 斗筲（shāo）：斗与筲，皆量小的容器。比喻低微、卑贱。 [4] 就：趋向，跟从。成皋（gāo）：本古东虢国，在今河南荥阳西。 [5] 音制：言语中声音的节奏。王先谦《后汉书集解》引周寿昌言曰：“音制，即音声

本篇选自《后汉书·郭符许列传》。《郭太传》记述了一代士林领袖郭泰的传奇一生。李景星《后汉书评议》云：“《郭太传》写其品谊之超，鉴别之精，语语争衡，大有双管齐下之势。盖从古卓识多出高人，风尘中无巨眼也。”

袁宏《后汉纪》云：“遂辞母而行，至成皋屈伯彦精庐，并日而食，衣不盖形，人不堪其忧，林宗不改其乐。”

袁宏《后汉纪》云：“高雅奇伟，达见清理，行不苟合，言不夸毗，此异士也。言之于河南尹李膺。”

仪制。” [6] 李膺：字元礼，颍川襄城（今河南襄城县）人，东汉时期名士，屡破鲜卑，声振远域。 [7] 衣冠：古代士大夫以上戴冠。常衣冠连用，指代士人或乡绅世族。 [8] 两：通“辆”。

蔡邕《郭有道碑文》云：“州郡闻德，虚己备礼，莫之能致。群公休之，遂辟司徒掾，又举有道，皆以疾辞。”

《礼记》云：“儒有上不臣天子，下不事诸侯。”

司马光《资治通鉴》云：“夫唯郭泰既明且哲，以保其身。”

司徒黄琼辟[1]，太常赵典举有道[2]。或劝林宗仕进者，对曰：“吾夜观乾象[3]，昼察人事，天之所废，不可支也[4]。”遂并不应。性明知人，好奖训士类。身长八尺，容貌魁伟，褒衣博带[5]，周游郡国。尝于陈梁间行遇雨，巾一角垫，时人乃故折巾一角，以为“林宗巾”。其见慕皆如此。或问汝南范滂曰[6]：“郭林宗何如人？”滂曰：“隐不违亲，贞不绝俗。天子不得臣，诸侯不得友，吾不知其它。”后遭母忧[7]，有至孝称。林宗虽善人伦，而不为危言覈论[8]，故宦官擅政而不能伤也。及党事起，知名之士多被其害，惟林宗及汝南袁闳得免焉[9]。遂闭门教授，弟子以千数。

［注释］

[1] 黄琼：字世英，江夏郡安陆县（今湖北安陆市）人，东汉名臣。辟（bì）：征召。 [2] 有道：汉代选举科目之一。 [3] 乾象：乾卦象天，故乾象意为天象。 [4] 支：持。 [5] 褒衣博带：古代儒生的装束，褒、博，形容宽大。 [6] 范滂：字孟博。汝南

郡征羌县（今河南漯河）人，不畏奸佞、反贪治腐，是东汉的名士。 [7] 母忧：母亲的丧事。 [8] 危言：直言而不危难。覈论：深刻的言论。 [9] 袁闳（hóng）：字夏甫，袁安玄孙。东汉隐士，《后汉书》评价："少励操行，苦身修节。"

建宁元年[1]，太傅陈蕃、大将军窦武为阉人所害[2]，林宗哭之于野，恸[3]。既而叹曰："'人之云亡，邦国殄瘁[4]'。'瞻乌爰止，不知于谁之屋[5]'耳。"

［注释］

[1] 建宁：东汉灵帝刘宏年号，公元 168 至公元 172 年。 [2] 陈蕃：字仲举，汝南平舆（今河南平舆县）人。东汉名臣，与窦武、刘淑合称"三君"。窦武：字游平，扶风平陵（今陕西咸阳市）人。东汉时期外戚、学者，大司空窦融玄孙。 [3] 恸（tòng）：大哭，悲痛至极。 [4] 人之云亡，邦国殄瘁：语出《诗经·大雅·瞻卬》。殄瘁（tiǎn cuì），困苦。 [5] "瞻乌爰止"二句：语出《诗经·小雅·正月》。《后汉书》李贤注："《诗·小雅》也，言不知王业当何所归。"爰（yuán），连词，表于是。止，栖息。

《后汉书》李贤注载谢承《后汉书》曰："泰以建宁二年正月卒，自弘农函谷关以西，河内汤阴以北，二千里负笈荷担弥路，柴车苇装塞涂，盖有万数来赴。"

明年春，卒于家，时年四十二。四方之士千余人，皆来会葬。同志者乃共刻石立碑，蔡邕为其文，既而谓涿郡卢植曰[1]："吾为碑铭多矣，皆有惭德[2]，唯郭有道无愧色耳。"

碑铭是对逝者一生所作所为的高度概括，多溢美之词，而郭泰品行高洁，故使蔡邕发此感慨。后以典故"无愧碑铭"表示名副其实。

[注释]

[1] 卢植：字子干，涿郡涿县（今河北涿州市）人。东汉末年经学家、将领，参与续写《东观汉记》，著有《尚书章句》《三礼解诂》。 [2] 惭德：言行有缺失而内心羞愧。

其奖拔士人，皆如所鉴。后之好事，或附益增张[1]，故多华辞不经[2]，又类卜相之书。今录其章章效于事者[3]，著之篇末。

[注释]

[1] 附益：增加。 [2] 华辞：华而不实的话。不经：荒诞不合常法。 [3] 章章：犹昭昭，显著貌。

[点评]

郭泰出身寒门而志怀高远，不甘于屈居“斗筲之役”。其勤奋刻苦，博通典籍，靠自己的德才受到士林领袖李膺的认可和礼遇，后名震京师。郭泰志向高洁，因深知朝廷昏暗腐败，外戚宦官当权，所以在面对司徒黄琼和太常赵典的举荐时，他怀揣不仕之心，“奖训士类”“周游郡国”，以交游会友的方式组织名士、太学生们反对宦官、外戚，通过舆论“清议”与宦官势力斗争，努力维护东汉政权。正如侯外庐《中国思想通史》所说：“郭泰周游郡国，奖掖士类，增强了京师太学生与郡国学生之间的联系，从而促进了遍及朝野的抗衡外戚、宦官势力的形成。”当党锢之争愈演愈烈，外戚宦官权势熏天时，晚年的郭泰选择著书立说，闭门授学，为国家发掘培养有才之士，继续以自己的方式践行士人的大道。

可以说，郭泰是东汉士人群体的代表。在新儒学的影响下，东汉士人逐渐从原来春秋战国“听则留，不听则去他国”的游士，转为富有统一的家国情怀，以儒家伦理作为立身处世之行为规范的处士。他们怀着“以天下为己任”的强烈使命感，在“独善其身”和“兼济天下”中寻找平衡。正如《资治通鉴》所言，苦于外戚宦官专权的东汉王朝“犹绵绵不至于亡者，上则有公卿大夫袁安、杨震、李固、杜乔、陈蕃、李膺之徒，面引廷争，用公义以扶其危；下则有布衣之士符融、郭泰、范滂、许劭之流，立私论以救其败，是以政治虽浊，而风俗不衰”。

董卓列传

本篇节选自《后汉书·董卓列传》。刘咸炘《后汉书知意》云：“此传备凉州兵始末……通篇圆神。”

董卓字仲颖，陇西临洮人也[1]。性粗猛有谋。少尝游羌中[2]，尽与豪帅相结[3]。后归耕于野，诸豪帅有来从之者，卓为杀耕牛，与共宴乐，豪帅感其意，归相敛得杂畜千余头以遗之[4]，由是以健侠知名[5]。为州兵马掾[6]，常徼守塞下[7]。卓膂力过人[8]，双带两鞬[9]，左右驰射，为羌胡所畏[10]。

以上写董卓粗猛有谋，又不乏侠义之气。这与人们印象中的董卓大相径庭。其实，仔细想来，董卓若非有其过人之处，又怎得横霸一方，以至于发展壮大从而威胁汉室？

［注释］

[1] 临洮：在今甘肃岷县。 [2] 羌中：羌人居住地区。羌，中国古代少数民族之一，分布在今甘肃、青海、四川一带，以游牧为主，部落众多而较分散。 [3] 豪帅：指地方豪强，旧时多指武装反抗者的首领或部落酋长。 [4] 遗（wèi）：给予，赠送。 [5] 健侠：刚勇侠义。 [6] 兵马掾：官名。指掌管兵马的属吏。 [7] 徼守：巡逻守卫。 [8] 膂（lǚ）力：体力。 [9] 鞬（jiàn）：马上盛放弓的器具。藏箭谓之服，在马左；藏弓谓之鞬，在马右。 [10] 胡：我国古代对北方和西方少数民族的泛称。

桓帝末[1]，以六郡良家子为羽林郎[2]，从中郎将张奂为军司马，共击汉阳叛羌，破之，拜郎中[3]，赐缣九千匹[4]。卓曰："为者则己，有者则士[5]。"乃悉分与吏兵，无所留。稍迁西域戊己校尉[6]，坐事免[7]。后为并州刺史，河东太守。中平元年[8]，拜东中郎将，持节[9]，代卢植击张角于下曲阳，军败抵罪。其冬，北地先零羌及枹罕河关群盗反叛[10]，遂共立湟中义从胡北宫伯玉、李文侯为将军[11]，杀护羌校尉泠征。伯玉等乃劫致金城人边章、韩遂，使专任军政，共杀金城太守陈懿，攻烧州郡。明年春，将数万骑入寇三辅[12]，侵逼园陵[13]，托诛宦官为名。诏以

史珥《后汉书勦说》云："卓语何其拙涩！或以武夫为文，语正须如是乃肖耶。"其实，此语不仅将董卓"武夫"形象刻画得愈发惟妙惟肖，也直接展现出董卓不吝小财、厚待兵士的远大格局，这是他能够拥兵自重的关键所在。

卓为中郎将，副左车骑将军皇甫嵩征之。

以上写董卓之领兵。

[注释]

[1] 桓帝：即汉桓帝刘志，公元146—167年在位，庙号威宗，谥曰孝桓皇帝。 [2] 六郡：指汉阳、陇西、安定、北地、上郡、西河六个郡国。良家子：良民；清白人家的子女。羽林郎：皇帝的侍从卫士。 [3] 拜：授予官职。 [4] 缣（jiān）：双丝织的细绢。汉以后多用作赏赐酬谢。 [5] 为者则已，有者则士：获取战功的是自己（董卓自称），（但真正）有功劳的是（诸位）战士。 [6] 戊己校尉：汉官名。汉元帝初元元年（前48）置，掌管西域屯田事务，隶属西域都护，单独设府，有丞、司马、候等属官。所领吏士亦任征伐。待遇一如郡守。东汉明帝永平十七年（74）复置二员，一屯车师后王部金蒲城，一屯车师前王部柳中城，相去千余里。安帝永初元年（107）取消西域都护职位后，戊己校尉常与西域长史共同管理西域事务。 [7] 坐：因……获罪。 [8] 中平：汉灵帝刘宏的年号。中平元年即公元184年。 [9] 持节：拿着符节。古代使臣奉命出行，执符节以为凭证。 [10] 先零（lián）羌：汉时羌族的一支。在今甘肃省临夏县以西至青海省境。后渐与西北各族融合。 [11] 湟中义从胡：东汉时湟水流域小月氏人和卢水胡人之一部。章和二年（88），邓训任护羌校尉，收养湟中月氏、卢水诸胡中少年健勇者以为义从，称湟中义从胡。事见《后汉书·邓训传》和《后汉书·西羌传》。北宫：复姓。 [12] 三辅：指武帝太初元年所改的京兆尹（治理长安以东）、左冯翊（治理长安以北）、右扶风（治理渭城以西）所治理的京畿地区。 [13] 园陵：帝王陵墓。

六年，征卓为少府，不肯就，上书言："所将湟中义从及秦胡兵皆诣臣曰：'牢直不毕[1]，禀赐断绝[2]，妻子饥冻。'牵挽臣车，使不得行。羌胡敝肠狗态[3]，臣不能禁止，辄将顺安慰。增异复上。"朝廷不能制，颇以为虑。及灵帝寝疾[4]，玺书拜卓为并州牧[5]，令以兵属皇甫嵩。卓复上书言曰："臣既无老谋[6]，又无壮事[7]，天恩误加，掌戎十年。士卒大小相狎弥久[8]，恋臣畜养之恩，为臣奋一旦之命。乞将之北州，效力边垂。"于是驻兵河东，以观时变。

以上写董卓之抗命。"驻兵河东，以观时变"句表明董卓不臣之心已见端倪。

［注释］

[1] 牢直不毕：粮饷没有全部发放。牢，官府发给的粮食。牢直，粮饷。不毕，没有全数发给。 [2] 禀：《说文》云，"禀，赐谷也"。 [3] 敝肠：坏心肠。 [4] 寝疾：卧病。 [5] 玺书：古代以泥封加印的文书，秦以后专指皇帝的诏书。并州牧：古代官职，为并州的最高级别官员，掌一州之军政大权。 [6] 老谋：深远的谋略。 [7] 事：事功，功绩。 [8] 狎：亲近。

宦官阉党乱政，为董卓由"边疆卫士"转变成"朝廷近臣"提供了契机。

及帝崩[1]，大将军何进、司隶校尉袁绍谋诛阉宦，而太后不许[2]，乃私呼卓将兵入朝，以胁太后。卓得召，即时就道。并上书曰："中常侍张让等窃幸承宠，浊乱海内。臣闻扬汤止沸[3]，莫若去薪；溃癰虽痛[4]，胜于内食[5]。昔赵鞅兴晋阳之甲，以逐君侧之恶人[6]。今臣辄鸣钟鼓如洛阳，请收让等，以清奸秽。”卓未至而何进败，虎贲中郎将袁术乃烧南宫，欲讨宦官，而中常侍段珪等劫少帝及陈留王夜走小平津[7]。卓远见火起，引兵急进，未明到城西，闻少帝在北芒[8]，因往奉迎。帝见卓将兵卒至，恐怖涕泣。卓与言，不能辞对；与陈留王语，遂及祸乱之事。卓以王为贤，且为董太后所养，卓自以与太后同族，有废立意。

[注释]

[1] 帝：此指汉灵帝。 [2] 太后：此指何进的妹妹何皇后，因其子刘辩即位为少帝，何皇后成为何太后。 [3] 扬汤止沸：把沸水舀起来再倒回去，以图阻止沸腾。比喻不成功的补救办法，或办法不彻底，不能从根本上解决问题。 [4] 癰：同“痈”。 [5] 内食：食通“蚀”，内食即内部腐蚀。 [6] 赵鞅兴晋阳之甲，以逐君侧之恶人：春秋晚期晋国大夫赵鞅率晋阳之兵讨伐政敌荀寅与士吉射。《公羊传》以为此举旨在驱逐国君身边的恶人。 [7] 少帝：汉灵帝之子刘辩。公元 189 年在位，为董卓所迫退位，封为弘农王。陈留王：汉灵帝庶子刘协。王美人所生，被封为陈留王。后登基，为汉献帝，公元 190—220 年在位。刘协是东汉最后一

个皇帝，先后成为董卓、曹操的政治傀儡。 [8] 北芒：即北邙山，洛阳北侧靠近黄河山岗，形势相对高敞，风水绝佳，亦为历代兵家必争之地。

董卓废少帝而立献帝，并剥夺了何太后作为帝国最高决策者的地位，开启了汉魏之际皇权嬗替的进程。

董卓表面为党人翻案，实质是顺从人意，以求笼络人心，为自己下一步的专权作张本。

遂胁太后，策废少帝。曰："皇帝在丧，无人子之心，威仪不类人君，今废为弘农王。"乃立陈留王，是为献帝。又议太后蹙迫永乐太后[1]，至令忧死，逆妇姑之礼[2]，无孝顺之节，迁于永安宫，遂以弑崩[3]。卓迁太尉[4]，领前将军事[5]，加节传斧钺虎贲[6]，更封郿侯。卓乃与司徒黄琬、司空杨彪，俱带𫓧锧诣阙上书[7]，追理陈蕃、窦武及诸党人，以从人望。于是悉复蕃等爵位，擢用子孙[8]。寻进卓为相国，入朝不趋[9]，剑履上殿。封母为池阳君，置令丞。

[**注释**]

[1] 蹙迫：逼迫。永乐太后：即董太后。董太后居南宫嘉德殿，因宫称永乐，故名永乐太后。 [2] 妇姑：儿媳和婆婆。此指何太后和董太后。 [3] 遂：终；竟。 [4] 迁：指升调官职。 [5] 领：兼任。 [6] 节传：即符传，符信。为古代出征时朝廷颁给将领的凭证。传，符信。斧钺：斧和钺，古代兵器，用于斩刑。虎贲：职官名。《周礼·夏官》有虎贲氏，掌王出入护卫，汉置期门郎，至平帝更名虎贲郎，置虎贲中郎将、虎贲郎等主宿卫之事，历代

沿袭，至唐始废。也以虎贲代作勇士。 [7] 铁锧：古代腰斩时使用的刑具。 [8] 擢：提拔；提升。 [9] 趋：小步快走。表示恭敬。

是时洛中贵戚室第相望，金帛财产，家家殷积[1]。卓纵放兵士，突其庐舍[2]，淫略妇女[3]，剽虏资物，谓之“搜牢”。人情崩恐，不保朝夕。及何后葬，开文陵[4]，卓悉取藏中珍物。又奸乱公主，妻略宫人，虐刑滥罚，睚眦必死[5]，群僚内外莫能自固。卓常遣军至阳城，时人会于社下[6]，悉令就斩之，驾其车重，载其妇女，以头系车辕，歌呼而还。又坏五铢钱[7]，更铸小钱，悉取洛阳及长安铜人、钟虡[8]、飞廉[9]、铜马之属，以充铸焉。故货贱物贵，谷石数万。又钱无轮郭文章[10]，不便人用。时人以为秦始皇见长人于临洮，乃铸铜人。卓，临洮人也，而今毁之。虽成毁不同，凶暴相类焉。

范晔有意将董卓与秦始皇相提并论，以见其残暴。

以上写董卓废少帝而立陈留王及其把持政权后对政治、经济生态的破坏。

[**注释**]

[1] 殷：众多。 [2] 突：冲破，猛冲。 [3] 略：通“掠”，夺取。 [4] 文陵：汉灵帝刘宏之墓。 [5] 睚眦（yá zì）：发怒时瞪眼睛，指极小的仇恨。 [6] 会于社下：乡民在社日集会。社，古

代指土地神和祭祀土地神的地方、日子以及祭礼。此处指土地庙。 [7] 五铢钱：一种古代钱币。始铸于汉武帝，重五铢，上有篆体“五铢”二字，自汉迄隋，皆有冶铸，大小不一。 [8] 虡（jù）：悬挂钟磬等乐器的架子。 [9] 飞廉：古时传说中长有羽翼，可以飞升的神兽。此指铜铸的神兽模型或器具。 [10] 轮郭：同“轮廓”。文章：同“纹章”，铜钱上的花纹。

卓素闻天下同疾阉官诛杀忠良[1]，及其在事[2]，虽行无道，而犹忍性矫情[3]，擢用群士。乃任吏部尚书汉阳周珌、侍中汝南伍琼、尚书郑公业、长史何颙等。以处士荀爽为司空[4]。其染党锢者陈纪、韩融之徒，皆为列卿。幽滞之士[5]，多所显拔[6]。以尚书韩馥为冀州刺史，侍中刘岱为兖州刺史，陈留孔伷为豫州刺史，颍川张咨为南阳太守。卓所亲爱，并不处显职，但将校而已。

以上写董卓进一步擢用群士以笼络人心。

［注释］

[1] 疾：憎恨。 [2] 在事：居官任事。 [3] 忍性矫情：克制本性，掩饰真情。 [4] 处士：古时称有才德而隐居不仕的人。 [5] 幽滞之士：指失意不得仕进的士人。 [6] 显拔：显耀的提拔。

初平元年[1]，馥等到官，与袁绍之徒十余人，各兴义兵，同盟讨卓，而伍琼、周珌阴为内主[2]。初，灵帝末，黄巾余党郭太等复起西河白波谷，转寇太原，遂破河东，百姓流转三辅，号为“白波贼”，众十余万。卓遣中郎将牛辅击之，不能却。及闻东方兵起，惧，乃鸩杀弘农王[3]，欲徙都长安。会公卿议，太尉黄琬、司徒杨彪廷争不能得[4]，而伍琼、周珌又固谏之。卓因大怒曰：“卓初入朝，二子劝用善士，故相从，而诸君到官，举兵相图[5]。此二君卖卓，卓何用相负！”遂斩琼、珌。而彪、琬恐惧，诣卓谢曰[6]：“小人恋旧，非欲沮国事也，请以不及为罪。”卓既杀琼、珌，旋亦悔之，故表彪、琬为光禄大夫。于是迁天子西都。

［注释］

[1] 初平：汉献帝刘协的年号。初平元年即公元 190 年。[2] 内主：指在内部响应的人。 [3] 鸩杀：用毒酒毒杀。鸩，传说中的一种毒鸟，把它的羽毛放在酒里，可以毒杀人。 [4] 廷争：在朝廷上向皇帝极力谏诤。 [5] 图：图谋。 [6] 谢：谢罪，请罪。

初，长安遭赤眉之乱，宫室营寺焚灭无余，是时唯有高庙、京兆府舍，遂便时幸焉[1]。后移未央宫。于是尽徙洛阳人数百万口于长安，步骑驱蹙，更相蹈藉[2]，饥饿寇掠，积尸盈路。卓自屯留毕圭苑中，悉烧宫庙官府居家，二百里内无复孑遗[3]。又使吕布发诸帝陵，及公卿以下冢墓，收其珍宝。

以上写董卓迁都。

［注释］

[1] 便时：吉利的时日。　[2] 蹈藉：踩踏。　[3] 孑（jié）遗：残留；独存。一般指经受战乱或灾害后遗存的人或物。

时长沙太守孙坚亦率豫州诸郡兵讨卓。卓先遣将徐荣、李蒙四出虏掠。荣遇坚于梁，与战，破坚，生禽颍川太守李旻，亨之[1]。卓所得义兵士卒，皆以布缠裹，倒立于地，热膏灌杀之。时河内太守王匡屯兵河阳津，将以图卓。卓遣疑兵挑战[2]，而潜使锐卒从小平津过津北，破之，死者略尽[3]。明年，孙坚收合散卒，进屯梁县之阳人。卓遣将胡轸、吕布攻之。布与轸不相能[4]，军中自惊恐，士卒散乱。坚追击之，轸、布败走。卓遣将李傕诣坚求和，坚拒绝不受，进军大谷，距洛九十里。卓自出与坚战于诸陵墓间，卓败走，却屯渑池，聚兵于陕。坚进洛阳宣阳城门，更击吕布，布复破走。坚乃埽除宗庙[5]，平塞诸陵，分兵出函谷关，至新安、渑池间，以截卓后。卓谓长史刘艾曰："关东诸将数败矣，无能为也。唯孙坚小戆[6]，诸将军宜慎之。"乃使东中郎将董越屯渑池，中郎将段煨屯华阴，中郎将牛辅屯安邑，其余中郎将、校尉布在诸县，以御山东。

[注释]

[1] 亨（pēng）：通"烹"，将活人煮死。 [2] 疑兵：虚设兵阵，造成假象，以迷惑敌人。 [3] 略：大略；大体。 [4] 相能：彼此亲善和睦。 [5] 埽：同"扫"，清除。 [6] 戆：迂愚而刚直。

卓讽朝廷，使光禄勋宣璠持节拜卓为太师，位在诸侯王上。乃引还长安。百官迎路拜揖，卓遂僭拟车服，乘金华青盖，爪画两轓[1]，时人号"竿摩车"[2]，言其服饰近天子也。以弟旻为左将军，封鄠侯，兄子璜为侍中、中军校尉，皆典兵事。于是宗族内外，并居列位。其子孙虽在髫前文云“卓所亲爱，并不处显职，但将校而已”，此云“服饰近天子”“宗族内外，并居列位。其子孙虽在髫龀，男皆封侯，女为邑君”。可见这时候的董卓彻底撕下了虚伪假面，权欲熏天，毫无顾忌，僭越野心展露无遗。

龀[3]，男皆封侯，女为邑君[4]。

［注释］

[1] 爪画：雕饰为爪形。亦称“蚤画”。轓（fān）：古代车厢两旁反出如耳的部分，用以障蔽尘泥，如今车轮上方挡泥板。此两句形容董卓出行仪仗奢华僭越，直拟皇室，不臣之心昭然若揭。 [2] 竿摩：相逼近。 [3] 髫龀（tiáo chèn）：泛指幼年。髫，幼童两鬓下垂的头发。龀，儿童换齿。即脱去乳齿，长出恒齿。 [4] 邑君：女子的封号。

数与百官置酒宴会，淫乐纵恣。乃结垒于长安城东以自居[1]。又筑坞于郿[2]，高厚七丈，号曰“万岁坞”。积谷为三十年储。自云：“事成，雄据天下；不成，守此足以毕老。”尝至郿行坞[3]，公卿已下祖道于横门外[4]。卓施帐幔饮设，诱降北地反者数百人，于坐中杀之。先断其舌，次斩手足，次凿其眼目，以镬煮之[5]。未及得死，偃转杯案间[6]。会者战栗，亡失匕箸，而卓饮食自若。诸将有言语蹉跌[7]，便戮于前。又稍诛关中旧族，陷以叛逆。时太史望气，言当有大臣戮死者。卓乃使人诬卫尉张温与袁术交通，遂笞温于市，杀之，以塞天变。

禽兽不为。

［注释］

[1] 垒：古代军中作防守用的墙壁。 [2] 坞（wù）：小障蔽物，防卫用的小堡。 [3] 行：巡视。 [4] 祖道：古代为出行者祭祀路神，并饮宴送行。 [5] 镬（huò）：古代无足的鼎，即大锅。常用作烹人的刑具。 [6] 偃（yǎn）转：仆倒在地，身体辗转，形容极度痛苦。 [7] 蹉跌：失足跌倒，比喻失误。

越骑校尉汝南伍孚忿卓凶毒[1]，志手刃之[2]，乃朝服怀佩刀以见卓。孚语毕辞去，卓起送至阁，以手抚其背，孚因出刀刺之，不中。卓自奋得免，急呼左右执杀孚，而大诟曰[3]：“虏欲反耶！”孚大言曰：“恨不得磔裂奸贼于都市[4]，以谢天地！”言未毕而毙。时王允与吕布及仆射士孙瑞谋诛卓。有人书“吕”字于布上，负而行于市，歌曰：“布乎！”有告卓者，卓不悟。

史珥《后汉书勦说》云：“以卓所为，即微奉先其能免乎？妖人佑助，奸逆纪之无谓。”

［注释］

[1] 忿：愤恨。 [2] 志：立志。 [3] 诟（gòu）：辱骂。 [4] 磔（zhé）：古代的一种酷刑，把肢体分裂。

三年四月，帝病新愈，大会未央殿。卓朝服升车，既而马惊堕泥，还入更衣。其少妻止之[1]，卓不从，遂行。乃陈兵夹道，自垒及宫，左步右骑，屯卫周匝[2]，令吕布等扞卫前后。王允乃与士孙瑞密表其事，使瑞自书诏以授布，令骑都尉李肃与布同心勇士十余人，伪著卫士服于北掖门内以待卓。卓将至，马惊不行，怪惧欲还。吕布劝令进，遂入门。肃以戟刺之，卓衷甲不入[3]，伤臂堕车，顾大呼曰：“吕布何在？”布曰：“有诏讨贼臣。”卓大骂曰：“庸狗敢如是邪！”布应声持矛刺卓，趣兵斩之[4]。主簿田仪及卓仓头前赴其尸[5]，布又杀之。驰赍赦书[6]，以令宫陛内外[7]。士卒皆称万岁，百姓歌舞于道。长安中士女卖其珠玉衣装市酒肉相庆者[8]，填满街肆[9]。使皇甫嵩攻卓弟旻于郿坞，杀其母妻男女，尽灭其族。乃尸卓于市。天时始热，卓素充肥[10]，脂流于地。守尸吏然火置卓脐中[11]，光明达曙，如是积日。诸袁门生又聚董氏之尸，焚灰扬之于路。坞中珍藏有金二三万斤，银八九万斤，锦绮缋縠纨素奇玩[12]，积如丘山。

史珥《后汉书勦说》云：“卓于义兵，布缠膏灌，此吏可谓青出于蓝。”董卓生前为祸之凶残与死后遭祸之悲惨形成鲜明对照。

以上写董卓被诛。

[**注释**]

[1] 少妻：小妾。 [2] 屯卫：驻兵守卫。 [3] 衷甲：穿在里衣的铠甲，用以防刺。 [4] 趣（cù）：古同“促”，催促；急

促。[5]仓头：指奴仆。[6]赍（jī）：送；把东西送给别人。赦书：免除刑罚的文书。[7]令：号令。宫陛：宫殿的台阶，常借指皇宫或朝廷。[8]士女：古代指已成年而未婚的男女，后泛指成年男女。[9]街肆：街市店铺。[10]充：大；满；胖。[11]然：通“燃”。[12]锦绮缋（huì）縠（hú）纨素：均为丝织物。锦，为织有彩色大花纹的丝织物。绮，有花纹的丝织品。缋，同“绘”，即绘有图画和绣有花纹的丝织品。縠，绉纱一类的丝织品。纨素，精致洁白的细绢。

论曰：董卓初以虓阚为情[1]，因遭崩剥之势[2]，故得蹈藉彝伦[3]，毁裂畿服[4]。夫以刳肝斮趾之性[5]，则群生不足以厌其快[6]，然犹折意缙绅[7]，迟疑陵夺[8]，尚有盗窃之道焉。及残寇乘之，倒山倾海，昆冈之火[9]，自兹而焚，《版》《荡》之篇[10]，于焉而极。呜呼，人之生也难矣！天地之不仁甚矣！

成语“倒山倾海”出自此处。意谓将山推倒，把海倾翻。形容气势浩大、威力强盛。

赞曰：百六有会[11]，《过》《剥》成灾[12]。董卓滔天[13]，干逆三才[14]。方夏崩沸[15]，皇京烟埃。无礼虽及，余祲遂广[16]。矢延王辂[17]，兵缠魏象[18]。区服倾回，人神波荡。

[注释]

[1]虓阚（xiāo hǎn）：虎暴怒哮吼的样子。引申为勇猛强悍。

语本《诗·大雅·常武》:“阚如虓虎。” [2] 崩剥:纷乱,衰乱。 [3] 蹈藉:践踏。彝伦:常理;伦常。 [4] 畿(jī)服:古代称呼天子的领地。畿,王畿,指京城周边地区。服,五服,指王城以外的地方。 [5] 刳(kū):剖开。斮(zhuó):古同“斫”,斩断。 [6] 群生:指一切生物。厌:满足。快:放肆。 [7] 折意:谓忍性屈情。缙绅:古时官吏插笏于绅带间,故称仕宦为“缙绅”。缙,也写作“搢”,插。绅,束在衣服外面的大带子。 [8] 陵夺:侵凌劫夺。 [9] 昆冈:即昆仑山。语出《尚书·胤征》:“火炎昆冈,玉石俱焚。” [10]《版》《荡》:也作《板》《荡》。《诗经·大雅》有《板》《荡》二篇。讥刺周厉王无道,败坏国家。后以“板荡”指政局变乱或社会动荡不安。《板》篇:“上帝板板,下民卒瘅。”板板,指反常。《荡》篇:“荡荡上帝,下民之辟。”荡荡,言法度废坏貌,或邪辟貌。 [11] 百六:一百零六年。古人以四千六百一十七年为一元,元初一百零六年中将有旱灾九年,称“阳九”。后世以此代指灾荒之年。 [12]《过》《剥》:《易》中二卦。《大过》卦有“本末弱”之说,《剥》卦有“小人长”之辞,此指天下动荡,灾祸连生,天子失御,诸侯混战,民不聊生的衰世败亡乱象。 [13] 滔:弥漫,充满。 [14] 干逆三才:违背天道、地道、人道。干:冒犯。逆:叛乱;反叛。三才:天、地、人。 [15] 方夏:即华夏。崩沸:山崩河沸,喻社会动乱。语本《诗经·小雅·十月之交》:“百川沸腾,山冢崒崩。” [16] 无礼虽及,余祲遂广:无礼作乱之人虽已受祸,余留的祸患却蔓延开来。 [17] 王辂(lù):帝王出行的大车,此指汉献帝。 [18] 魏象:亦称“象魏”,宫殿外的阙门,此泛指朝廷。

[点评]

董卓本是一位有勇有谋的侠义之士,他结交豪帅,宰牛宴乐，颇得人心。董卓有“为者则已，有者则士”的良将胸襟，在战胜羌人之后，将赏赐品分给众将士，尽显任侠豪气。但董卓不甘居于人下，不臣之心逐渐萌生，在受诏入朝之后，狼子野心逐渐显露。他随意废立皇帝，纵情淫乐，滥杀无辜，残忍至极。董卓犯下的滔天罪行最终殃及自身性命，范晔以“守尸吏然火置卓脐中，光明达曙，如是积日”之言，生动地刻画出时人对他的怨恨与憎恶。

从“六郡良家子”到后来的乱政奸臣，趋于两极的身份转变带来的巨大反差，让人们读来不禁唏嘘、感叹。可以说，董卓政治上的渐进得势，背后却是其人性的堕落退化。范晔“赞”语有云“无礼虽及，余祲遂广”，是说汉末的纷乱并未随董卓势力的泯灭而消亡。董卓死后，长安大乱，圣驾屡迁，东汉政权彻底沦为野心势力的政治傀儡。总而言之，《董卓传》不仅再现了董卓的暴虐血腥、惨无人道，同时将东汉末年时局的混乱破败、人民的困苦流离展露殆尽。

范晔的《后汉书》与陈寿的《三国志》均为董卓立传，李景星在《后汉书评议》中就《后汉书·董卓传》的精妙及其与《三国志·董卓传》的不同，有过精到的总结：“盖他传只叙一人或数人，而此传则将汉末有关系之人一并提起；他传只叙一事或数事，而此传则将汉末应结束之事一齐卷入。洋洋乎，长篇之极致也！以《三国志·卓传》参互观之，则固各有其妙：彼以简括胜，此以详赡胜；彼以一传借为全书之总提，此以一传略作全书之总汇。在两书中固不妨重出，而在读两传者亦正不必泥于一例。”一言以蔽之，《后汉书》借《董卓传》综述动乱不安的汉末尾声，《三国志》以《董卓传》揭橥群雄纷争的“三国”序曲。清人赵翼曾就范晔《后汉书》与陈寿《三国志》作比较研究，总结了两书关于同一人物传记撰述的一般规律：“至汉末诸臣，如董卓、袁绍、刘表、吕布、袁术、公孙瓒、陶谦、刘焉等，二书各有传。今两相比较，繁简互有不同，大概同作一传，则后人视前人所有者必节之，前人所无者必增之，以见其不雷同钞袭。”（《廿二史札记》）启示人们对照阅读《后汉书》与《三国志》的相同传记，可以更加全面地认识与了解历史事件及历史人物。

本篇节选自《后汉书·袁绍刘表列传》。李景星《后汉书评议》云：“袁绍、刘表生平行事大略相同，故合传。”《袁绍传》围绕袁绍性格上“刚愎自用”的缺陷，讲述了其从起兵到败亡的历史。

袁绍列传

袁绍字本初，汝南汝阳人[1]，司徒汤之孙。父成，五官中郎将，壮健好交结[2]，大将军梁冀以下莫不善之。绍少为郎，除濮阳长，遭母忧去官[3]。三年礼竟，追感幼孤，又行父服[4]。服阕[5]，徙居洛阳。绍有姿貌威容，爱士养名。既累世台司[6]，宾客所归，加倾心折节，莫不争赴其庭，士无贵贱，与之抗礼，辎軿柴毂[7]，填接街陌。内官皆恶之。中常侍赵忠言于省内曰：“袁本初坐作声价[8]，好养死士[9]，不知此儿终欲何作。”叔父太傅隗闻而呼绍，以忠言责之，绍终不改。后辟大将军何进掾，为侍御史、虎贲中郎将。中平五年，初置西园八校尉，以绍为佐军校尉。

以上主要写袁绍家世与性情。“忠言责之，绍终不改”一语凸显了袁绍刚愎自用的性格特点，为后文袁绍败亡埋下伏笔。

[注释]

[1] 汝阳：治所在今河南商水县西。 [2] 壮健好交结：原作“绍壮健好交结”，据文意及中华本删“绍”字。 [3] 母忧：母亲的丧事。 [4] 父服：为父亲服丧。 [5] 服阕：守丧期满除服。阕（què），终了，结束。 [6] 累世：好几代，数代。 [7] 辎（zī）軿（píng）：四周有帷幕做屏障的车，多系贵人乘坐。柴毂（gǔ）：柴车，多为贱者所乘。此句指袁绍广泛结交，无论贫富贵贱皆与之熟络。 [8] 坐作：常做（某事）。声价：名声与身价。此指袁绍常致力于提升个人名声与社会地位。 [9] 死士：敢死之士。

灵帝崩，绍劝何进征董卓等众军，胁太后诛宦官，转绍司隶校尉。语已见《何进传》。及卓将兵至，骑都尉太山鲍信说绍曰：“董卓拥制强兵，将有异志，今不早图，必为所制。其新至疲劳，袭之可禽也[1]。”绍畏卓，不敢发。顷之，卓议欲废立，谓绍曰：“天下之主，宜得贤明，每念灵帝，令人愤毒[2]。董侯似可，今当立之。”

袁绍引董卓入关，天下之乱自此始。

绍曰："今上富于春秋，未有不善宣于天下[3]。若公违礼任情，废嫡立庶，恐众议未安。"卓按剑叱绍曰："竖子敢然[4]！天下之事，岂不在我？我欲为之，谁敢不从！"绍诡对曰："此国之大事，请出与太傅议之。"卓复言："刘氏种不足复遗。"绍勃然曰："天下健者，岂惟董公！"横刀长揖径出。悬节于上东门[5]，而奔冀州。董卓购募求绍[6]。时侍中周珌、城门校尉伍琼为卓所信待，琼等阴为绍说卓曰："夫废立大事，非常人所及。袁绍不达大体，恐惧出奔，非有它志。今急购之，势必为变。袁氏树恩四世，门生故吏遍于天下，若收豪杰以聚徒众，英雄因之而起，则山东非公之有也[7]。不如赦之，拜一郡守，绍喜于免罪，必无患矣。"卓以为然，乃遣授绍勃海太守，封邟乡侯[8]。绍犹称兼司隶。

此句表现出袁绍不畏强暴的勇者气概。陈寿《三国志》载袁绍豪迈之言："吾南据河，北阻燕、代，兼戎狄之众，南向以争天下。"可见袁绍早有图谋天下之志。

［注释］

[1] 禽：通"擒"，捉拿。 [2] 愤毒：愤恨。 [3] 宣：宣扬，散布。 [4] 竖子：小子，对人的蔑称。 [5] 节：符节，古代使臣出使所持凭证。 [6] 购募：悬赏缉捕。 [7] 山东：崤山以东。 [8] 邟（kàng）乡：地名，在今河南汝州市境。

初平元年，绍遂以勃海起兵，与从弟后将军术[1]、冀州牧韩馥、豫州刺史孔伷、兖州刺史刘岱、陈留太守张邈、广陵太守张超、河内太守王匡、山阳太守袁遗、东郡太守桥瑁、济北相鲍信等同时俱起，众各数万，以讨卓为名。绍与王匡屯河内，伷屯颍川，馥屯邺，余军咸屯酸枣，约盟，遥推绍为盟主。绍自号“车骑将军”，领司隶校尉。董卓闻绍起山东，乃诛绍叔父隗，及宗族在京师者，尽灭之。

袁绍“以勃海起兵”与上文伍琼劝说董卓的话相呼应。史珥《后汉书勦说》云：“亡汉祚、祸天下者此举。然气焰殊猛。伍琼说卓所谓‘收豪杰以聚徒众，英雄因之而起，山东非公之有’者，正是此局。”

以上写袁绍与董卓之离合。

［注释］

[1] 与：原作“以”，参考中华本改。

绍客逢纪谓绍曰：“夫举大事，非据一州，无以自立。今冀部强实，而韩馥庸才，可密要公孙瓒将兵南下[1]，馥闻必骇惧。并遣辩士为陈祸福，馥迫于仓卒，必可因据其位。”绍然之，益亲纪，即以书与瓒。瓒遂引兵而至，外托讨董卓，而阴谋袭馥。绍乃使外甥陈留高干及颍川荀谌等说馥曰：“公孙瓒乘胜来南，而诸郡应之。袁车骑引军东向，其意未可量也。窃为将军危之。”馥惧，曰：“然则为之奈何？”谌曰：“君自料宽仁容众，为天下所附，孰与袁氏[2]？”馥曰：“不如也。”“临危吐决，智勇迈于人[3]，又孰与袁氏？”馥曰：“不如也。”“世布恩德，天下家受其惠，又孰与袁氏？”馥曰：“不如也。”谌曰：“勃海虽郡，其实州也。今将军资三不如之势，久处其上，袁氏一时之杰，必不为将军下也。且公孙提燕、代之卒，其锋不可当。夫冀州天下之重资，若两军并力，兵交城下，危亡可立而待也。夫袁氏将军之旧，且为同盟。当今之计，莫若举冀州以让袁氏，必厚德将军，公孙瓒不能复与之争矣。是将军有让贤之名，而身安于太山也[4]。愿勿有疑。”馥素性恇怯[5]，因然其计。馥长史耿武、别驾闵纯、骑都尉沮授闻而谏曰：“冀州虽鄙，带甲百万，谷支十年。袁绍孤客穷军，仰我鼻息，譬如婴儿在股掌之上，绝其哺乳，立可饿杀。奈何欲以州与之？”馥曰：“吾袁氏故吏，且才不如本初。度德而让，古人所贵，诸君独何病焉[6]？”先是，馥从事赵浮、程涣将强弩万人屯孟津，闻之，率兵驰还，请以拒绍，馥又不听。乃避位，出居中常侍赵忠故舍，遣子送印绶以让绍。绍遂领冀州牧，承制以馥为奋威将军，而无所将御。引沮授为别驾……

以上写袁绍降服韩馥，夺得冀州。

[**注释**]

[1] 要：同“邀”，约请。 [2] 孰与：犹言何如。意谓还不如，常用于反诘语气。 [3] 迈：超过。 [4] 安于太山：比泰山还安稳。 [5] 恇怯：胆小怕事；怯懦。 [6] 病：责备，不满。

其冬，公孙瓒大破黄巾，还屯槃河，威震河北，冀州诸城无不望风响应。绍乃自击之。瓒兵三万，列为方陈[1]，分突骑万匹[2]，翼军左右，其锋甚锐。绍先令麹义领精兵八百，强弩千张，以为前登[3]。瓒轻其兵少，纵骑腾之，义兵伏楯下[4]，一时同发，瓒军大败，斩其所置冀州刺史严纲，获甲首千余级。麹义追至界桥，瓒敛兵还战，义复破之，遂到瓒营，拔其牙门[5]，余众皆走。绍在后十数里，闻瓒已破，发鞍息马[6]，唯卫帐下强弩数十张，大戟士百许人。瓒散兵二千余骑卒至，围绍数重，射矢雨下。田丰扶绍，使却入空垣[7]。绍脱兜鍪抵地[8]，曰：“大丈夫当在战斗中，主帅起着至关重要的作用。主帅镇定自如是稳定军心的前提。

前斗死，而反逃垣墙间邪？”促使诸弩竞发，多伤瓒骑。众不知是绍，颇稍引却。会麹义来迎，骑乃散退。三年，瓒又遣兵至龙凑挑战[9]，绍复击破之。瓒遂还幽州，不敢复出。四年初，天子遣太仆赵岐和解关东，使各罢兵。

［注释］

[1] 方陈：同“方阵”。 [2] 突骑：用于冲锋陷阵的精锐骑兵。 [3] 前登：先锋；打头阵。 [4] 楯：同“盾”。 [5] 牙门：古时驻军，主帅或主将帐前树牙旗以为军门，故称牙门。 [6] 发鞍：卸下马鞍。指停止打仗。 [7] 垣：矮墙，也泛指墙。 [8] 兜鍪（móu）：古代将士所用头盔。 [9] 龙凑：古黄河渡口，在今山东德州市境。

兴平二年，拜绍右将军。其冬，车驾为李傕等所追于曹阳[1]，沮授说绍曰：“将军累叶台辅[2]，世济忠义。今朝廷播越[3]，宗庙残毁，观诸州郡，虽外托义兵，内实相图，未有忧存社稷恤人之意[4]。且今州城粗定，兵强士附，西迎大驾，即宫邺都，挟天子而令诸侯，稸士马以讨不庭[5]，谁能御之？”绍将从其计。颍川郭图、淳于琼曰：“汉室陵迟[6]，为日久矣，今欲兴之，不亦难乎？且英雄并起，各据州郡，连徒聚众，动有万计，所谓秦失其鹿，先得者王。今迎天子，动辄表闻[7]，从之则权轻，违之则拒命[8]，非计之善者也。”授曰：“今迎朝廷，于义为得，于时为宜。若不早定，必有先之者焉。夫权不失几，功不厌速[9]，愿其图之。”帝立既非绍意，竟不能从[10]。

沮授引用《左传·僖公二十八年》晋文公挟周襄王而号令天下的典故，想让袁绍早图霸业。王夫之《读通鉴论》云：“袁绍不用沮授之策，听淳于琼而不迎天子于危困之中，授曰：‘必有先之者。’而曹操果听荀彧迎帝以制诸侯。夫无君之心，操非殊于绍也，而名在操，故操可以制绍而绍不能胜操。……琼之情唯利是图，受天下之恶名而不恤，绍是之从，欲不亡也，得乎？”

［注释］

[1] 曹阳：即曹阳亭，在今河南灵宝东北。 [2] 累（lěi）叶：累世，数代人。台辅：三公宰辅，形容身居高位。 [3] 播越：逃亡。 [4] 恤：救济；顾念。 [5] 稸：同“蓄”，积蓄。 [6] 陵迟：渐趋衰败。 [7] 表闻：上表申闻于上。 [8] 拒命：抗命，不服从命令。 [9] 厌：满足。 [10] 竟：终究。

建安元年，曹操迎天子都许，乃下诏书于绍，责以地广兵多而专自树党，不闻勤王之师而但擅相讨伐。绍上书曰：

……臣闻守文之世，德高者位尊；仓卒之时，功多者赏厚。陛下播越非所[1]，洛邑乏祀，海内伤心，志士愤惋。是以忠臣肝脑涂地[2]，肌肤横分而无悔心者，义之所感故也。今赏加无劳，以携有德；杜黜忠功[3]，以疑众望。斯岂腹心之远图？将乃谗慝之邪说使之然也[4]。臣爵为通侯，位二千石。殊恩厚德，臣既叨之[5]，岂敢窥觊重礼[6]，以希彤弓玈矢之命哉[7]？诚伤偏裨列校[8]，勤不见纪，尽忠为国，翻成重愆[9]。斯蒙恬所以悲号于边狱[10]，白起歔欷于杜邮也[11]。太傅日䃅位为师保[12]，任配东征，而耗乱王命，宠任非所，凡所举用，皆众所捐弃。而容纳其策，以为谋主，令臣骨肉兄弟，还为仇敌，交锋接刃，构难滋甚[13]。臣虽欲释甲投戈，事不得已。诚恐陛下日月之明，有所不照；四聪之听[14]，有所不闻，乞下臣章，咨之群贤，使三槐九棘[15]，议臣罪戾。若以臣今行权为衅[16]，则桓、文当有诛绝之刑；若以众不讨贼为贤，则赵盾可无书弑之贬矣。臣虽小人，志守一介。若使得申明本心，不愧先帝，则伏首欧刀[17]，褰衣就镬[18]，臣之愿也。惟陛下垂《尸鸠》之平[19]，绝邪谄之论，无令愚臣结恨三泉[20]。

于是以绍为太尉，封邺侯。时曹操自为大将军，绍耻为之下，伪表辞不受。操大惧，乃让位于绍。二年，使将作大匠孔融持节拜绍大将军，锡弓矢节钺，虎贲百人，兼督冀、青、幽、并四州，然后受之。

史珥《后汉书勦说》云："孟德之让，名与实取。盖以骄本初而羁縻之，曹谲、袁暗也。弓矢节钺之赐，四州之督，皆是玩本初于股掌，而本初不悟，史谓操惧乃让，则为孟德所愚矣。"

[注释]

[1] 播越：流亡不定。 [2] 肝脑涂地：形容惨死。也形容竭尽忠诚，任何牺牲都在所不惜。涂地，涂抹在地上。 [3] 杜黜：拒绝，黜退。 [4] 将：大概。谗慝：指邪恶奸佞之人。 [5] 叨（tāo）：承受，接受。 [6] 窥觊：窥伺希冀。 [7] 彤弓：红色的弓。旅（lú）矢：黑色的箭。此周代册封侯伯用的礼器。语出《左传》："王命尹氏策晋文公为侯伯，赐之大路之服，戎路之服，彤弓一，彤矢百，旅弓十，旅矢千。" [8] 偏裨列校：偏居微职。 [9] 愆：过失。 [10] 蒙恬：秦代名将，遭奸臣赵高诬陷入狱，含冤而死。 [11] 白起：秦国名将。歔欷：同"唏嘘"，悲泣。杜邮：杜邮亭，秦国地名，在今陕西咸阳东。秦昭王赐白起剑，后者遂在此自尽。 [12] 日磾：指马日磾。 [13] 构难：结成怨仇。 [14] 四聪：能远闻四方的听觉。 [15] 三槐九棘：三公九卿。典出《周礼·秋官·朝士》："朝士掌建邦外朝之法。左九棘，孤卿大夫位焉，群士在其后；右九棘，公侯伯子男位焉，群吏在其后；面三槐，三公位焉，州长众庶在其后。" [16] 衅：罪过。 [17] 欧刀：原指古代良匠欧冶子所作刀剑，此泛指刀剑。 [18] 褰：提起。镬：即今之锅。古有汤镬之刑，即将人投入装有沸水的大锅中烫死。 [19]《尸鸠》：《尸鸠》为《诗经·曹风》中的一篇。尸鸠，亦作"鸤鸠"，即今之布谷鸟。据《毛传》，此诗旨在赞扬君子守义如一，不偏不倚。 [20] 三泉：三重泉，即地下深处。多指人死后的葬处。

绍每得诏书，患有不便于己[1]，乃欲移天子自近，使说操以许下埤湿[2]，洛阳残破，宜徙都甄城，以就全实[3]。操拒之。田丰说绍曰："徙都之计，既不克从，宜早图许，奉迎天子，动托诏令，响号海内，此算之上者[4]。不尔[5]，终为人所禽[6]，虽悔无益也。"绍不从。四年春，击公孙瓒，遂定幽土，事在《瓒传》。

以上写袁绍战胜公孙瓒等事。

［注释］

[1] 不便：不利。 [2] 埤湿：低湿的地方；低洼潮湿。 [3] 全实：谓境域完整，地方富裕。 [4] 算：计谋，谋划。 [5] 不尔：不如此；不然。 [6] 禽：通"擒"。

绍既并四州之地[1]，众数十万，而骄心转盛，贡御稀简。主簿耿包密白绍曰："赤德衰尽，袁为黄胤，宜顺天意，以从民心。"绍以包白事示军府僚属，议者以包妖妄宜诛。绍知众情未同，不得已乃杀包以弭其迹[2]。于是简精兵十万[3]，骑万匹，欲出攻许，以审配、逢纪统军事，田丰、荀谌及南阳许攸为谋主[4]，颜良、文醜为将帅。沮授进说曰："近讨公孙，师出历年，百姓疲敝，仓库无积，赋役方殷，此国之深忧也。宜先遣使献捷天子[5]，务农逸人。若不得通，乃表曹操隔我王路，然后进屯黎阳，渐营河南，益作舟船，缮修器械，分遣精骑，抄其边鄙，令彼不得安，我取其逸。如此可坐定也。”郭图、审配曰：“兵书之法，十围五攻，敌则能战。今以明公之神武，连河朔之强众[6]，以伐曹操，其势譬若覆手[7]。今不时取，后难图也。”授曰：“盖救乱诛暴，谓之义兵；恃众凭强，谓之骄兵。义者无敌，骄者先灭。曹操奉迎天子，建宫许都。今举师南向，于义则违。且庙胜之策[8]，不在强弱。曹操法令既行，士卒精练，非公孙瓒坐受围者也。今弃万安之术，而兴无名之师[9]，窃为公惧之。”图等曰：“武王伐纣，不为不义；况兵加曹操，而云无名！且公师徒精勇，将士思奋，而不及时早定大业，所谓‘天与不取，反受其咎[10]’。此越之所以霸，吴之所以灭也。监军之计，在于持牢[11]，而非见时知几之变也[12]。”绍纳图言。图等因是谮沮授曰[13]：“授监统内外，威震三军，若其浸盛[14]，何以制之！夫臣与主同者昌，主与臣同

袁绍随着势力不断扩大，其野心亦逐渐暴露，性格越发刚愎自用，为以后的战败埋下了伏笔。

者亡[15]，此《黄石》之所忌也[16]。且御众于外，不宜知内。”绍乃分授所统为三都督，使授及郭图、淳于琼各典一军[17]，未及行。

[注释]

[1]并：兼并，合并。 [2]弭：消除。 [3]简：挑选。 [4]谋主：出谋划策的主要人物。 [5]献捷：打胜仗后进献所获的俘虏及战利品。 [6]河朔：古代泛指黄河以北的地区。 [7]覆手：把手掌向下一翻，比喻事情容易办成。 [8]庙胜之策：朝廷制定的克敌制胜的谋略。 [9]无名之师：没有正当理由出征的军队。 [10]天与不取，反受其咎：意思是指天赐良机，不可错失。 [11]持牢：原作“将军”，据《后汉书集解》校语改。 [12]几：通“机”，机遇。 [13]谮：诬陷，中伤，说别人坏话。 [14]浸盛：逐渐强盛。 [15]夫臣与主同者昌，主与臣同者亡：原文作“夫臣与主同者亡”，据《后汉书集解》校语改。 [16]《黄石》：即《黄石公三略》，古兵书名。 [17]典：主管。

五年，左将军刘备杀徐州刺史车胄，据沛以背曹操。操惧，乃自将征备。田丰说绍曰：“与公争天下者，曹操也。操今东击刘备，兵连未可卒解，今举军而袭其后，可一往而定。兵以几动，斯其时也。”绍辞以子疾，未得行。丰举杖击地曰：“嗟乎，事去矣！夫遭难遇之几，而以婴儿病失其会[1]，惜哉！”绍闻而怒之，从此遂疏焉。

［注释］

[1] 会：时机。

曹操畏绍过河，乃急击备，遂破之。备奔绍，绍于是进军攻许。田丰以既失前几，不宜便行，谏绍曰：“曹操既破刘备，则许下非复空虚。且操善用兵，变化无方，众虽少，未可轻也。今不如久持之。将军据山河之固，拥四州之众，外结英雄，内修农战[1]，然后简其精锐[2]，分为奇兵，乘虚迭出，以扰河南，救右则击其左，救左则击其右，使敌疲于奔命，人不得安业，我未劳而彼已困，不及三年，可坐克也。今释庙胜之策而决成败于一战，若不如志，悔无及也。”绍不从。丰强谏忤绍，绍以为沮众[3]，遂械系之[4]。

以上写袁绍前后两次未采纳田丰的建议，错失良机。

［注释］

[1] 农战：亦称“耕战”，指屯田。 [2] 简：挑选。 [3] 沮众：指败坏人心。 [4] 械系：用脚镣手铐等刑具拘禁起来。

乃先遣颜良攻曹操别将刘延于白马[1]，绍自引兵至黎阳。沮授临行，会其宗族，散资财以与之。曰："势存则威无不加，势亡则不保一身。哀哉！"其弟宗曰："曹操士马不敌，君何惧焉？"授曰："以曹兖州之明略，又挟天子以为资，我虽克伯珪[2]，众实疲敝，而主骄将忲[3]，军之破败，在此举矣。杨雄有言：'六国蚩蚩，为嬴弱姬[4]'。今之谓乎！"曹操遂救刘延，击颜良斩之。绍乃度河，壁延津南[5]。沮授临船叹曰："上盈其志，下务其功，悠悠黄河，吾其济乎！"遂以疾退，绍不许而意恨之，复省其所部，并属郭图。

［**注释**］

[1] 别将：配合主力军作战的部队将领。 [2] 伯珪：公孙瓒，字伯珪。 [3] 忲：奢侈。 [4] 六国蚩蚩，为嬴弱姬：是说六国昏惑无知，相互斗争，帮助秦国削弱了周王朝。蚩蚩，迷乱，愚昧。嬴，秦国的国姓，这里指秦国。姬，周朝的国姓，这里指周王朝。 [5] 壁：军营的围墙。

绍使刘备、文丑挑战，曹操又击破之，斩文醜。再战而禽二将，绍军中大震。操还屯官度，绍进保阳武。沮授又说绍曰：“北兵虽众，而劲果不及南军[1]；南军谷少，而资储不如北。南幸于急战，北利在缓师。宜徐持久，旷以日月[2]。”绍不从。连营稍前，渐逼官度，遂合战。操军不利，复还坚壁[3]。绍为高橹[4]，起土山，射营中，营中皆蒙楯而行。操乃发石车击绍楼，皆破，军中呼曰“霹雳车”。绍为地道欲袭操，操辄于内为长堑以拒之[5]。又遣奇兵袭绍运车，大破之，尽焚其谷食。

[注释]

[1] 劲果：指刚毅果敢。 [2] 旷以日月：犹言旷日持久。荒废时日，拖延很久。 [3] 坚壁：坚固的壁垒。 [4] 橹：楼橹，古时军中用以侦察、防御或攻城的高台。 [5] 堑：防御用的壕沟；护城河。

相持百余日，河南人疲困，多畔应绍[1]。绍遣淳于琼等将兵万余人北迎粮运。沮授说绍可遣蒋奇别为支军于表[2]，以绝曹操之钞[3]。绍不从。许攸进曰：“曹操兵少而悉师拒我，许下余守势必空弱。若分遣轻军，星行掩袭[4]，许拔则操成

袁绍一意孤行，接二连三地拒绝采纳田丰、沮授、许攸等人的计谋，故而屡屡受挫，终遭惨败。

禽。如其未溃，可令首尾奔命，破之必也。”绍又不能用。会攸家犯法，审配收系之，攸不得志，遂奔曹操，而说使袭取淳于琼等。琼等时宿在乌巢，去绍军四十里。操自将步骑五千人，夜往攻破琼等，悉斩之。

［注释］

[1] 畔：通“叛”，背叛。 [2] 支军：主力部队以外的别部。表：外。 [3] 钞：抢掠，抄掠。 [4] 星行：早夜急行；或谓连夜急行。掩袭：突然袭击。

初，绍闻操击琼，谓长子谭曰：“就操破琼[1]，吾拔其营，彼固无所归矣。”乃使高览、张郃等攻操营，不下。二将闻琼等败，遂奔操。于是绍军惊扰，大溃。绍与谭等幅巾乘马[2]，与八百骑度河，至黎阳北岸，入其将军蒋义渠营。至帐下，把其手曰：“孤以首领相付矣。”义渠避帐而处之，使宣令焉。众闻绍在，稍复集。余众伪降，曹操尽阬之[3]，前后所杀八万人。

［注释］

[1] 就：趁。 [2] 幅巾：古代男子以全幅细绢裹头的头巾。

[3] 阬：活埋。

沮授为操军所执，乃大呼曰："授不降也，为所执耳。"操见授谓曰："分野殊异[1]，遂用圮绝[2]，不图今日乃相得也。"授对曰："冀州失策，自取奔北。授知力俱困，宜其见禽。"操曰："本初无谋，不相用计。今丧乱过纪[3]，国家未定，方当与君图之。"授曰："叔父、母、弟悬命袁氏，若蒙公灵，速死为福。"操叹曰："孤早相得，天下不足虑也。"遂赦而厚遇焉。授寻谋归袁氏，乃诛之。

［注释］

[1]分野：划分的范围；界限。 [2]圮（pǐ）绝：隔绝。 [3]纪：记年代的方式，古代一纪为十二年。

绍外宽雅有局度，忧喜不形于色，而性矜愎自高[1]，短于从善[2]，故至于败。及军还，或谓田丰曰："君必见重。"丰曰："公貌宽而内忌[3]，不亮吾忠[4]，而吾数以至言迕之。若胜而喜，必能赦我，战败而怨，内忌将发。若军出有利，当

范晔对袁绍致败之由的分析入木三分，成大事者不可不戒。

蒙全耳[5]，今既败矣，吾不望生。”绍还，曰：“吾不用田丰言，果为所笑。”遂杀之。官度之败，审配二子为曹操所禽。孟岱与配有隙，因蒋奇言于绍曰：“配在位专政，族大兵强，且二子在南，必怀反畔。”郭图、辛评亦为然。绍遂以岱为监军，代配守邺。护军逢纪与配不睦，绍以问之，纪对曰：“配天性烈直，每所言行，慕古人之节，不以二子在南为不义也，公勿疑之。”绍曰：“君不恶之邪？”纪曰：“先所争者私情，今所陈者国事。”绍曰“善”。乃不废配，配、纪由是更协。冀州城邑多畔，绍复击定之。自军败后发病，七年夏，薨。未及定嗣，逢纪、审配宿以骄侈为谭所病，辛评、郭图皆比于谭而与配、纪有隙。众以谭长，欲立之。配等恐谭立而评等为害，遂矫绍遗命[6]，奉尚为嗣。

逢纪舍弃前嫌，一心为国。就此看，袁绍的部下尚比袁绍更明事理，袁绍焉会不败？

以上写袁绍与曹操相争及其失败的结局。

[注释]

[1] 矜愎：高傲执拗。 [2] 从善：依从善道。此处意指听从别人的建议。 [3] 内忌：内心忌妒。 [4] 亮：同“谅”，体谅。 [5] 蒙全：得以保全。 [6] 矫：假托。

［点评］

《袁绍传》开篇即介绍袁绍父亲袁成“壮健好交结，大将军梁冀以下莫不善之”；继而写袁绍“爱士养名”“累世台司，宾客所归”；再写“中常侍赵忠言于省内……坐作声价，好养死士，不知此儿终欲何作”；接着写“绍劝何进征董卓等众军，胁太后诛宦官”，所叙内容前后照应，徐徐铺展，层层推进，尽显范晔独到的史笔与《后汉书》的叙事特色。

《袁绍传》对袁绍从“连战连捷”到“屡战屡败”的变化过程给予了清晰的表述。篇首说袁绍以豪侠得众，后降服韩馥、占据冀州、战胜公孙瓒、平息贼寇。但在取得初步胜利后，袁绍依旧一意孤行，致使颜良阵亡、文丑捐躯、许攸叛变、沮授就义、田丰被杀，最终冀州纷乱，自己也在病困交加中殒命。

本篇重点论说了袁绍不听劝谏、刚愎自用的性格特点：沮授建议“挟天子以令诸侯”，袁绍“竟不能从”，此其一；田丰欲说服袁绍“奉迎天子，动托诏令”，“绍不从”，此其二；袁绍拒绝沮授“献捷天子，务农逸人”的建议，此其三；田丰让袁绍趁刘备、曹操相争之际攻打曹操后方，袁绍“以子疾，未得行”，此其四；田丰认为“既失前机，不宜便行”，“绍不从”，此其五；官渡之战前，沮授劝袁绍“宜徐持久，旷以日月”，“绍不从”，此其六；官渡之战，沮授建议“别为支军于表，以绝曹操之钞”，“绍不从”，此其七；许攸建议日夜兼行，突袭曹操，而“绍又不能用”，此其八。传文最后借沮授、曹操、田丰三人之口，对袁绍失败之由作了进一步总结：沮授云“冀州失策，自取奔北”，指出袁绍策略失误，战败源于袁绍自身；曹操云“本初无谋，不相用计”，指明袁绍自己没有计谋，又未能接受军师的计策；田丰云“公貌宽而内忌，不亮吾忠”，指出袁绍表面宽厚而内心猜忌。总而言之，袁绍占据天时地利人和，最终却走向溃败，主要因为其刚愎自大，不能采纳正确意见，正如范晔所总结的那样，“绍外宽雅有局度，忧喜不形于色，而性矜愎自高，短于从善，故至于败”。回溯历史，不听劝谏而致祸患的故事不胜枚举。鸿门宴上项羽无视范增致意，放走刘邦，最终败于垓下，命殒乌江；“淝水之战”中，苻坚不听王猛劝告，攻打东晋遭到惨败，自己也被流矢中伤，最后落荒而逃；唐肃宗不听李泌良谋，执意先取长安，急功近利，致使安史叛军割据一方，遗祸他日。《左传》说：“从善如流，宜哉。”是为的论。

王景列传

本篇节选自《后汉书·循吏列传》。《王景传》讲述王景成功治理水患的事。

王景字仲通，乐浪讲邯人也[1]。

［注释］

[1] 乐浪：郡名，汉武帝元封三年置，治所在今朝鲜平壤西南。讲邯：县名，在今朝鲜平壤西北。

景少学《易》，遂广窥众书，又好天文术数

之事[1]，沈深多伎艺[2]。辟司空伏恭府。时有荐景能理水者，显宗诏与将作谒者王吴共修作浚仪渠[3]。吴用景堨流法[4]，水乃不复为害。

以上写王景协助王吴，成功治理了浚仪渠的水患。

［注释］

[1] 术数：用阴阳五行生克制化的数理，来推断人事吉凶，如占候、星命、卜筮等。 [2] 沈：同“沉”。 [3] 浚仪渠：在今河南开封。 [4] 堨：古同“堰”，挡水的堤坝。

初，平帝时，河、汴决坏[1]，未及得修。建武十年，阳武令张汜上言：“河决积久，日月侵毁，济渠所漂数十许县[2]。修理之费，其功不难。宜改修堤防，以安百姓。”书奏，光武即为发卒。方营河功，而浚仪令乐俊复上言：“昔元光之间[3]，人庶炽盛，缘堤垦殖，而瓠子河决[4]，尚二十余年，不即拥塞。今居家稀少，田地饶广，虽未修理，其患犹可。且新被兵革，方兴役力，劳怨既多，民不堪命。宜须平静，更议其事。”光武得此遂止。后汴渠东侵，日月弥广，而水门故处，皆在河中，兖、豫百姓怨叹，以为县官恒兴佗役，不先民急。永平十二年，议修汴渠，乃

《山海经》是我国现存最古的地理书，大约成书于战国时期。全书十八卷，记述海内外山川、道里、部族、物产等，颇多神话传说。《河渠书》是司马迁《史记》中的一篇，记述了古代的水利工程。《禹贡》是《尚书》中的一篇。约成书于周秦之际。篇中把当时中国划分为九州，记述各区域的山川分布、交通、物产状况及贡赋等，保存了我国古代珍贵的地理资料，是一部科学价值很高的地理著作。《禹贡图》即据《禹贡》所述绘制而成。

以上写王景成功治理了黄河与汴渠的水患，由此而声名远播。

引见景，问以理水形便[5]。景陈其利害，应对敏给[6]，帝善之。又以尝修浚仪，功业有成，乃赐景《山海经》《河渠书》《禹贡图》及钱帛衣物。夏，遂发卒数十万，遣景与王吴修渠筑堤，自荥阳东至千乘海口千余里。景乃商度地势，凿山阜[7]，破砥绩[8]，直截沟涧，防遏冲要，疏决壅积，十里立一水门，令更相洄注[9]，无复溃漏之患。景虽简省役费，然犹以百亿计[10]。明年夏，渠成。帝亲自巡行，诏滨河郡国置河堤员吏，如西京旧制[11]。景由是知名。王吴及诸从事掾史皆增秩一等[12]。景三迁为侍御史。十五年，从驾东巡狩，至无盐，帝美其功绩，拜河堤谒者，赐车马缣钱。

［注释］

[1] 汴：汴水，指今河南荥阳西南索河。　[2] 济渠：济水源出河南济源王屋山，其故道本过黄河而南，东流至山东，与黄河并行入海，后下游为黄河所夺。　[3] 元光：汉武帝年号，前134—前129年。　[4] 瓠（hú）子：地名，在河南濮阳南，亦称瓠子口。汉武帝元光三年，黄河决于瓠子，东南注入巨野，通于淮泗，漂害民居。元封二年，发数万人，堵塞瓠子决河。　[5] 形便：条件、形势。　[6] 敏给：敏捷。　[7] 阜：土山。　[8] 破砥绩：

李贤注曰："《尚书》曰：'原隰底绩。'注：'底，致也。绩，功也。'言破禹所致功之处也。或云砥碛，山名也。" [9] 洄：逆流而上，即旋流。 [10] 亿：十万曰亿。 [11] 如西京旧制：《十三州志》曰："成帝时河堤大坏，泛滥青、徐、兖、豫四州略遍，乃以校尉王延代领河堤谒者，秩千石，或名其官为护都水使者。中兴，以三府掾属为之。" [12] 秩：官吏的俸禄。

建初七年，迁徐州刺史。先是杜陵杜笃奏上《论都赋》，欲令车驾迁还长安。耆老闻者，皆动怀土之心，莫不眷然伫立西望[1]。景以宫庙已立，恐人情疑惑，会时有神雀诸瑞[2]，乃作《金人论》，颂洛邑之美，天人之符，文有可采。

以上写王景为稳定人心，作《金人论》。

［注释］

[1] 眷然：顾念貌；依恋貌。 [2] 神雀诸瑞：章帝时有神雀、凤凰、白鹿、白乌等祥瑞出现。

明年，迁庐江太守。先是百姓不知牛耕，致地力有余而食常不足。郡界有楚相孙叔敖所起芍陂稻田[1]。景乃驱率吏民，修起芜废，教用犁耕，由是垦辟倍多，境内丰给。遂铭石刻誓，令民知常禁。又训令蚕织，为作法制，皆著于乡亭，庐江传其文辞。卒于官。

以上写王景教民稼穑、蚕织，立法推行。

[注释]

[1] 孙叔敖：即芳（wěi）敖，字孙叔。春秋时楚国令尹。芍陂（què bēi）：在今安徽寿县安丰塘以东，引淠入白芍亭东成湖，陂径百里，灌田万顷。

[点评]

循吏即守法循理的官吏。“循吏”之名最早见于《史记》的《循吏列传》，并为后代史书承袭。《后汉书·循吏列传》主要著录十二人：卫飒、任延、王景、秦彭、王涣、许荆、孟尝、第五访、刘矩、刘宠、仇览、童恢，他们皆在吏治方面表现卓著，值得褒扬。本篇传主王景的功绩集中体现在治水方面。水患是古代比较严重的自然灾害，能否治理好水患，关系到社稷民生。大禹治水即有所谓“三过家门而不入”的说法，可见水患治理的重要性与紧迫性。王景急百姓之所急，极陈治水之利害，并成功治理了黄河、汴渠水患，安抚了民心，垂功于千秋。所以范晔赞美说道：“怀我风爱，永载遗贤。”道出了为循吏立传之旨。

范晔在《循吏列传》序中说，东汉初期，光武帝体察民情，广求民瘼，务用安静，勤俭节约，所以政事清明；建武、永平之间，明帝法令分明，幽枉必达，政事苛刻严峻；自章帝、和帝以后，政事日衰，但有突出政绩的人，却也往往不绝。此语揭示出封建社会吏治的一般特点，即政事的得失，往往以皇帝一人为主导，这是极权政治不可避免的弊端。但诚如李景星《后汉书评议》所言：“一代之风俗人心，本乎上者，则视乎主德；成于下者，则视乎吏治。此各史循吏所以独为一传也。”东汉国祚延续近二百年，离不开这些循吏的恪尽职守。

本篇选自《后汉书·酷吏列传》。李景星《后汉书评议》云：“《酷吏传》正与《循吏传》相反，《循吏传》所载，皆主于爱民；《酷吏传》所载，则未免于残民。推其人之用意，亦欲为国家除害，且一意孤行，为人之所不敢为，未尝不足以取快一时；然譬之药品，凡属于大攻大伐，皆非养人物也。”

董宣列传

董宣字少平，陈留圉人也[1]。初为司徒侯霸所辟[2]，举高第[3]，累迁北海相。到官，以大姓公孙丹为五官掾[4]。丹新造居宅，而卜工以为当有死者[5]，丹乃令其子杀道行人，置尸舍内，以塞其咎。宣知，即收丹父子杀之。丹宗族亲党三十余人，操兵诣府[6]，称冤叫号。宣以丹前附王莽，虑交通海贼[7]，乃悉收系剧狱[8]，使门下书佐水丘岑尽杀之[9]。青州以其多滥[10]，奏宣考岑[11]，宣坐徵诣廷尉。在狱，晨夜讽诵，无忧色。及当出刑，官属具馔送之，宣乃厉色曰：“董宣生平未曾食人之食，况死乎！”升车而去。时同刑九人，次应及宣，光武驰使驺骑特原宣刑[12]，且令还狱。遣使者诘宣多杀无辜，宣具以状对，言水丘岑受臣旨意，罪不由之，愿杀臣

公孙丹的宗族亲党没有什么过错而被全部处死，足见董宣执法严苛暴虐。

活岑。使者以闻，有诏左转宣怀令[13]，令青州勿案岑罪。岑官至司隶校尉。

[注释]

[1] 陈留：郡名，故治在今河南开封西南。圉：县名，故城在今河南杞县南。 [2] 侯霸：字君房，河南密（今河南密县东南）人。建武四年为尚书令，次年拜大司徒，封关内侯，精通典制，居职明察守正。辟（bì）：征召。 [3] 高第：指官吏的考绩优等。 [4] 五官掾：官名，汉代地方郡守自辟的属吏之一，职掌春秋祭祀。 [5] 卜工：占卜的人。 [6] 兵：武器。 [7] 交通：勾结，串通。 [8] 剧狱：剧县之狱。 [9] 门下书佐：主办文书的佐吏。 [10] 滥：滥杀无辜。 [11] 考：查考。 [12] 驺骑：主驾车马的侍从。 [13] 左转：贬官；降职。怀：县名，治所在今河南武陟西南。

后江夏有剧贼夏喜等寇乱郡境[1]，以宣为江夏太守。到界，移书曰[2]："朝廷以太守能禽奸贼[3]，故辱斯任。今勒兵界首[4]，檄到，幸思自安之宜[5]。"喜等闻，惧，即时降散。外戚阴氏为郡都尉[6]，宣轻慢之，坐免。

[注释]

[1] 江夏：郡名，故治西陵，即今湖北新洲西，举水西岸。剧：指为害程度深。 [2] 移书：旧时行于不相统属的官署间的

一种公文。[3] 禽：通“擒”。[4] 界首：边界前缘；交界的地方。[5] 幸：希望。[6] 外戚阴氏：光武帝第二个皇后阴丽华的亲戚。

后特征为洛阳令。时湖阳公主苍头白日杀人[1]，因匿主家，吏不能得。及主出行，而以奴骖乘[2]，宣于夏门亭候之[3]，乃驻车叩马[4]，以刀画地，大言数主之失[5]，叱奴下车，因格杀之。主即还宫诉帝，帝大怒，召宣，欲箠杀之[6]。宣叩头曰：“愿乞一言而死。”帝曰：“欲何言？”宣曰：“陛下圣德中兴，而纵奴杀良人，将何以理天下乎？臣不须箠，请得自杀。”即以头击楹[7]，流血被面。帝令小黄门持之，使宣叩头谢主，宣不从，强使顿之，宣两手据地，终不肯俯。主曰：“文叔为白衣时[8]，臧亡匿死[9]，吏不敢至门。今为天子，威不能行一令乎？”帝笑曰：“天子不与白衣同。”因敕强项令出。赐钱三十万，宣悉以班诸吏。由是搏击豪强，莫不震栗。京师号为“卧虎”。歌之曰：“枹鼓不鸣董少平[10]。”

董宣时为洛阳令，面对皇帝的旨意，他宁死不屈，刚正不阿，以手据地决不磕头认错，从而得名“强项令”。

[注释]

[1] 湖阳公主：光武帝刘秀的姐姐刘黄。苍头：奴仆。汉代的奴仆用深青色巾裹头，故有此称。 [2] 骖（cān）乘：乘车时坐在车右，即陪乘。 [3] 夏门亭：指洛阳北门外的万寿亭，故址在今白马寺一带。 [4] 叩马：勒住马。叩，通“扣”。 [5] 大言：高声地说。 [6] 箠杀：用棍棒打死。 [7] 楹：厅堂前的柱子。 [8] 白衣：平民百姓。 [9] 臧亡匿死：窝藏犯罪逃亡的人，隐瞒杀人的罪行。臧，通“藏”。亡，犯罪逃亡的人。 [10] 枹（fú）鼓不鸣董少平：此指官衙前告状鸣冤之鼓。董宣衙门前枹鼓不响，说明董宣执法严明，无人鸣冤。枹鼓，警鼓。

在县五年。年七十四，卒于官。诏遣使者临视，唯见布被覆尸，妻子对哭，有大麦数斛、敝车一乘。帝伤之，曰：“董宣廉絜，死乃知之！”以宣尝为二千石，赐艾绶[1]，葬以大夫礼。拜子并为郎中[2]，后官至齐相。

董宣虽然行政手段过于残酷，但也有廉洁奉公的一面。

[注释]

[1] 艾绶：系印纽的绿色丝带。汉代，郡太守等二千石官员所佩戴的印绶，为银印绿绶。 [2] 郎中：官名。给事官中，管理车骑门户，内充侍卫，外从征发，秩比三百石。

[点评]

所谓酷吏，即用残酷的方法进行统治的官吏。《后汉书·酷吏列传》主要记录七人：董宣、樊晔、李章、周紆、黄昌、阳球、王吉。其中《董宣传》写董宣执法严厉而有威信，令贼匪闻风丧胆，在一定程度上减少了动乱的发生，对扼制权贵、打击豪强势力也发挥了一定的作用。“强项令”三字直将董宣廉洁奉公、宁死不屈的形象刻入人心。

范晔将董宣列入“酷吏”，历史上曾有异议。如史珥《后汉书勦说》引“诏遣使者临视，唯见布被覆尸”之文，以为“诏使临视，且有廉洁之褒，培植激励乃尔，守令安得不贤？第清劲如董少平而蔚宗传诸《酷吏》，是即蔚宗之酷也”。牛运震《读史纠谬》也认为“董宣执法奉职，可谓直臣，列入《酷吏传》似有所枉”。但我们根据《酷吏列传》序言，可知范晔对“酷吏”的评判准则是“临民之职，专事威断，族灭奸轨，先行后闻。肆情刚烈，成其不桡之威”“为穷怒之所迁及者，亦何可胜言”，董宣处理公孙丹族人时，仅仅担忧其交往海贼，就赶尽杀绝，不免过于残酷，董宣的行为符合范晔关于“酷吏”之评判标准。史珥等谓董宣清劲廉洁，是名副其实的，但这并不能掩盖、抵消他执法的专横、暴虐。很多事情，其结果尽管大快人心，但方式、方法过于残酷，也是不可取的。范晔赞语谓“去杀由仁，济宽非虐。末暴虽胜，崇本或略”，说明以暴制暴只是舍本逐末的做法。范晔之言值得深思。

本篇选自《后汉书·宦者列传》。范晔在《宦者列传》序与论中对宦官制度的发展变化及其影响进行了概述。

宦者列传（序、论）

《易》曰：“天垂象，圣人则之[1]。”宦者四星[2]，在皇位之侧[3]，故《周礼》置官，亦备其数。阍者守中门之禁[4]，寺人掌女宫之戒[5]。又云“王之正内者五人[6]”。《月令》[7]：“仲冬，命阉尹审门闾，谨房室。”《诗》之《小雅》，亦有《巷伯》刺谗之篇[8]。然宦人之在王朝者，其来旧矣。将以其体非全气[9]，情志专良[10]，通关中人[11]，易以役养乎[12]？然而后世因之，才任稍广[13]。其能者，则勃貂、管苏有功于楚、晋[14]，景监、缪贤著庸于秦、赵[15]。及其敝也，则竖刁乱齐[16]，伊戾祸宋[17]。

以上介绍宦官制度形成的历史。

［注释］

[1]“《易》曰”二句：见《周易·系辞上》：“天生神物，圣人则之；天地变化，圣人效之；天垂象，见吉凶，圣人象之。”垂象，显示征兆。则，效法。 [2]宦者：古星名。 [3]皇位：即帝座星。 [4]阍（hūn）者：王宫内的守门人。《周礼·天官》曰：“阍人，掌守王宫中门之禁。”郑玄注云：“中门，于外内为中也，若今宫阙门。” [5]寺人：即阉官。《周礼·天官》曰：“寺人，掌王之内人及女宫之戒命”也。 [6]正内：皇后的路寝。《周礼·天

官・序官》:“寺人，王之正内五人。”郑玄注:“正内，路寝。”贾公彦疏:“正内五人者，谓在后之路寝耳。若王之路寝，不得称内；以后宫，故以内言之。”路寝，古代天子、诸侯的正厅。此指皇后的正厅。 [7]《月令》:《礼记》中的一篇。郑玄注《月令》云:“奄尹，主领奄竖之官者也。于周则为内宰，掌理王之内政、宫令，诫出入开闭之属也。” [8]《巷伯》:《毛诗序》曰:“《巷伯》，刺幽王也。寺人伤于谗，故作是诗也。”毛苌注云:“巷伯，内之小臣也。” [9] 体非全气：身体残缺。指没有生殖器。 [10] 情志专良：指没有庞杂情欲。 [11] 通关：接触。中人：宫内人。 [12] 役养：使唤，管理。 [13] 才任：论才任职。 [14] 勃貂：即寺人披，春秋时晋国宦者。《左传・僖公二十四年》载，吕甥、郤芮想烧掉皇宫，杀晋文公。寺人披把情况报告给晋文公，使他得以免难。管苏：春秋时楚国宦官。《新序・杂事》载，管苏常谏楚共王讲道义，以礼治国，使之受益。 [15] 景监：战国时秦孝公的宠臣，向孝公推荐商鞅。缪贤：战国时赵国的宦者令，推荐蔺相如出使秦国。两者皆见《史记》。庸：功也。 [16] 竖刁：春秋时齐国宦者，齐桓公死后，诛杀群吏，立公子无亏，酿成变乱。事见《左传》。 [17] 伊戾：春秋时宋国宦者，陷害宋国太子致死。事见《左传》。

汉兴，仍袭秦制，置中常侍官[1]。然亦引用士人，以参其选，皆银珰左貂[2]，给事殿省[3]。及高后称制[4]，乃以张卿为大谒者[5]，出入卧内，受宣诏命。文帝时，有赵谈、北宫伯子[6]，颇见亲幸。至于孝武，亦爱李延年[7]。帝数宴后庭，或潜游离馆[8]，故请奏机事，多以宦人主之。至以上写宦官制度在西汉的发展沿革。

元帝之世，史游为黄门令[9]，勤心纳忠，有所补益。其后弘恭、石显以佞险自进[10]，卒有萧、周之祸[11]，损秽帝德焉。

［注释］

[1] 中常侍：宦官官职名。秦制，掌管出入宫廷侍从皇帝，或用宦官或用士人，汉初仍袭秦制，到东汉时专用宦官，来传达诏令和掌管文书。 [2] 珰、貂：都是冠上的饰物。银珰，银质，在冠前。左貂，以貂尾装饰于冠左。 [3] 给事：供事。殿省：宫廷与台省。 [4] 高后：汉高祖后吕雉，惠帝母，惠帝死后，临朝称制。称制：代行天子的权力。 [5] 张卿：名释，“卿”为美称，吕后的宠臣。谒者：宦官官职名，掌管传达等事，其长者称大谒者。 [6] 赵谈：汉文帝宠爱的宦官，出入与汉文帝同车。北宫伯子：汉文帝宠爱的宦官，以恭谨厚道得宠。 [7] 李延年：汉武帝时宦官，武帝宠妃李夫人之兄，善歌舞，能作新声，被封为乐府协律都尉。 [8] 离馆：离宫别馆。帝王在正式宫殿之外别筑的宫室。 [9] 史游：汉元帝时宦者，作字书《急就章》。黄门令：宦官职名。 [10] 弘恭：汉宣帝时，任中书令，长期在内朝专权，排挤异己，汉元帝时病死。石显：汉宣帝时任中书仆射，与弘恭结为死党，弘恭死后任中书令，专权。佞险：巧言谄媚，做阴险之事。 [11] 萧、周之祸：萧，指萧望之；周，指周堪。二人皆宣帝、元帝时大臣。萧、周二人曾向元帝进言，建议不要让宦者担任中书令，宜更选贤明任之。是以得罪当时中书令弘恭、石显。后萧、周二人受弘、石陷害，萧望之自杀，周堪废锢不能复用。

中兴之初，宦官悉用阉人，不复杂调它士。至永平中，始置员数，中常侍四人，小黄门十人。和帝即祚幼弱[1]，而窦宪兄弟专总权威，内外臣僚，莫由亲接，所与居者，唯阉宦而已。故郑众得专谋禁中[2]，终除大憝[3]，遂享分土之封[4]，超登宫卿之位[5]。于是中官始盛焉。

东汉建国以后，内廷近侍体制发生变化，致使君王与外臣联系减少，加剧了帝王对宦官的依赖，宦官权力也愈加膨胀。

［注释］

[1] 即祚：即皇帝之位。 [2] 郑众：和帝时宦官，不依附外戚而受和帝宠信，时窦宪专权，欲谋不轨，郑众主谋诛灭窦氏，升任为大长秋，封鄛乡侯。 [3] 大憝（duì）：大奸恶，此指窦宪。 [4] 分土之封：分封土地，指郑众被封为鄛乡侯，食邑千五百户。 [5] 超登：破格提升。宫卿：总管宫内事务的高级官员，指大长秋。

东汉中后期，皇帝年幼，母后临朝，外戚专权，幼帝成年后要收回权柄，只能依靠朝夕相处的宦官。于是，宦官得以全面干预朝政。

自明帝以后，迄乎延平[1]，委用渐大，而其员稍增，中常侍至有十人，小黄门二十人，改以金珰右貂，兼领卿署之职[2]。邓后以女主临政[3]，而万机殷远[4]，朝臣国议，无由参断帷幄[5]，称制下令，不出房闱之间[6]，不得不委用刑人，寄之国命。手握王爵，口含天宪[7]，非复掖庭永巷之职[8]，闺牖房闼之任也[9]。其后孙程定立顺之功[10]，曹腾参建桓之策[11]，续以五侯合谋[12]，梁冀受钺[13]，迹因公正，恩固主心，故中外服从，上下屏气。或称伊、霍之勋[14]，无谢于往载；或谓良、平之画[15]，复兴于当今。虽时有忠公，而竟见排斥。举动回山海，呼吸变霜露。阿旨曲求，则光宠三族[16]；直情忤意，则参夷五宗[17]。汉之纲纪大乱矣。

以上写宦官制度在东汉的发展沿革以及宦官兴盛的原因、影响。

［注释］

[1] 延平：东汉殇帝刘隆的年号，公元106年。 [2] 卿署：九卿的官署。 [3] 邓后：和帝皇后邓绥。和帝死后，殇帝、安帝时，她以太后身份临朝听政，前后长达十六年。 [4] 万机：万事之微。后指天子治理万事为万机。殷远：繁多而深远。 [5] 帷幄：帐幕，指宫内。 [6] 闱：宫中之门谓之闱。 [7] 天宪：王法。 [8] 掖庭、永巷：宫中官署名。主要掌管后宫人事，秦代名永巷，汉武帝太初元年改为掖庭。东汉分为二，设掖庭令、永巷令。 [9] 牖（yǒu）：窗户。闼：宫中小门。 [10] 孙程：安帝时为中黄门。安帝死后，他与中黄门王康等谋划，拥立济阴王刘保称帝，是为顺帝，并诛灭外戚阎显，封为浮阳侯。 [11] 曹腾：质帝死后，曹腾鼓动梁冀拥立刘志为帝，是为桓帝，因参与定策有功，被封为费亭侯。 [12] 五侯：指桓帝所封五位侯爵，即宦者单超、徐璜、具瑗、左悺、唐衡。 [13] 受钺（yuè）：被诛杀。钺，大斧。 [14] 伊：伊尹，商汤开国功臣。汤死，孙太甲即位。太甲荒政，被伊尹流放。后太甲悔过，伊尹迎其复

位。霍：霍光，受汉武帝遗诏辅佐昭帝，昭帝死，迎立昌邑王刘贺，贺荒淫被废弃，又迎立宣帝。 [15] 良、平：指张良、陈平，都是汉初辅佐大臣，有智谋。 [16] 三族：指父族、母族、妻族。 [17] 参夷：夷三族。参，同叁。夷，灭。五宗：五服内的亲故。

若夫高冠长剑，纡朱怀金者[1]，布满宫闱；苴茅分虎[2]，南面臣人者，盖以十数。府署第馆，棋列于都鄙[3]；子弟支附[4]，过半于州国。南金、和宝、冰纨、雾縠之积[5]，盈仞珍臧[6]；嫱媛、侍儿、歌童、舞女之玩，充备绮室。狗马饰雕文[7]，土木被缇绣[8]。皆剥割萌黎[9]，竞恣奢欲。构害明贤，专树党类。其有更相援引，希附权强者，皆腐身熏子[10]，以自衒达[11]。同敝相济[12]，故其徒有繁，败国蠹政之事，不可单书[13]。所以海内嗟毒[14]，志士穷栖[15]，寇剧缘间[16]，摇乱区夏[17]。虽忠良怀愤，时或奋发，而言出祸从，旋见孥戮[18]。因复大考钩党[19]，转相诬染。凡称善士，莫不离被灾毒[20]。窦武、何进[21]，位崇戚近，乘九服之嚣怨[22]，协群英之势力，而以疑留不断，至于殄败。斯亦运之极乎！虽袁绍以上写东汉宦官人数之众、权势之大、危害之深、结局之惨。

李景星《后汉书评议》曰："西汉之亡也，以外戚；东汉之亡也，以阉竖。范蔚宗于此有深痛焉，故易马、班'佞幸'之名而为《宦者传》。开首一序，于宦者之所由来及其败坏国家之情状，述说详明，而用笔十分恣肆，令读者且骇且怒，发欲上指。"

龚行[23]，芟夷无余，然以暴易乱，亦何云及！自曹腾说梁冀，竟立昏弱[24]。魏武因之[25]，遂迁龟鼎[26]。所谓"君以此始，必以此终[27]"，信乎其然矣！

[注释]

[1]纡朱怀金：指官位高。纡（yū），系。朱，朱绂，系官印的红色丝带。金，金印。 [2]苴（jū）茅：古代帝王分封诸侯时，用该方颜色的泥土，覆以黄土，包以白茅，授予受封者，作为分封土地的象征。苴，包裹。分虎：将虎状符节的一半给受封者作为信物。谓授与官爵。 [3]都：都城。鄙：郊野，京城以外的地区。 [4]支附：支族及依附的人。 [5]南金：南方所产之金。和宝：和氏璧，指珍宝。冰纨：洁白的丝织品。雾縠（hú）：薄雾般的轻纱。縠，轻纱。 [6]盈仞：充满。珍臧：宝库。臧，同"藏"。 [7]雕文：雕饰精美的彩绘。文，同"纹"。 [8]缇（tí）：指赤色缯。 [9]萌黎：百姓。 [10]腐身熏子：自我腐熏，或腐熏自己的孩子，来充任宦官。古者腐刑必熏合之。 [11]衒（xuàn）达：显贵。 [12]同敝：同恶。 [13]单：通"殚"，尽。 [14]嗟毒：慨叹怨恨。 [15]穷栖：指处在不得志之中。 [16]缘间：乘间隙而起。 [17]区夏：诸夏的区域，指中原或中国。 [18]孥戮：诛及子孙。泛指杀戮。 [19]钩党：指李膺、杜密等。 [20]离：通"罹"，遭。 [21]窦武：桓帝皇后的父亲，灵帝时为大将军，谋诛宦官未成反被杀。何进：灵帝皇后兄，为大将军，灵帝死后谋诛宦官，后事泄被杀。 [22]九服：指服事于王朝的各方地区，从都城郊区之外算起，由近及远，有侯服、甸服等九个等级，见

《周礼·夏官》。 [23] 袁绍：字本初，灵帝时为佐军校尉，与何进谋诛宦官，何进被杀后，袁绍率军诛尽宦官，后招来董卓之祸。龚行：恭行天罚。 [24] 昏弱：指桓帝。 [25] 魏武：指曹操。曹操在世时，并未自立为帝，死后，其子曹丕建立魏，追谥曹操为武皇帝。 [26] 迁龟鼎：指改朝换代。龟鼎，国之重器，以喻帝位。 [27] 君以此始，必以此终：语出《左传》，意指汉朝开始宠用宦官，最后终为宦官所灭。

论曰：自古丧大业绝宗禋者[1]，其所渐有由矣。三代以嬖色取祸[2]，嬴氏以奢虐致灾[3]，西京自外戚失祚，东都缘阉尹倾国。成败之来，先史商之久矣。至于衅起宦夫，其略犹或可言。何者？刑余之丑，理谢全生，声荣无晖于门阀，肌肤莫传于来体，推情未鉴其敝，即事易以取信，加渐染朝事，颇识典物，故少主凭谨旧之庸，女君资出内之命，顾访无猜惮之心，恩狎有可悦之色。亦有忠厚平端，怀术纠邪[4]；或敏才给对，饰巧乱实[5]；或借誉贞良，先时荐誉[6]。非直苟恣凶德，止于暴横而已。然真邪并行，情貌相越[7]，故能回惑昏幼，迷瞀视听[8]，盖亦有其理焉。诈利既滋，朋徒日广，直臣抗议，必漏先言之间[9]，至戚发愤[10]，方启专夺之隙，斯忠贤所以智屈，社稷故其为墟。《易》曰：“履霜坚冰至[11]。”云所从来久矣。今迹其所以，亦岂一朝一夕哉！

说明东汉宦官乱国并非一朝一夕形成的，强调要防微杜渐。

[注释]

[1] 宗禋：宗祀，祭祀祖宗。禋，祭祀。 [2] 三代以嬖色取祸：夏、商、周末代君主分别以宠爱妹喜、妲己、褒姒而亡国。 [3] 嬴氏：秦始皇，嬴姓。 [4] 亦有忠厚平端，怀术纠邪：谓吕强。吕强，字汉盛，河南成皋人。少以宦者为小黄门，再迁中常侍。为人清忠奉公。中平元年，黄巾起义，灵帝问强所宜施行。强欲先诛左右贪浊者，大赦党人，料简刺史、二千石能否。帝纳之。 [5] 或敏才给对，饰巧乱实：若良贺对顺帝不举人。《后汉书·宦者列传》：“阳嘉中，诏九卿举武猛，贺独无所荐。帝引问其故，对曰：‘臣生自草茅，长于宫掖，既无知人之明，又未尝交知士类。昔卫鞅因景监以见，有识知其不终。今得臣举者，匪荣伊辱。’” [6] 或借誉贞良，先时荐誉：曹腾推荐边韶、延固等人。 [7] 情貌相越：谓貌虽似忠而情实奸邪。越，违。 [8] 瞀（mào）：乱。 [9] 必漏先言之间：指蔡邕对诏，被王甫、曹节偷看到，宣布于外，致使蔡邕下狱。 [10] 至戚发愤：指窦武谋诛宦官，反被宦官所杀。 [11] 履霜坚冰至：《周易·坤卦》曰：“非一朝一夕之故，其所由来者渐矣，由辩之不早辩也。《易》曰：‘履霜坚冰至。’盖言顺也。”言初履霜而坚冰至者，以喻物渐而至大也。

[点评]

外戚干政和宦官专权是东汉历史上的重大事件，对东汉政治发展及时局走向产生了深远影响。《宦者列传》“序”与“论”就宦官政治的兴灭与祸福进行了清晰的勾勒。东汉宦官败国蠹政之事罄竹难书，其对朝政的横加干涉、对党人的肆意杀伐，现在读来依旧令人痛心疾首。东汉的宦官已经成为当时政治肌体上的一颗毒瘤，加速了东汉王朝的衰亡。本篇序、论是范晔对宦官政治的教训总结，但历朝历代君主专制的政治体制又导致它无法完全消除这一潜在隐患，所以东汉以后因宦官掌权而造成“忠贤所以智屈，社稷故其为墟”的现象也屡见不鲜。

当然，东汉的宦官亦有忠邪之分，他们当中也有贤者，如郑众一心王室，与皇帝谋诛外戚窦氏；蔡伦谨慎敏捷，匡弼得失，监作器械，莫不精工，校雠经传，发明“蔡侯纸”；吕强尽忠奉公，奏劾时弊，说服皇帝赦宥党人等等，因此，应辩证地看待东汉的宦官群体。

《后汉书》虽然是一部断代史，但范晔对历史的评论却往往能够追根溯源，贯穿古今，叙述兴衰成败之由，总结历史经验教训。如在本篇序文中，范晔引《周易》《周礼》《诗经》等经典，叙述宦官的由来，既而说到宦官制度在两汉的发展变化。在论中，范晔从夏商周三朝“以嬖色取祸”说起，论及秦始皇因“奢虐致灾”，再到西汉的“自外戚失祚”，最后颇为详细地阐释了东汉“缘阉尹倾国”的情况。可以说，此篇序论是一篇宦官小史及其利害综论。又如在《循吏列传·序》中，范晔充分认识到帝王垂范作用对吏治的影响，故而花费较大篇幅称赞光武帝“广求民瘼，观纳风谣”，“勤约之风，行于上下”，所以有杜诗、任延、锡光等绩用彰著的循吏。再如《酷吏列传》，范晔在“序”中指出汉代承袭战国余烈，“多豪猾之民”，其“临民之职，专事威断”。酷吏“揣挫强势，摧勒公卿”的执法精神虽然“亦为壮也”，但手段往往过于残酷，所以范晔在赞语中又说“末暴虽胜，崇本或略”，表达了自己对酷吏政治的辩证认识。总而言之，《后汉书》的这些史论，集中反映了范晔对政治统治的见解、对家国盛衰的关注，展现了其进步的、积极的历史观。

本篇选自《后汉书·宦者列传》。《张让传》虽以“张让”名篇，实际再现了桓、灵之世宦官乱政的图景。

张让列传

张让者，颍川人[1]；赵忠者，安平人也[2]。少皆给事省中[3]，桓帝时为小黄门。忠以与诛梁冀功封都乡侯。延熹八年，黜为关内侯，食本县租千斛。

[注释]

[1] 颍川：今河南禹县。 [2] 安平：今河北安平县。 [3] 给事省中：即在宫廷中做事。

灵帝时，让、忠并迁中常侍、封列侯，与曹节、王甫等相为表里[1]。节死后，忠领大长秋[2]。让有监奴典任家事，交通货赂[3]，威形喧赫。扶风人孟佗，资产饶赡，与奴朋结，倾谒馈问[4]，无所遗爱[5]。奴咸德之。问佗曰："君何所欲？力能办也。"曰："吾望汝曹为我一拜耳[6]。"时宾客求谒让者，车恒数百千两，佗时诣让，后至，不得进，监奴乃率诸仓头迎拜于路[7]，遂共舆车入门。宾客咸惊，谓佗善于让，皆争以珍玩赂之。佗分以遗让，让大喜，遂以佗为凉州刺史。

史珥《后汉书勦说》云："以赂致拜，孟佗作略，远胜竹篱吠犬。"

王夫之《读通鉴论》说："乱政不一，至于卖官，而未有不亡者也，国纪尽，民之生理亦尽也……卖官之令行，则富者探囊而得，狡者称贷以营，旦市井而夕庙堂。然则天子者，亦何不可以意计营求于天而倖获之也？而立国之纪，扫地而无余。"张让之行与卖官鬻爵无异，其蠹国之罪甚大。

［注释］

[1] 相为表里：相互呼应、配合。 [2] 大长秋：长秋宫是汉朝皇后的住所。大长秋是皇后所用的官属的负责人，一般由宦官担任。 [3] 交通货赂：交结贿赂。 [4] 倾谒馈问：巴结逢迎，用财物贿赂。 [5] 无所遗爱：对自己所爱的东西都不保留。 [6] 汝曹：你们。 [7] 仓头：奴仆下人。

是时，让、忠及夏恽、郭胜、孙璋、毕岚、栗嵩、段珪、高望、张恭、韩悝、宋典十二人皆为中常侍，封侯贵宠，父兄子弟布列州郡，所在贪残，为人蠹害[1]。黄巾既作，盗贼糜沸[2]。郎中中山张钧上书曰："窃惟张角所以能兴兵作乱，万人所以乐附之者，其源皆由十常侍多放父兄、子弟、婚亲、宾客典据州郡，辜榷财利[3]，侵掠百姓，百姓之冤无所告诉，故谋议不轨，聚为盗贼。宜斩十常侍，县头南郊[4]，以谢百姓，又遣使者布告天下，可不须师旅，而大寇自消。”天子以钧章示让等，皆免冠徒跣顿首[5]，乞自致洛阳诏狱[6]，并出家财以助军费。有诏皆冠履视事如故。帝怒钧曰：“此真狂子也！十常侍固当有一人善者不？”钧复重上，犹如前章，辄寝不报。诏使廷尉、侍御史考为张角道者[7]，御史承让等旨，遂诬奏钧学黄巾道，收掠死狱中。而让等实多与张角交通。后中常侍封谞、徐奉事独发觉坐诛，帝因怒诘让等曰：“汝曹常言党人欲为不轨，皆令禁锢，或有伏诛。今党人更为国用，汝曹反与张角通，为可斩未？”皆叩头云：“故中常侍王甫、侯览所为。”帝乃止。

《后汉书·王允传》载：“允少好大节……于贼中得中常侍张让宾客书疏，与黄巾交通，允具发其奸，以状闻。灵帝责怒让，让叩头陈谢，竟不能罪之。而让怀协忿怨，以事中允。明年，遂传下狱。”

[注释]

[1] 蠹（dù）害：残害。 [2] 糜沸：如粥在锅中沸腾，比喻世事混乱。 [3] 辜榷（què）：专卖，垄断。 [4] 县：通“悬”。 [5] 徒跣：赤着脚。 [6] 诏狱：奉皇帝命令拘禁犯人的监狱。 [7] 张角道：指张角主张的太平道。

明年，南宫灾[1]，让、忠等说帝令敛天下田亩税十钱，以修宫室。发太原、河东、狄道诸郡材木及文石[2]。每州郡部送至京师，黄门常侍辄令谴呵不中者[3]，因强折贱买，十分雇一，因复货之于宦官，复不为即受[4]，材木遂至腐积，宫室连年不成。刺史、太守复增私调[5]，百姓呼嗟[6]。凡诏所征求，皆令西园驺密约敕[7]，号曰“中使”，恐动州郡，多受赇赂[8]。刺史、二千石及茂才、孝廉迁除[9]，皆责助军修宫钱，大郡至二三千万，余各有差。当之官者，皆先至西园谐价[10]，然后得去。有钱不毕者，或至自杀。其守清者，乞不之官，皆迫遣之。

[注释]

[1]南宫灾：南宫发生火灾。 [2]文石：美好的石头。文，同“纹”。 [3]谴呵不中者：责骂那些运来不合用的木石的人。谴呵，责骂；中，符合标准。 [4]“因强折贱买”四句：从而强迫折价，十成只估值一成。复卖与宦官，而宦官又故意刁难不即时收购。雇，付给报酬。 [5]私调：私自增加征调，纳入私囊。 [6]呼嗟：呼号哀叹。 [7]驺：侍从骑士。密约敕：秘密带着敕令。 [8]赇（qiú）赂：贿赂。 [9]茂才、孝廉：皆为汉代察举科目。被察举为茂才者，多任地方县令；被察举为孝廉者，多为郎官。迁：升官。除：任命官职。 [10]谐价：议价。

时巨鹿太守河内司马直新除[1]，以有清名，减责三百万。直被诏，怅然曰："为民父母，而反割剥百姓，以称时求，吾不忍也！"辞疾，不听。行至孟津，上书极陈当世之失，古今祸败之戒，即吞药自杀。书奏，帝为暂绝修宫钱。

[注释]

[1] 新除：刚刚调任为官。

又造万金堂于西园，引司农金钱缯帛，仞积其中[1]。又还河间买田宅[2]，起第观。帝本侯家，宿贫，每叹桓帝不能作家居[3]，故聚为私臧，复寄小黄门常侍钱各数千万。常云："张常侍是我公，赵常侍是我母。"宦官得志，无所惮畏，并起第宅，拟则宫室。帝常登永安候台[4]，宦官恐其望见居处，乃使中大人尚但谏曰[5]："天子不当登高，登高则百姓虚散。"自是不敢复升台榭[6]。

荒诞至极。

[注释]

[1] 仞积：堆满。　[2] 又还河间买田宅：灵帝本是袭封河间解

渎亭侯的，河间是他的家乡。故云“又还”。 [3] 作家居：搞好家业。 [4] 永安：宫名。候台：测望星辰的高台。 [5] 中大人：宫中耆宿的称号。 [6] 自是不敢复升台榭：汉代纬书《春秋潜潭巴》曰：“天子无高台榭，高台榭，则下畔之。”尚但以此语诳帝。

明年，遂使钩盾令宋典缮修南宫玉堂。又使掖庭令毕岚铸铜人四列于仓龙、玄武阙[1]。又铸四钟，皆受二千斛，县于玉堂及云台殿前。又铸天禄虾蟆[2]，吐水于平门外桥东，转水入宫。又作翻车渴乌[3]，施于桥西，用洒南北郊路，以省百姓洒道之费。又铸四出文钱，钱皆四道[4]。识者窃言侈虐已甚，形象兆见[5]，此钱成，必四道而去。及京师大乱，钱果流布四海。复以忠为车骑将军，百余日罢。

史珥《后汉书勦说》云：“帝亦有恤民意乎？第不知翻车渴乌之费，视洒道何如耳？”

［注释］

[1] 仓龙：东阙。玄武：北阙。 [2] 天禄：传说中的兽。汉代多雕刻成形以避邪，谓能祓除不祥，永绥百禄，故称为“天禄”。 [3] 翻车：引水的车，即龙骨水车。翻车是我国古代最著名的农业灌溉机械之一。渴乌：吸水上行的曲筒。 [4] 四道：有四道连于边轮。 [5] 形象：天将要加罚于人时所见的象征。

六年，帝崩。中军校尉袁绍说大将军何进，

令诛中官以悦天下。谋泄，让、忠等因进入省，遂共杀进。而绍勒兵斩忠，捕宦官无少长悉斩之。让等数十人劫质天子走河上。追急，让等悲哭，辞曰：“臣等殄灭，天下乱矣。惟陛下自爱！”皆投河而死。

［点评］

《后汉书·宦者列传》主要著录九人：郑众、蔡伦、孙程、曹腾、单超、侯览、曹节、吕强、张让。《张让传》将皇帝的庸怠无能和宦官的作恶多端展露殆尽。该传以张让为名，实际是从微观视角展现了汉末宦官群相及其乱政现象，东汉的宦官祸国于此传可见大略。《董卓传》载：“中常侍张让等窃幸承宠，浊乱海内。臣闻扬汤止沸，莫若去薪；溃癰虽痛，胜于内食。”张让等宦官的乱政误国，为董卓提供了可乘之机。董卓借着“以逐君侧之恶人”的理由，由西北边邑趋近长安王庭，横行专断，无所不为，加快了东汉的灭亡。范晔赞语云：“任失无小，过用则违。”用人方面的失误绝不是小问题，过分重用就会出现大患，为政者不可不戒。

本篇节选自《后汉书·儒林列传》。李景星《后汉书评议》曰：“儒林相承，本是一脉，故范氏作《儒林传》亦承《前书》而为之，传亦分上下二卷。开首一序，直从王莽之乱说起，以下详述中兴以后事，正见儒林绝续之由。传儒林诸人，皆用《前书》提纲，并以各经分领次第，最为清楚。”

儒林列传（序、论）

昔王莽、更始之际，天下散乱，礼乐分崩，

典文残落。及光武中兴，爱好经术[1]，未及下车[2]，而先访儒雅[3]，采求阙文[4]，补缀漏逸[5]。先是四方学士多怀协图书[6]，遁逃林薮[7]。自是莫不抱负坟策[8]，云会京师，范升、陈元、郑兴、杜林、卫宏、刘昆、桓荣之徒，继踵而集[9]。于是立五经博士[10]，各以家法教授[11]，《易》有施、孟、梁丘、京氏[12]，《尚书》欧阳、大小夏侯[13]，《诗》齐、鲁、韩[14]，《礼》大小戴[15]，《春秋》严、颜[16]，凡十四博士，太常差次总领焉[17]。

以上写光武帝即位后对儒学的重视。

[注释]

[1] 经术：经学儒术。 [2] 下车：皇帝即位或官吏到任称为“下车”。 [3] 儒雅：博学的儒者。 [4] 阙文：存疑不书或脱漏的文字。 [5] 漏：脱漏。逸：散失。 [6] 怀协：携带；包藏。图书：舆图与典籍。 [7] 林薮：山林和泽薮。指山间隐居的地方。 [8] 抱负：此处用作动词，指手抱肩负。坟策：古代典籍。 [9] 继踵而集：指人们前脚跟着后脚，接连不断地聚集。形容来者很多。踵，脚后跟。 [10] 五经博士：官名。汉武帝用公孙弘的建议，设立五经博士，专掌经学传授，为太常属官。五经指《诗》《书》《礼》《易》《春秋》。 [11] 家法：汉初儒家传授经学，都由口授，数传之后，句读义训互有歧异，乃分为各家。师所传授，弟子一字不能改变，界限甚严，称为家法。 [12] 施：施雠，字长卿，沛（今

江苏沛县东）人。西汉今文《易》学“施氏学”的开创者。孟：孟喜，字长卿，东汉兰陵（今山东苍山西南兰陵镇）人。西汉今文《易》学“孟氏学”的开创者。梁丘：梁丘贺，字长翁，琅邪诸（今山东诸城）人。西汉今文《易》学“梁丘学”的开创者。京氏：京房。本姓李，字君明，东郡顿丘（今河南浚县北）人。西汉今文《易》学“京氏学”的开创者。 [13] 欧阳：欧阳生，名容，字和伯，千乘（郡治在今山东高青东）人。西汉今文《尚书》学“欧阳学”的开创者。大夏侯：夏侯胜，字长公，东平（今属山东）人。西汉今文《尚书》学“大夏侯学”的开创者。小夏侯：夏侯建，字长卿，东平人，夏侯胜之族侄。西汉今文《尚书》学“小夏侯学”的开创者。 [14] 齐：汉初，今文《诗》有齐、鲁、韩三家。齐人辕固生传“齐诗”，景帝时立为博士。鲁：“鲁诗”由汉初鲁人申公（名培，或称申培公）所传，文帝时立为博士，在三家诗中最为先出。韩：“韩诗”由汉初燕人韩婴所传，文帝时立为博士。 [15] 大戴：戴德，字延君。西汉今文《礼》学“大戴学”的开创者。小戴：戴圣，字次君，戴德之侄，世称“小戴”。西汉今文《礼》学“小戴学”的开创者。选集古代关于典章制度和礼仪的论述，编成《小戴礼记》，凡四十九篇，即今本《礼记》。 [16] 严：严彭祖，字公子，东海下邳（今江苏邳州）人。西汉今文《春秋》学“严氏学”的开创者。颜：颜安乐，字公孙，鲁国薛（今山东滕县东南）人。西汉今文《春秋》学“颜氏学”的开创者。 [17] 太常：官名。秦置奉常，汉景帝六年更名太常，掌宗庙礼仪，兼掌选试博士。历代因之，则为专掌祭祀礼乐之官。差次：分别等级次序。

建武五年，乃修起太学，稽式古典[1]，笾豆干戚之容[2]，备之于列，服方领习矩步者[3]，委它乎其中[4]。中元元年，初建三雍[5]。明帝即位，亲行其礼。天子始冠通天[6]，衣日月[7]，备法物之驾[8]，盛清道之仪[9]，坐明堂而朝群后[10]，登灵台以望云物[11]，袒割辟雍之上[12]，尊养三老五更[13]。飨射礼毕[14]，帝正坐自讲，诸儒执经问难于前，冠带缙绅之人[15]，圜桥门而观听者盖亿万计[16]。其后复为功臣子孙、四姓末属别立校舍[17]，搜选高能以受其业，自期门羽林之士[18]，悉令通《孝经》章句，匈奴亦遣子入学[19]。济济乎[20]，洋洋乎[21]，盛于永平矣！

以上写明帝朝儒学的进一步发展。

［注释］

[1] 稽式：取法。 [2] 笾（biān）豆：古代祭祀用的礼器。笾为竹制，豆为木制。干戚：盾和斧。周代雅舞分文舞、武舞。文舞是歌颂本朝文德的舞蹈，武舞是歌颂本朝武功的舞蹈。武舞时舞者手执朱干和玉戚，故干戚之容，指祭祀时武舞之容。 [3] 方领：直衣领，儒生的装束，亦用作儒生的代称。矩步：步履规矩合度。 [4] 委它：同“委佗”，雍容自得貌；动止有仪貌。 [5] 三雍：辟（bì）雍（官学）、明堂（宣明政教之处）、灵台（观测气象之所），合称为“三雍”，是封建帝王举行祭祀、典礼的场所。 [6] 通天：冠名。天子之冠，高九寸，黑介帻，金薄山。凡郊祀、朝贺、宴会，天子皆戴此冠。 [7] 衣日月：皇帝身穿绘有日月星辰纹饰

的衣服。 [8] 备法物之驾：胡广《汉制度》曰："天子出，有大驾、法驾、小驾。大驾则公卿奉引，大将军骖乘，太仆御，属车八十一乘，备千乘万骑。法驾，公不在卤簿，唯河南尹、执金吾、洛阳令奉引，侍中骖乘，奉车郎御，属车三十六乘。小驾，太仆奉驾，侍御史整车骑。"法物，指宗庙乐器、车驾、卤簿等器物。 [9] 清道：帝王及大臣出行，驱逐行人，清除道路。 [10] 群后：指各诸侯国国王。 [11] 云物：天象云气之色。 [12] 袒割：天子袒衣，亲自切割牲口，为古代敬老、养老之礼。 [13] 三老五更：古代设三老五更之位，以尊养老人。 [14] 飨射：古礼仪名。《周礼·春官·司服》注："飨射，飨食宾客，与诸侯射也。" [15] 缙绅：插笏于带间。缙，插。绅，大带。笏，朝会时所执手板。古代仕宦者垂绅缙笏，因称士大夫为缙绅。 [16] 圜桥门：《汉官仪》曰："辟雍四门外有水，以节观者。"门外皆有桥，观者水外，故云圜桥门。圜，围绕。 [17] 四姓：指东汉外戚樊、郭、阴、马四姓。末属：亲族。《明帝纪》：永平九年，为四姓子弟别立学校，置立经师。 [18] 期门：西汉武帝时，选陇西、天水、安定、北地、上郡、西河六郡的良家子弟能骑射者，组成"建章营骑"，保卫建章宫，及武帝微行，执兵护卫，期之于殿门，故称"期门"。属光禄勋。后改名"羽林骑"。羽林：东汉以后，禁卫军常有羽林之名，取"如羽之疾，如林之多"之意。 [19] 匈奴亦遣子入学：指匈奴遣伊秩訾王大车且渠来入就学。 [20] 济济：众多貌。 [21] 洋洋：美盛貌。

建初中，大会诸儒于白虎观[1]，考详同异，连月乃罢。肃宗亲临称制，如石渠故事[2]，顾命史臣[3]，著为通义。又诏高才生受《古文尚书》

《毛诗》《穀梁》《左氏春秋》[4]，虽不立学官[5]，然皆擢高第为讲郎[6]，给事近署[7]，所以网罗遗逸，博存众家。孝和亦数幸东观[8]，览阅书林。及邓后称制，学者颇懈。时樊准、徐防并陈敦学之宜[9]，又言儒职多非其人，于是制诏公卿妙简其选[10]，三署郎能通经术者，皆得察举。自安帝览政，薄于艺文[11]，博士倚席不讲[12]，朋徒相视怠散，学舍穨敝，鞠为园蔬[13]，牧儿荛竖[14]，至于薪刈其下。顺帝感翟酺之言，乃更修黉宇[15]，凡所造构二百四十房，千八百五十室。试明经下第补弟子[16]，增甲乙之科员各十人[17]，除郡国耆儒皆补郎、舍人[18]。本初元年，梁太后诏曰："大将军下至六百石，悉遣子就学，每岁辄于乡射月一飨会之[19]，以此为常。"自是游学增盛，至三万余生。然章句渐疏，而多以浮华相尚，儒者之风盖衰矣。党人既诛[20]，其高名善士多坐流废，后遂至忿争，更相言告，亦有私行金货，定兰台桼书经字[21]，以合其私文。熹平四年，灵帝乃诏诸儒正定五经，刊于石碑，为古文、篆、隶三体书法以相参检[22]，树之学门，以上写自章帝至灵帝时期儒学的兴衰。

使天下咸取则焉。

[注释]

[1] 白虎观：汉代宫观名。东汉章帝建初四年，在此会集群儒，讲议五经同异，用皇帝名义制成定论，名《白虎议奏》。 [2] 石渠故事：宣帝甘露三年，与诸儒韦玄成、梁丘贺等讲论五经异同于石渠阁。 [3] 顾命：《尚书·顾命》，“成王将崩，命召公、毕公率诸侯相康王，作《顾命》”。后以“顾命”谓临终遗命，多用以称帝王遗诏。 [4]《古文尚书》：汉初，伏生口传《尚书》二十九篇，用当时隶书写成，故称《今文尚书》。汉武帝时，在孔子故宅壁中发现《尚书》，比《今文尚书》多十六篇，因它用蝌蚪古文书写，故称《古文尚书》。《毛诗》：《诗》古文学派。相传为西汉初毛亨（大毛公）和毛苌（小毛公）所传。《穀梁》：即《春秋穀梁传》。为战国时鲁人穀梁赤所传。《左氏春秋》：即《左氏春秋传》或《左传》。旧传为春秋时鲁国人左丘明所作，他曾任鲁太史，搜罗列国史料以传《春秋》，同《公羊传》《穀梁传》用义理解释之法不同。 [5] 学官：旧时主管学务的官员或官学教师，如汉代的五经博士、祭酒等。 [6] 擢：选拔；提拔。高第：成绩优异者。讲郎：讲授经籍之官。 [7] 给事：处事；供职；侍奉。近署：与帝王接触密切的官署。 [8] 孝和：刘肇谥号为孝和皇帝。东观：东汉洛阳南宫内观名。 [9] 敦学：勤勉学习。 [10] 妙简：精选。 [11] 艺文：据班固《汉书·艺文志》，所谓艺文包括六艺、诸子、诗赋、兵书、数术、方技等六略。 [12] 倚席：古人讲学，席地而坐，倚席则是把席放在一边，不复使用，意谓废止讲学。 [13] 鞠：困窘。 [14] 荛竖：刈草打柴的童子。竖，僮仆。 [15] 黉（hóng）宇：学舍。黉，古代学校名。 [16] 明经：选举官员的科目，被举者须明习经学。下第：考试不中，也称“落地”。 [17] 甲乙之科：考试分为甲乙二科。 [18] 耆：古称六十岁

曰耆，后泛指老人。 [19] 乡射月：《汉官仪》曰："春三月，秋九月，习乡射礼，礼生皆使太学学生。" [20] 党人既诛：指东汉桓帝、灵帝时，士大夫、贵族等因不满宦官乱政而与宦官发生党争的党锢之祸。 [21] 兰台：汉宫内藏图书之处。桼书：用桼书写。桼，"漆"的本字。 [22] 古文：谓孔子宅壁中书所用的蝌蚪古文。篆：篆书，专指小篆而言。隶：隶书。

初，光武迁还洛阳，其经牒秘书载之二千余两[1]，自此以后，参倍于前[2]。及董卓移都之际[3]，吏民扰乱，自辟雍、东观、兰台、石室、宣明、鸿都诸藏典策文章[4]，竞共剖散[5]，其缣帛图书[6]，大则连为帷盖[7]，小乃制为縢囊[8]。及王允所收而西者[9]，裁七十余乘，道路艰远，复弃其半矣。后长安之乱[10]，一时焚荡，莫不泯尽焉。

东汉建国之后，兴文重典，书籍数量逐渐增多；汉末动乱频仍，书籍屡遭兵燹，及至焚荡殆尽。

［注释］

[1] 秘书：宫禁中的藏书。 [2] 参：同叁。 [3] 董卓移都：汉献帝初平元年春二月丁亥日，董卓惧曹操、袁绍等起兵攻伐，便迁都长安，驱使京城百姓西迁入关，自留屯毕圭苑。初平二年夏四月，董卓始入长安。 [4] 石室：藏图书档案之室。宣明：东汉宫殿名，在洛阳北宫德阳殿后。鸿都：东汉宫门名，其内为皇家藏书之库。 [5] 剖散：解剖分散，割裂抛散。 [6] 缣帛：供作书画用的白绢，转指书册。 [7] 帷盖：指车的帷幕和篷盖。 [8] 縢（téng）：通"幐"，囊也。囊：即袋子。 [9] 王允：

字子师，东汉太原祁县（今山西中部）人。献帝时，任司徒，与吕布密谋诛杀董卓，后被董卓部将郭汜所杀。 [10] 长安之乱：汉献帝初平三年夏四月，司徒王允使吕布杀董卓，董卓部将李傕、郭汜围攻长安，死吏民万余人，后李、郭二人又相互攻打。

东京学者猥众[1]，难以详载，今但录其能通经名家者，以为《儒林篇》。其自有列传者，则不兼书。若师资所承[2]，宜标名为证者，乃著之云。

［注释］

[1] 猥：众多。 [2] 师资：指可为效法的人。

论曰：自光武中年以后，干戈稍戢[1]，专事经学，自是其风世笃焉。其服儒衣[2]，称先王[3]，游庠序，聚横塾者[4]，盖布之于邦域矣。若乃经生所处[5]，不远万里之路[6]，精庐暂建[7]，赢粮动有千百[8]，其耆名高义开门受徒者，编牒不下万人[9]，皆专相传祖，莫或讹杂。至有分争王庭，树朋私里，繁其章条，穿求崖穴，以合一家之说。故杨雄曰："今之学者，非独为之华藻，又从而绣其鞶帨[10]。"夫书理无二[11]，义归有宗，而硕学之徒[12]，莫之或徙[13]，故通人鄙其固焉[14]，又雄所谓“诶诶之学[15]，各习其师”也。且观成名高第，终能远至者，盖亦寡焉，而迂滞若是矣[16]。然所谈者仁义，所传者圣法也。故人识君臣父子之纲，家知违邪归正之路。

［注释］

[1] 干戈：古时原指矛和盾，后引申为战事、战争。戢（jí）：收藏兵器，停止战争。 [2] 服儒衣：儒服为章甫之冠，缝掖之衣。章甫冠，即缁（黑色）布冠。缝掖之衣，宽袖单衣。 [3] 先王：先代圣王。《礼记》曰：“言必则古昔，称先王。” [4] 庠序、横塾：皆为古代学校。古代由私人建立而用来讲学的地方。横，又作“黉”。塾，私塾。 [5] 若乃：句首语，表示另起一事，相当于“至于”。经生：谓经学博士。 [6] 不远万里之路：就之者不以万里为远而至也。 [7] 精庐：讲读之舍，学舍。 [8] 嬴：担负；带着。 [9] 编牒：编入名册。 [10]“今之学者”三句：扬雄《法言》之文，喻学者文烦碎。鞶（pán），带。字或作“帑”。帑（pán），覆衣大巾。帨（shuì），佩巾。 [11] 无二：专一。 [12] 硕学：学问精深博洽。 [13] 徙：变动。 [14] 通人：学识渊博，贯通古今的人。固：固执己见。 [15] 诶诶（náo náo）：争辩，论辩。引申为喧闹嘈杂。 [16] 迂滞：迂腐凝滞。

顾炎武《日知录》云：“汉自孝武表章六经之后，师儒虽盛，而大义未明。故新莽居摄，颂德献符者遍于天下。光武有鉴于此，故尊崇节义，敦厉名实，所举用者，莫非经明行修之人，而风俗为之一变。至其末造，朝政昏浊，国事日非；而党锢之流，独行之辈，依仁蹈义，舍命不渝，风雨如晦，鸡鸣不已。三代以下，风俗之美，无尚于东京者。”

自桓、灵之间，君道秕僻[1]，朝纲日陵[2]，国隙屡启[3]，自中智以下[4]，靡不审其崩离；而权强之臣，息其窥盗之谋[5]，豪俊之夫，屈于鄙生之议者[6]，人诵先王言也，下畏逆顺势也[7]。至如张温、皇甫嵩之徒，功定天下之半，声驰四海之表，俯仰顾眄[8]，则天业可移，犹鞠躬昏主之下[9]，狼狈折札之命[10]，散成兵，就绳约[11]，而无悔心。暨乎剥桡自极[12]，人神数尽，然后群英乘其运[13]，世德终其祚[14]。迹衰敝之所由致[15]，而能多历年所者[16]，斯岂非学之效乎[17]，故先师垂典文，褒励学者之功，笃矣切矣[18]。不循《春秋》，至乃比于杀逆，其将有意乎[19]！

以上论儒学发展对东汉社会的影响。

［注释］

[1] 秕僻（bǐ pì）：比喻政事和教化的不善。秕，谷不成者，这里比喻政治形势开始恶化。 [2] 陵：陵替；败坏。 [3] 国隙：即国家危机。 [4] 中智：古代将人分上智、中智、下愚三种。 [5] 息其窥盗之谋：这是指当时阎忠奉劝皇甫嵩推翻汉朝自立为王，但是皇甫嵩没有采纳。窥盗，谓窥伺盗窃国家大业。 [6]“豪俊之夫”二句：谓董卓欲大起兵，郑泰止之，卓从其言。屈，听从。鄙生，乡野儒生。 [7]“下畏”句：政事教化虽然出现败坏，但是朝廷很久没有被推翻，就是因为经书的仁义之道畅行，地位低下的人害怕悖逆历史潮流。 [8] 顾眄（gù miǎn）：回头看；环视。 [9] 鞠躬：恭敬谨慎貌。昏主：谓汉献帝。 [10] 狼狈：困顿窘迫。札：简牍。 [11] 绳约：犹拘执。谓张温及皇甫嵩并被征而就拘执。

[12] 暨：到，至。剥桡（náo）：衰亡。桡，折。极：终。 [13] 群英：谓众贤能之士。 [14] 祚（zuò）：福运，也指帝位。 [15] 迹：推究；追寻。由致：缘由。 [16] 年所：年数。 [17] 岂非学之效：言由于有儒学，故能长久。 [18] 切：恳切；深切。 [19] “不循《春秋》”三句：《史记》曰：“为人君父而不通于《春秋》之义者，必蒙首恶之名。为人臣子而不通于《春秋》之义者，必陷篡弑之诛。”

［点评］

东汉一朝学者众多，范晔取其“能通经名家者”成《儒林列传》。其以五经为纲，主要著录四十二人，其中《易》学类七人：刘昆、洼丹、任安、杨政、张兴、戴凭、孙期；《书》学类八人：欧阳歙、牟长、宋登、张驯、尹敏、周防、孔僖、杨伦；《诗》学类十二人：高诩、包咸、魏应、伏恭、任末、景鸾、薛汉、杜抚、召驯、杨仁、赵晔、卫宏；《礼》学类一人：董钧；《春秋》学类十二人：丁恭、周泽、钟兴、甄宇、楼望、程曾、张玄、李育、何休、服虔、颍容、谢该；许慎、蔡玄二人，则兼通五经。

范晔在《后汉书·左雄传》论中指出：“所以倾而未颠，决而未溃，岂非仁人君子心力之为乎！”又于此篇论中说：“迹衰敝之所由致，而能多历年所者，斯岂非学之效乎。”范晔看到了人心向化对于维护政治统治的重要性，同时也深知社会风气对于历史进程的影响。《后汉书》为东汉的“儒林”设专传，一个重要原因即是儒学对东汉社会产生了巨大作用。东汉自光武帝始即重视儒学的教化作用，在几代人的倡导下，儒学思想成为普遍的价值观念。东汉中后期，政教败坏，纲纪衰颓，却能苟延近二百年而没有倾覆，儒学的道德约束作用不可忽视。司马光《稽古录》谓光武帝“偃武修文，崇德报功，勤政治，养黎元，兴礼乐，宣教化，表行义，励风俗。继以明章，守而不失，于是东汉之风，忠信廉耻几于三代矣”。梁启超在《新民说》中认为东汉是“儒学最盛时代，收孔教之良果”，“尚气节，崇廉耻，风俗称最美”，又说“东汉节义之盛，光武、明、章之功，虽十之三，而儒学之效，实十之七也”。当然，儒学对东汉社会的影响不仅体现在士人世风方面，其对东汉的文化、政治、法律、教育等诸多方面都发挥了积极作用。

《后汉书》的序论是范晔史论的重要组成部分，其多以陈述历史为目的，以总结经验为归宿。范晔擅长从梳理前代相关史事入手，最终落脚于东汉一朝的利害得失。这样就将历史与现实有机地统合起来，摆脱了就事论事的局限。本篇序论纵述儒学演变之历史，横评儒学兴衰之利害，展现了范晔贯通的眼光及对史事深刻的把握与体认。范晔举目过去，着眼未来，以古鉴今，绝无造作。这种著史思想也成为范晔撰作《后汉书》史论的一个共同特点。范晔在《狱中与诸甥侄书》中曾有过这样的自我评价：“至于《循吏》以下及六夷诸序论，笔势纵放，实天下之奇作。”由此篇可窥其一斑。

本篇选自《后汉书·儒林列传》。《儒林列传》诸人物中以许慎及其《说文解字》对后世影响最大。

许慎列传

许慎字叔重，汝南召陵人也[1]。性淳笃[2]，少博学经籍，马融常推敬之，时人为之语曰：“《五经》无双许叔重。”为郡功曹，举孝廉，再迁除洨长[3]。卒于家。

[注释]

[1] 召陵：今河南省漯河市。 [2] 淳笃：质朴厚重。 [3] 再迁除洨长：建光元年，慎子许冲上《说文表》称慎本从侍中骑都尉贾逵受古学，可见慎先由孝廉任太尉南阁祭酒，后迁洨县长。洨（xiáo），县名，故城在今河北省洨水一带。

初，慎以五经传说臧否不同[1]，于是撰为《五经异义》[2]，又作《说文解字》十四篇[3]，皆传于世。

[注释]

[1] 臧否：褒贬，评论。 [2]《五经异义》：共十卷，其以专题考论的方式，探讨经学问题，展现了东汉时期的通学面貌。此书宋以后不见著录，大概亡佚于唐末五代时期。四库馆臣据旧本加以厘订，与郑玄《驳五经异义》统编为一卷、《补遗》一卷。此后陆续有王复、庄述祖、钱大昭、孔广林诸家辑本。嘉庆间，闽人陈寿祺（1771—1834）参订各家辑本，汇成《五经异义疏证》三卷。 [3]《说文解字》：共收秦小篆九千三百五十三字，分为五百四十部，综合了古代有关字形字音、字义的解释，为我国最古的较完备的字典，对古文字学的贡献很大。

[**点评**]

许慎是东汉著名的经学家、文字学家，从时人“五经无双许叔重”的评价，可以见出许慎在东汉经学领域的至高地位。许慎的学术著作到清代多已不存，清人王鸣盛在《十七史商榷》中指出：“许慎尝注《汉书》，今不传，引见颜注中者尚多，不知五种中是何种。中所采《叙例》不列其名，不知何故。慎所著全部惟《说文》存，余《五经异义》《淮南子注》皆不存，但引见他书。”《五经异义》现在有辑录文本。

许慎有感于当时“诡更正文，向壁虚造”的乱解字形字义的风气，故作《说文解字》以正本清源、昭告世人。他在序中说：“盖文字者，经艺之本，王政之始，前人所以垂后，后人所以识古。故曰‘本立而道生’，‘知天下之至啧而不可乱也’。今叙篆文，合以古籀，博采通人，至于小大，信而有证，稽撰其说。将以理群类，解谬误，晓学者，达神恉。分别部居，不相杂厕。万物咸睹，靡不兼载。厥谊不昭，爰明以谕。”揭明撰作之旨。《说文解字》在文字学史上取得了崇高的学术地位，它保存了大量的篆文、古文、籀文字形，是了解汉字字形发展演变以及古汉语之字、词含义的重要依据，是研究古文字学和阅读古籍的必备书籍。

本篇节选自《后汉书·独行列传》。李景星《后汉书评议》云：“《独行传》亦为创作。中行不得，狂狷始贵；醉浊偏是，清醒乃彰。故表异节者，国家劝世之微意；而传独行者，史氏阐幽之苦心也。……独行之人，其一意孤行处，纯是以刚自用，以絜自矢。彼优柔卑靡者，岂足以语此！”

范式列传

范式字巨卿，山阳金乡人也，一名汜。少

游太学[1]，为诸生[2]，与汝南张劭为友。劭字元伯。二人并告归乡里。式谓元伯曰："后二年当还，将过拜尊亲[3]，见孺子焉[4]。"乃共克期日[5]。后期方至，元伯具以白母[6]，请设馔以候之[7]。母曰："二年之别，千里结言[8]，尔何相信之审邪[9]？"对曰："巨卿信士，必不乖违。"母曰："若然[10]，当为尔酝酒。"至其日，巨卿果到，升堂拜饮，尽欢而别。

谢承《后汉书》载："至九月十五日，（元伯）杀鸡作黍，二亲笑曰：'山阳去此几千里，何必至？'元伯曰：'巨卿信士，不失期者。'言未绝而巨卿果到。"（周天游《八家后汉书辑注》）范式与张劭情谊深厚，留下"鸡黍之交"的美名。后世多以"范张鸡黍"形容朋友之间的深重情义。

以上写范式千里赴约。

［注释］

[1] 游：游学。 [2] 诸生：众儒生，生员。 [3] 过拜：前往拜访。 [4] 孺子：小孩子。 [5] 克：限定。 [6] 白：告诉。 [7] 设馔：陈设饮食。 [8] 结言：约定。 [9] 审：确切。 [10] 若然：如果这样。

式仕为郡功曹。后元伯寝疾笃[1]，同郡郅君章、殷子徵晨夜省视之[2]。元伯临尽，叹曰："恨不见吾死友[3]！"子徵曰："吾与君章尽心于子，是非死友，复欲谁求？"元伯曰："若二子者，吾生友耳[4]。山阳范巨卿，所谓死友也。"寻而卒。式忽梦见元伯玄冕垂缨屣履而呼曰[5]：

"巨卿，吾以某日死，当以尔时葬[6]，永归黄泉。子未我忘，岂能相及？"式恍然觉寤[7]，悲叹泣下，具告太守，请往奔丧。太守虽心不信而重违其情[8]，许之。式便服朋友之服[9]，投其葬日[10]，驰往赴之。式未及到，而丧已发引，既至圹[11]，将窆[12]，而柩不肯进。其母抚之曰："元伯，岂有望邪？"遂停柩移时，乃见有素车白马，号哭而来。其母望之曰："是必范巨卿也。"巨卿既至，叩丧言曰："行矣元伯！死生路异，永从此辞。"会葬者千人，咸为挥涕。式因执绋而引[13]，柩于是乃前。式遂留止冢次，为修坟树，然后乃去。

以上写范式护冢送友。

［注释］

[1] 寝疾：卧病在床。笃：重。 [2] 晨夜：早晚。省视：探望。 [3] 恨：遗憾。死友：指交情笃厚，至死不相负的朋友。 [4] 生友：生时之友。 [5] 玄冕：黑色的礼帽。垂缨：垂着冠带。屣履：拖着鞋子走路，形容急忙的样子。 [6] 尔时：那个时候。 [7] 恍然：忽然。觉寤：醒来。 [8] 重违：难以违背。重，难。 [9] 服朋友之服：穿上为朋友奔丧的丧服。 [10] 投：到，待。 [11] 圹（kuàng）：墓穴。 [12] 窆（biǎn）：下棺。 [13] 绋（fú）：通"綍"，指下葬时引柩入穴的绳索，后泛指牵引棺材的大绳。

后到京师，受业太学。时诸生长沙陈平子亦同在学，与式未相见，而平子被病将亡，谓其妻曰："吾闻山阳范巨卿，烈士也[1]，可以托死[2]。吾殁后，但以尸埋巨卿户前。"乃裂素为书[3]，以遗巨卿。既终，妻从其言。时式出行适还，省书见瘗[4]，怆然感之，向坟揖哭，以为死友。乃营护平子妻儿[5]，身自送丧于临湘。未至四五里，乃委素书于柩上，哭别而去。其兄弟闻之，寻求不复见。长沙上计掾史到京师[6]，上书表式行状[7]，三府并辟，不应。

以上写范式感信送丧。

[注释]

[1] 烈士：有气节有壮志的人。 [2] 托死：将身后之事托付给人。 [3] 裂素：裁剪白绢。 [4] 瘗（yì）：坟墓。 [5] 营护：照拂；保护。 [6] 上计掾史：汉代年终赴京城去上计的官吏。上计，由地方长官定期派官吏向上呈送计书，报告地方的治理状况，朝廷据此评定地方长官的政绩。 [7] 行状：记述生平行为事迹的文字。

举州茂才，四迁荆州刺史。友人南阳孔嵩，家贫亲老，乃变名姓，佣为新野县阿里街卒。式行部到新野[1]，而县选嵩为导骑迎式[2]。式见而识之，呼嵩，把臂谓曰："子非孔仲山邪？"对之叹息，语及平生。曰："昔与子俱曳长裾，游息帝学。吾蒙国恩，致位牧伯[3]，而子怀道隐身，处于卒伍，不亦惜乎！"嵩曰："侯嬴长守于贱业[4]，晨门肆志于抱关[5]。子欲居九夷，不患其陋[6]。贫者士之宜，岂为鄙哉！"式敕县代嵩，嵩以为先佣未竟，不肯去。

以上写范式爱才惜才。

[注释]

[1] 行部：汉代刺史每年八月巡行所属部域以考核政绩。 [2] 导骑（jì）：导引之骑。 [3] 牧伯：称州郡长官。 [4] 侯嬴长守于贱业：典出《史记·魏公子列传》："魏有隐士曰侯嬴，年七十，家贫，为大梁夷门监者。公子闻之，往请，欲厚遗之。不肯受，曰：臣修身洁行数十年，终不以监门困故而受公子财。"又说："嬴乃夷门抱关者也。" [5] 晨门肆志于抱关：晨门，掌管城门开闭的人。典出《论语·宪问》："子路宿于石门，晨门曰：'奚自？'子路曰：'自孔氏。'曰：'是知其不可而为之者欤？'"石门为鲁城的外门。此人为隐遁者。 [6]"子欲居"二句：典出《论语·子罕》："子欲居九夷。或曰：'陋，如之何？'子曰：'君子居之，何陋之有？'"九夷，古代称东方少数民族所居之地。孔子因为自己的思想得不到实现，偶发逃隐于九夷的感叹。

式后迁庐江太守，有威名，卒于官。

[点评]

《独行列传》是《后汉书》的创新之处，也是范晔对东汉一朝社会风尚的真实记录。该传主要记录二十四人，集中反映了恪守道德规范、不惜以身殉道的士人群体。范晔说“虽事非通圆，良其风轨有足怀者”，这些独行之士的行迹与结局虽不是十分圆满，但大多践行着忠、孝、节、义、信等儒家伦理原则，其高风亮行值得铭记。本篇传主范式，即是闪耀着“信”与“义”之光辉的独行者，其对信义的坚守，令人敬服。宋洪适《隶释》著录的《范式碑》铭文，不仅赞颂了范式与朋友“超管鲍之遐踪”的交情，还记载了他为官清廉、为政有方的仕途功绩。

值得一说的是，由范式与张劭生发的“范张故事”在后世不断发展演变，成为文学创作的重要源泉。如魏晋南北朝时期干宝的《搜神记》著有“山阳死友传”，元代宫天挺有杂剧《死生交范张鸡黍》，明代冯梦龙《喻世明言》中有拟话本《范巨卿鸡黍死生交》等。唐代诗人李白《送戴十五归衡岳序》及刘禹锡《和留守令狐相公答白宾客》等作品也曾引用“鸡黍之交”的典故。可见，“范张故事”对后世诗文、小说创作产生了深远的影响，它甚至成为中国文学史上的一个经典符号，而作为“正史”的《后汉书》，其载录的相关史文，则在“鸡黍之交”经典化生成过程中发挥了至为关键的催化作用。

本篇选自《后汉书·逸民列传》。《逸民列传》从一众隐士的角度为我们展现了东汉时期社会风尚的一个面相。李景星《后汉书评议》云："《逸民传》全从《鲁论·微子篇》脱化而出，所列之目，凡一十有七……每传所载不过一二事，其点染传神处亦不过一二语，而皆有言外之旨，弦外之音，此亦暗用《微子篇》叙楚狂诸人笔意……此传如画神龙，仅露鳞爪，不见全身，又如画空山流水，万籁俱寂，令人徒增想象，更不得而名言也。"

刘咸炘《后汉书知意》云："东汉特有隐逸之风，始自王莽之篡，成于光武之崇奖，加

逸民列传（序）

《易》称"《遁》之时义大矣哉"。又曰："不事王侯，高尚其事[1]。"是以尧称则天[2]，不屈颍阳之高[3]；武尽美矣，终全孤竹之絜[4]。自兹以降，风流弥繁，长往之轨未殊，而感致之数匪一。或隐居以求其志，或回避以全其道，或静己以镇其躁，或去危以图其安，或垢俗以动其概[5]，或疵物以激其清[6]。然观其甘心畎亩之中，憔悴江海之上，岂必亲鱼鸟乐林草哉！亦云性分所至而已[7]。故蒙耻之宾，屡黜不去其国[8]；蹈海之节[9]，千乘莫移其情。适使矫易去就，则不能相为矣[10]。彼虽硁硁有类沽名者[11]，然而蝉蜕嚣埃之中，自致寰区之外[12]，异夫饰智巧以逐浮利者乎！荀卿有言曰，"志意修则骄富贵，道义重则轻王公"也。

［注释］

[1] 不事王侯，高尚其事：语出《周易·蛊卦》，赞美不与统治者合作的态度。 [2] 尧称则天：《论语·泰伯》："巍巍乎唯天为大，唯尧则之。" [3] 不屈颍阳之高：相传尧时有隐士巢父、许由，隐居在颍阳，尧欲让位于二人，二人皆不受。 [4]"武尽美矣"二句：《史记》载，伯夷、叔齐，商朝孤竹国君之二子，武王灭商，

二人耻食周粟，后饿死在首阳山。 [5] 概：节操。 [6] 疵物：非议事物。 [7] 性分：犹天性，本性。 [8] “故蒙耻”二句：《列女传》曰：“柳下惠死，其妻诔之曰：‘蒙耻救人，德弥大兮。虽遇三黜，终不蔽兮。’” [9] 蹈海之节：《史记》曰，鲁连谓新垣衍曰：“秦即为帝，则鲁连蹈东海死耳。”鲁连下聊城，田单爵之，鲁连逃隐于海上。 [10]“适使”二句：人各有所尚，不能改其志。适，如果，假若。 [11] 硁（kēng）硁：固执的样子。 [12] 寰（huán）区：天下，人世间。

以邪孽之激，序论已明，西京则无须传矣。东汉崇尚此风，不免虚声滥附，初隐终仕者，已散见各篇，惟终于隐者入此。然终于隐者，又有明于进退，安其常素，非有激而隐。有意为隐且特具伟德者，如周燮、姜肱诸人，亦已特具专篇。惟激而有意、止以隐著者乃入此。惟其激而有意，故不尽可称，有藏拙，有抗愤，皆序所谓硁硁，多失中行者也。”

汉室中微，王莽篡位，士之蕴藉义愤甚矣。是时裂冠毁冕[1]，相携持而去之者，盖不可胜数。杨雄曰：“鸿飞冥冥，弋者何篡焉[2]。”言其违患之远也[3]。光武侧席幽人[4]，求之若不及，旌帛蒲车之所征贲[5]，相望于岩中矣。若薛方、逢萌聘而不肯至；严光、周党、王霸至而不能屈。群方咸遂，志士怀仁，斯固所谓“举逸民天下归心”者乎[6]！肃宗亦礼郑均而征高凤，以成其节。自后帝德稍衰，邪孽当朝，处子耿介，羞与卿相等列，至乃抗愤而不顾，多失其中行焉。盖录其绝尘不反，同夫作者[7]，列之此篇。

史珥《后汉书勦说》云：“‘义愤’两字揭东汉诸逸之隐微。”

统治者与逸民之间是互相衬托、相辅相成的关系。

[注释]

[1] 裂冠毁冕：指弃官不做。 [2]“鸿飞冥冥”二句：李贤注：

“‘篡’字诸本或作‘慕’,《法言》作‘篡’。宋衷曰:‘篡,取也。鸿高飞冥冥薄天,虽有弋人,何施巧而取也。喻贤者隐处,不离暴乱之害也。’” [3] 违患:避祸。 [4] 侧席幽人:《国语》曰:“越王夫人去笄侧席而坐。”韦昭注云:“侧犹特也。礼,忧者侧席而坐。” [5] 旌帛:汉代朝廷招聘民间人才,致送束帛,以示表彰贤才,称旌帛。旌,表彰。蒲车:用蒲草裹轮的车,古代征聘隐士时使用。征贲(bì):聘请。 [6] 举逸民天下归心:语出《论语·尧曰》:“兴灭国,继绝世,举逸民,天下之民归心焉。” [7] 同夫作者:《论语》曰:“贤者避世,其次避地,其次避色,其次避言。子曰:‘作者七人矣。’”

[点评]

“逸民”一词,最早见于《论语·微子》。何晏《论语》注云“逸民者,节行超逸也”,逸民即通常说的“隐士”。范晔为“逸民”单独列传,既表明这一群体在其时社会的影响,同时也说明范晔对逸民群体的关注以及对其“高洁情操”的景慕。

东汉逸民不应征辟、抗行砺志,主要受到其时社会环境和政治局势的影响,他们的归隐具有一定的必然性。就《逸民列传》载录“逸民”的情况来看,其隐遁之由大致可归结为如下几点。其一,时局动荡,隐遁避祸。所谓“邦无道则隐”,王莽之乱、党锢之祸、宦官干政、外戚专权等等,皆可见朝堂的动荡与阴暗,这些知识分子为独善其身,只能以退隐而求得一安心之所。《逸民列传》中的逢萌、周党、王霸、梁鸿、陈留老父、庞公皆属此类。其二,黄老思想的影响。一些隐士修习黄老之术,性尚中和,追求自然和谐之道,《逸民列传》中的向长、矫慎等属于此类。其三，守志自重，无意仕途。这些隐士为了保持自己独立的人格和淡泊的性情，自始至终不愿出仕为官,《逸民列传》中的严光、台佟、法真等可归属此类。

需要注意的是，汉代统治阶级对逸民的表彰和征辟也在很大程度上催化了社会的隐逸之风。此篇序云:“光武侧席幽人，求之若不及，旌帛蒲车之所征贲，相望于岩中矣。”顾炎武在《日知录》中论及东汉风俗时也说道:“汉自孝武表章六经之后，师儒虽盛，而大义未明，故新莽居摄，颂德献符者遍于天下。光武有鉴于此，故尊崇节义，敦厉名实。”统治者弘扬名节的举动、礼贤下士的姿态，对东汉士人和社会风尚的影响极为深刻，加强了逸民对自我身份的认同与满足。所以，从逸民群体与统治阶级互动的视角来看，他们之间存在着“各取所需”的紧密关系：一方面，统治者希望“举逸民”使得“天下归心”;另一方面，统治者有意借征辟和礼遇的方式成就逸民的操行。这样，统治者通过褒奖逸民，达到了澄清吏治、推广教化的目的；逸民亦借统治者的推崇而自我标榜、自抬身价。后来，离俗归隐在某种程度上能够成为步入仕途的“终南捷径”，也就不难想象了。

严光列传

本篇选自《后汉书·逸民列传》。严光是光武帝时期的知名隐士，他不慕虚荣、无意仕宦，光武称帝后，隐姓埋名，独钓泽中，数征不往。严光淡泊名利的精神气质，赢得了光武帝的惜爱与敬重。

严光字子陵，一名遵，会稽余姚人也[1]。少有高名[2]，与光武同游学。及光武即位，乃变名姓，隐身不见[3]。帝思其贤，乃令以物色访之[4]。后齐国上言："有一男子，披羊裘钓泽中。"帝疑其光，乃备安车玄纁[5]，遣使聘之。三反而后至[6]。舍于北军[7]，给床褥，太官朝夕进膳[8]。

范仲淹《钓台诗》："汉包六合罔英豪，一个冥鸿惜羽毛。世祖功臣三十六，云台争似钓台高。"

[注释]

[1] 会稽余姚：今浙江余姚市。 [2] 高名：很高的名望，显赫的声名。 [3] 见：同"现"。 [4] 物色访之：以严光的形貌去寻求他。物色，指形貌。 [5] 安车：一种可乘坐的小车。玄纁（xūn）：黑色和浅红色的布帛。这种衣料制作工艺比较复杂，要经过多次漂染方能成。古代帝王多用其作为延聘贤士的礼品。玄，黑色。纁，浅红色。 [6] 三反：往返多次。反，同"返"。 [7] 北军：长乐宫在京城东北，屯卫于长乐宫的兵营称北军。 [8] 太官：即太官令，主要掌管皇帝饮食宴会。进膳：提供食物。

司徒侯霸与光素旧[1]，遣使奉书。使人因谓光曰："公闻先生至，区区欲即诣造[2]，迫于典司[3]，是以不获[4]。愿因日暮，自屈语言[5]。"光不答，乃投札与之[6]，口授[7]曰："君房足下[8]：位至鼎足[9]，甚善。怀仁辅义天下悦，阿谀顺旨要领绝[10]。"霸得书，封奏之[11]。帝笑曰："狂奴故态也[12]。”车驾即日幸其馆[13]。光卧不起，帝即其卧所[14]，抚光腹曰：“咄咄子陵，不可相助为理邪[15]？”光又眠不应，良久，乃张目熟视[16]，曰：“昔唐尧著德，巢父洗耳[17]。士故有志，何至相迫乎！”帝曰：“子陵，我竟不能下汝邪[18]？”于是升舆叹息而去[19]。

抚腹的动作极富表现力，展现出光武作为帝王的慈爱一面。

[注释]

[1] 素旧：向来关系很好，指旧交。 [2] 区区：爱慕想念。诣造：前来拜访。 [3] 典司：本指主管或主治，这里代指公事或公务。 [4] 是以不获：因为有职守，所以不能亲自来拜访。 [5] 愿因日暮，自屈语言：希望你在日暮闲暇时，委屈一点，来我这里谈话。自屈，委屈自己。 [6] 札（zhá）：古时写字用的木片。 [7] 口授：亲口回信。 [8] 君房：侯霸的字。 [9] 鼎足：指三公之位，比喻重要的政治地位。鼎为重器，因以三足喻三公。 [10] “怀仁辅义”二句：身怀仁爱，辅佐正义，天下就会喜悦；阿谀奉承，顺随旨意，纲纪就会废绝。 [11] 封奏之：封好上奏皇帝。 [12] 狂奴：指狂放不羁的人。故态：老样子。 [13] 车驾：此处以车驾代称帝王。馆：客舍。 [14] 即：到，走进。卧所：卧室。 [15] 相助：助我。为理：治理。 [16] 熟视：仔细看。 [17] 唐尧著德，巢父洗耳：帝尧张扬自己的德行，把天下让给巢父，又让给许由，两人皆不肯接受。巢父认为帝尧的话脏了自己的耳朵，便到颍水边洗耳，比喻心旷世外，超凡脱俗，不愿听从。唐尧，古帝名，名放勋，相传为帝喾之子。初封于陶，又封于唐，号陶唐氏。后传位于舜，被世代奉为以德治天

下的典范。巢父，传为帝尧时的一位隐士，因在树上结巢而居，故有“巢父”之称。洗耳，语出蔡邕的《琴操·河间杂歌·箕山操》。 [18] 下：对付，说服。 [19] 升舆（yú）：登车、上车。舆，这里指车辆。

光武求贤若渴，亲自拜访；严光坚决不仕，不拘礼节。君臣之间，地位悬殊，但相处融洽。严光“以足加帝腹上”，似有试探之意，而光武帝一笑了之，竟有容人雅量。正所谓“微先生，不能成光武之大；微光武，岂能遂先生之高”，光武的礼贤下士与严光的不卑不亢形成对照，二人之间是一种互相成就的关系。

复引光入，论道旧故[1]，相对累日[2]。帝从容问光曰：“朕何如昔时[3]？”对曰：“陛下差增于往[4]。”因共偃卧[5]，光以足加帝腹上。明日，太史奏客星犯御坐甚急[6]。帝笑曰：“朕故人严子陵共卧耳。”除为谏议大夫[7]，不屈[8]，乃耕于富春山[9]，后人名其钓处为严陵濑焉。建武十七年，复特征[10]，不至。年八十，终于家。帝伤惜之，诏下郡县赐钱百万、谷千斛。

[注释]

[1] 旧故：这里指往事。 [2] 累日：好几天。 [3] 何如昔时：与往日相比怎么样？ [4] 差增于往：比过去稍稍胖一点。差增，稍稍增强。 [5] 偃卧：卧睡。 [6]“太史奏”句：古人认为人间的帝王将相在天上都有对应他们的星座。客星，没有固定轨道、周期，突然出现的亮星，古代常指新星和彗星。御坐，天上代表皇帝的星座，喻指皇位。坐，同“座”。犯，靠近，侵犯。 [7] 谏议大夫：官名。光武帝时改西汉谏大夫为谏议大夫，掌顾问应对，无常事，唯诏令所使。 [8] 不屈：不屈从，即不接受封职。 [9] 富春山：山名。在今浙江桐庐西南。 [10] 特征：特地征召。

[点评]

本篇在人物形象的刻画上极为成功，短短几百字，既表现了严光对权威的藐视和对自由的向往，又展现出光武对贤能的爱慕和对旧友的宽容，生动活泼而又不乏文采，足见《后汉书》的文学特色及范晔的剪裁之功。

严光为人率性狂狷，淡泊名利，得到了光武的敬重，更赢得了后人的褒扬。范仲淹曾着力赞誉严光的品格，说："云山苍苍，江水泱泱，先生之风，山高水长。"（范仲淹《严先生祠堂记》）对严光来说，飞黄腾达与默默无闻，其实只在一念之间，但他却能抛弃世俗的羁绊，继续追求精神世界的超脱，属实不易。诚如范晔所言："其甘心畎亩之中，憔悴江海之上，岂必亲鱼鸟乐林草哉，亦云性分所至而已。"归隐并不是刻意为了亲近鱼鸟、陶醉山林，而是本性使然。所以严光以"士故有志，何至相迫乎"回答光武"咄咄子陵，不可相助为理邪"的诘问，而人生最难得的，莫过于保持这颗"士故有志"的本心。

本篇节选自《后汉书·逸民列传》。《梁鸿传》讲述梁鸿不与世俗同流、始终坚守气节的崇高形象。其与孟光虽是"贫贱夫妻"，却能够做到穷而志坚、相敬如宾，成为一段流传千古的佳话。

梁鸿列传

梁鸿字伯鸾，扶风平陵人也[1]。父让，王莽时为城门校尉[2]，封修远伯，使奉少昊后[3]，寓于北地而卒[4]。鸿时尚幼，以遭乱世，因卷席而葬。

王鸣盛《十七史商榷》云："梁鸿之父让，仕莽，为城门校尉，封修远伯。鸿之终身不仕，所以雪其父之耻也。"

[注释]

[1] 扶风：郡名，治所在今陕西兴平县东南。平陵：县名，本为汉昭帝陵，后用为县名，治所在今陕西咸阳西北。 [2] 城门校尉：西汉始置，掌管京师城门屯兵。 [3] 少昊（shào hào）：黄帝子，相传为华夏部落联盟首领，东夷族领袖。 [4] 北地：郡名，在今甘肃东北及宁夏东南部一带。

后受业太学，家贫而尚节介[1]，博览无不通，而不为章句[2]。学毕，乃牧豕于上林苑中。曾误遗火延及它舍，鸿乃寻访烧者，问所去失，悉以豕偿之。其主犹以为少。鸿曰："无它财，愿以身居作[3]。"主人许之。因为执勤，不懈朝夕[4]。邻家耆老见鸿非恒人[5]，乃共责让主人[6]，而称鸿长者[7]。于是始敬异焉，悉还其豕。鸿不受而去，归乡里。

从邻居老人对梁鸿的袒护可见高蹈之士在其时是具有较高社会声望的。下文"势家慕其高节，多欲女之"句同样展现出当时社会对逸民这一群体的高度认可。

[注释]

[1] 节介：气节，操守。 [2] 章句：剖章析句，经学家解说经义的一种方式。 [3] 以身居作：上门做佣工。 [4] 不懈朝夕：早晚都不懈怠。 [5] 耆老：老人。恒人：常人，普通人。 [6] 责让：责备。 [7] 长者：谨慎厚道之人。

势家慕其高节[1]，多欲女之[2]，鸿并绝不娶。

同县孟氏有女，状肥丑而黑，力举石臼，择对不嫁[3]，至年三十。父母问其故。女曰："欲得贤如梁伯鸾者。"鸿闻而娉之[4]。女求作布衣、麻屦[5]，织作筐缉绩之具[6]。及嫁，始以装饰入门。七日而鸿不答。妻乃跪床下请曰："窃闻夫子高义，简斥数妇[7]，妾亦偃蹇数夫矣[8]。今而见择[9]，敢不请罪。"鸿曰："吾欲裘褐之人，可与俱隐深山者尔。今乃衣绮缟[10]，傅粉墨[11]，岂鸿所愿哉？"妻曰："以观夫子之志耳。妾自有隐居之服。"乃更为椎髻[12]，著布衣，操作而前[13]。鸿大喜曰："此真梁鸿妻也。能奉我矣！"字之曰德曜，名孟光。

史珥《后汉书勦说》云："粉则傅之墨，何为者？岂如画眉之黛乎？抑文字随笔之误耶？然绮缟粉墨，总非肥丑而黑者所宜施，德曜实自做作。"衣绮缟、傅粉墨，是孟光试探梁鸿的方式而已。

[注释]

[1] 势家：有权势的人家。 [2] 女之：以女儿嫁之。 [3] 择对：择偶。 [4] 娉：古代婚礼，男方遣媒向女方问名求婚谓之娉。今通作"聘"。 [5] 麻屦（jù）：麻鞋。 [6] 缉（jī）绩：犹纺织。 [7] 简斥：怠慢，疏远。 [8] 偃蹇（yǎn jiǎn）：傲慢。 [9] 择：舍弃。 [10] 绮缟（qǐ gǎo）：精美而有花纹的丝织品。 [11] 傅（fū）：通"敷"，涂抹。 [12] 椎（chuí）髻：形如椎的发髻。 [13] 操作：做事，忙碌。

居有顷，妻曰："常闻夫子欲隐居避患，今

史珥《后汉书勦说》云："非真梁鸿妻不办此语。"

何为默默？无乃欲低头就之乎？"鸿曰："诺。"乃共入霸陵山中，以耕织为业，咏《诗》《书》，弹琴以自娱。仰慕前世高士，而为四皓以来二十四人作颂[1]。

［注释］

[1] 四皓：指秦末隐居商山不仕、年高望重的四位隐士，东园公唐秉、夏黄公崔广、绮里季吴实、甪（lù）里先生周术，四人眉须皆白，故称商山四皓。

梁鸿创作《五噫之歌》，讽刺了帝王宫室的奢靡，并对百姓的辛劳表示同情。后代多以"五噫""五噫歌"抒发避世隐居之情。李白《经乱离后天恩流夜郎忆旧游书怀赠江夏韦太守良宰》有"儿戏不足道，五噫出西京"之语。

因东出关[1]，过京师，作《五噫之歌》曰："陟彼北芒兮[2]，噫！顾览帝京兮，噫！宫室崔嵬兮，噫！人之劬劳兮[3]，噫！辽辽未央兮[4]，噫！"肃宗闻而非之，求鸿不得。乃易姓运期，名耀，字侯光，与妻子居齐鲁之间。

［注释］

[1] 关：指函谷关。 [2] 陟：登，升。北芒：即邙山，因在洛阳之北，故名。 [3] 劬（qú）劳：劳累，劳苦。 [4] 辽辽：远貌。未央：未尽，没完。

有顷，又去适吴[1]。将行，作诗。

［注释］

[1] 适：到，去。

遂至吴，依大家皋伯通，居庑下[1]，为人赁舂[2]。每归，妻为具食，不敢于鸿前仰视，举案齐眉。伯通察而异之，曰："彼佣能使其妻敬之如此，非凡人也。"乃方舍之于家。鸿潜闭著书十余篇。疾且困，告主人曰："昔延陵季子葬子于嬴博之间[3]，不归乡里，慎勿令我子持丧归去[4]。"及卒，伯通等为求葬地于吴要离冢傍[5]。咸曰："要离烈士，而伯鸾清高，可令相近。"葬毕，妻子归扶风。

成语"举案齐眉"出自此处。"案"是古代一种托食物的盘子。指送饭时把托盘举得和眉毛一样高，以示敬重。现多形容夫妻之间互相尊敬。

［注释］

[1] 庑（wǔ）：堂房四周的廊屋。 [2] 赁舂：受雇为人舂米。赁，受雇。 [3]"昔延陵"句：《礼记·檀弓》记载，吴季子到齐国去，长子死，葬在嬴、博之间。嬴，古县名，故治在今山东莱芜西北。博，古县名，故治在今山东泰安境内。 [4] 慎勿：千万不要。 [5] 要离：春秋末年吴国刺客，受吴王阖闾指派，刺杀吴王僚子庆忌，事成后亦自杀。

［点评］

梁鸿是东汉著名隐士，他受业太学，"博览无不通"，却放弃名利，甘心在上林苑中放猪。他拒绝势家青睐，娶丑女孟光为妻，彼此相互尊重，做到了现实生活世界的举案齐眉、相敬如宾。而梁鸿的安于清贫与孟光的勉励支持又达到了理想精神层面的琴瑟和鸣、相得益彰。文中所叙虽皆是小事，款款道来，却并不板滞，他们的故事在后代传为脍炙人口的佳话。李白有“陶令辞彭泽，梁鸿入会稽”（《口号赠征君鸿》）之诗表达倾慕高士轻世肆志的情操，白居易亦借“梁鸿不肯仕，孟光甘布裙”（《赠内》）句，传达出愿意与妻子相濡以沫、相守一生的婚恋态度。《梁鸿传》传递的不仅是夫妇之间的患难与共、相亲相爱，更是对独立自由之人格、清介高洁之思想孜孜以求的精神。梁鸿与孟光“不戚戚于贫贱，不汲汲于富贵”的行为本身，给追逐名利者带来一副冷却剂。

乐羊子妻

本篇选自《后汉书·列女传》。《乐羊子妻》讲述乐羊子妻子的四件事，展现了她高尚的品行和不屈的节操。

河南乐羊子之妻者，不知何氏之女也。羊子尝行路，得遗金一饼，还以与妻，妻曰：“妾闻志士不饮盗泉之水[1]，廉者不受嗟来之食[2]，况拾遗求利，以污其行乎！”羊子大惭，乃捐金于野，而远寻师学。一年来归，妻跪问其故。羊子曰：“久行怀思，无它异也。”妻乃引刀趋机而言

事件一：劝诫丈夫拾金不昧。

曰："此织生自蚕茧，成于机杼[3]，一丝而累[4]，以至于寸，累寸不已，遂成丈匹。今若断斯织也，则捐失成功，稽废时月[5]。夫子积学，当日知其所亡[6]，以就懿德[7]。若中道而归，何异断斯织乎？"羊子感其言，复还终业，遂七年不反。妻常躬勤养姑[8]，又远馈羊子。

事件二：劝导丈夫学以铸德。

［**注释**］

[1] 盗泉：古泉名，在今山东泗水东北。孔子曾因"盗泉"之名于礼不顺，故渴而不饮其水。后以"不饮盗泉"形容清高、廉洁、有骨气。 [2] 嗟来之食：《礼记·檀弓》："齐大饥，黔敖为食于路，以待饿者而食之。有饿者……贸贸然来……（黔敖）曰：'嗟来食！'（饿者）扬目而视之，曰：'予唯不食嗟来之食，以至于斯也。'从而谢焉，终不食而死。"后以"嗟来之食"泛指带有侮辱性的施舍。 [3] 机杼：织布机和梭子。 [4] 丝（guàn）：织缉以丝贯杼。 [5] 稽：延迟。废：荒废。 [6] 当日知其所亡：《论语》子夏曰："日知其所亡，月无忘其所能。" [7] 懿德：美德。现多指妇女温柔美善的德行。 [8] 姑：古时女子称丈夫的母亲为姑。

尝有它舍鸡谬入园中，姑盗杀而食之，妻对鸡不餐而泣。姑怪问其故。妻曰："自伤居贫，使食有它肉。"姑竟弃之。

事件三：不食它舍之肉，讲的是"贫贱不能移"的道理。

后盗欲有犯妻者，乃先劫其姑。妻闻，操刀

事件四：刎颈而死，讲的是“守操就义”的道理。

而出。盗人曰：“释汝刀从我者可全，不从我者，则杀汝姑。”妻仰天而叹，举刀刎颈而死。盗亦不杀其姑。太守闻之，即捕杀贼盗，而赐妻缣帛[1]，以礼葬之，号曰“贞义[2]”。

［注释］

[1] 缣（jiān）帛：质地细薄的丝织品。 [2] 贞义：《周书·谥法》：“清白守节曰贞。”

［点评］

西汉刘向作《列女传》，开创了为普通妇女作传的先河。范晔则第一次在正史中为女性群体设传。此举表明范晔具有独到的史识及对社会重要问题的关注与体认。《后汉书·列女传》著录“列女”凡十七人，范晔在《列女传》序中简明扼要地指出，其入选“列女”的准则是“贤妃助国君之政，哲妇隆家人之道，高士弘清淳之风，贞女亮明白之节”，“但搜次才行尤高秀者，不必专在一操而已”，这与唐宋以来正史评判“列女”逐渐趋向“贞烈”，有着本质的不同。范晔将“不知何氏之女”的乐羊子妻归入“列女”进行标榜，又以四件小事揭示乐羊子妻身上闪耀的人性光辉，正是对其“列女”标准的遵守与践行。乐羊子妻的形象深入人心，读来令人肃然起敬。她劝导丈夫弃金向学、规正婆婆盗杀邻鸡的做法，于今天看来，仍然具有“正夫妇”“正家庭”层面的指导意义。

从中国古代妇女史的视角来看，范晔将乐羊子妻列入正史，载其生前能规正家人，死后得“以礼葬之”，凸显了妇女在家庭中所扮演角色的重要性，是对妇女家庭地位与社会地位的认可，这同时体现了范晔过人的胆识、非凡的史学眼光和求实求是的创新精神。

董祀妻

本篇选自《后汉书·列女传》。《董祀妻》讲述了董祀妻蔡文姬被掳入胡十二年，与子生离死别归汉、重嫁董祀、蓬首徒行为夫求情的故事。传中收录了她的两篇诗作，表现了她的才华横溢和颠沛流离的一生。

陈留董祀妻者[1]，同郡蔡邕之女也[2]，名琰，字文姬。博学有才辩[3]，又妙于音律。适河东卫仲道[4]，夫亡无子，归宁于家[5]。兴平中[6]，天下丧乱[7]，文姬为胡骑所获，没于南匈奴左贤王。在胡中十二年，生二子。曹操素与邕善，痛其无嗣，乃遣使者以金璧赎之[8]，而重嫁于祀。

曹丕《蔡伯喈女赋序》：“家公与蔡伯喈有管鲍之好，乃命使者周近持玄玉璧于匈奴，赎其女还，以妻屯田郡都命使者。”

［注释］

[1] 陈留：郡名，今开封市陈留镇。 [2] 蔡邕：字伯喈，陈留郡圉（yǔ）县（河南杞县西南）人。东汉文学家、书法家，精通词章、天文、数学，音律。因反对宦官专权被流放朔方。董卓当政时，为侍中、中郎将，封高阳乡侯，故后世称其“蔡中郎”。董卓倒台后，邕受牵连，死于狱中。 [3] 才辩：才华机辩。 [4] 适：女子出嫁。河东：今山西省西南部。 [5] 归宁：已婚女子回娘家。 [6] 兴平：194—195 年，汉献帝刘协的第二个

年号。 [7] 丧乱：动荡不安。 [8] 金璧：黄金和璧玉。

祀为屯田都尉，犯法当死，文姬诣曹操请之[1]。时公卿名士及远方使驿坐者满堂[2]。操谓宾客曰："蔡伯喈女在外，今为诸君见之。"及文姬进，蓬首徒行[3]，叩头请罪，音辞清辩[4]，旨甚酸哀[5]。众皆为改容。操曰："诚实相矜[6]，然文状已去[7]，奈何？"文姬曰："明公厩马万匹[8]，虎士成林，何惜疾足一骑[9]，而不济垂死之命乎[10]？"操感其言，乃追原祀罪[11]。时且寒，赐以头巾履袜[12]。

此段以人物对白，正面描写蔡琰的"音辞清辩，旨甚酸哀"，侧面描写"众皆为改容""操感其言"，表现了蔡琰的善辩和真挚的情感。

[注释]

[1] 诣：拜访。请：请罪，请求赦免。 [2] 使驿：驿站的信使。 [3] 蓬首：头发杂乱如纷飞的蓬草。徒行：光着脚。 [4] 清辩：清晰和畅。 [5] 酸哀：苦楚悲哀。 [6] 矜：怜悯。 [7] 文状：判罚文书。 [8] 明公：古代对声名地位崇高者的尊称。 [9] 惜：吝惜。 [10] 济：救、帮助。 [11] 追原：追还既下的命令并赦免罪行。 [12] 履：鞋子。

此略见蔡邕藏书之丰。张华《博物志》说："蔡邕有书万卷，汉末年载数车与王粲。"

操因问曰[1]："闻夫人家先多坟籍[2]，犹能忆识之不？"文姬曰："昔亡父赐书四千许卷，流离涂炭[3]，罔有存者，今所诵忆，裁四百余篇耳[4]。”操曰：“今当使十吏就夫人写之。”文姬曰：“妾闻男女之别，礼不亲授[5]，乞给纸笔，真草唯命[6]。”于是缮书送之[7]，文无遗误。后感伤乱离，追怀悲愤，作诗二章[8]，其辞曰：

［注释］

[1] 因：趁机。 [2] 先：对死者的尊称。坟籍：《左传·昭公十二年》：“是能读三坟、五典、八索、九丘。”杜预注：“皆古书名。”后用“坟籍”“坟典”泛指古代典籍。 [3] 流离：因饥荒战乱而逃难。涂炭：以污泥炭火比喻极端艰苦的境地。 [4] 裁：通“才”，仅仅。 [5] 礼不亲授：《礼记·曲礼上》：“男女不杂坐，不同椸枷，不同巾栉，不亲授。” [6] 真：真书，别名楷书。草：草书。唯命：“唯命是听”的省称，意为绝对听从命令。 [7] 缮：抄写，缮写。 [8] 诗：指蔡文姬所作的《悲愤诗》。

汉季失权柄[1]，董卓乱天常[2]。志欲图篡弑[3]，先害诸贤良[4]。逼迫迁旧邦[5]，拥主以自强。海内兴义师[6]，欲共讨不祥。卓众来东下[7]，金甲耀日光。平土人脆弱[8]，来兵皆胡羌。猎野围城邑[9]，所向悉破亡。斩截无孑遗[10]，尸骸相撑拒[11]，马边悬男头，马后载妇女。长驱西

《悲愤诗》第一章，属五言古体诗。全诗笔触细腻，情感充沛，感人至深。

入关[12]，回路险且阻。还顾邈冥冥[13]，肝脾为烂腐。所略有万计，不得令屯聚。或有骨肉俱，欲言不敢语。失意机微间[14]，辄言毙降虏[15]。要当以亭刃[16]，我曹不活汝[17]。岂复惜性命，不堪其詈骂[18]。或便加棰杖[19]，毒痛参并下[20]。旦则号泣行，夜则悲吟坐。欲死不能得，欲生无一可。彼苍者何辜[21]？乃遭此厄祸！

以夸张的手法，表明内心极其痛苦。

诗人在此段讲述了汉末董卓之乱后的所见所闻，目及之处，满目疮痍，民不聊生。

［注释］

[1] 季：末。权柄：权力地位。 [2] 天常：伦理纲纪，在"天人感应"观念影响下，古人认为封建道德是合乎天地运行规律的，故称"天常"。 [3] 篡：篡权夺位。弑：臣杀君。董卓废杀少帝刘辩。 [4] 诸贤良：董卓杀害周珌、伍琼等人。 [5] 迁旧邦：董卓逼迫汉献帝从东都洛阳迁至西都长安。 [6] 义师：正义的军队，指袁绍、孙坚、曹操等起兵讨伐董卓。 [7] 卓众来东下：汉献帝初平三年，董卓部队自长安东下，为孙坚所败，逃窜并占领陈留，蔡琰此时被俘。 [8] 平土：平原，指蔡琰故乡河南一带。 [9] 猎野：扫荡乡村。 [10] 斩截：屠杀。孑（jié）遗：遗民。《方言二》："孑，余也。" [11] 掌拒：亦作"撑距"，支撑。 [12] 关：函谷关。董卓由函谷关内东下后，后又西上返回关内。 [13] 邈：渺茫不清楚。冥冥：深远，不明亮。 [14] 失意：意见不合。机微：细微。 [15] 辄（zhé）：立即，就。 [16] 亭刃：遭受杀戮。亭，通"抟"，撞击。 [17] 我曹：我们。 [18] 詈（lì）：骂。 [19] 棰（chuí）：用棍子打。 [20] 毒：恨。 [21] 苍

者：青天。辜：罪责。

边荒与华异，人俗少义理。处所多霜雪，胡风春夏起。翩翩吹我衣，肃肃入我耳[1]。感时念父母，哀叹无穷已。有客从外来，闻之常欢喜。迎问其消息，辄复非乡里[2]。

此段描写蔡琰被掳入胡后的生存环境及思乡之情。

[注释]

[1] 肃肃：象声词，风声。　[2] 辄：总是。

邂逅徼时愿[1]，骨肉来迎己。己得自解免，当复弃儿子。天属缀人心[2]，念别无会期。存亡永乖隔[3]，不忍与之辞。儿前抱我颈，问我欲何之。“人言母当去，岂复有还时。阿母常仁恻[4]，今何更不慈？我尚未成人，奈何不顾思！”见此崩五内，恍惚生狂痴。号泣手抚摩，当发复回疑[5]。兼有同时辈[6]，相送告离别。慕我独得归，哀叫声摧裂。马为立踟蹰[7]，车为不转辙[8]。观者皆歔欷[9]，行路亦呜咽[10]。

初平三年，蔡邕离世。建安十一年，曹操感念蔡邕无后，派人以黄金璧玉将蔡琰赎回。此时蔡琰并不知道父亲已亡，以为是骨肉至亲来迎接她回家。

此句寄情于景，借车马以表达离别之苦。

此段叙述归汉的经过及与孩子、故人分别时的依依不舍。

[注释]

[1] 邂逅：没有约定而相遇。徼：同“侥”，侥幸。此句表达

蔡文姬侥幸获得曹操搭救，得以被赎回。 [2] 天属：有血缘关系的骨肉亲属，此处指母子关系。 [3] 乖：背离，分离。 [4] 仁恻（cè）：仁慈怜悯。 [5] 回疑：迟疑而徘徊不定。 [6] 同时辈：指十二年前和蔡琰一起被俘虏入胡的人。 [7] 踟蹰（chí chú）：心里迟疑，要走不走的样子。 [8] 辙：车迹。不转辙指车不前行。 [9] 歔欷（xū xī）：哀叹流泪。 [10] 行路：行人。

去去割情恋，遄征日遐迈[1]。悠悠三千里，何时复交会。念我出腹子[2]，匈臆为摧败[3]。既至家人尽，又复无中外[4]。城郭为山林，庭宇生荆艾。白骨不知谁，从横莫覆盖[5]。出门无人声，豺狼号且吠。茕茕对孤景[6]，怛咤糜肝肺[7]。登高远眺望，魂神忽飞逝。奄若寿命尽，旁人相宽大。为复强视息[8]，虽生何聊赖！托命于新人[9]，竭心自勖厉[10]。流离成鄙贱，常恐复捐废[11]。人生几何时？怀忧终年岁！

描写战乱后故乡的一派荒凉之景。

表明自己颠沛流离，遭受鄙夷轻视，担心被再次抛弃。

此段叙述诗人归汉后见到故乡的萧条破败，抒发心中的无限悲痛。

［注释］

[1] 遄（chuán）征：迅速赶路。日遐迈：一天天远行。 [2] 出腹子：亲生的孩子。 [3] 匈臆：胸臆，内心。摧败：悲痛欲绝。 [4] 中外：即中表。中指舅舅的子女，表指姑姑的子女。此处泛指近亲。 [5] 从横：纵横。 [6] 茕茕（qióng）：孤单无依之貌。 [7] 怛咤（dá zhà）：悲伤感叹。糜：烂。 [8] 强（qiǎng）

视息：勉强存活。 [9] 新人：指董祀，蔡琰被赎回后嫁给董祀。 [10] 勖：勉励。厉：通“励”。 [11] 捐废：抛弃。

其二章曰：

嗟薄祐兮遭世患[1]，宗族殄兮门户单[2]。身执略兮入西关，历险阻兮之羌蛮[3]。山谷眇兮路曼曼[4]，眷东顾兮但悲叹。冥当寝兮不能安，饥当食兮不能餐，常流涕兮眥不干[5]。薄志节兮念死难，虽苟活兮无形颜。惟彼方兮远阳精[6]，阴气凝兮雪夏零。沙漠壅兮尘冥冥[7]，有草木兮春不荣。人似禽兮食臭腥，言兜离兮状窈停[8]。岁聿暮兮时迈征[9]，夜悠长兮禁门扃[10]。不能寐兮起屏营，登胡殿兮临广庭。玄云合兮翳月星[11]，北风厉兮肃泠泠[12]。胡笳动兮边马鸣，孤雁归兮声嘤嘤。乐人兴兮弹琴筝，音相和兮悲且清。心吐思兮匈愤盈[13]，欲舒气兮恐彼惊，含哀咽兮涕沾颈[14]。家既迎兮当归宁，临长路兮捐所生[15]。儿呼母兮号失声，我掩耳兮不忍听。追持我兮走茕茕，顿复起兮毁颜形。还顾之兮破人情，心怛绝兮死复生[16]！

《悲愤诗》第二章，属骚体。

胡应麟《诗薮·外编》说“文姬自有骚体《悲愤诗》一章，虽词气直促，而古朴真至，尚有汉风”，又说“文姬《悲愤诗》如‘玄云合兮翳月星，北风厉兮肃泠泠，胡笳动兮边马鸣’，又‘儿呼母兮啼失声，我掩耳兮不忍听，追持我兮走茕茕’，状景莽苍，诉情委笃”。

[注释]

[1] 祐：《后汉书集解》："'祐'当作'祜'"，福。 [2] 殄（tiǎn）：尽，绝。 [3] 之：去，到。 [4] 眇（miǎo）：高远。 [5] 眥（zì）：眼眶。 [6] 阳精：太阳。古代北为阴，南为阳，匈奴在中原的北面，故称中原为阳。 [7] 壅（yōng）：堆积。冥冥：昏暗的样子。 [8] 兜离：语言难以理解。窈停：深目高鼻貌，形容胡人形貌粗犷。 [9] 岁聿：岁末。 [10] 扃（jiōng）：从外面关门的门闩。 [11] 翳（yì）：遮盖。 [12] 泠泠（líng líng）：冷清凄凉。 [13] 匈：同"胸"，内心。 [14] 涕：眼泪。 [15] 捐：舍弃。 [16] 怛（dá）：悲伤哀苦。

[点评]

郝经《续后汉书》评价蔡琰"婉娩淑女，与士并列。至柔动刚，彤管炜节"。可以说，东汉末期动荡离乱的社会环境、悲苦传奇的个人生命体验和深厚的家学传统，使蔡琰成为中国历史上一位具有士大夫品性的女性。首先，蔡琰以士大夫般的目光关怀社会现实。天下丧乱、董卓乱常，蔡琰将个人遭遇和国家命运、百姓存亡相结合，带着儒家的恻隐仁爱之心，用近乎"诗史"的笔法记录了民生百态。其次，蔡琰身上亦流露出士大夫般的使命感。作为母亲，对待孩子仁恻慈爱，在骨肉分别时撕心裂肺、肝肠寸断，其间流露出的拳拳爱子之心，令人读之动容。作为董祀的妻子，面对满堂公卿名士，她不卑不亢，机敏应答，以真切的言语感动众人，救丈夫于生死危难之中。作为一代大儒蔡邕的女儿，她饱读诗书，传承父亲蔡邕的精神品格，作《悲愤诗》《胡笳十八拍》，使中国古代女性文学走出闺阁情怨，与广阔的社会现实相联系。其以超人的才华，为曹操诵忆书卷四百余篇，为中华文化的赓续传承做出了重要贡献。

章学诚《文史通义》说："列女之名，仿于刘向，非烈女也。……蔡琰著其才，使为丈夫，则文苑之材也。"范晔将一生三嫁的蔡琰置于《列女传》中予以肯定，说明多次改嫁的她在当时仍受尊敬，是当时女权觉醒大背景下的必然表现。范晔设《皇后纪》，又以专传载录具有不同德才的女子，这是正史中极为罕见的创新。

东夷列传（序）

本篇节选自《后汉书·东夷列传》。晋初陈寿撰《三国志》，开启了在正史中列《东夷传》的先河，但陈寿对东夷族的历史渊源缺乏叙述。范晔此序从"夷"的内涵说起，概述了其自夏商周以下，至于东汉一朝的发展变化。近现代以来，研究东夷族历史文化的学者对此篇序颇为重视，多有援引。

首段简要介绍了"夷"的含义、东夷之人的生性特点以及夷的种类。

《王制》云[1]："东方曰夷。"夷者，柢也，言仁而好生，万物柢地而出[2]。故天性柔顺，易以道御，至有君子、不死之国焉[3]。夷有九种[4]，曰畎夷，于夷，方夷，黄夷，白夷，赤夷，玄夷，风夷，阳夷[5]。故孔子欲居九夷也[6]。

[注释]

[1]《王制》：《礼记》中的一篇，主要讲述君主治理国家的制度。 [2]"夷者"四句：根据五行学说，春天万物萌发，和东方相配。柢（dǐ），树木的根，又同"牴"，牴开。"夷"与"柢"古音相同。 [3] 君子、不死之国：传说中的东方国家。《山海经·海外

东经》:“君子国衣冠带剑，其人好让不争。”又有不死国“在交胫东，其为人黑色，寿不死。” [4] 夷有九种：古书有“九夷”的说法，指先秦时期东方各少数民族或地区，诸书中“九夷”的具体所指名称不一。故此处“九夷”为虚指，泛言少数民族数量之多。 [5]“曰畎夷”九句：本处所列的九夷均见载于《竹书纪年》，在夏商之时居于东方，其具体所在，目前学界没有定论。 [6] 孔子欲居九夷：语出《论语·子罕》。孔子的政治主张在中原受阻，因而有此言论。

昔尧命羲仲宅嵎夷[1]，曰旸谷[2]，盖日之所出也。夏后氏太康失德[3]，夷人始畔[4]。自少康已后[5]，世服王化，遂宾于王门[6]，献其乐舞。桀为暴虐[7]，诸夷内侵，殷汤革命[8]，伐而定之。至于仲丁[9]，蓝夷作寇[10]。自是或服或畔，三百余年。武乙衰敝[11]，东夷寖盛，遂分迁淮、岱[12]，渐居中土。

以上写夏商时期东夷的发展情况。

［注释］

[1] 尧：传说上古时期的部落联盟领袖。号陶唐氏，名放勋，又称唐尧。羲仲：传说中的上古人物，羲和一族，尧的大臣，尧命其居郁夷旸谷观察天象，以便确定农时。详见《史记·五帝本纪》和《尚书·尧典》。宅：居。嵎夷：东方之地。 [2] 旸（yáng）谷：传说中的日出之处。 [3] 夏后氏太康：夏朝君主太康，禹的孙子，启的儿子。相传太康荒淫无道，不恤民生，后被东夷有穷氏首领后羿取代。 [4] 夷人始畔：东夷有穷氏首领后羿借太康狩

猎之时，乘机掌握夏政权的事。史称“太康失国”或“后羿代夏”。畔，通“叛”。 [5]少康：夏代国君，太康弟弟仲康的孙子。太康死后，仲康到帝丘建立政权。仲康死后，他的儿子相继位。相被杀害后，其妻后缗（mín）东逃至东夷的母家有仍氏之地，生下遗腹子少康。少康获得有仍氏、有虞氏的帮助，恢复夏朝政权，史称“少康中兴”。已：同“以”。 [6]宾：顺服。 [7]桀：名履癸，夏朝亡国之君，残暴荒淫，后被商汤灭。 [8]殷汤：商汤，商朝的开国之君。革命：古代宣扬帝王受命于天，凡改朝换代即认为是天命变革。 [9]仲丁：姓子名庄，商王太戊之子，在位期间兴兵讨伐蓝夷。 [10]蓝夷：东夷族的一支，约在今山东淄川东南。相传蓝夷以种植蓝靛为染料并常穿蓝衣，故得此名。蓝夷作寇事最早见于《竹书纪年》。 [11]武乙：子姓，名瞿，商王庚丁之子，商朝第二十七任君主。 [12]淮：淮河流域。岱：泰山及周边区域。

及武王灭纣[1]，肃慎来献石砮、楛矢[2]。管、蔡畔周[3]，乃招诱夷狄，周公征之，遂定东夷。康王之时[4]，肃慎复至。后徐夷僭号[5]，乃率九夷以伐宗周[6]，西至河上。穆王畏其方炽[7]，乃分东方诸侯，命徐偃王主之[8]。偃王处潢池东，地方五百里，行仁义，陆地而朝者三十有六国。穆王后得骥騄之乘[9]，乃使造父御以告楚[10]，令伐徐，一日而至。于是楚文王大举兵而灭之[11]。偃王仁而无权，不忍斗其人，故致于败。乃北走以上写周朝时东夷的情况。

范晔此篇序文写汉代以前东夷史事，多来源于战国中叶成书而于晋初出土的《竹书纪年》。可见，范晔撰写《后汉书》不仅参考传世文献，其对出土文献也有征引，此足见《后汉书》取材之丰赡广博。

彭城武原县东山下，百姓随之者以万数，因名其山为徐山。厉王无道[12]，淮夷入寇，王命虢仲征之[13]，不克，宣王复命召公伐而平之[14]。及幽王淫乱[15]，四夷交侵，至齐桓修霸[16]，攘而却焉。及楚灵会申[17]，亦来豫盟。后越迁琅邪[18]，与共征战，遂陵暴诸夏[19]，侵灭小邦。

［注释］

[1] 武王：周武王，姓姬，名发。周文王之子，继承父志联合各族攻伐商纣王，建立西周，定都镐京（今陕西西安西南）。纣：商纣王，名帝辛。商代亡国之君，暴虐荒淫，沉迷酒色，与周武王牧野之战后，兵败自焚而亡。 [2] 肃慎：我国古代东北的民族。西周前称息慎，周代称肃慎，相传在舜、禹时代已与中原存在朝贡关系。石砮：石制的箭头。楛（hù）矢：用荆一类的植物的茎制成的箭杆。肃慎献石砮、楛矢之事详见《国语·鲁语下》。 [3] 管、蔡畔周：管，管叔，姓姬名鲜，封地在管；蔡，蔡叔，姓姬名度，封地在蔡。二人是周文王的叔叔。畔周，管叔蔡叔联合纣王之子武庚及东夷发动叛乱。周朝建立后，武王派管叔蔡叔监视商朝的残余势力，武王去世，成王年幼，周公摄政，二人便发动叛乱，后周公东征成功镇压。 [4] 康王：名钊，成王之子，西周第三任君主。登基后，继续推行周成王的政策，平定东夷，北征略地，西伐鬼方。周成王至周康王时期，天下安定，史称“成康之治”。 [5] 徐夷：古族名，东夷之一，西周初年居住在今安徽省泗县到徐州一带，该族在东夷联盟中最为强大，后来建立徐国。僭（jiàn）号：违背礼制而称王号。 [6] 宗周：因推行分封制，

周朝是各诸侯国的宗主国，故称宗周。 [7] 穆王：周穆王，名满。西周第五位君主，是西周在位时间最长的君主。在位期间两伐犬戎，西征昆仑，东攻徐国，又周游天下，《穆天子传》即是关于周穆王周游的故事。 [8] 徐偃：徐国国王，周穆王时人。曾率东方各族抗击周朝，后来失败。 [9] 骥騄：良马，借以指称贤才。騄，古代一种行速极快的良马。 [10] 造父：人名。相传因善御获得周穆王之宠爱，赐赵城。 [11] 楚文王大举兵而灭之：此句史实有误。楚文王是春秋时人，距周穆王已三百多年，不可能助穆王伐徐。春秋时期的徐国，是在公元前 512 年被吴国所灭，距离楚文王有 170 年的时间。 [12] 厉王：周厉王，名胡，西周第十位君主。在位期间，垄断山泽物产，严控舆论，国人只得“道路以目”，引起人民反抗，只得逐奔于彘，居汾水之旁，称“汾王”。 [13] 虢（guó）仲：本指周文王之弟，周初封于虢地。此处的虢仲为周厉王时人，相距两百多年，恐重名或此指虢国国君的弟弟。 [14] 宣王：周宣王，名静，周厉王之子。在位期间整顿朝政，讨伐夷狄，出现过短暂的“宣王中兴”。召公：宣王臣子，即召穆公召虎，召穆公与周定公辅佐周宣王，史称“周召共和”。 [15] 幽王：西周第十二任君主，名宫湦，宣王之子。淫乱昏庸，后被犬戎所杀，西周灭亡。 [16] 齐桓：齐桓公，春秋五霸之一。姓姜，名小白。拜管仲为相，以“尊王攘夷”为号召，多次会盟诸侯，是春秋时第一个霸主。晚年任用奸佞小人，公元前 643 年病死。修霸：建立霸业。 [17] 楚灵：楚灵王，芈姓，熊氏，初名围，楚共王次子。公元前 541 年，杀侄儿楚王郏敖自立。在位十二年，不得民心，最终吊死郊外。会申：公元前 538 年楚灵王在申（今河南南阳北）会盟诸侯。时淮夷亦派人参加了盟会。 [18] 越迁琅邪：越，越国。越国打败吴国后，勾践于公元前 468 年迁都琅邪（在今山东青岛市黄岛区）。此后一段时间，先秦时的东夷在商朝晚期"遂分迁淮、岱，渐居中土"，开始与华夏民族融合，到了秦朝"秦并六国，其淮、泗夷皆散为民户"，则与华夏民族融为一体。

汉朝时期的东夷，在内涵上与先秦时的东夷有所差别，主要泛指东北亚地区的民族，包括夫余、挹娄、高句丽、东沃沮、濊、韩、倭等，这是《后汉书·东夷列传》记载的主体部分。

越国国力强盛，与中原诸国相争锋，后在公元前 306 年被楚国所灭。 [19] 诸夏：指中原各诸侯国。

秦并六国，其淮、泗夷皆散为民户。陈涉起兵[1]，天下崩溃，燕人卫满避地朝鲜[2]，因王其国。百有余岁，武帝灭之[3]，于是东夷始通上京[4]。王莽篡位，貊人寇边[5]。建武之初[6]，复来朝贡。时辽东太守祭肜威詟北方[7]，声行海表[8]，于是濊、貊、倭、韩万里朝献，故章、和已后[9]，使聘流通[10]。逮永初多难[11]，始入寇钞[12]；桓、灵失政[13]，渐滋曼焉。

[注释]

[1] 陈涉：名胜，字涉，阳城（今河南登封市东南）人，秦末农民起义领袖。公元前 209 年，他与吴广在大泽乡率戍卒起兵反秦，在陈县建立张楚政权，这是中国历史上首个由农民建立起来的政权。后来起义失败，被车夫庄贾杀害。 [2] 卫满：秦末汉初人，卫氏朝鲜的建立者。秦末天下大乱，他率燕地百姓避乱入居朝鲜，并建立了卫氏朝鲜政权。 [3] 武帝：汉武帝刘彻，政绩卓著。 [4] 上京：此指西汉都城长安。 [5] 貊：古代泛称东北少数民族，此指高句丽。 [6] 建武：东汉光武帝刘秀年号，公元 25 年至 56 年。 [7] 祭肜：亦作祭彤，字次孙，颍川颍阳（今河南襄城县）人。东汉大臣，有武力权谋，声震塞外。詟（zhé）：恐惧，此处为使动用法，意为使北方少数民族恐惧。 [8] 海表：

海外或国外。 [9] 章、和：章，汉章帝刘炟，东汉第三位皇帝。和，汉和帝刘肇，东汉第四位皇帝。 [10] 使聘：使节访问。 [11] 永初：汉安帝年号，公元 107 年至公元 113 年。 [12] 钞：掠取，抢掠，后作“抄”。 [13] 桓、灵：桓，汉桓帝刘志，东汉第十位皇帝。灵，汉灵帝刘宏，东汉第十一位皇帝。

自中兴之后，四夷来宾，虽时有乖畔，而使驿不绝，故国俗风土，可得略记。东夷率皆土著，憙饮酒歌舞[1]，或冠弁衣锦[2]，器用俎豆[3]。所谓中国失礼，求之四夷者也[4]。凡蛮、夷、戎、狄总名四夷者，犹公、侯、伯、子、男皆号诸侯云。

此段写东汉时期东夷与汉王朝的交往及其风俗礼仪，本质上体现了上古部族之间的文化传播与交流，反映出范晔对各民族关系的认识。

［注释］

[1] 憙（xǐ）：古同“喜”。 [2] 弁（biàn）：古代男子穿礼服时戴的帽子。 [3] 俎豆：俎，古代放祭肉的礼器。豆，古代放肉或其他食物的器皿。俎豆是古代宴客祭祀常用的礼器，故常用俎豆代称礼仪祭祀。 [4] 中国失礼，求之四夷：中原的古礼失传了，可到四方少数民族中去寻求。《左传·昭公十七年》记载，孔子曾向东夷郯国的郯子请教以鸟名来命名官职的原因时说，“吾闻之，天子失官，学在四夷”。盖即此意。

［点评］

《后汉书》“六夷”传的序论，主要述说边疆各个民族、地区与三代、秦汉的关系，且尤为关注其与东汉的密切联系。

中国古籍中所谓的“东夷”，并不是指单一部族，而是一个集群的概念。并且这一集群概念，在不同历史时期，有着不同的指谓。范晔在《东夷列传》序中叙述了东夷的历史源流，其引用《尚书》“分命羲仲，宅嵎夷”的记载，将东夷起源追溯到史前时期，既而着重记叙了夏、商、周三代中原王朝同东夷的交流与碰撞，呈现了东夷族群构成主体和活动范围在不同时期的动态变化过程。范晔对东夷历史渊源的概说，简而有要，对当下的东夷史研究具有重要的学术参考价值。

《史记》和《汉书》仅设《朝鲜传》，范晔则充分考虑到东部夷族的情况，在《东夷列传》中主要载录了七个东夷部族历史，包括夫余、挹娄、高句丽、东沃沮、濊、韩、倭，这展现了其对边疆民族的进一步认识。《东夷列传》在叙事逻辑上，大抵先述该部族情形，按照疆域领土、种族言语、政治风俗的顺序叙下，然后述说其与东汉的交流史。《东夷列传》对东夷各族的记载，体现了范晔自觉的民族史撰述意识。

汉代是中国统一的多民族国家进程中的重要时期，国家的发展与民族的发展休戚相关。《后汉书》民族传记载的东夷民族与其他边疆少数民族一样，在华夏民族的形成过程中扮演着重要角色，是统一多民族国家的缔造者和建设者。范晔对中国边疆民族的历史书写，同样也是中国统一的、多民族文化建设的重要组成部分。

西域列传（论）

论曰：西域风土之载，前古未闻也。汉世张骞怀致远之略[1]，班超奋封侯之志[2]，终能立功西遐，羁服外域[3]。自兵威之所肃服[4]，财赂之所怀诱，莫不献方奇，纳爱质，露顶肘行[5]，东向而朝天子，故设戊己之官[6]，分任其事；建都护之帅，总领其权。先驯则赏籯金而赐龟绶[7]，后服则系头颡而衅北阙[8]。立屯田于膏腴之野，列邮置于要害之路。驰命走驿，不绝于时月；商胡贩客，日款于塞下。其后甘英乃抵条支而历安息[9]，临西海以望大秦[10]，拒玉门、阳关者四万余里[11]，靡不周尽焉。若其境俗性智之优薄，产载物类之区品[12]，川河领障之基源，气节凉暑之通隔，梯山栈谷绳行沙度之道[13]，身热首痛风灾鬼难之域，莫不备写情形，审求根实。

本篇节选自《后汉书·西域列传》。刘咸炘《后汉书知意》说《西域列传》“全用班勇所记，勇记本依行道，故通篇节节相衔，以原文道路为脉络，而填述其事，不必与《前书》相当，而适以补其阙，正其讹。”

东汉在西域屯田，始于明帝永平十六年（73）。这一年，汉军取伊吾庐地，置“宜禾都尉”以屯田。

以上写汉王朝对西域的统辖，并简要叙说了西域的风土人情与地理环境。

［注释］

[1] 张骞：字子文，西汉汉中郡城固（今陕西省城固县）人，中国古代著名的外交家、探险家，丝绸之路的开拓者。于公元前

139 年和公元前 119 年先后两次出使西域，沟通了中国同西亚、欧洲之间的关系，开创了著名的丝绸之路。 [2] 班超奋封侯之志：班超少时贫苦，受雇于官府以抄书为业，曾经丢下笔感慨说，大丈夫没有其他志向，应当效仿傅介子和张骞那样，以取封侯。详见本书《班超传》。 [3] 羁服：笼络牵制使顺服。 [4] 肃服：恭敬肃然地服从。 [5] 露顶：因低头倾俯而露出头顶。肘行：用肘行走即爬行。露顶肘行比喻顺服屈从。 [6] 戊己之官：戊己校尉。详见本书《董卓传》。 [7] 籯金：又作“籝金”。籯，竹笼，古人用籯存放金银财宝，故可代指财富。龟绶：龟纽印绶，又可代指官爵。绶，拴在印纽或勋章上的丝带。 [8] 系头颡而衅北阙：把头颅系上绳索并向朝廷请罪。颡（sǎng），额头。衅，古代用牲畜的血涂器物的缝隙以祭祀。北阙，宫殿北面的门楼，亦可代指朝廷。 [9] 甘英：班超的属吏，永元九年（97）班超遣甘英出使大秦。条支：中亚古国名，在今叙利亚一带。安息：中亚古国，在今伊朗地区。 [10] 西海：今里海。大秦：古罗马。 [11] 玉门：玉门关，在今甘肃敦煌。阳关：在今甘肃敦煌。古代以南为阳，因在玉门关之南，故名阳关。 [12] 区品：品类。 [13] 梯山：架梯才能攀登的高山，泛指险山。栈谷：架栈道才能通过的险谷。沙度：度过沙漠。

如果以《法显传》和《洛阳伽蓝记》等资料作为参照，则会发现魏晋南北朝正史中有关西域佛教的记载皆颇为粗疏，不独两汉。

至于佛道神化，兴自身毒[1]，而二汉方志莫有称焉[2]。张骞但著地多暑湿，乘象而战，班勇虽列其奉浮图[3]，不杀伐，而精文善法导达之功靡所传述[4]。余闻之后说也，其国则殷乎中土，玉烛和气[5]，灵圣之所降集，贤懿之所挺生[6]，神迹诡怪，则理绝人区，感验明显[7]，则事出天外。而骞、超无闻者，岂其道闭往运[8]，数开叔叶乎[9]？不然，何诬异之甚也！汉自楚英始盛斋戒之祀[10]，桓帝又修华盖之饰[11]。将微义未译，而但神明之邪？

以上讲佛教的来历以及传入中国之后引起的反应。

［注释］

[1] 身毒：中国先秦至隋唐时期对古印度的称呼。　[2] 方志：记录区域历史地理风土人情的著作。　[3] 班勇：字宜僚，班超之子，扶风平陵（今陕西咸阳东北）人，任西域长史，永建元年（126）大破匈奴，著有《西域记》。浮图：梵语音义词，又作“浮屠”，指佛教或佛教徒。　[4] 导达：疏通畅达。　[5] 玉烛和气：指一年四季天气温和。《尔雅》曰：“四时和谓之玉烛。”　[6] 灵圣、贤懿：指释迦牟尼及其信徒。挺生：杰出。　[7] 神迹、感验：佛经中一些超乎寻常的故事。　[8] 往运：以前的时运。　[9] 数开：行运，这里指佛教兴盛。数，命运。叔叶：末世。叔，末、衰。　[10] 楚英：楚王刘英，汉光武帝刘秀之子，喜好佛教。《后汉书》：“英少时好游侠，交通宾客，晚节更喜黄老，学为浮屠斋戒祭祀。”后因被人告发私作图谶，欲意谋反而被废。　[11] 华盖之饰：皇帝或贵族车上伞盖的装饰。汉桓帝刘志曾在宫中设黄老浮屠寺，祭祀皇帝、老子和佛祖。

详其清心释累之训[1]，空有兼遣之宗[2]，道书之流也[3]。且好仁恶杀，蠲敝崇善[4]，所此节先讲述佛教“好仁恶杀，蠲敝崇善”的主旨，同传统儒家思想有共通之处，所以能够得到“贤达君子”的认同。随后，范晔批评了佛教教义存在诸多“好大不经，奇谲无已”的地方，特别是对“精灵起灭，因报相寻”之类的宣扬，令通达明智的人也心生困惑。

以贤达君子多爱其法焉。然好大不经[5]，奇谲无已[6]，虽邹衍谈天之辩[7]，庄周蜗角之论[8]，尚未足以概其万一。又精灵起灭[9]，因报相寻[10]，若晓而昧者，故通人多惑焉。盖导俗无方[11]，适物异会[12]，取诸同归[13]，措夫疑说[14]，则大道通矣。

[注释]

[1] 清心释累：使内心清净，舍弃世俗的贪欲。 [2] 空：指佛教教义中超脱现实的境界。有：指佛教教义中未能超脱现实的境界。兼遣：兼得“空”与“有”的境界。 [3] 道书：道家之书。 [4] 蠲（juān）：去除、免除。 [5] 好大不经：过于夸张以至于不合常理。经，常理、准则。 [6] 奇谲（jué）：奇特狡诈。 [7] 邹衍谈天之辩：邹衍，战国末期齐国人，阴阳家代表人物、五行创始人，稷下学宫的学者，擅长雄辩。提倡五行说、五德终始说和大九州说。《史记·孟子荀卿列传》：“邹衍之术迂大而闳辩……故齐人颂曰：‘谈天衍’。”后以“邹衍谈天”指称能言善辩。 [8] 庄周：庄子，名周，战国时期宋国人，道家学派的代表人物，其作品收录于《庄子》一书中，和老子并称“老庄”。蜗角之论：为了极其微小的事而大开杀戒。出自《庄子·则阳》，用夸张想象的手法，讲述了在蜗牛左触角的国家触氏和在蜗牛右触角的国家蛮氏，因为争夺土地而死亡数万人的故事。 [9] 精灵起灭：精灵指神识。佛教认为，世间万物的灵魂均处在生死轮回之中。 [10] 因报相寻：佛教认为因果报应是生死轮回的依据。 [11] 导俗：教化世俗的人们。 [12] 适物：顺应事物。异会：

不同的方法。[13]同归：共同的旨趣。[14]措：搁置，不理会。

［点评］

《西域列传》论讲述了汉皇朝对西域的管辖与联系的情况。范晔在讲述中原与西域交通、联系的历史时，肯定了张骞、班超、甘英在加强民族交流方面的贡献；清晰地阐述了佛教的产生、传入中国的过程以及宣扬的主旨，并就佛教对其时中国社会上层人士产生的影响及流行的原因进行了简要概说。本篇传论体现了范晔史论“笔势放纵”的特点。

在《西域列传·序》中，范晔说“班固记诸国风土人俗，皆已详备《前书》”，表明他对班固《汉书》相关记载的认同，所以他只撰“建武以后其事异于先者，以为《西域列传》”。范晔对前人成果的借鉴与分析，体现了他自觉的民族史撰述意识。范晔虽然批评佛教“神迹诡怪，则理绝人区，感验明显，则事出天外”，“好大不经，奇谲无已”。但作为一名史学家的真正高明之处在于，他能以辩证的态度去看待历史事件。在本篇论的结尾，范晔说“盖导俗无方，适物异会，取诸同归，措夫疑说，则大道通矣”，说明他认识到思想对于社会的引导作用，虽然他坚信“天下决无佛鬼”，对虚妄之言持批判态度，但其善于寻找出这些不同学说中的合理之处，用以治理国家，化民成俗，以期达到维护王朝稳定的目的。

本篇节选自《后汉书·南匈奴列传》。李贤注云：“《前书》直言《匈奴传》，不言南北，今称南者，明其为北生义也。以南单于向化尤深，故举其顺者以冠之。《东观记》称《匈奴南单于列传》，范晔因去其‘单于’二字。”《南匈奴列传·论》对匈奴的变迁历史进行了“考镜源流”式地述说。

以上写西汉时期，匈奴与汉王朝的交流与融合。

南匈奴列传（论）

论曰：汉初遭冒顿凶黠[1]，种众强炽。高祖威加四海，而窘平城之围[2]。太宗政邻刑措[3]，不雪愤辱之耻[4]。逮孝武亟兴边略[5]，有志匈奴，赫然命将，戎旗星属[6]，候列郊甸[7]，火通甘泉[8]，而犹鸣镝扬尘，出入畿内[9]，至于穷竭武力，单用天财[10]，历纪岁以攘之[11]。寇虽颇折，而汉之疲耗略相当矣。宣帝值虏庭分争[12]，呼韩邪来臣，乃权纳怀柔，因为边卫，罢关徼之儆[13]，息兵民之劳。龙驾帝服，鸣钟传鼓于清渭之上，南面而朝单于。朔、易无复匹马之踪[14]，六十余年矣。

[注释]

[1] 冒顿（mò dú）：冒顿单于，秦汉之际杰出的匈奴军事统领，首次统一北方草原，曾在白登围困刘邦并数次南下，写信挑衅吕后，后与汉和。详见《史记·匈奴列传》。 [2] 平城之围：平城，今山西省大同市。平城之围又称白登之围，指汉高祖七年（前200）刘邦被匈奴围困于白登山（今山西大同市东北马铺山），刘邦采陈平之计，重贿匈奴阏氏，方得勉强解围之事。 [3] 太宗政邻刑措：指汉文帝与民生息，慎用刑法。《汉书·文帝纪》记载

文帝每年“断狱数百，几致刑措。”太宗，汉文帝刘恒的庙号。邻，几乎。措，搁置。 [4] 不雪愤辱之耻：汉文帝与匈奴和亲，不能雪洗汉朝所受的愤恨耻辱。愤辱之耻，高祖被困平城、吕后被冒顿单于书信侮辱。 [5] 亟：多次。略：封疆土地。 [6] 星属（zhǔ）：像星星一样排列。属，接连不断。 [7] 郊甸：城邑外百里及二百里之内，泛指郊畿。 [8] 甘泉：甘泉宫，汉武帝的住所。 [9] 畿（jī）内：国都管辖的地区。 [10] 单：通“殚”，竭尽。 [11] 纪：十二年为一纪，此处为约数，指十多年。 [12] 宣帝：汉宣帝刘询，字次卿。 [13] 关徼：关塞。徼（jiào），巡察。 [14] 朔：朔方，朔方郡，在今内蒙古一带，或泛指北方。易：易水，源自易县，在今河北省西部。

后王莽陵篡[1]，扰动戎夷，续以更始之乱[2]，方夏幅裂。自是匈奴得志，狼心复生，乘间侵佚[3]，害流傍境。及中兴之初，更通旧好，报命连属，金币载道，而单于骄踞益横，内暴滋深。世祖以用事诸华[4]，未遑沙塞之外[5]，忍愧思难，徒报谢而已。因徙幽、并之民，增边屯之卒。及关东稍定，陇、蜀已清，其猛夫扞将[6]，莫不顿足攘手，争言卫、霍之事。帝方厌兵，间修文政，未之许也。其后匈奴争立，日逐来奔[7]，愿修呼韩之好[8]，以御北狄之冲，奉藩称臣，永为外扞。天子总揽群策，和而纳焉。乃诏有司开北鄙，择

卜宪群、周天游主持校注《后汉书》：“在东汉王朝统一过程中，割据陇西的隗嚣、割据巴蜀的公孙述是最后的两个目标，故此处以‘陇、蜀已清’代指中原王朝统一战争初步结束。”

肥美之地，量水草以处之。驰中郎之使，尽法度以临之。制衣裳，备文物，加玺绂之绶，正单于之名。

以上写自王莽至东汉时期，匈奴与中原王朝的碰撞与交往。

[注释]

[1] 陵篡：越位篡权。陵，古同“凌”。 [2] 更始之乱：更始，更始帝刘玄年号。刘玄，字圣公，南阳蔡阳县（今湖北枣阳市）人，汉光武帝刘秀的族兄。早年参加平林兵，公元 23 年称帝，年号更始。公元 25 年投降，被赤眉军所杀。 [3] 侵佚：亦作“侵轶”，侵犯袭击。 [4] 诸华：中原的诸侯国。 [5] 未遑：没有闲暇。 [6] 扞（gǎn）将：扞，通“悍”，勇猛的将领。 [7] 日逐：日逐王，匈奴贵族封号，分左、右。位次于左右贤王、左右谷蠡王。 [8] 呼韩：呼韩邪单于，率部归降汉朝，与王昭君和亲。

匈奴内部分裂为南、北二支。

卜宪群、周天游主持校注《后汉书》：“东汉和帝即位初，大将军窦宪率军攻破北匈奴，随军的班固书文纪功，于燕然山勒石纪功而还。”《封燕然山铭》已被发现并确认，其址位于蒙古国杭爱山南麓。

于是匈奴分破，始有南北二庭焉。仇衅既深，互伺便隙，控弦抗戈，觇望风尘[1]，云屯鸟散[2]，更相驰突，至于陷溃创伤者，靡岁或宁，而汉之塞地晏然矣[3]。后亦颇为出师，并兵穷讨，命窦宪、耿夔之徒[4]，前后并进，皆用果谲[5]，设奇数，异道同会，究掩其窟穴，蹑北追奔三千余里，遂破龙祠，焚罽幕[6]，坑十角[7]，梏阏氏[8]，铭功封石，倡呼而还。单于震慑屏气，蒙毡遁走于乌孙之地[9]，而漠北空矣。

[注释]

[1] 觇（chān）望：窥看，观望。 [2] 云屯鸟散：像云一样聚集，像鸟一样分散。 [3] 晏然：安然无恙。 [4] 窦宪：字伯度，扶风平陵（今陕西咸阳）人。东汉名将、外戚。永元元年（89）任车骑将军，与执金吾耿秉大破北匈奴于稽落山，临私渠比鞮海，出塞三千余里，至燕然山（今蒙古国境内杭爱山），刻石《封燕然山铭》。耿夔：字定公，扶风茂陵（今陕西兴平）人，建威大将军耿弇的侄子，跟随窦宪出击，大败北匈奴军。 [5] 果谲（jué）：果敢多谋。 [6] 罽（jì）幕：毛毡材质的帐幕。 [7] 十角：汉代南匈奴左右贤王、左右谷蠡王、左右日逐王、左右温禺鞮王、左右渐将王等十种官爵的总称。 [8] 阏氏（yān zhī）：汉时匈奴单于正妻的称号。 [9] 乌孙：古国名，在今新疆一带。

若因其时势，及其虚旷，还南虏于阴山，归河西于内地，上申光武权宜之略，下防戎羯乱华之变[1]，使耿国之算不谬于当世[2]，袁安之议见从于后王[3]，平易正直，若此其弘也。而窦宪矜三捷之效[4]，忽经世之规，狼戾不端[5]，专行威惠。遂复更立北虏，反其故庭，并恩两护，以私己福，弃蔑天公，坐树大鲠[6]。

［注释］

[1] 戎羯乱华：西晋末年，少数民族入主中原，北方形成五胡十六国争权的局面。 [2] 耿国：字叔虑，扶风茂陵（今陕西兴平）人，建威大将军、好畤侯耿弇之弟。《后汉书·耿弇列传》称赞："国素有筹策，数言边事，帝器之。" [3] 袁安之议：袁安反对窦宪立北单于的议论。袁安，字邵公，汝南汝阳县（今河南商水西南）人，东汉名臣。 [4] 矜：自夸自大。 [5] 狼戾：像狼一般狠毒。 [6] 鲠：祸害。

永言前载，何恨愤之深乎！自后经纶失方，畔服不一，其为疢毒[1]，胡可单言！降及后世，玩为常俗，终于吞噬神乡[2]，丘墟帝宅[3]。呜呼！千里之差，兴自毫端，失得之源，百世不磨矣。

［注释］

[1] 疢（chèn）：热病。 [2] 神乡：神州、中原。 [3] 丘墟帝宅：皇帝住宅成了废墟。指的西晋末期，少数民族攻下长安、洛阳两座都城，入主中原。

［点评］

匈奴是我国秦汉时期北方重要的游牧民族，又称"胡"。它的内部分化历程及其与中原王朝的关系演变，展现出匈奴部族复杂的发展变迁史。战国时期，匈奴活动地域主要分布于秦、赵、燕以北的地区，其势力在战国末期逐渐强大。秦朝时，秦大将蒙恬将兵三十万北击匈奴，迫使其北撤七百余里。西汉时期，汉匈关系紧密复杂。建立于千疮百孔之上的汉初政权，百废待兴，匈奴趁机统治了河套地区，控制了整个北方草原。此后直到汉武帝即位之初，西汉在与匈奴相处上主要都是奉行和亲政策。汉武帝时，卫青、霍去病等击败匈奴，使其退守漠北。汉宣帝、元帝时，匈奴发生内乱，呼韩邪单于臣服于汉廷，汉匈关系发生根本性的改变，北方边境人民获得六十余年的安定生活。两汉之交，中原纷乱频仍，匈奴一度独立。东汉初期，匈奴因种种原因，分裂为南北两个部族。北匈奴居于漠北，保持相对独立，南匈奴南下附汉，并逐渐迁居内地，与汉族融合。和帝初，窦宪率兵与南匈奴共破北匈奴，北匈奴就此衰落西迁。匈奴部族与中原民族交往、交流和交融的过程，见证了我国统一多民族国家的形成与发展，这一历史叙述也是范晔“政治大一统”观念的具体表现。

《后汉书》的民族传，取资于前史而又有所增革创新。如关于“南蛮”和“西羌”，《史记》《汉书》皆无系统记载，范晔则作专传录之。又如《史记》和《汉书》中《匈奴列传》皆有颇为详细的载录，范晔则作《南匈奴列传》而有所侧重，是以一“南”字强调匈奴内部在东汉的分化。这说明，范晔不仅同前代史家一样，注重对少数民族历史的考察，而且擅于结合东汉一朝的历史事实，全面呈现一代民族史面貌。

本篇节选自《后汉书·百官志》。

南朝梁刘昭合西晋司马彪《续汉书》所存八志30卷（包括《百官志》5卷）于《后汉书》。

《汉书·百官公卿表序》："秦兼天下，建皇帝之号，立百官之职。汉因循而不革，明简易，随时宜也。其后颇有所改。"

以上简要概括了西汉至光武间官制的变迁及其缘由。

志

百官志（序）

汉之初兴，承继大乱，兵不及戢[1]，法度草创，略依秦制，后嗣因循。至景帝，感吴楚之难[2]，始抑损诸侯王。及至武帝，多所改作，然而奢广[3]，民用匮乏。世祖中兴[4]，务从节约，并官省职，费减亿计，所以补复残缺[5]，及身未改，而四海从风[6]，中国安乐者也。

［注释］

[1] 兵：兵器，引申为战争。戢（jí）：收藏，引申为停止战争。 [2] 吴楚之难：指西汉景帝时期，吴王刘濞和楚王刘戊等七个诸侯王以“清君侧”为名发动的叛乱。 [3] 奢广：较为奢侈。 [4] 中兴：汉光武帝刘秀。 [5] 所以：用来。 [6] 从风：迅速响应或效仿。

昔周公作《周官》[1]，分职著明，法度相持[2]，王室虽微，犹能久存。今其遗书[3]，所以观周室牧民之德既至[4]，又其有益来事之范，殆未有所穷也[5]。故新汲令王隆作《小学汉官篇》[6]，诸文倜说[7]，较略不究。惟班固著《百官公卿表》[8]，记汉承秦置官本末，讫于王莽[9]，差有条贯；然皆孝武奢广之事[10]，又职分未悉。世祖节约之制，宜为常宪[11]，故依其官簿[12]，粗注职分，以为《百官志》。凡置官之本，及中兴所省，无因复见者，既在《汉书·百官表》[13]，不复悉载。

《汉书·百官公卿表序》："王莽篡位，慕从古官，而吏民弗安，亦多虐政，遂以乱亡。故略表举大分，以通古今，备温故知新之义云。"

以上论述自《周官》以来历代史书记录职官制度的情况及特点，阐明《百官公卿表》的优劣及作《百官志》的必要性。

［注释］

[1] 周公：姓姬名旦，周文王姬昌第四子，因采邑在周，世称周公，周朝建立后封于鲁（今曲阜）。早年辅佐武王灭商，后因成王年幼，周公摄政，期间东征平叛、建都洛邑、分封诸侯以藩屏周室。相传周公制定礼乐制度，作《周礼》，史称"周公之礼"。《周官》：书名，为与《尚书》中的《周官》篇相区分，又称《周官经》，陆德明《经典释文序》"刘歆始建立《周官经》以为《周礼》"。故又有《周礼》之名。其书相传为周公所作，分为《天官》《地官》《春官》《夏官》《秋官》《冬官》（亡，以《考工记》补之）六篇，但与周代礼制不甚相符，故后人以为"周"乃周详之义，其乃战国时人所作的列国官制汇编。 [2] 相持：规范约束。 [3] 遗书：遗留之书。 [4] 牧：治理。 [5] 殆（dài）：几乎。 [6] 王隆：

东汉文学家。字文山，冯翊云阳（今陕西淳化县西北）人。王莽时为郎官，后避乱河西，为窦融左护军。光武帝时任新汲县令。善文，著有诗、赋、铭、书二十六篇。详见《后汉书·文苑传》。《小学汉官篇》：书名，已佚。该书以蒙学书的形式，记载汉代公卿及四夷的官职，以使学童熟悉旧制礼仪。 [7] 倜（tì）说：观点或文章新颖，不流俗。 [8]《百官公卿表》：是班固《汉书》中的一部分。分上下两篇，上篇为序，总体说明“汉承秦制”的表现及西汉官吏设置概况，下篇为表，具体记载从汉高祖元年到汉平帝末年各级官员变动等情况。 [9] 讫（qì）：止。 [10] 孝武：汉孝武帝，即汉武帝。两汉推崇“孝道”，除汉高祖和汉光武帝外，其他皇帝谥号前均有“孝”字。 [11] 宪：法令。 [12] 官簿：记载官员功过及经历的档案。 [13]《汉书·百官表》：即《百官公卿表》。

［点评］

在中国古代官制史中，秦汉时期的官制具有特殊地位，是中国几千年政治体制的基础。《后汉书·百官志·序》高度概括了两汉官制的变迁。具体而言，秦二世而亡，西汉建立后，一方面继承秦制，沿袭秦朝大一统的专制主义中央集权制及其统治理念；一方面又“颇有所改”，实行“郡国并行制”，巩固了刘氏政权的同时又造成地方割据势力不断壮大以致威胁到中央统治。“七国之乱”后，景帝“始抑损诸侯王”，在中央为诸侯王置相，令其不得复治国。汉武帝颁布“推恩令”，有效削弱了藩国势力，扩大了行政组织，但同时又因“奢广”造成“民用匮乏”的局面。东汉初期，光武帝认为“时兵革既息，天下少事，文书调役务从简寡”，故“省郡县四百余所，吏职减损，十置其一”，并通过简政减税、与民休息、抑制豪强等措施，有效地恢复了社会生产，巩固了统治基础。

《续汉书·百官志·序》阐明了《周官》《小学汉官篇》《百官公卿表》这类记载官制之史书的经世价值，同时又客观评价了其中存在的诸如“未有所穷”“较略不究”“职分未悉”的缺点。在对比汉武帝“奢广”和汉光武帝“节约”的官制之别后，司马彪认为有必要让汉光武帝精简官制的做法成为常宪，使其达到“益来事之范”的效果，从而对后世治国理政有所启发裨益。《后汉书·百官志》详细记录了东汉时期各级官吏的人数、职务禄位与责任范围，可纠《汉书·百官公卿表》略而不详之弊，是研究两汉官制变革的重要材料。

“以史为鉴，可以知兴替”，《百官志》不仅是把握中国古代官制沿革的一个重要基点，透过此志，我们亦可联想到官制沿革背后所蕴含的中华民族自古以来的“大一统”观念和古人治国理政的智慧，从而发掘史学经典的当代价值。

舆服志（序）

《书》曰：“明试以功，车服以庸[1]。”言昔者圣人兴天下之大利，除天下之大害，躬亲其事，

本篇节选自《后汉书·舆服志》。

开篇借《尚书》中的话来说明车马服饰最初被用来赏赐功劳、彰显德行。

唐太宗《咏司马彪〈续汉志〉》（节选）：“前史殚妙词，后昆沉雅思。书言扬盛迹，补阙兴洪志。”

身履其勤，忧之劳之，不避寒暑，使天下之民物，各得安其性命，无夭昏暴陵之灾[2]。是以天下之民，敬而爱之，若亲父母；则而养之[3]，若仰日月。夫爱之者欲其长久，不惮力役[4]，相与起作宫室，上栋下宇，以雍覆之[5]，欲其长久也；敬之者欲其尊严，不惮劳烦，相与起作舆轮旌旗章表[6]，以尊严之。斯爱之至，敬之极也。苟心爱敬，虽报之至，情由未尽。或杀身以为之，尽其情也；弈世以祀之[7]，明其功也。是以流光与天地比长[8]。后世圣人，知恤民之忧思深大者，必飨其乐；勤仁毓物使不夭折者[9]，必受其福。故为之制礼以节之，使夫上仁继天统物[10]，不伐其功[11]，民物安逸，若道自然，莫知所谢。老子曰："圣人不仁，以百姓为刍狗[12]。"此之谓也。

［注释］

[1]"明试以功"二句：语见《尚书·舜典》，意谓考察他们的政绩，赏赐车马衣物作为酬劳。 [2]夭昏：夭折，早死。暴陵：欺压凌辱。 [3]则：效法。 [4]惮：害怕，畏惧。力役：劳役；干体力活。 [5]雍：古同"壅"，遮蔽，壅塞。 [6]章表：标记。 [7]弈世：累世，世世代代。弈，通"奕"。 [8]流光：谓福泽流传至后世。 [9]勤仁：犹勤人，勤民。仁，通"人"。毓：同"育"。 [10]上

仁：居于上位的人。继天：秉承天意。[11]伐：自我夸耀。[12]“老子曰”二句：引自《老子》，用以说明圣人看待百姓如同刍狗一样，或贵重或低贱，都是自然之道。不仁，一说无仁厚之心；一说是无所谓仁爱，此处当取后者。刍狗，古代祭祀时用草扎成的狗。未祭祀前，以贵物加以珍爱；祭祀之后，便随便丢弃。

夫礼服之兴也[1]，所以报功章德[2]，尊仁尚贤。故礼尊尊贵贵[3]，不得相逾，所以为礼也。非其人不得服其服，所以顺礼也。顺则上下有序，德薄者退，德盛者缛[4]。故圣人处乎天子之位，服玉藻邃延[5]，日月升龙，山车金根饰[6]，黄屋左纛[7]，所以副其德[8]，章其功也[9]。贤仁佐圣，封国受民[10]，黼黻文绣[11]，降龙路车[12]，所以显其仁，光其能也。及其季末[13]，圣人不得其位，贤者隐伏，是以天子微弱，诸侯胁矣。于此相贵以等，相言以谄，相赂以利，天下之礼乱矣。至周夷王下堂而迎诸侯，此天子失礼，微弱之始也。自是诸侯宫县乐食，祭以白牡[14]，击玉磬[15]，朱干设锡[16]，冕而舞大武[17]。大夫台门旅树反坫[18]，绣黼丹朱中衣[19]，镂簋朱纮[20]，此大夫之僭诸侯礼也。《诗》刺“彼己之子，不称其服”，

以下写舆服制度的发展历史以及撰作《舆服志》的目的。

伤其败化。《易》讥“负且乘，致寇至”，言小人乘君子器，盗思夺之矣。自是礼制大乱，兵革并作；上下无法，诸侯陪臣[21]，山楶藻棁[22]。降及战国，奢僭益炽，削灭礼籍[23]，盖恶有害己之语。竞修奇丽之服，饰以舆马，文罽玉缨[24]，象镳金鞍[25]，以相夸上。争锥刀之利，杀人若刈草然[26]，其宗祀亦旋夷灭[27]。荣利在己，虽死不悔。及秦并天下，揽其舆服，上选以供御，其次以锡百官。汉兴，文学既缺，时亦草创，承秦之制，后稍改定，参稽六经，近于雅正。孔子曰：“其或继周者，行夏之正，乘殷之辂[28]，服周之冕，乐则韶舞。”故撰舆服著之于篇，以观古今损益之义云。

[注释]

[1] 礼服：举行重要典礼时按规定所穿的衣服，能够体现尊卑等级。　[2] 报功章德：酬报功劳，彰显德行。　[3] 尊尊贵贵：前一个尊和贵都作使动用法。　[4] 德薄者退，德盛者缛：德薄者退居下位，德盛者享礼繁重。　[5] 玉藻：古代帝王冕冠前后悬垂的贯以玉珠的五彩丝绳。邃延：《礼记·玉藻》：“天子玉藻，十有二旒，前后邃延。”郑玄注：“前后邃延者，言皆出冕前后而垂也。”　[6] 山车：传说帝王有德，天下太平，则山车出现，古代以为祥瑞之物。金根饰：以黄金为饰的根车。　[7] 黄屋：古代帝王专用的黄缯车盖。左纛（dào）：古代皇帝乘舆上的饰物，以牦牛

尾或雉尾制成，设在车衡左边或左上。 [8] 副：符合。 [9] 章：彰显。 [10] 受：通“授”，授予。 [11] 黼黻（fǔ fú）：泛指礼服上所绣的华美花纹。古代衣服边上有规律的“黑白”“黑青”相间的花纹，多指官服。 [12] 降龙：古代服饰及旗帜上所绣绘的下降之龙的图案。路车：古代天子或诸侯贵族所乘的车。 [13] 季末：末世。 [14] 白牡：古代王侯祭祀用的白色公牛。 [15] 玉磬：古代的玉制乐器。 [16] 朱干：红色的盾。 [17] 冕：中国古代帝王及地位在大夫以上的官员们戴的礼帽，后专指帝王的皇冠。[18] 台门：古代天子、诸侯宫室的门。旅树：谓当门道立屏。反坫：互相敬酒后，把空酒杯放还在坫上。为周代诸侯宴会时的一种礼节。坫，土筑的平台。 [19] 中衣：又称里衣，是汉服的衬衣，起搭配和衬托作用。 [20] 镂簋（guǐ）：刻有花纹的簋。朱纮（hóng）：古代天子冠冕上的红色系带。 [21] 陪臣：古代天子以诸侯为臣，诸侯以大夫为臣，大夫又自有家臣。因之大夫对于天子，大夫之家臣对于诸侯，是隔了一层的臣，都称为“陪臣”。古代外交使臣出使时，对对方国家的君主而言，亦称“陪臣”。[22] 山楶（jié）藻棁（zhuō）：古代天子的庙饰。 [23] 礼籍：记载名位尊卑之书。 [24] 文罽（jì）：图案华美的毛织品。 [25] 象镳（biāo）：用象牙制作的马勒。 [26] 刈（yì）：割（草或谷类）。[27] 夷灭：消灭；杀尽。 [28] 辂（lù）：古代的一种大车。

[点评]

所谓“舆服”，即指车舆冠服及其仪仗。古代车舆与冠服都有定式，用以体现尊卑等级。本篇所选《舆服志》，是为司马彪首创。《续志》设“舆服”之例对后世史书《舆服志》的编纂影响深远。在当前诸家《后汉书》散佚的情况下，《舆服志》中保存的典制文化内容就显得尤其珍贵，有着很高的文献史料价值。

西晋司马彪的《续汉书》是一部完整的东汉史著作，其纪、传在流传过程中散亡，仅存八志。南朝梁刘昭将八志“分为三十卷，以合范书”，包括律历志3卷，礼仪志3卷，祭祀志3卷，天文志3卷，五行志6卷，郡国志5卷，百官志5卷，舆服志2卷。刘昭对《续志》颇为看重，他在《后汉书注补志序》中论《续汉书》八志说“王教之要，国典之源，粲然略备，可得而知矣”，给予了较高赞誉。周天游在《八家后汉书辑注》前言中也说：“司马彪八志‘虽未尽善，而大较多实’，至今仍为研讨秦汉典章制度的重要依据。所以与其说是彪《志》依范《书》而得以传世，不如说范《书》凭彪《志》而近于完备。”

附　录

狱中与诸甥侄书

本文选自梁沈约《宋书·范晔传》。此封家书的写作时间为南朝宋文帝元嘉二十二年（445），其内容主要是范晔对于文章、历史、音乐等的见解。

吾狂衅覆灭[1]，岂复可言，汝等皆当以罪人弃之。然平生行己在怀[2]，犹应可寻，至于能不[3]，意中所解，汝等或不悉知[4]。

［注释］

[1] 狂衅：狂妄生祸。衅，祸患。覆灭：倾覆灭亡。范晔被指参与彭城王刘义康谋反事，遭判死刑。　[2] 行己：为人处世。　[3] 不（fǒu）：同“否”。　[4] 悉：全，尽。

吾少懒学问，晚成人，年三十许，政始有向耳[1]。自尔以来[2]，转为心化[3]，推老将至者[4]，亦当未已也[5]。往往有微解[6]，言乃不能自尽。为性不寻注书[7]，心气恶[8]，小苦思便愦闷[9]，口机又不调利[10]，以此无谈功[11]。至于所通解处，皆自得之于胸怀耳。文章转进，但才少思难，所以每于操笔[12]，其所成篇，殆无全称者[13]。

[**注释**]

[1] 政：通“正”，才，刚刚。 [2] 尔：指示代词，意同“那”。 [3] 转为心化：渐渐心领神会。 [4] 推：推想。 [5] 已：停止。 [6] 微解：精微的见解。 [7] 寻：探求，研究。 [8] 心气恶：心气衰，容易疲劳。心气，中医术语，指心的生理机能。 [9] 小苦思便愦（kuì）闷：稍微思考便头昏脑涨。愦闷，指昏乱不安，内心烦闷。 [10] 口机：口才。调利：伶俐。 [11] 无谈功：没有言谈的本领。 [12] 操笔：执笔。 [13] 殆无全称者：大概没有全部称心如意的。殆，大概，几乎。称（chèn），称心。

常耻作文士[1]。文患其事尽于形，情急于藻，义牵其旨，韵移其意[2]。虽时有能者，大较多不免此累[3]，政可类工巧图缋，竟无得也[4]。常谓情志所托，故当以意为主，以文传意。以意为主，则其旨必见；以文传意，则其词不流[5]。然后抽其芬芳，振其金石耳[6]。此中情性旨趣，千条百品[7]，屈曲有成理[8]。自谓颇识其数[9]，尝为人言，多不能赏，意或异故也。

[注释]

[1] 文士：文人，读书人。 [2]“文患其事”四句：作文章，忧患太外露而不含蓄，重于言情而忽略文采，阐发义理而淹没主旨，强调音韵而改变语意。形，显露。藻，辞藻，文采。牵，牵制，妨碍。移，转移，改变。 [3] 大较：大概，大略。累：毛病，过失。 [4]“政可类”二句：正好比技艺精湛的工匠在彩色的花纹上作画，最终一无所获。政，通“正”，恰好。缋，彩色的花纹图像。 [5] 流：浮泛。 [6]“然后抽其芬芳”二句：然后能够达到词采美丽、音韵协调。抽，引出。芬芳，代指美丽的词采。金石，钟磬之类的乐器，代指优美的音韵。 [7] 千条百品：即各种各样。品，名目，种类。 [8] 屈曲：即参差不一，曲折变化。 [9] 数：道理，法则。

性别宫商，识清浊，斯自然也[1]。观古今文人，多不全了此处；纵有会此者，不必从根本中来[2]。言之皆有实证，非为空谈。年少中，谢庄最有其分[3]，手笔差易[4]，文不拘韵故也。吾思乃无定方，特能济难适轻重[5]，所禀之分[6]，犹

范晔在总结作文的基础上，提出了“以意为主，以文传意”的撰述思想和“言有实证，非为空谈”的创作态度，对后世文学批评和史学创作都产生了深远的影响。

当未尽，但多公家之言[7]，少于事外远致[8]，以此为恨[9]，亦由无意于文名故也。本未关史书，政恒觉其不可解耳[10]。

[注释]

[1]“性别宫商”三句：本性善于辨别字音的高低轻重、平仄变化，这是出于自然。宫商，古代五音中的第一、二音级。五音为宫、商、角、徵、羽。此处指字音的高低。清浊，字音的轻重。 [2]“不必”句：未必能从根本上理解。 [3]谢庄（421—466）：字希逸，陈郡阳夏（今河南太康）人。历仕宋文帝、孝武帝、明帝数朝，官至金紫光禄大夫。善诗赋，诗以《山夜忧吟》《怀园引》等较好；赋以《月赋》为代表作，其中“白暖露空，素月流天”“美人迈兮音尘阙，隔千里兮共明月”等，向称名句。原有集十九卷，已佚，明人辑有《谢光禄集》。 [4]手笔：诗文写作。差易：差别。 [5]特能济难适轻重：只要能解决难以表达的事情，符合语调的轻重变化。特，只，但。济难，有利于（解决）难题。轻重，此处指语音的轻重变化。 [6]禀：秉持。 [7]公家之言：指章表、奏议一类的官府公文。 [8]事外远致：官府公文之外的深远情趣。致，情趣。 [9]恨：遗憾。 [10]恒：时常，常常。

既造《后汉》，转得统绪[1]。详观古今著述及评论，殆少可意者[2]。班氏最有高名[3]，既任情无例，不可甲乙辨，后赞于理近无所得，唯志可推耳[4]。博赡不可及之，整理未必愧也[5]。吾杂传论，皆有精意深旨，既有裁味，故约其词句[6]。至于《循吏》以下及六夷诸序论[7]，笔势纵放，实天下之奇作。其中合者，往往不减《过秦篇》[8]。尝共比方班氏所作[9]，非但不愧之而已[10]。欲遍作诸志[11]，《前汉》所有者悉令备[12]。虽事不必多，且使见文得尽；又欲因事就卷内发论，以正一代得失，意复未果。赞自是吾文之杰思[13]，殆无一字空设，奇变不穷，同含异体[14]，乃自不知所以称之。此书行，故应有赏音者[15]。纪传例为举其大略耳[16]，诸细意甚多。自古体大而思精[17]，未有此也。恐世人不能尽之，多贵古贱今，所以称情狂言耳[18]。

范晔首次将“著述”与“评论”并举，凸显了对史论的重视，足见其史识与史才。

［注释］

[1]“既造”二句：我编纂完成《后汉书》，逐渐掌握了其中的头绪。造，此处意即编纂。得，明白，了解。统绪，端绪，头绪。 [2] 可意：中意，满意。 [3] 班氏：指班固。 [4]“既任情无例”四句：（班固）按照自己的情意著史，不遵循先例，不能分辨高低次序，《汉书》中发表议论的赞语在道理上几乎没有可取之处，只有十篇志值得推许。任情，随意安排。甲乙，等级，次序。后赞，指《汉书》每篇传记之后用以发表议论的赞语。志，指《汉书》的十篇志。推，推许。 [5]“博赡”二句：《后汉书》详实丰富不一定比得上《汉书》，但在整体架构上却不一定比《汉

书》差。整理，指《后汉书》对史料的处理安排和体例上的开拓创新。 [6]“吾杂传论”四句：我撰写的传论部分，都有精深的意旨，因为有裁夺的性质，所以言辞简要。裁味，品评，裁夺。 [7]《循吏》以下：指《后汉书》中的《循吏列传》后的《酷吏列传》《宦者列传》《儒林列传》《文苑列传》《独行列传》《方术列传》《逸民列传》《列女传》。六夷：指《后汉书》中六篇有关少数民族的列传，即《东夷列传》《南蛮西南夷列传》《西羌列传》《西域列传》《南匈奴列传》《乌桓鲜卑列传》。以上十五篇列传，除个别特殊情况外，每篇前有“序”，后有“论”。 [8]不减：不逊色于。《过秦篇》：指西汉贾谊（前201—前169）的政论名篇《过秦论》，文章旨在总结秦王朝的过失，为汉王朝统治、发展提供借鉴，故名。 [9]共：一同，一起。比方：比较。 [10]非但：不仅，不光，不只是。 [11]欲遍作诸志：范晔未及作志便身陷囹圄。 [12]《前汉》：即《汉书》。 [13]杰思：杰出的见解和构想。 [14]同含异体：指各篇论、赞内容不尽相同。 [15]赏音：知音。 [16]纪传例：《后汉书》纪传的序例，现或有佚失。 [17]体大而思精：体制宏大而构思精妙。 [18]称情：纵情。

《宋书·范晔传》载：“晔……善弹琵琶，能为新声，上欲闻之，屡讽以微旨，晔伪若不晓，终不肯为上弹。上尝宴饮欢适，谓晔曰：‘我欲歌，卿可弹。’晔乃奉旨。上歌既毕，晔亦止弦。”

吾于音乐，听功不及自挥[1]，但所精非雅声为可恨[2]。然至于一绝处[3]，亦复何异邪！其中体趣[4]，言之不尽。弦外之意，虚响之音，不知所从而来。虽少许处，而旨态无极[5]。亦尝以授人，士庶中未有一豪似者[6]。此永不传矣！

［注释］

[1] 听功：鉴赏别人的演奏。自挥：自己弹奏。　[2] 雅声：雅正之乐。可恨：令人遗憾。　[3] 绝处：绝妙之处。　[4] 体趣：旨趣。　[5] 旨态：意蕴神韵。　[6] 士庶：读书人和平民百姓。

吾书虽小小有意，笔势不快。余竟不成就，每愧此名。

［点评］

《狱中与诸甥侄书》是范晔在狱中写给谢约、谢纬等的一封家书，也是他对自己一生行迹的粗略总结。与一般家书的不同之处在于，此文没有临终前的哀怨离愁，而是历叙了自己在文章、音乐、著史等方面的才情，尤其对自己撰写《后汉书》的“精意深旨”进行了较为集中的说明，含有自序的性质，武英殿本《后汉书》即以“自序”为标题，将此文附于书末。

本文体现了范晔的治史态度和史学观念，他对自己的史论尤为自诩，认为“吾杂传论，皆有精意深旨，既有裁味，故约其词句。至于《循吏》以下及六夷诸序论，笔势纵放，实天下之奇作”，“赞自是吾文之杰思，殆无一字空设，奇变不穷，同含异体，乃自不知所以称之”。后世对范氏的史论褒贬不一。宋洪迈《容斋随笔》认为：“晔所著序论，了无可取，列传如邓禹、窦融、马援、班超、郭泰诸篇者，盖亦有数也。人苦不自知，可发千载一笑。”对范晔的自誉予以蔑视。宋人叶适《习学记言序目》云："范晔类次齐整，用律精深，但见识有限，体致局弱，为可恨耳。其序论欲于班固之上增华积靡，缕贴绮绣以就篇帙，而自谓'笔势纵放，实天下之奇作'，盖宋、齐以来文字，自应如此，不足怪也。"亦视范晔自得处为平常。然南朝梁萧统编纂《文选》，选取范晔《后汉书》论赞五篇，是为入选最多者，超过了班固、干宝、沈约等人。唐人刘知幾以为，诸家史论，自班固以下，"必择其善者，则干宝、范晔、裴子野是其最也"。考《隋书·经籍志》有范晔《后汉书论赞》四卷；《旧唐书·经籍志》和《新唐书·艺文志》有《后汉书论赞》五卷。由此可见，自南朝至北宋，人们对范晔的史论颇为关注。清初顾炎武在《日知录》中论及"两汉风俗"时，以为范晔的史论"可谓知言者矣"，肯定了其历史价值。清人赵翼在《廿二史札记》中举例论说范晔史论，认为"皆立论持平，褒贬允当，足见蔚宗之有学有识，未可徒以才士目之也"。所以，不论是从《后汉书》史论的流传还是整体评价来看，范晔的序、论、赞有其独到的一面，在历史上有着深远的影响，受到历代史家重视。

需要在此略作申述的是范晔的"无神论"思想，这是其史学思想的一个重要方面。司马迁在谈到神话之类的叙述时说："其文不雅驯，荐绅先生难言之。"在东晋、南朝佛教大盛、道教初兴，范晔面对的情况更加复杂。但他不随波逐流，坚持自己的看法。《宋书·范晔传》记载，"晔常谓死者神灭，欲著《无鬼论》"，又说"天下决无佛鬼"，可见他是"无神论"的实践者。在《李通传·论》中，他对李通以"刘氏复兴，李氏为辅"的谶文，评价说："天道性命，圣人难言之。”又在《张衡传》中云：“初，光武善谶，及显宗、肃宗因祖述焉。自中兴之后，儒者争学图纬，兼复附以妖言。衡以图纬虚妄，非圣人之法。”并借张衡上疏言事，表明了自己对于谶纬、方术的态度，认为“律历、卦候、九宫、风角，数有征效，世莫肯学，而竞称不占之书”。范晔在《西域列传·论》中精辟地论述了佛教传入中国的过程、佛教宣扬的主旨，还讲到了思想对于引导社会的重要性，并对那些崇尚佛教的上层人士，以及持玄理和诡辩的方法论、神不灭论和因果循环报应论等的人都进行了批评。

主要参考文献

四史勦说　（清）史珥著　清乾隆二十五年（1760）清风堂刊本

后汉书集解　（清）王先谦集解　民国四年（1915）虚受堂刊本

范晔与其后汉书　戴蕃豫著　商务印书馆 1941 年版

四史评议　李景星著　韩兆琦、俞樟华校点　岳麓书社 1986 年版

读史纠谬　（清）牛运震著　李念孔、高文达、张茂华点校　齐鲁书社 1989 年版

越缦堂读书记　（清）李慈铭著　由云龙辑　上海书店出版社 2000 年版

范晔评传　瞿林东、李珍著　南京大学出版社 2006 年版

刘咸炘学术论集　黄曙辉编校　广西师范大学出版社 2007 年版

范晔之人格与风格　钟书林著　中国社会科学出版社 2010 年版

《后汉书》文学初探　钟书林著　中国社会科学出版社 2010 年版

廿二史札记校证　（清）赵翼著　王树民校证　中华书局 2013 年版

积微居读书记　杨树达著　上海古籍出版社 2013 年版

后汉书 （南朝宋）范晔撰　王承略、任成良译注　山东画报出版社 2013 年版

读通鉴论 （清）王夫之撰　李畅然校点　北京大学出版社 2014 年版

史通 （唐）刘知幾著　王嘉川解读　国家图书馆出版社 2019 年版

范晔及其史传文学　程方勇著　中国社会科学出版社 2020 年版

八家后汉书辑注　周天游辑注　上海古籍出版社 2020 年版

今注本二十四史·后汉书 （南朝宋）范晔撰　唐李贤等注　卜宪群、周天游主持校注　中国社会科学出版社 2021 年版

《中华传统文化百部经典》已出版图书

书　名	解读人	出版时间
周易	余敦康	2017 年 9 月
尚书	钱宗武	2017 年 9 月
诗经（节选）	李　山	2017 年 9 月
论语	钱　逊	2017 年 9 月
孟子	梁　涛	2017 年 9 月
老子	王中江	2017 年 9 月
庄子	陈鼓应	2017 年 9 月
管子（节选）	孙中原	2017 年 9 月
孙子兵法	黄朴民	2017 年 9 月
史记（节选）	张大可	2017 年 9 月
传习录	吴　震	2018 年 11 月
墨子（节选）	姜宝昌	2018 年 12 月
韩非子（节选）	张　觉	2018 年 12 月
左传（节选）	郭　丹	2018 年 12 月
吕氏春秋（节选）	张双棣	2018 年 12 月
荀子（节选）	廖名春	2019 年 6 月
楚辞	赵逵夫	2019 年 6 月
论衡（节选）	邵毅平	2019 年 6 月
史通（节选）	王嘉川	2019 年 6 月
贞观政要	谢保成	2019 年 6 月
战国策（节选）	何　晋	2019 年 12 月
黄帝内经（节选）	柳长华	2019 年 12 月
春秋繁露（节选）	周桂钿	2019 年 12 月
九章算术	郭书春	2019 年 12 月
齐民要术（节选）	惠富平	2019 年 12 月
杜甫集（节选）	张忠纲	2019 年 12 月
韩愈集（节选）	孙昌武	2019 年 12 月
王安石集（节选）	刘成国	2019 年 12 月
西厢记	张燕瑾	2019 年 12 月

书　　名	解读人	出版时间
聊斋志异（节选）	马瑞芳	2019 年 12 月
礼记（节选）	郭齐勇	2020 年 12 月
国语（节选）	沈长云	2020 年 12 月
抱朴子（节选）	张松辉	2020 年 12 月
陶渊明集	袁行霈	2020 年 12 月
坛经	洪修平	2020 年 12 月
李白集（节选）	郁贤皓	2020 年 12 月
柳宗元集（节选）	尹占华	2020 年 12 月
辛弃疾集（节选）	王兆鹏	2020 年 12 月
本草纲目（节选）	张瑞贤	2020 年 12 月
曲律	叶长海	2020 年 12 月
孝经	汪受宽	2021 年 6 月
淮南子（节选）	陈　静	2021 年 6 月
太平经（节选）	罗　炽	2021 年 6 月
曹操集	刘运好	2021 年 6 月
世说新语（节选）	王能宪	2021 年 6 月
欧阳修集（节选）	洪本健	2021 年 6 月
梦溪笔谈（节选）	张富祥	2021 年 6 月
牡丹亭	周育德	2021 年 6 月
日知录（节选）	黄　珅	2021 年 6 月
儒林外史（节选）	李汉秋	2021 年 6 月
商君书	蒋重跃	2022 年 6 月
新书	方向东	2022 年 6 月
伤寒论	刘力红	2022 年 6 月
水经注（节选）	李晓杰	2022 年 6 月
王维集（节选）	陈铁民	2022 年 6 月
元好问集（节选）	狄宝心	2022 年 6 月
赵氏孤儿	董上德	2022 年 6 月
王祯农书（节选）	孙显斌	2022 年 6 月
三国演义（节选）	关四平	2022 年 6 月
文史通义（节选）	陈其泰	2022 年 6 月

书　　名	解读人	出版时间
汉书（节选）	许殿才	2022 年 12 月
周易略例	王锦民	2022 年 12 月
后汉书（节选）	王承略	2022 年 12 月
通典（节选）	杜文玉	2022 年 12 月
资治通鉴（节选）	张国刚	2022 年 12 月
张载集（节选）	林乐昌	2022 年 12 月
苏轼集（节选）	周裕锴	2022 年 12 月
陆游集（节选）	欧明俊	2022 年 12 月
徐霞客游记（节选）	赵伯陶	2022 年 12 月
桃花扇	谢雍君	2022 年 12 月
法言	韩敬、梁涛	2023 年 12 月
颜氏家训	杨世文	2023 年 12 月
大唐西域记（节选）	王邦维	2023 年 12 月
法书要录（节选）　历代名画记	祝　帅	2023 年 12 月
耶律楚材集（节选）	刘　晓	2023 年 12 月
水浒传（节选）	黄　霖	2023 年 12 月
西游记（节选）	刘勇强	2023 年 12 月
乐律全书（节选）	李　玫	2023 年 12 月
读通鉴论（节选）	向燕南	2023 年 12 月
孟子字义疏证	徐道彬	2023 年 12 月
嵇康集	崔富章	2024 年 12 月
白居易集（节选）	陈才智	2024 年 12 月
李清照集（节选）	诸葛忆兵	2024 年 12 月
近思录	查洪德	2024 年 12 月
林则徐集	杨国桢	2024 年 12 月